Global Strategy 2nd Edition

제2판

글로벌 전략

박 주 홍

유원북스

제2판

글로벌 전략

박 주 홍

Global Strategy

2nd Edition

유원북스

제2판 머리말

급변하는 국내외 경영환경 하에서 한국의 기업들은 글로벌 시장에서 경쟁력을 확보하기 위하여 많은 노력을 아끼지 않고 있다. 특히, 효과적이고 효율적인 글로벌 전략의 개발과 실행은 기업의 글로벌 경쟁력 강화에 큰 영향을 미칠 수 있기 때문에 이에 대한 이론적 탐구는 매우 중요한 과제에 속한다.

본서는 2012년 출간한 초판을 수정 · 보완하는 차원에서 집필되었다. 제2판에서는 초판이 출간된 이후 발견된 내용 및 표현상의 문제점들이 수정되고, 부족한 부분들이 일부 보완되었다. 제2판에서 수정 · 보완한 주요 내용은 다음과 같이 요약될 수 있다.

첫째, 초판의 표에서 제시한 수치관련 자료(예를 들면, 글로벌 기업 순위 및 국가경쟁력 순위 등과 관련된 항목)는 최신의 자료로 대체되었다.

둘째, 초판 전반에 걸쳐 발견된 오자 및 탈자는 최대한 수정되었다.

셋째, 초판에서 이론적 설명이 다소 부족한 부분은 보완되었다.

넷째, 초판에서 제시된 News Case들은 모두 삭제되었다.

다섯째, 제10장의 '10.1.1 라이선싱의 의의와 특징'과 관련된 부분에서 기술이전의 관점에서의 라이선싱 및 기술이전의 대상이 될 수 있는 잉여기술에 대한 설명이 추가되었다.

여섯째, 제16장의 '16.2 글로벌 기업의 윤리경영의 주요 과제'와 관련된 부분에서 정보관리에 대한 내용이 추가되었다.

제2판의 출판을 기쁜 마음으로 허락해 주신 유원북스 이구만 사장님과 힘든 편집업무를 맡아주신 이채린 팀장님께 감사를 드린다. 제2판 역시 부족한 부분이 많으리라 생각하며, 이러한 부분은 앞으로 풀어야 할 과제로 남겨두기로 한다.

2020년 6월
궁산 기슭 연구실에서

저자 씀

◆ 강의용 파워포인트자료는 출판사 또는 juhong@kmu.ac.kr로 문의바람.

머리말

우리나라는 1980년 세계 23위의 수출국이었으나 2011년 수출이 5,000억 달러를 넘어서면서 세계에서 9번째로 무역규모 1조 달러를 달성하는 쾌거를 이룩하였다. 1964년 수출 1억 달러, 무역규모 5억 달러를 기록한 이래 47년 만에 수출 5,000배, 무역규모 2,000배가 늘어났다. 이와 같은 괄목할 만한 수출성과와 무역규모의 증가는 무엇보다도 정부의 수출주도형 경제정책과 기업의 끊임없는 수출활동의 산물이라고 할 수 있다. 특히, 최근 10여 년 전부터 한국의 많은 기업들은 명실상부한 글로벌기업으로 성장하였을 뿐만 아니라, 그들이 속한 산업 부문에서 세계적인 경쟁력과 명성을 유지하고 있다.

오늘날 현대인들은 국가 간의 구분이 큰 의미가 없는 글로벌 시대에 살고 있다. 글로벌화의 영향으로 인하여 국가 간의 인적 및 물적 교류가 점차 증대되고 있을 뿐만 아니라, 전 세계 소비자들의 욕구도 점차 동질화되고 있다. 글로벌화 또는 세계화라는 용어는 1980년대 후반부터 널리 사용되기 시작하였으며, 국제화의 동의어로 간수되기도 한다. 글로벌화는 국가 간의 정치적, 경제적, 사회문화적 및 기술적 상호의존성이 증대되는 것을 의미한다. 또한 이것은 세계시장을 하나의 통합된 관점에서 고찰하며, 무엇보다도 세계시장에서의 소비자의 동질성 또는 유사성을 중요하게 고려한다.

글로벌 전략(global strategy)은 글로벌 기업이 그들의 이용 가능한 인적 및 물적 자원을 내부적 및 외부적 환경분석을 통하여 분석한 후 이것을 어떻게 결합할 것인가에 대한 문제뿐만 아니라, 이를 바탕으로 어떤 글로벌화 전략을 개발하고, 어떤 글로벌 시상신입전략을 선택할 것인가에 대한 문제도 동시에 해결하여야 한다.

본서는 저자가 출간한 "국제경영전략(삼영사, 2009)"을 글로벌 관점에서 수정·보완한 저술연구이다. 본서는 총 5부 16장으로 구성되어 있다. 본서에서는 "글로벌전략"이라는 수정된 서명에 충실하기 위하여 제1장과 제2장이 글로벌 관점에서 집필되었을 뿐만 아니라, 이와 관련된 용어들도 본문 전반에 걸쳐 정리되었다. 또한 제14장에서는 글로벌 기업의 조직과 통제가 같은 장으로 통합되었다. 무엇보다도 본서에서는 최근 글로벌 전략의 수립 및 실행과 관련하여 중요한 이슈로 떠오르고 있는 글로벌 기업의 지배구조(제15장)와 윤리경영(제16장)이 새롭게 추가되었다.

본서의 출판을 위해 관심과 후원을 아끼지 않으신 유원북스 이구만 사장님께 감사를 드린다. 본서가 집필되는 동안 많은 시간을 빼앗겨야만 했던 사랑하는 아내와 믿음직스러운 아들 지형(智亨)에게 고마움을 전한다. 마지막으로 병석에서 투병 중이신 아버님과 간호하시는 어머님께 이 책을 바치며, 빠른 쾌유를 위해 기도드린다.

2012년 6월
궁산 기슭 연구실에서

저자 씀

차 례

제 1 부 글로벌 전략과 글로벌 경쟁력

제 2 부 글로벌 경영환경의 분석

제 5 장 사회문화적 환경

제 6 장 기술적 환경

제 9 장 수 출

제10장 라이선싱과 프랜차이징

제 4 부 글로벌 기업의 전략적 관리

그림 차례

표 차례

제 1 부에서는 글로벌 전략과 글로벌 경쟁력에 대하여 살펴본다. 제1장에서는 글로벌화에 대한 개념적 기초, 글로벌 기업의 의의와 발전단계를 논의한 후, 글로벌 전략의 의의와 학문적 위치에 대하여 설명한다. 제2장에서는 글로벌 경쟁력과 글로벌 경쟁전략의 개념을 살펴본 후, 글로벌 경쟁력을 국가, 산업 및 기업차원으로 분류하여 구체적으로 설명한다. 또한 여기에서는 산업차원 및 기업차원의 글로벌 경쟁전략과 혁신믹스를 통한 글로벌 경쟁전략에 대하여 체계적으로 논의한다.

제 1 부

글로벌 전략과 글로벌 경쟁력

제 1 부 글로벌 전략과 글로벌 경쟁력

제 1 장 글로벌화와 글로벌 전략
제 2 장 글로벌 경쟁력과 글로벌 경쟁전략

↓

제 2 부 글로벌 경영환경의 분석

제 3 장 정치적 · 법적 환경
제 4 장 경제적 환경
제 5 장 사회문화적 환경
제 6 장 기술적 환경
제 7 장 글로벌 경영환경의 분석방법

↓

제 3 부 글로벌화 전략의 개발과 글로벌 시장진입전략

제 8 장 글로벌화 전략의 개발과 글로벌 시장진입전략
제 9 장 수 출
제10장 라이선싱과 프랜차이징
제11장 해외직접투자
제12장 전략적 제휴

↓

제 4 부 글로벌 기업의 전략적 관리

제13장 글로벌 기업의 계획
제14장 글로벌 기업의 조직과 통제

↓

제 5 부 글로벌 기업의 지배구조와 윤리경영

제15장 글로벌 기업의 지배구조
제16장 글로벌 기업의 윤리경영

제 1 장

글로벌화와 글로벌 전략

1.1 글로벌화에 대한 개념적 기초

1.2 글로벌 기업의 의의와 발전단계

1.3 글로벌 전략의 의의와 학문적 위치

1.4 본서의 구성 및 주요 내용

1.1 글로벌화에 대한 개념적 기초

1.1.1 글로벌화와 글로벌화 과정

글로벌화의 의의

오늘날 유행어처럼 널리 사용되고 있는 글로벌화(globalization), 세계화 또는 지구화라는 용어는 개인, 기업 및 국가와 관련된 다양한 측면에 영향을 미치고 있다. 1980년대 후반부터 사용되기 시작한 이 용어는 국제화(internationalization)의 동의어로 간주되기도 한다.[1] 넓은 의미의 글로벌화는 국가 간의 정치적, 경제적, 사회문화적 및 기술적 상호의존성(interdependence)이 증대되는 것을 의미한다.[2] 글로벌화는 다음과 같은 네 가지의 관점에서 설명될 수 있다.[3]

- 정치적 글로벌화: 정치경제적 권력의 분권화, 국가적 주권의 퇴색, 글로벌 기구의 출범
- 경제적 글로벌화: 기업활동의 글로벌화, 글로벌 금융시장의 통합, 경쟁의 글로벌화
- 사회문화적 글로벌화: 해외여행, 방송, 인터넷 등을 통한 국가 간 문화교류의 활성화, 국가 간 문화상품(cultural goods) 거래의 증대
- 기술적 글로벌화: 글로벌 커뮤니케이션 및 수송기술, 가속적이고 빈번한 기술변화

특히, 제2차 세계대전 이후의 신기술의 가속적 개발, 제품의 대량생산,

1 박주홍(2011), p. 22.
2 Cavusgil, S. T. et al.(2008), p. 30; Wild, J. J. et al.(2008), p. 34.
3 Lee, K./Carter, S.(2009), p. 72 이하.

국가 간 교역의 증대, 통신 및 수송시스템의 발달, 국내시장의 구매력의 한계 등에 기초하여 기업의 글로벌화(globalization of company)는 더욱 촉진되고 있다. 기업의 글로벌화는 국경초월적인 기업활동을 전제로 하며, 기업이 "세계적으로 성장 · 발전하는 것"을 의미한다. 무엇보다도 기업의 글로벌화는 세계시장을 하나의 통합된 관점에서 고찰하며, 세계시장에서의 소비자의 동질성 또는 유사성을 중요하게 고려한다.[4]

글로벌화 과정

여러 학자의 견해에 따르면, 기업이 세계적으로 성장 · 발전하기 위해서는 다음과 같은 글로벌화 과정(globalization process)을 거친다.

조핸슨과 발네(*Johanson & Vahlne*)는 학습과정을 통하여 기업이 글로벌 경영활동을 단계적으로 확대해 나가는 과정에 기초하여 기업의 글로벌화를 설명하였다.[5] 즉, 기업의 글로벌화에 있어서 학습과정은 수출, 지점 또는 판매회사의 설립, 자회사설립 등의 단계로 나타나며, 글로벌 경영활동에 대한 수많은 지식과 노하우가 단계적 · 누적적으로 축적됨으로써 국내기업은 글로벌 기업으로 성장 · 발전하게 된다.

또한 *데이비드슨*(*Davidson*)은 기업의 글로벌화 과정을 수출에서 시작하여 해외직접투자로 점진적으로 발전하는 단계로 파악하고 있다. 그는 제품 및 시장의 특성, 시장진출의 순서와 시점 등의 네 가지 변수를 기업의 글로벌화의 결정요인으로 제시한다.[6] 여기에서 중요한 개념은 급진적인 글로벌화가 아니라 점진적인 글로벌화이다.

기업의 글로벌화가 점진적으로 이루어진다는 가정 하에서 *마이스너*와 *게르버*(*Meissner & Gerber*)는 글로벌화의 단계를 수출, 라이선싱, 프랜차이징, 합작투자(Joint Venture), 해외지점, 해외생산 및 자회사설립 등으로 분류하였

4 박주홍(2010), p. 1.
5 Johanson, J./Vahlne, J. E.(1977), p. 23 이하.
6 Davidson, W.(1980), p. 9 이하.

그림 1-1 본국과 현지국의 경영참여정도와 해외활동의 형태

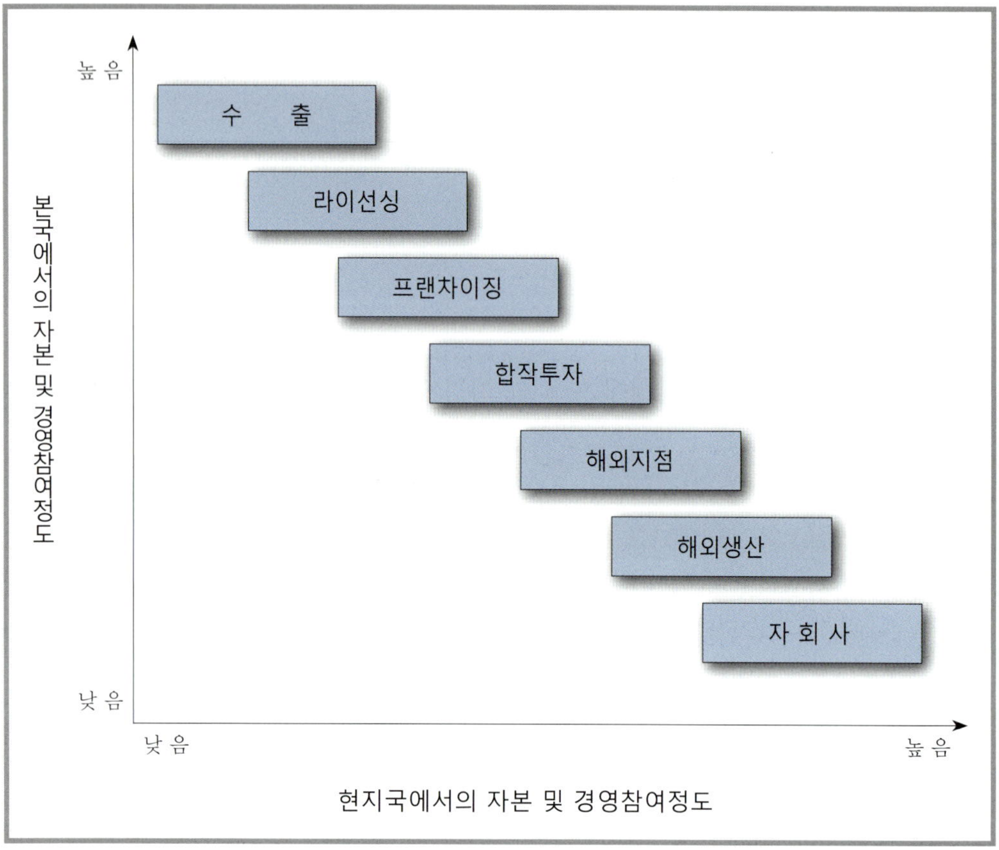

자료원: Meissner, H.-G./Gerber, S.(1980), p. 224.

다.[7] 〈그림 1-1〉은 기업의 본국과 현지국에서의 자본과 경영참여의 정도에 따라 앞서 언급한 바와 같은 해외활동의 형태를 제시한다.

〈그림 1-1〉에 나타나 있는 해외활동의 형태(types of international activities)는 대체로 기술력이 우수한 선진국의 경우에 해당된다. 개발도상국과 후진국의 경우에 있어서는 해외활동의 형태에서 라이선싱과 프랜차이징의 단계가 거의 나타나지 않는다. 즉, 기술력이 부족한 개발도상국과 후진국 기업의 글

7 Meissner, H.-G./Gerber, S.(1980), p. 224.

로벌화 과정은 일반적으로 수출, 해외지점, 해외직접투자(합작투자 또는 자회사설립) 등의 점진적인 글로벌화 단계를 거친다.

〈그림 1-2〉는 자원요구의 수준 및 통제능력과 해외활동의 형태를 보여준다. 이 그림에 의하면, 자원요구의 수준과 통제능력의 높고 낮음에 따라 해외활동의 형태는 자회사, 협력 및 제3자를 통한 진출 등과 같은 세 가지로 분류될 수 있다.

그림 1-2 자원요구의 수준 및 통제능력과 해외활동의 형태

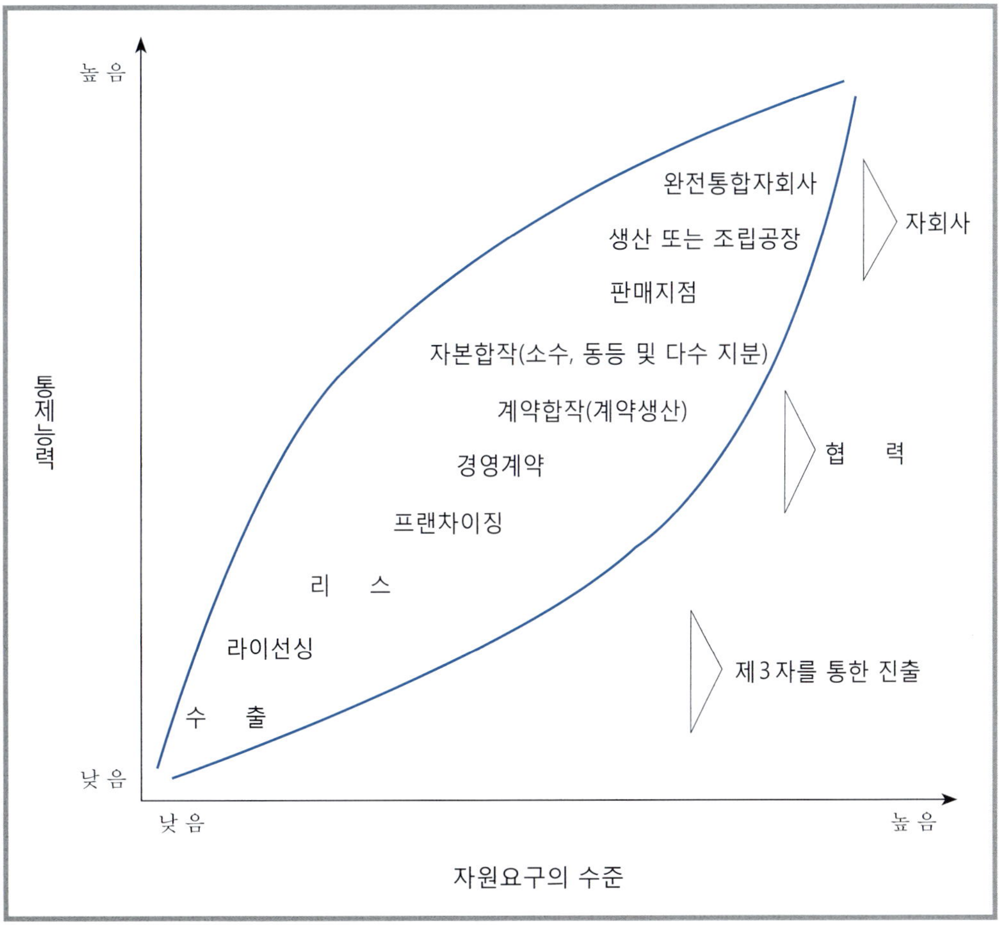

자료원: Müller-Stewens, G./Lechner, C.(2002), p. 387.

1.1.2 글로벌화의 기회와 위협

글로벌화의 기회와 위협은 글로벌화를 통하여 나타날 수 있는 장점과 단점을 각각 의미한다. 아래에서는 글로벌화의 기회와 위협에 대하여 구체적으로 살펴보기로 한다.[8]

글로벌화의 기회(opportunities of globalization)

(1) 글로벌 시장접근성의 증대

글로벌화를 촉진시킨 대표적인 국제기구는 1947년에 출범한 관세 및 무역에 관한 일반협정(General Agreement on Tariffs and Trade, GATT)과 이를 대체하기 위해 1995년 1월에 설립된 세계무역기구(World Trade Organization, WTO)이다. 이와 같은 국제기구들은 국제무역의 증진과 관세 및 비관세장벽의 완화에 많은 공헌을 하였으며, 이를 통하여 글로벌 시장접근성이 증대되었다. 특히, WTO는 세계무역장벽을 감소시키고 자유무역을 촉진시키고 있으며, 다양한 산업 분야에서의 무역기회의 창출, 공정한 국제무역질서의 확립과 국가 간 투자자유화 등에 크게 기여하고 있다.[9]

(2) 글로벌 금융시장의 통합

글로벌화는 기업재무의 가장 중요한 환경의 하나인 세계 각국의 금융시장을 통합시키는 역할을 하고 있다. 글로벌 금융시장의 통합은 WTO가 추구해 온 국가 간 자본이동의 자유화에 그 기초를 두고 있으며, 이러한 통합은 기업으로 하여금 국경초월적인 자본조달, 해외직접투자 및 해외간접투자(해외증권투자)를 가능하게 하였다.

---

8 박주홍(2011), p. 24 이하; Lee, K./Carter, S.(2009), p. 72 이하.

9 http://www.wto.org/.

(3) 커뮤니케이션 및 수송비용의 절감

커뮤니케이션 및 수송비용의 절감은 국가 간 통합과 상호의존성을 증대시키는 주요 원동력으로 작용하였으며, 이를 통하여 글로벌화가 촉진되었다. 이메일과 화상회의, 인터넷과 월드 와이드 웹(World Wide Web), 기업의 인터라넷(intranet)과 엑스트라넷(extranet) 등과 같은 정보통신기술의 발전을 통하여 기업은 과거에 비해 커뮤니케이션비용을 대폭적으로 절감할 수 있었다. 그리고 해상 및 항공수송 분야의 괄목할 만한 발전은 제품수송의 신속성과 효율성을 증대시키는 데 큰 공헌을 하였다.

(4) 글로벌 소싱, 구매 및 생산

글로벌 소싱(global sourcing)은 지리적 입지와 관계없이 필요한 자원 및 산출물을 가장 효과적으로 제공할 수 있는 공급업체를 전 세계적으로 활용하는 것을 의미하며,[10] 반면에 글로벌 구매(global purchasing)는 이러한 글로벌 소싱을 통하여 생산에 필요한 원재료 및 부품을 구입하는 행위를 말한다. 글로벌 생산(global production)은 기업이 전 세계적인 관점에서 이윤극대화의 목표를 달성하기 위하여 여러 국가에 자회사를 설립하여 제품을 생산하는 것을 의미한다. 넓은 의미의 글로벌 생산은 서비스 산업의 글로벌 운영(global operation)을 포함한다.[11] 이와 같이 글로벌화를 통하여 기업은 필요한 원재료 및 부품을 전 세계적으로 조달 또는 구매를 할 수 있을 뿐만 아니라 유리한 입지조건을 갖춘 국가에 생산 또는 업무시설을 배치할 수 있다.

글로벌화의 위협(threats of globalization)

(1) 거시경제적 변동성

글로벌 기업환경의 안정성에 위협을 가할 수 있는 글로벌화의 주요 문

10 Hodgetts, R. M./Luthans, F.(2000), p. 64.

11 박주홍(2011), p. 284.

제점 중의 하나는 글로벌 거시경제적 변동성 때문에 특정 국가의 경제가 위험에 노출될 수 있다는 것이다. 예를 들면, 경제성장, 인플레이션, 이자율, 환율, 국제수지 및 외채 등과 관련된 거시경제적 변동성에 기인하는 글로벌 금융위기는 특정 국가의 경제에 치명적인 위협(재정위기, 외환부족 및 채무불이행 등)으로 작용할 수 있다. 글로벌 기업의 관점에서 볼 때, 거시경제적 변동성은 기업에 의한 통제가 불가능하기 때문에 이에 대한 예측이 중요한 과제로 대두된다.

(2) 경쟁의 글로벌화

글로벌화는 앞서 언급한 바와 같은 다양한 기회를 제공하지만, 이러한 기회를 상쇄할 수 있는 위협을 노출시키기도 한다. WTO의 출범, 신흥공업국의 경제적 발전 및 동구권의 자본주의화 등을 통하여 과거 어느 때보다 국가 간, 산업 내 또는 기업 간 경쟁이 글로벌화 되고 있다. 심화되는 글로벌 경쟁에서 기업이 생존·발전하기 위해서는 다른 기업과의 경쟁에서 이길 수 있는 경쟁전략을 수립하거나 차별적인 경쟁우위를 확보하여야 한다.

(3) 고조되는 반글로벌화 정서

글로벌화가 진행될수록 이에 대항하는 반글로벌화 정서가 고조되고 있다. 특히, 글로벌화에 반대하는 노동조합, 시민단체, 대학생 및 지식인 등에 의하여 이루어지고 있는 반글로벌화 운동(anti-globalization movement)은 지역과 국가를 가리지 않고 그 강도를 더해가고 있다. 이들은 글로벌화와 관련된 국제적인 행사(예를 들면, G7, G20, WTO, IMF 회의)를 방해하는 시위를 하고, 특정 글로벌 기업의 상품에 대하여 불매운동을 하거나 현지 점포(예를 들면, 미국계 글로벌 기업의 해외 점포)를 파괴하기도 한다.

1.2 글로벌 기업의 의의와 발전단계12

1.2.1 글로벌 기업의 의의

글로벌 기업(global company)에 대한 정의는 학자들의 시각과 글로벌화의 진전정도에 따라 대체로 다르게 정의되고 있다. 1960년대 이후 경영학의 새로운 학문분야로 떠오르기 시작한 글로벌 경영(국제경영)의 학문적 발전과 더불어 글로벌 기업과 관련된 다양한 용어들이 제시되었다. 예를 들면, 국제기업(국내기업과 대칭적인 의미를 갖는 좁은 의미의 국제기업), 다국적 기업 및 글로벌 기업 등과 같은 서로 다른 글로벌 기업과 관련된 용어들이 있다.

글로벌 기업은 기업의 모든 기능영역에서 세계적으로 운영을 표준화하려는 기업을 의미한다.[13] 그러므로 글로벌 기업은 기업의 국적개념보다는 기업이 관계하고 있는 시장의 글로벌화에 더 중요한 의미를 부여하며, 인적·물적 자원의 세계적인 활용, 규모의 경제 및 시너지효과 등을 통하여 세계적인 경쟁력강화를 추구한다. 글로벌 기업은 기업의 규모 또는 매출액에 관계없이 정의될 수 있을 뿐만 아니라, 그들이 활동하는 국가 또는 지역과 무관하게 정의될 수도 있다. 즉, 기업이 세계적으로 활동하고 있다면, 글로벌 기업의 범주에는 대기업과 중소기업, 선진국 기업과 개발도상국 기업 등이 모두 포함될 수 있다.

본서에서는 국내기업과 대조적인 좁은 의미의 국제기업, 그리고 다국적 기업 및 글로벌 기업 등을 모두 포괄하는 넓은 의미의 국제기업을 글로벌 기업으로 정의하고자 한다.

〈표 1-1〉은 2019년 「포춘」(*Fortune*)지 선정 세계 50대 글로벌 기업을 제시한다. 이 표에 나타나 있는 세계 50위 이내의 글로벌 기업은 매출액 기준으로 선정되었다.

---

12 박주홍(2011), p. 33 이하 수정 재인용.

13 Ball, D. A. et al.(2006), p. 8.

표 1-1 「포춘」(*Fortune*)지 선정 세계 50대 글로벌 기업(2019년)

순 위(기업명)	매출액 (단위: 백만 달러)	국 가
1 Walmart	514,405	미 국
2 Sinopec Group	414,649	중 국
3 Royal Dutch Shell	396,556	네덜란드
4 China National Petroleum	392,976	중 국
5 State Grid	387,056	중 국
6 Saudi Aramco	355,905	사우디아라비아
7 BP	303,738	영 국
8 Exxon Mobil	290,212	미 국
9 Volkswagen	278,341	독 일
10 Toyota Motor	272,612	일 본
11 Apple	265,595	미 국
12 Berkshire Hathaway	247,837	미 국
13 Amazon.com	232,887	미 국
14 UnitedHealth Group	226,247	미 국
15 Samsung Electronics	221,579	한 국
16 Glencore	219,754	스위스
17 McKesswon	214,319	미 국
18 Daimler	197,515	독 일
19 CVS Health	194,579	미 국
20 Total	184,106	프랑스
21 China State Construction Engineering	181,525	중 국
22 Trafigura Group	180,744	싱가포르
23 Hon Hai Precision Industry	175,617	타이완
24 EXOR Group	175,009	네덜란드
25 AT&T	170,756	미 국
26 Industrial & Commercial Bank of China	168,979	중 국
27 AmerisourceBergen	167,939	미 국
28 Chevron	166,339	미 국
29 Ping An Insurance	163,597	중 국
30 Ford Motor	160,338	미 국
31 China Construction Bank	151,110	중 국
32 General Motors	147,049	미 국
33 Mitsubishi	145,243	일 본
34 Honda Motor	143,302	일 본
35 Costco Wholesale	141,576	미 국

36 Agricultural Bank of China	139,523	중 국
37 Alphabet	136,819	미 국
38 Cardinal Health	136,809	미 국
39 SAIC Motor	136,392	중 국
40 Walgreens Boots Alliance	131,537	미 국
41 JPMorgan Chase & Co.	131,412	미 국
42 Gazprom	131,302	러시아
43 Verizon Communications	130,863	미 국
44 Bank of China	127,714	중 국
45 Allianz	126,799	독 일
46 AXA	125,578	프랑스
47 Kroger	121,162	미 국
48 General Electric	120,268	미 국
49 Fannie Mae	120,101	미 국
50 Lukoil	119,145	러시아

자료원: https://fortune.com/global500/2019/search/.

1.2.2 글로벌 기업의 발전단계

기업의 글로벌화 과정의 관점에서 볼 때, 글로벌 기업의 발전단계는 다음과 같은 4단계로 구분될 수 있다.

국내시장 지향단계: 국내기업

국내시장 지향단계에서는 모든 기업활동이 내수시장(domestic market)만을 대상으로 이루어진다. 즉, 국내기업(domestic company)은 내수시장만을 대상으로 활동하며, 내국인 고객의 욕구충족에 주안점을 두는 기업을 말한다. 국내기업은 자국의 동질적인 환경하에서 기업활동을 수행하기 때문에 기업활동의 복잡성이 대체로 낮은 경향이 있다.

수출시장 지향단계: 수출기업

수출시장 지향단계에서 기업은 내수시장에 중점을 두면서 해외시장

(foreign market)에 진출하게 된다. 수출(export)은 국내기업이 생산한 제품 및 서비스를 외국에 판매하는 기업활동을 의미하며, 이러한 수출활동을 하는 국내기업을 수출기업(export company)이라고 한다. 점진적 글로벌화의 관점에서 볼 때, 수출은 기업의 글로벌화의 출발점이다.

일반적으로 수출 초기단계에서 수출기업은 수출중간상(종합무역상사, 수출회사, 외국바이어, 외국기업의 구매사무소 및 수출대리점 등)을 통한 간접수출을 수행하며, 해외 수출경험을 점차적으로 축적하면서 수출부서를 통한 직접수출로 전환하는 경향이 있다. 그리고 어떤 해외시장에 대한 수출이 대폭적으로 증대될 경우, 이러한 해외시장에는 판매지점 또는 대리점 등과 같은 유통망이 구축될 수 있다.

현지시장 지향단계: 다국적 기업

현지시장 지향단계에서는 기업이 해외활동을 통하여 축적한 경험을 바탕으로 현지국에 자회사를 설립한다. 일반적으로 이 단계에서 설립된 자회사는 다국적 기업의 성격을 갖는다. 다국적 기업(multinational company)은 여러 국가에 자회사를 보유하고 있으며, 각 자회사는 각국 시장의 차이점에 근거하여 독자적인 경영전략을 수립한다.[14] 따라서 다국적 기업은 비교적 이질적인 고객이 존재하는 현지시장(local market)에서 생산 및 판매뿐만 아니라 연구개발, 재무, 인사 등과 같은 기업의 기능영역 전반에 걸쳐 현지화전략을 추구한다.

다국적 기업의 주요 특징을 요약하면 다음과 같다.[15]

- 각 자회사의 주주의 국적은 최소한 2개국 이상이다.
- 일반적으로 그 규모가 거대하여 현지국에 막대한 영향을 미친다.

---

14 전게서.
15 어윤대 외(1997), p. 40.

*버논과 웰즈(Vernon & Wells, Jr.)*는 다국적 기업의 규모를 보다 구체적으로 제시한다. 즉, 이들은 "포춘(Fortune)지의 500대 기업에 연 2회 이상 등재되어 있는 동시에 6개 이상의 국가에서 제조업투자 및 영업활동을 하고 있는 제조기업"을 다국적 기업으로 정의하고 있다.[16] 그러나 다국적 기업의 범주에는 제조기업뿐만 아니라 서비스기업도 포함되어야 한다.

글로벌 시장 지향단계: 글로벌 기업

글로벌 시장 지향단계에서는 전 세계적으로 활동하는 본사와 자회사, 서로 다른 국가 또는 지역에서 활동하는 자회사들 간의 통합적 협력이 중요한 과제로 대두된다. 앞서 언급한 것처럼, 글로벌 기업(global company)은 기업의 모든 기능영역에서 세계적으로 운영을 표준화하려는 경향이 강하기 때문에 본사와 모든 자회사들은 글로벌 네트워크의 관점에서 통합적으로 관리되어야 한다(자세한 내용은 1.2.1 참고).

특히, 통합적 글로벌 네트워크를 통하여 다음과 같은 목표가 달성될 수 있다.

- 전 세계적인 시너지의 창출
- 글로벌 효율의 극대화
- 다양한 입지별 조직적 학습효과의 증대
- 현지국의 강점 개발 및 정교화
- 전 세계적 고객욕구의 충족

16 조동성(1997), p. 16; Vernon, R./Wells, Jr., L. T.(1981), p. 3 이하.

1.3 글로벌 전략의 의의와 학문적 위치

1.3.1 글로벌 전략의 의의

전략(strategy)의 어원은 고대 그리스어의 '군대'를 의미하는 'stratos'와 '지휘하는 것'을 뜻하는 '-ag'의 '합성어인 'strategos'에서 유래하였으며, 이것은 군대에서의 지휘자 또는 장군을 의미한다.[17] 비록 전략이라는 용어가 군사용어이지만, 제2차 세계대전 이후 경영학에서 널리 사용되기 시작하였다. 경영학에 있어서 전략의 개념은 다음과 같은 네 가지 구성요소와 관련되어 있다.[18]

- 시장과 제품의 결합(combination of market and product): 이것은 시장과 제품을 어떻게 결합하여 시장에서 기업의 성과를 효과적으로 달성할 수 있는가와 관련되어 있다.
- 자원개발(resource development): 이것은 기업의 내부적 및 외부적인 자원의 효율적인 개발에 그 중점을 두고 있다.
- 차별적인 역량(distinctive competences): 이것은 어떤 기업만이 달성할 수 있는 독특한 능력을 의미한다.
- 경쟁우위(competitive advantages): 이것은 다른 경쟁기업과 비교한 어떤 기업의 상대적인 우위를 뜻한다.

전략은 위와 같은 네 가지 구성요소를 결합하는 방법을 다룬다고 할 수 있다. 즉, 어떤 기업이 보유하고 있는 네 가지의 구성요소를 어떻게 결합하는가에 따라 그 기업만의 독특한 전략이 수립되는 것이다.

글로벌 전략(global strategy)은 글로벌 기업이 그들의 이용 가능한 인적

17 Evered, R.(1983), p. 57 이하.

18 Galbraith, C./Schendel, D.(1983), p. 153 이하.

및 물적 자원을 내부적 및 외부적 환경분석을 통하여 분석한 후 이것을 어떻게 결합할 것인가에 대한 문제뿐만 아니라, 이를 바탕으로 어떤 글로벌화 전략을 개발하고, 어떤 글로벌 시장진입전략을 선택할 것인가에 대한 문제도 동시에 해결하여야 한다. 넓은 의미의 글로벌 기업의 관점에서 볼 때, 글로벌 전략은 글로벌 기업이 추구하는 글로벌 전략과 다국적 기업이 추구하는 다국적 전략으로 크게 구분될 수 있다.[19]

- 글로벌 전략(global strategy): 이 전략은 동질적인 전 세계의 소비자 욕구를 충족시키기 위하여 전 세계적으로 표준화된 마케팅과 생산과정을 통하여 표준화된 제품을 글로벌화시키는 것이다. 따라서 글로벌 전략에서는 규모의 경제를 통한 원가절감 또는 원가우위가 중요한 전략적 기준이 된다.
- 다국적 전략(multinational strategy): 이 전략은 이질적인 개별국가들의 소비자 욕구를 충족시키기 위하여 각 국가별로 차별화된 마케팅과 생산과정을 통하여 차별화된 제품을 국제화시키는 것이다. 그러므로 다국적 전략을 추구하는 경우에는 무엇보다도 기업의 차별화능력이 중요한 전략적 과제가 된다.

1.3.2 글로벌 전략의 학문적 위치

글로벌 전략의 학문적 위치를 파악하기 위해서는 '글로벌 경영' 전공분야에서 제공하고 있는 커리큘럼을 분석할 필요가 있다. 일반적으로 국제경영이라는 용어가 사용되고 있지만, 본서에서는 '국제경영'을 '글로벌 경영'으로 대체하여 글로벌 전략의 학문적 위치를 파악하기로 한다. 우리나라 대학에서 제공하는 글로벌 경영 전공분야와 관련된 커리큘럼은 다음과 같이 글로벌 경영 일반론, 특수론, 기능론, 세미나 및 실습 등으로 요약·분류될 수 있다.[20]

19 Keida, B. L. et al.(2002), p. 41.
20 박주홍(2008b), p. 6.

그림 1-3 글로벌 경영에서의 글로벌 전략의 학문적 위치

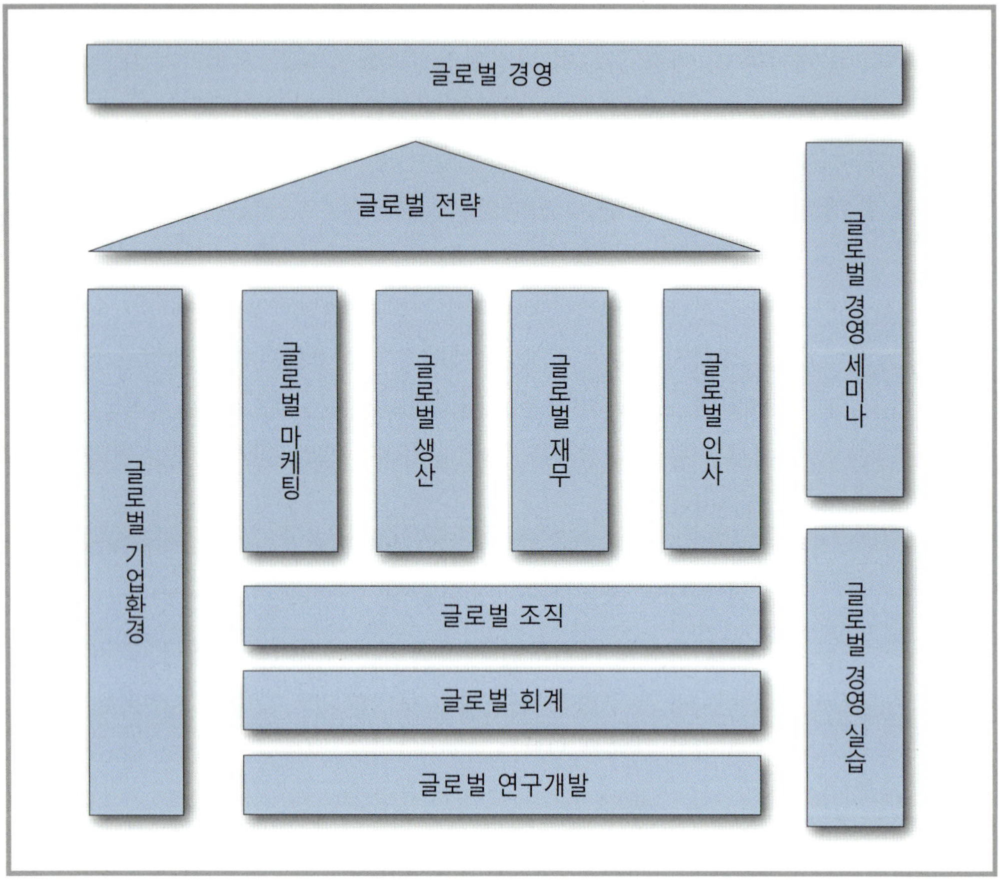

- 글로벌 경영 일반론: 글로벌 경영, 다국적 기업론
- 글로벌 경영 특수론: 글로벌 전략, 글로벌 기업환경, 글로벌 경영특강
- 글로벌 경영 기능론: 글로벌 마케팅, 글로벌 재무관리, 글로벌 생산관리, 글로벌 물류
- 글로벌 경영 세미나: 글로벌 경영 세미나
- 글로벌 경영 실습: 글로벌 기업 현장실습

글로벌 전략은 글로벌 경영 특수론에 속하지만, 글로벌 경영 기능론의

전략적 문제를 아울러 포괄하고 있다. 예를 들면, 글로벌 마케팅, 글로벌 생산, 글로벌 재무, 글로벌 인사·조직 등과 같은 기능론은 글로벌 전략을 수립하기 위해서 반드시 통합적으로 분석되어야 하는 분야이다. 또한 글로벌 전략은 경영전략에서 일반적으로 다루고 있는 개념 및 전략모델뿐만 아니라, 기업의 글로벌화 차원에서 나타나는 전략적 문제도 동시에 다루고 있다.[21] 〈그림 1-3〉은 글로벌 경영에서의 글로벌 전략의 학문적 위치를 보여준다.

1.4 본서의 구성 및 주요 내용

본서는 총 5부 16장으로 구성되어 있으며, 그 주요 내용은 다음과 같다.

'제1부 글로벌 전략과 글로벌 경쟁력'은 본서의 도입 부분으로서 글로벌화와 글로벌 전략(제1장) 및 글로벌 경쟁력과 글로벌 경쟁전략(제2장)에 대하여 설명한다.

'제2부 글로벌 경영환경의 분석'은 정치적·법적 환경(제3장), 경제적 환경(제4장), 사회문화적 환경(제5장) 및 기술적 환경(제6장) 등에 대하여 설명한 후, 글로벌 경영환경의 분석방법(제7장)에 대하여 체계적으로 논의한다.

'제3부 글로벌화 전략의 개발과 글로벌 시장진입전략'은 먼저 글로벌화 전략의 개발과 글로벌 시장진입전략(제8장)에 대하여 검토한다. 또한 여기에서는 수출(제9장), 라이선싱과 프랜차이징(제10장), 해외직접투자(제11장) 및 전략적 제휴(제12장) 등에 대하여 설명한다.

'제4부 글로벌 기업의 전략적 관리'는 글로벌 기업의 계획(제13장) 및 글로벌 기업의 조직과 통제(제14장) 등에 대하여 논의한다.

마지막으로, '제5부 글로벌 기업의 지배구조와 윤리경영'은 글로벌 기업의 지배구조(제15장) 및 글로벌 기업의 윤리경영(제16장) 등에 대하여 설명한다.

〈그림 1-4〉는 본서의 구성 및 주요 내용을 제시한다.

---

21 전용욱 외(2003), p. 22.

그림 1-4 본서의 구성 및 주요 내용

제 1 부 글로벌 전략과 글로벌 경쟁력

제 1 장 글로벌화와 글로벌 전략
제 2 장 글로벌 경쟁력과 글로벌 경쟁전략

↓

제 2 부 글로벌 경영환경의 분석

제 3 장 정치적 · 법적 환경
제 4 장 경제적 환경
제 5 장 사회문화적 환경
제 6 장 기술적 환경
제 7 장 글로벌 경영환경의 분석방법

↓

제 3 부 글로벌화 전략의 개발과 글로벌 시장진입전략

제 8 장 글로벌화 전략의 개발과 글로벌 시장진입전략
제 9 장 수　　출
제10장 라이선싱과 프랜차이징
제11장 해외직접투자
제12장 전략적 제휴

↓

제 4 부 글로벌 기업의 전략적 관리

제13장 글로벌 기업의 계획
제14장 글로벌 기업의 조직과 통제

↓

제 5 부 글로벌 기업의 지배구조와 윤리경영

제15장 글로벌 기업의 지배구조
제16장 글로벌 기업의 윤리경영

제 2 장

글로벌 경쟁력과 글로벌 경쟁전략

2.1 글로벌 경쟁력과 글로벌 경쟁전략의 개념

2.1.1 글로벌 경쟁력의 개념

글로벌 경쟁력(global competitiveness)은 '기업의 글로벌화, 경쟁 및 경쟁 정도'를 의미하는 세 가지 용어를 함축하고 있다. 제1장에서 살펴본 바와 같이, 기업의 글로벌화(globalization of company)는 국경초월적인 기업활동을 전제로 하며, 이것은 기업이 전 세계적으로 성장·발전하는 것을 의미한다. 만일 어떤 기업이 수출, 라이선싱, 해외지점 또는 지사 설립, 해외자회사 설립 등과 같은 활동 중에서 최소한 한 가지 이상을 실행한다면, 그 기업은 글로벌화와 관련이 있는 것으로 판단할 수 있다.

글로벌 경쟁력을 설명하기 위한 두 번째 용어인 경쟁(competition)은 적대적인 행동을 취하는 최소한 두 개의 공급자 또는 수요자를 갖는 시장의 존재를 전제로 한다.[22] 본서에서는 경쟁을 "보다 많은 성과 또는 이윤을 획득하기 위하여 동종 제품 또는 서비스를 생산하는 둘 이상의 기업이 시장에서 서로 겨루는 행동 또는 행위"로 정의하고자 한다.[23] 따라서 기업의 글로벌 경쟁(global competition)은 "기업의 국경초월적인 경영활동을 통하여 나타나는 전 세계적인 경쟁"을 의미한다.

마지막으로, 글로벌 경쟁력을 설명하기 위한 세 번째 용어인 경쟁정도(degree of competition)는 어떤 특정 국가시장에서의 경쟁에서 이길 수 있거나 견딜 수 있는 힘을 의미한다. 어떤 글로벌 기업의 경쟁정도 또는 힘이 경쟁기업보다 약한 경우에는 경쟁열위(competitive disadvantage)라고 하며, 경쟁기업보다 강한 경우에는 경쟁우위(competitive advantage)라고 한다. 그러므로 본서에서는 기업의 글로벌 경쟁력을 "어떤 기업이 경쟁기업과 비교하여 어떤

22 Schmidt(1981), p. 2.
23 박주홍(2007), p. 35 이하; 박주홍(1997), p. 256.

국가 또는 지역에서의 국경초월적인 경영활동을 통하여 전 세계적으로 달성할 수 있는 경쟁우위의 정도"로 정의하고자 한다.[24]

2.1.2 글로벌 경쟁전략의 개념

글로벌 경쟁전략(global competitive strategy)은 글로벌 기업이 전 세계적으로 경쟁우위를 확보하기 위하여 수립하는 전략을 말한다. 이 전략의 목표는 광범위한 글로벌 시장과 다양한 현지시장을 동시에 고려하면서 글로벌 기업이 필요로 하는 경쟁우위를 추구하는 데 있다. *스펄버(Spulber)*는 글로벌 경쟁우위의 확보와 관련된 다음과 같은 5개의 핵심적인 글로벌 경쟁전략을 제시하고 있으며, 이것을 G5 전략(G5 strategies)라고 한다.[25]

- 글로벌 플랫폼전략(global platform strategy): 이 전략은 규모와 다양성에 중점을 두고 있다. 예를 들면, 닛산과 르노는 원가절감, 제품혁신 및 마케팅 효익 등을 목표로 플랫폼을 공유하고 있다. 즉, 이들 두 기업은 플랫폼의 공유를 통하여 글로벌 규모의 경제(예를 들면, 대량생산을 통한 원가절감)와 범위의 경제(예를 들면, 국가 또는 지역 간 지식의 공유를 통한 효율증대)를 동시에 달성할 수 있다.
- 글로벌 네트워크전략(global network strategy): 이 전략은 글로벌 관점에서 비교우위의 조정을 추구한다. 이 전략에서는 수요자와의 글로벌 네트워크와 공급자와의 글로벌 네트워크를 통하여 거래의 경제성 또는 효율성이 증대될 수 있다.
- 글로벌 중개자전략(global intermediary strategy): 이 전략은 중개와 시장조성을 목표로 한다. 특히, 글로벌 판매기업 또는 전자상거래 기업(예를 들면, eBay, Amazon.com 등) 등이 이러한 경쟁전략을 추구하고 있다.

---

24 전게논문.

25 Spulber, D. F.(2007), p.91 이하.

- 글로벌 기업가전략(global entrepreneur strategy): 이 전략의 목적은 기업가 정신에 근거하여 글로벌 기업이 새로운 조합들(combinations)과 사업들(businesses)을 창출하는 데 있다. 이러한 목적을 달성하기 위하여 글로벌 기업가는 글로벌 제품혁신 및 공정혁신 등을 통한 경쟁우위, 그리고 전 세계 수많은 국가의 장점 또는 이점을 효과적으로 활용하는 재정거래(arbitrage) 등을 추구할 수 있다.[26]
- 글로벌 투자전략(global investment strategy): 이 전략의 목표는 글로벌 기업에게 가장 유리한 국가를 선택하여 투자하는 것이다. 글로벌 기업은 현지국의 입지우위와 내부화우위(본사와 자회사, 자회사와 자회사 간의 내부거래를 통해 창출되는 이점) 등을 고려하여 투자에 대한 의사결정을 할 필요가 있다(자세한 내용은 제8장 8.3 참고).

2.2 글로벌 경쟁력의 분류

앞서 살펴본 바와 같이, 글로벌 경쟁력은 기업의 관점에서 논의되고 정의되었다. 그러나 글로벌 경쟁력은 기업차원뿐만 아니라 국가 및 산업차원에서도 매우 중요한 의미를 가지고 있다. 왜냐하면 어떤 기업의 글로벌 경쟁력은 어떤 특정 국가 및 산업의 글로벌 경쟁력에 의하여 직접적 또는 간접적으로 영향을 받을 수 있기 때문이다. 일반적으로 어떤 국가의 글로벌 경쟁력은 국가, 산업 및 기업차원으로 구분할 수 있다.[27] 〈그림 2-1〉은 국가, 산업 및 기업차원의 글로벌 경쟁력을 보여준다. 이 그림에 나타나 있는 바와 같이, 기

26 재정거래(또는 차익거래)는 글로벌 재무관리에서 주로 사용하는 용어이다. 예를 들면, 이것은 서로 다른 외환시장에서의 상대적인 환율 차이에 근거하여 어떤 통화의 매입과 매도를 통하여 이윤을 추구하는 행위를 의미한다. 글로벌 기업이 전 세계적인 관점에서 국가별 비교를 통하여 가장 유리한 조건을 갖춘 공급자를 선택하거나 교체하는 행위는 재정거래에 해당된다.

27 이장호(2003), p. 1.

그림 2-1 국가, 산업 및 기업차원의 글로벌 경쟁력

영향범위	글로벌 경쟁력의 분류
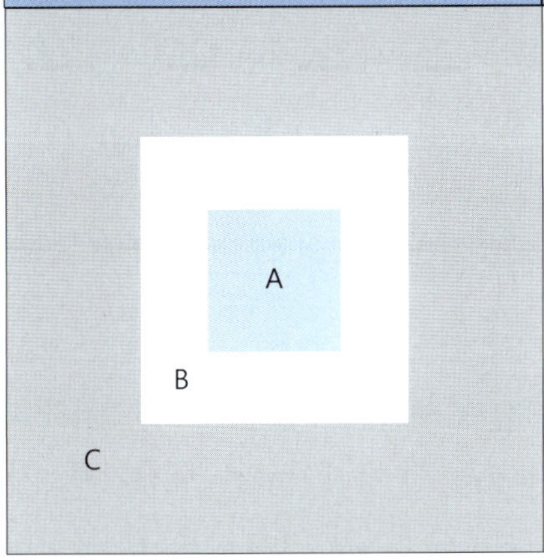	A: 기업차원의 글로벌 경쟁력 B: 산업차원의 글로벌 경쟁력 C: 국가차원의 글로벌 경쟁력

업차원의 글로벌 경쟁력은 산업차원의 글로벌 경쟁력의 영향범위에 속해 있으며, 산업차원의 글로벌 경쟁력은 국가차원의 글로벌 경쟁력의 영향범위에 포함되어 있다. 아래에서는 이러한 세 가지 차원의 글로벌 경쟁력에 대하여 각각 논의하기로 한다.

2.2.1 국가차원의 글로벌 경쟁력

국가차원의 글로벌 경쟁력(global competitiveness of nation)은 그 국가의 부존자원의 양, 경제개발 또는 산업화의 정도, 기술수준, 자본축적의 정도, 인적 자원의 수준 등과 같은 수많은 요인에 의하여 복합적으로 결정된다. 국가차원의 글로벌 경쟁력은 선진국일수록 높고, 후진국일수록 낮다는 식의 단순한 논리로 설명될 수 없으며, 다양한 요인 또는 기준에 의하여 평가가 이루어진다. 최근 들어 가장 널리 사용되고 있는 국가차원의 글로벌 경쟁력에 대

한 대표적인 평가지수는 스위스 로잔의 국제경영개발원(International Institute for Management Development, IMD)이 1987년부터 《세계경쟁연감》(The World Competitiveness Yearbook)을 통해 매년 발표하고 있는 국가경쟁력지수, 그리고 세계경제포럼(World Economic Forum, WEF)이 1996년부터《글로벌 경쟁보고서》(The Global Competitiveness Report)를 통해 매년 발표하고 있는 국가경쟁력지수이다.[28]

IMD의 국가경쟁력지수(IMD's international competitiveness index)

IMD의 국가경쟁력지수는 국제통계와 설문조사의 결과에 근거하여 계산이 이루어진다. 2019년에는 〈표 2-2〉에 제시되어 있는 총 63개국을 대상으로 조사가 수행되었다. 경성자료(hard data)인 통계자료는 국제기구, 지역 또는 민간기구, 각 국가의 정부 등으로부터 수집되며 전체자료의 3분의 2를 차지하고 있다. 그리고 설문조사에 의하여 수집된 연성자료(soft data)는 전체자료의 3분의 1을 대변하고 있다.[29]

〈표 2-1〉에 나타나 있는 바와 같이, IMD 국가경쟁력지수는 경제성과(economic performance), 정부효율(government efficiency), 기업효율(business efficiency) 및 인프라(infrastructure) 등과 같은 4개 주요 기준별 총 20개의 하위 요인으로 구성되어 있다. 그리고 20개의 하위 요인에 5%의 가중치가 각각

표 2-1 IMD 국가경쟁력지수의 주요 기준 및 하위 요인

주요 기준	하위 요인
경제성과	국내경제, 국제무역, 국제투자, 고용, 물가
정부효율	공공재정, 재정정책, 제도적 여건, 기업관련법, 사회적 여건
기업효율	생산성, 노동시장, 금융, 경영활동, 행태가치
인프라	기본인프라, 기술인프라, 과학인프라, 보건 및 환경, 교육

자료원: http://www.imd.org/research/publications/wcy/Factors_and_criteria.cfm.

28 이현재(2005), p. 331.

29 http://www.imd.org/research/centers/wcc/research_methodology.cfm.

표 2-2 IMD 국가경쟁력 순위(2019년)

순 위	국 가	순 위	국 가
1	싱가포르	33	체 코
2	홍 콩	34	카자흐스탄
3	미 국	35	에스토니아
4	스위스	36	스페인
5	아랍에미리트	37	슬로베니아
6	네덜란드	38	폴란드
7	아일랜드	39	포르투갈
8	덴마크	40	라트비아
9	스웨덴	41	키프로스
10	카타르	42	칠 레
11	노르웨이	43	인 도
12	룩셈부르크	44	이탈리아
13	캐나다	45	러시아
14	중 국	46	필리핀
15	핀란드	47	헝가리
16	타이완	48	불가리아
17	독 일	49	루마니아
18	호 주	50	멕시코
19	오스트리아	51	터 키
20	아이슬란드	52	콜롬비아
21	뉴질랜드	53	슬로바키아
22	말레이시아	54	우크라이나
23	영 국	55	페 루
24	이스라엘	56	남아프리카공화국
25	태 국	57	요르단
26	사우디아라비아	58	그리스
27	벨기에	59	브라질
28	한 국	60	크로아티아
29	리투아니아	61	아르헨티나
30	일 본	62	몽 골
31	프랑스	63	베네수엘라
32	인도네시아		

자료원: https://www.imd.org/wcc/world-competitiveness-center-rankings/world-competitiveness-ranking-2019/.

주어지며, 총점은 100점이다.[30]

〈표 2-2〉는 2019년의 IMD 국가경쟁력 순위를 보여준다. 이 표에 나타나 있는 바와 같이, 한국의 국가경쟁력 순위는 총 63개국 중에서 28위로 나타났다.

WEF 국가경쟁력지수(WEF's international competitiveness index)

WEF 국가경쟁력지수는 IMD 국가경쟁력지수와 마찬가지로, 국제통계와 설문조사의 결과에 기초하여 산출된다. 2019년에는 총 106개국을 대상으로 한 조사결과가 발표되었으며, 상위 50개 국가에 대한 순위는 다음의 〈표 2-5〉에 제시되어 있다.[31]

〈표 2-3〉에 제시되어 있는 바와 같이, WEF의 국가경쟁력지수는 기본요인(basic requirements), 효율성 증진(efficiency enhancers), 혁신과 성숙도(innovation and sophistication factors) 등과 같은 3개 주요 기준별 총 12개 하위 요인으로 구성되어 있으며, 이를 토대로 하여 국가경쟁력지수가 산출된다.[32]

표 2-3 WEF 국가경쟁력지수의 주요 기준 및 하위 요인

주요 기준	하위 요인
기본요인	제도, 인프라, 거시경제적 환경, 보건과 초등교육
효율성 증진	고등교육과 직장훈련, 상품시장 효율성, 노동시장 효율성, 금융시장 발전, 기술수용성, 시장규모
혁신과 성숙도	기업활동의 성숙도, 혁신

자료원: WEF(2010), p. 9.

WEF 국가경쟁력지수를 산출하기 위한 각 분야의 가중치는 국가별 발전단계에 따라 다르게 설정된다. 〈표 2-4〉는 WEF 국가경쟁력지수의 주요 기준별 가중치를 보여준다. 그리고 이것은 각 국가의 1인당 GDP(분류기준은 2,000

30 http://www.imd.org/research/publications/wcy/Factors_and_criteria.cfm.

31 http://gcr.weforum.org/gcr2019/.

32 WEF(2010), p. 9.

표 2-4 WEF 국가경쟁력지수의 주요 기준별 가중치

주요 기준	요소추구 단계(1단계)	효율추구 단계(2단계)	혁신추구 단계(3단계)
기본요인	60%	40%	20%
효율성 증진	35%	50%	50%
혁신과 성숙도	5%	10%	30%

자료원: WEF(2010), p. 10.

표 2-5 WEF의 국가경쟁력 순위(2019년)

순 위	국 가	순 위	국 가
1	싱가포르	26	아이슬란드
2	미 국	27	말레이시아
3	홍 콩	28	중 국
4	네덜란드	29	카타르
5	스위스	30	이탈리아
6	일 본	31	에스토니아
7	독 일	32	체 코
8	스웨덴	33	칠 레
9	영 국	34	포르투갈
10	덴마크	35	슬로베니아
11	핀란드	36	사우디아라비아
12	타이완	37	폴란드
13	한 국	38	몰 타
14	캐나다	39	리투아니아
15	프랑스	40	태 국
16	호 주	41	라트비아
17	노르웨이	42	슬로바키아
18	룩셈부르크	43	러시아
19	뉴질랜드	44	키프로스
20	이스라엘	45	바레인
21	오스트리아	46	쿠웨이트
22	벨기에	47	헝가리
23	스페인	48	멕시코
24	아일랜드	49	불가리아
25	아랍에미리트	50	인도네시아

자료원: http://gcr.weforum.org/gcr2019/; 총 106개국 중 상위 50개국만 제시함.

달러 이하부터 17,000달러 이상까지임)에 따라 3단계로 분류되며, 1단계와 2단계, 2단계와 3단계 사이에는 각각 중간단계가 있다.

〈표 2-5〉는 2019년의 WEF 국가경쟁력 순위를 제시한다. 이 표에 나타나 있는 바와 같이, 한국의 국가경쟁력 순위는 총 106개국 중에서 13위로 나타났다.

IMD와 WEF의 국가경쟁력지수의 활용

IMD와 WEF가 매년 발표하는 국가경쟁력 평가결과는 다음과 같이 활용될 수 있다.

- 해당국가의 국가경쟁력 분석을 위한 자료
- 각 관련분야 및 부문별 국가경쟁력지수에 근거한 해당국가의 국가경쟁력강화 전략 또는 정책의 수립
- 해당국가의 해외직접투자 유치를 위한 홍보자료
- 경쟁국가와의 각 관련분야 및 부문별 국가경쟁력 비교
- 해외투자기업의 투자대상국 평가를 위한 자료

IMD와 WEF의 국가경쟁력지수의 장점 및 단점

IMD와 WEF의 국가경쟁력지수는 국제통계와 설문조사를 통하여 광범위하게 자료를 수집하여 산정하기 때문에 조사대상 국가들의 여러 가지 특성을 잘 반영할 수 있다는 장점을 가지고 있다. 또한 국가경쟁력지수는 각 관련분야 및 부문별로 세분화되어 산정되기 때문에 해당국가의 강점과 약점이 쉽게 파악될 수 있다. 그리고 매년 발표되는 평가결과는 국가경쟁력지수에 대한 연도별 추세파악을 가능하게 해 준다.

이러한 장점에도 불구하고 IMD와 WEF의 국가경쟁력지수는 설문조사자료의 비중이 높기 때문에 주관적으로 평가될 수 있는 단점을 가지고 있다.[33]

33 이현재(2005), p. 330.

특히, IMD의 국가경쟁력지수는 20개 하위 요인에 대하여 동일한 가중치를 부여하기 때문에 이로 인한 편의(bias)가 발생할 가능성이 있다. 그러나 IMD와 WEF 국가경쟁력지수의 항목 및 평가방법이 매년 개선되고 있기 때문에 이러한 문제점은 어느 정도 해결될 수 있다.

2.2.2 산업차원의 글로벌 경쟁력

산업차원의 글로벌 경쟁력(global competitiveness of industry)에 대한 연구는 고전적 이론과 근대적 이론으로 구분될 수 있다. 이러한 이론들은 산업차원의 글로벌 경쟁력의 발생요인과 국제무역의 성립에 대하여 설명하고 있다. 고전적 이론은 *스미스(Smith)*의 절대우위이론과 *리카르도(Ricardo)*의 비교우위이론 등이며, 그리고 대표적인 근대적 이론은 *헥셔*와 *올린(Heckscher & Ohlin)*의 요소부존이론이다.[34]

고전적 이론

고전적 이론은 2국가 2재화(제품) 1생산요소에 국한하여 이론을 전개하고 있으며, 다음과 같은 비현실적인 가정에 이론적 기초를 두고 있다.[35]

- 두 국가 간의 자유로운 무역을 방해하는 수송비, 관세 및 비관세장벽이 존재하지 않는다.
- 두 국가의 생산함수는 같다.
- 두 국가의 노동의 질(단일 생산요소임)이 동일하다.
- 생산요소시장과 상품시장은 완전경쟁시장이다.
- 두 국가 간의 노동의 국제적 이동이 존재하지 않는다.

34 Smith, A.(1776); Ricardo, D.(1821); Ohlin, B.(1931); Heckscher, E. F.(1966).
35 서근태 외(1999), p. 12.

(1) 절대우위이론(theory of absolute advantage)

절대우위이론은 다음과 같이 설명될 수 있다. 위와 같은 가정하에 어떤 국가 A가 재화 X의 생산에 있어서 다른 국가 B보다 적은 생산비를 사용하여 생산할 수 있다면, 국가 A는 재화 X의 생산에 있어서 절대우위를 보유하게 된다. 이러한 절대우위를 바탕으로 국가 A는 국가 B로 재화 X를 수출하게 될 뿐만 아니라, 재화 X가 속해 있는 산업은 글로벌 경쟁력을 갖게 된다. 이와 같이 절대우위가 있는 재화를 생산하여 두 국가가 각각 상호 교환함으로써 두 국가의 후생은 증가하게 된다. 그러나 이 이론은 절대우위가 있는 국가와 절대우위가 없는 국가 간의 무역을 설명하지 못하는 한계점을 가지고 있다.

(2) 비교우위이론(theory of comparative advantage)

*리카르도*는 절대우위이론이 가지고 있는 한계점을 개선한 비교우위이론을 주장하였다. 비교우위이론에 의하면, 어떤 국가 A에서 생산된 재화 X가 어떤 국가 B에서 생산된 재화 X와 비교하여 상대적으로 생산비가 저렴하다면, 국가 A는 재화 X의 생산을 특화하고 이를 국가 B에 수출한다. 마찬가지로 국가 B에서 생산된 재화 Y가 국가 A에서 생산된 재화 Y와 비교하여 상대적으로 생산비가 저렴하다면, 국가 B는 재화 Y의 생산을 특화하고 이를 국가 A에 수출한다. 즉, 비교우위이론은 두 국가 간의 상대적인 생산비의 차이가 무역을 발생시키며, 수출되는 재화가 속한 산업이 글로벌 경쟁력을 보유할 수 있다고 주장한다. 그러나 이 이론도 절대우위이론과 마찬가지로 2국가 2재화 1생산요소에 국한하여 이론을 전개하고 있기 때문에 현실성이 떨어진다는 비판을 받고 있다.

근대적 이론

*헥셔*와 *올린*은 고전적 이론을 더욱 발전시켜 어떤 국가의 특정재화의 생산비 우위는 그 국가가 보유한 부존자원에 기인한다는 요소부존이론(theory of factor proportions)을 주장하였다. 즉, 이들은 노동 및 자본에 대한 요소부

존에서의 차이점에 근거하여 국가 간의 무역을 설명하고 있다. 예를 들면, 노동력이 풍부한 국가는 노동집약적인 제품생산에 있어서 우위와 이에 근거한 글로벌 경쟁력을 보유할 수 있으며, 반면에 자본이 풍부한 국가는 자본집약적인 제품생산에 있어서 우위와 그로 인한 글로벌 경쟁력을 확보할 수 있다. 하지만 이 이론은 요소부존이라는 국가차원의 거시적 요인만으로 어떤 산업의 글로벌 경쟁력을 설명하고 있기 때문에 어떤 산업에 속해 있는 기업들의 혁신 또는 경쟁전략 등과 같은 기업차원의 요인들을 간과하고 있다.[36]

2.2.3 기업차원의 글로벌 경쟁력

기업차원의 글로벌 경쟁력(global competitiveness of company)은 어떤 기업이 보유하고 있는 경쟁우위를 바탕으로 유지될 수 있다. 일반적으로 이러한 기업의 경쟁우위는 비용우위와 차별화우위로 크게 구분될 수 있다.

(1) 비용우위(cost advantage)

비용우위는 어떤 기업이 경쟁기업보다 더욱 낮은 비용으로 생산함으로써 나타나는 우위이다. 비용우위를 달성하기 위하여 기업은 규모의 경제, 학습곡선효과, 제안제도, 품질관리 및 개선(Kaizen) 등을 추구할 수 있다. 핵스와 *마지러프(Hax & Majluf)*에 의하면, 이러한 비용우위를 실행하기 위한 전제조건들은 다음과 같다.[37]

- 세계적 규모의 생산시설의 공격적 구축
- 공정합리화를 위한 계속적인 공정혁신의 추구
- 비용-가치분석의 실시
- 공정의 표준화

36 정태영 외(2006), p. 236; Krugman, P. R.(1987), p. 131 이하.

37 Macharzina, K.(1993), p. 212; Hax, A. C./Majluf, N. S.(1988), p. 50.

- 고도의 분업화
- 제품의 단순화
- 대규모 고객에 대한 집중 또는 한계적 고객의 회피

(2) 차별화우위(differentiation advantage)

좁은 의미에서 볼 때, 차별화우위는 어떤 기업이 경쟁기업에 비해 뛰어난 신제품개발 또는 제품차별화능력을 보유하고 있을 때 발생하는 우위이다. 그러나 넓은 의미에서 볼 때, 차별화우위는 신제품개발뿐만 아니라 기업의 여러 가지 기능영역에서의 우위도 포함될 수 있다. 예를 들면, 기업의 기능영역에서의 차별화우위는 다음과 같은 것들이 포함될 수 있다.

- 마케팅 영역: 제품 이미지, 상표, 광고 등에서의 차별화능력
- 연구개발 영역: 신제품 및 신공정 개발능력
- 생산 영역: 높은 품질의 제품생산능력

또한 기업차원의 글로벌 경쟁력은 어떤 기업이 보유하고 있는 기업특유의 자원에 의해 결정될 수 있다. 만일 어떤 기업이 다른 기업이 갖지 못한 독점적 우위를 보유하고 있다면, 글로벌 경쟁에 있어서 독점적 지위를 확보하게 된다. 그러나 현실적으로 볼 때, 독점적 우위를 통하여 글로벌 경쟁력을 지속적으로 유지하는 것은 매우 어려울 수 있다. 왜냐하면 독점적 우위는 시간이 지남에 따라 경쟁기업의 추격에 의해 약화 또는 상실될 수 있기 때문이다.

자원기반이론(resource-based theory)에 의하면, 기업차원의 글로벌 경쟁력은 어떤 기업이 보유한 기업특유의 자원에 기초하여 설명이 가능하다. 이 이론은 어떤 기업이 시장에서 지속가능한 경쟁우위를 확보하게 하는 요인이 무엇인가에 대한 해답을 찾는데 주안점을 두고 있다.[38] 기업이 글로벌 경쟁

38 정태영 외(2006), p. 236; Barney, J.(1991), p. 99 이하.

력을 확보하기 위해서는 환경을 분석하여 이에 적합한 전략을 수립하는 것도 중요하지만, 무엇보다도 수립한 전략을 성공적으로 수행하기 위하여 요구되는 기업특유의 자원을 보유하고 창출하는 것이 중요하다.[39]

2.3 글로벌 경쟁전략에 대한 이론적 기초

2.3.1 *포터*(*Porter*)의 산업차원의 글로벌 경쟁전략

포터(*Porter*)가 개발한 다이아몬드이론(diamond theory)과 산업경쟁력(competitiveness of industry) 분석모델은 산업차원의 글로벌 경쟁전략을 이해하고 분석하는 방법으로 광범위하게 활용되고 있다. 아래에서는 그가 개발한 이론들에 대하여 구체적으로 살펴보기로 한다.

다이아몬드이론

*포터*는 글로벌 경쟁력을 통합적으로 고찰하기 위하여 10개국 110여 개의 산업에 대한 분석을 시도하였다.[40] 그에 의하면, 어떤 국가의 특정산업의 글로벌 경쟁력은 〈그림 2-2〉에 제시되어 있는 4개의 주요요소와 2개의 부속요소(기회 및 정부)에 의하여 결정된다. 이 그림에 나타나 있는 바와 같이, 4개의 주요요소가 연결된 모양이 다이아몬드를 연상시키기 때문에 다이아몬드이론(국가경쟁이론이라고도 함)이라고 한다.

4개의 주요요소와 2개의 부속요소는 다음과 같다.

- 요소조건(factor conditions): 인적 및 물적 자원, 지적 자원, 자본 및 사

39 조동성(1997), p. 664.

40 Porter, M. E.(1990).

그림 2-2 *포터*의 다이아몬드모델

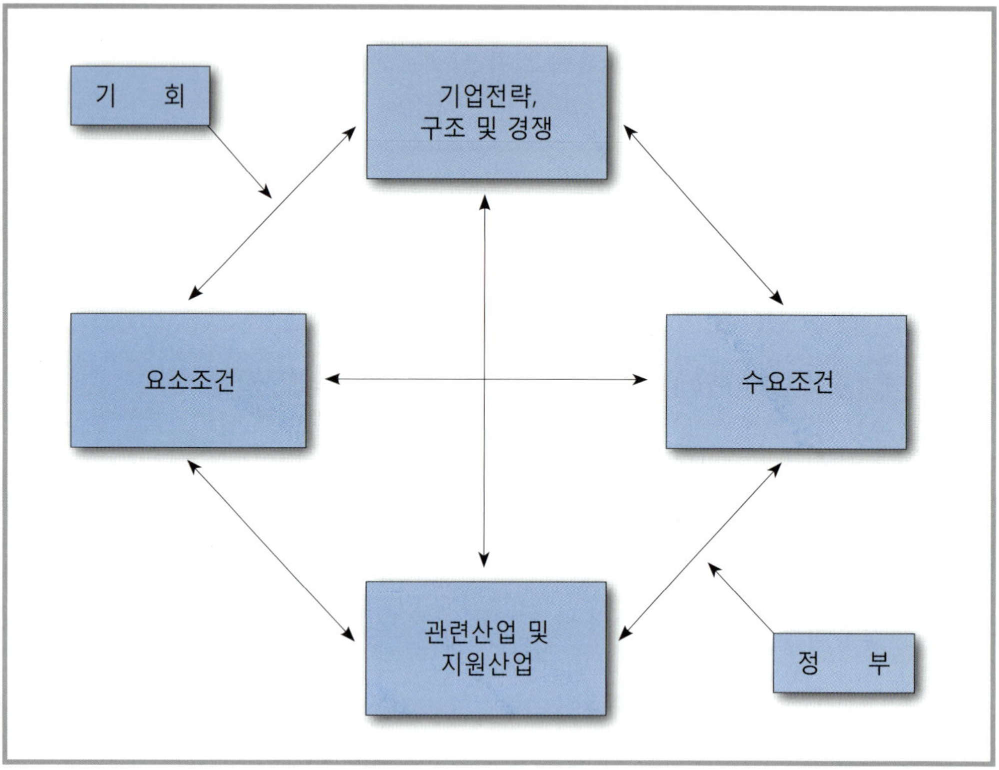

자료원: Porter, M. E.(1990), p. 127.

회간접자본 등이 포함된다.

- 수요조건(demand conditions): 국내구매자의 구성, 국내시장의 규모와 성장단계, 국제시장수요의 보편성(예를 들면, 국내제품에 대한 해외구매자의 높은 선호도) 등이 포함된다.
- 관련산업 및 지원산업(related and supporting industries): 상호 보완적 또는 협력적인 산업, 산업클러스터의 존재 등이 포함된다.
- 기업전략, 구조 및 경쟁(firm strategy, structure, and rivalry): 경영자의 행동양식, 의사결정방식, 기업의 조직구조, 국내경쟁상황(예를 들면, 경쟁기업의 수, 경쟁강도 등) 등이 포함된다.

- 기회(chance): 우연적 발견, 원재료 가격과 환율에서의 큰 변동, 특정 제품에 대한 수요의 극단적인 변동, 외국정부의 정치적 의사결정, 전쟁 등이 포함된다.
- 정부(government): 정부의 정책(예를 들면, 지원금 및 보조금의 지급, 금융혜택 등), 정부의 경제개발계획 등이 포함된다.

어떤 국가의 특정산업이 글로벌 경쟁력을 갖기 위해서는 무엇보다도 다이아몬드모델을 구성하고 4개의 주요요소가 상호 유기적으로 작용하여야 한다. 4개의 주요요소 중에서 어느 하나의 요소에서 문제가 발생한다면 특정산업의 글로벌 경쟁력은 약화될 것이다. 또한 하나 또는 두 개의 주요요소에 기초하여 특정산업의 글로벌 경쟁력이 유지되고 있다면, 단기적으로는 글로벌 경쟁력이 약화되지 않을 수도 있으나 장기적으로는 글로벌 경쟁력이 크게 약화될 수 있다.

*포터*의 다이아몬드이론은 어떤 국가의 특정산업에 대한 글로벌 경쟁력의 역동성을 잘 설명하고 있다. 그러나 이 이론은 특정산업의 글로벌 경쟁력에 대한 의사결정모델이 아닌 설명모델의 성격을 가지고 있기 때문에, 어떤 국가의 특정산업에 대한 글로벌 경쟁전략을 수립하는 데 있어서 한계가 따른다. 또한 *포터*는 특정산업의 글로벌 경쟁력을 강화하기 위하여 주요요소들 간의 상호 긍정적인 지원의 중요성을 강조하고 있지만, 그의 이론에서는 주요요소들 간의 관련성이 명확하게 설명되거나 분석되지 않았다.

산업경쟁력 분석모델

어떤 산업 내의 경쟁력을 분석하기 위하여 *포터*는 기존기업 간의 경쟁, 잠재적 진출기업의 위협, 공급자의 교섭력, 구매자의 교섭력 및 대체품의 위협 등과 같은 5개의 경쟁요인(competitive factors)을 제시하였다.[41] 〈그림 2-3〉에 제시되어 있는 바와 같이, 이들 5개의 경쟁요인 중에서 잠재적 진출기업

41 Porter, M. E.(1980).

그림 2-3 *포터*의 산업경쟁력 분석모델

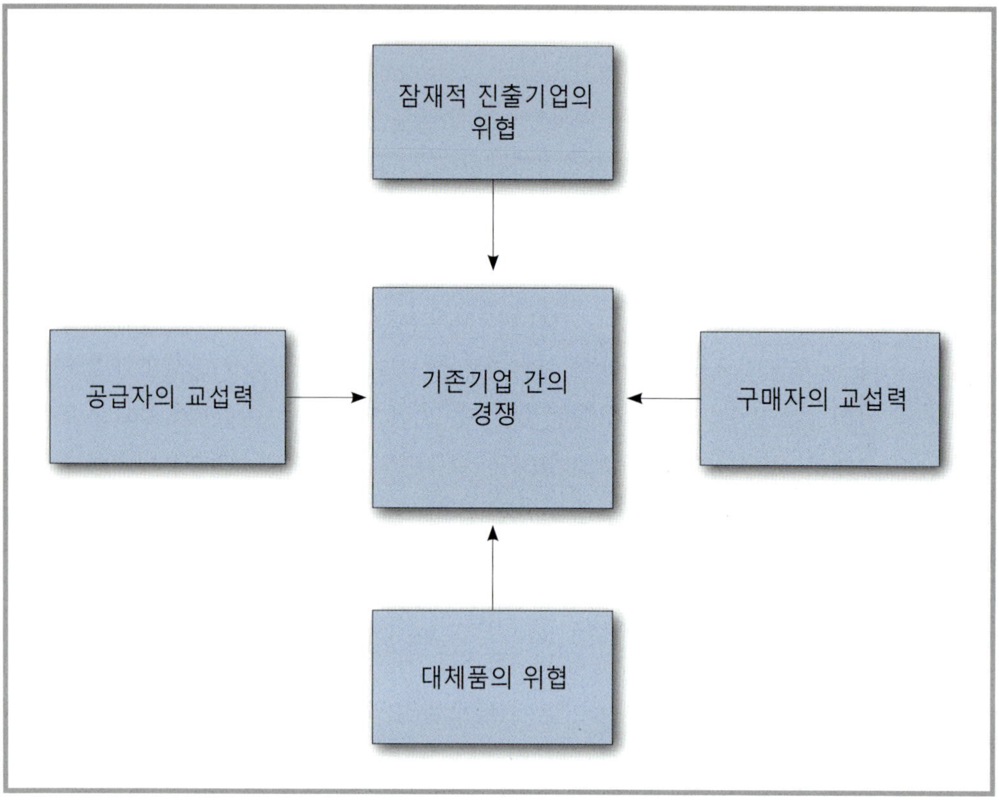

자료원: Porter, M. E.(1980).

의 위협, 기존기업 간의 경쟁 및 대체품의 위협 등과 같은 3개의 경쟁요인은 '경쟁(competition)'과 연관되어 있다. 반면에 공급자의 교섭력과 구매자의 교섭력 등과 같은 2개의 경쟁요인은 '협력(cooperation)'과 관련되어 있다. 이러한 경쟁요인의 구체적인 의미는 다음과 같이 요약될 수 있다.

- 기존기업 간의 경쟁(rivalry among competitors): 이것은 어떤 산업 내에서 이루어지고 있는, 그리고 시장에 참여하고 있는 모든 기업 간의 경쟁을 의미한다.

- 잠재적 진출기업의 위협(threat of potential entrants): 이것은 미래의 어느 시점에 어떤 새로운 경쟁기업이 시장에 참여하는 경우에 나타날 수 있는 위협을 말한다.
- 공급자의 교섭력(bargaining power of suppliers): 이것은 최종조립기업의 제조원가에 영향을 미칠 수 있는 부품 또는 원재료 공급업체의 판매가격(공급가격)에 대한 교섭력을 뜻한다. 예를 들면, 완성차를 제조하는 어떤 최종조립업체(자동차 회사)에 부품 또는 원재료를 납품하는 공급업체(부품업체)의 판매가격에 대한 교섭력이 크다면, 최종조립업체의 경쟁상황은 악화될 수 있다. 반면에 공급업체의 판매가격에 대한 교섭력이 작다면, 최종조립업체의 경쟁상황은 개선될 수 있다.
- 구매자의 교섭력(bargaining power of buyers): 이것은 구매자 또는 소비자가 행사하는 최종제품에 대한 가격교섭력을 의미한다. 즉, 어떤 제품에 대한 구매자의 가격교섭력이 크다면, 이것은 제조업체의 경쟁상황에 불리하게 작용할 수 있다. 이와 반대로 구매자의 가격교섭력이 작다면, 이것은 제조업체의 경쟁상황에 유리하게 작용할 수 있다.
- 대체품의 위협(threat of substitutes): 이것은 기존의 제품시장에서 구매자 또는 소비자가 다른 대체된 제품을 구매할 때 나타날 수 있는 위협이다. 예를 들면, 가솔린 또는 디젤 자동차의 대체품은 수소, 하이브리드 또는 전기 자동차가 될 수 있다.

*포터*가 제시한 산업 내의 경쟁을 분석하기 위한 5개의 경쟁요인을 구체적으로 살펴보면 다음과 같다.[42]

- 기존기업 간의 경쟁: 신제품개발능력, 초과생산능력, 경기변동에 따른 매출액의 규모, 규모의 경제 또는 대량생산, 가격인하능력, 품질보증의 수준 등
- 잠재적 진출기업의 위협: 고도의 자본투자, 짧은 제품수명주기, 막대

42 전게서; Neuland, E./Hough, J.(2007, Ed.), p. 208 이하.

한 연구개발비, 독점적 제품, 산업표준의 변화, 규모의 경제, 광범위한 유통경로 등

- 공급자의 교섭력: 원재료 및 공급자의 부족, 독점적 공급자, 공급자의 집중정도, 공급자의 전방통합능력(예를 들면, 1차 부품업체에 의한 2차 부품업체의 인수) 등
- 구매자의 교섭력: 구매자의 후방통합능력(예를 들면, 도매업체에 의한 소매업체의 인수), 구매자 교체비용, 구매자의 집중정도, 구매자의 총 구매가격 등
- 대체품의 위협: 대안적 및 경쟁적인 제품과 서비스의 가치, 기술의 대안적 사용 또는 다른 기술의 개발 등

*포터*의 산업경쟁력 분석모델은 어떤 산업의 경쟁력을 '경쟁'과 '협력'의 관점에서 체계적으로 분석한다. 이 모델은 기업이 활동하고 있는 현재와 미래의 경쟁력을 분석하는 데 사용될 수 있을 뿐만 아니라 미래에 진출하려는 산업의 경쟁력을 예측하는 데도 활용될 수 있는 장점을 가지고 있다.[43] 그러나 이 모델은 산업경쟁력을 정태적으로 분석하는 것을 가정하고 있기 때문에 산업경쟁력과 산업구조가 동태적으로 변화하는 상황을 충분하게 고려하지 못하는 단점을 지니고 있다. 또한 이 모델은 어떤 산업에 속해 있는 기업들 간의 구체적인 경쟁전략의 차이점을 명확하게 설명하지 못하는 한계점을 가지고 있다.[44]

2.3.2 *포터*(*Porter*)의 기업차원의 글로벌 경쟁전략

*포터*는 어떤 성공적인 기업전략을 수립하기 위하여 어떤 경쟁우위가 관련되어 있는가, 그리고 어떤 시장에서 이러한 경쟁우위가 활용될 수 있는가

43 조동성(1997), p. 532.
44 장세진(2005), p. 123 이하.

그림 2-4 *포터* 매트릭스

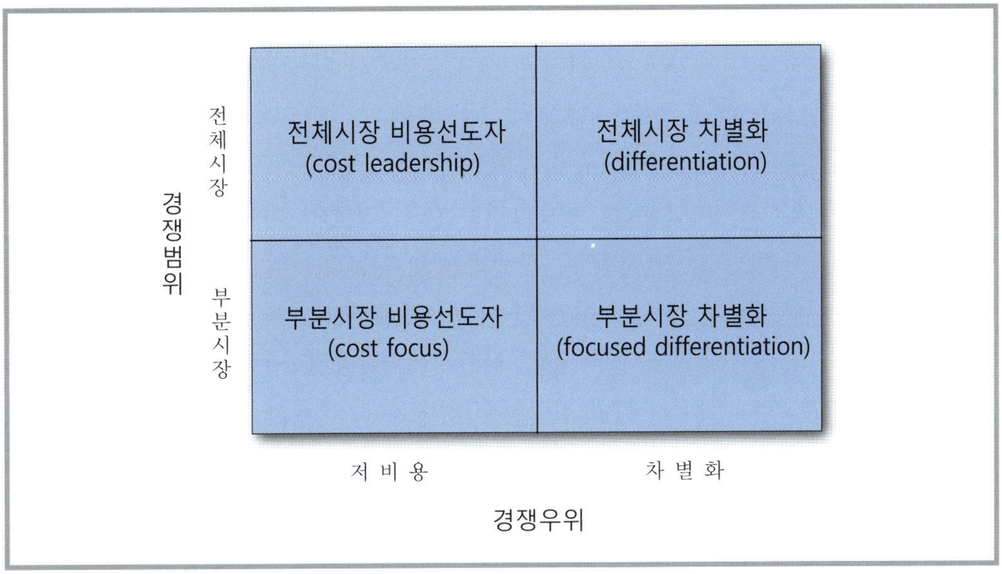

자료원: Porter, M. E.(1985); Perlitz, M.(2004), p. 52.

에 대하여 연구하였다.[45] 그가 제시한 경쟁우위는 차별화우위(differentiation advantage)와 비용우위(cost advantage)이며, 이것들은 기업차원의 글로벌 경쟁전략의 수립을 위한 기본적 요소이다.

〈그림 2-4〉는 경쟁우위(competitive advantage)와 경쟁범위(scope of competition) 등과 같은 두 가지 축으로 구성된 *포터* 매트릭스를 보여준다. 이 그림에 나타나 있는 바와 같이, 경쟁우위는 저비용(lower cost)과 차별화(differentiation)로 구분되는 반면, 경쟁범위는 전체시장(industrywide or wide target)과 부분시장(single segment or narrow target)으로 구분되어 있다. 특히, 부분시장은 집중화(focus)와 관련되어 있다. *포터* 매트릭스가 제시하고 있는 4개의 경쟁전략의 개념과 사례를 살펴보면 다음과 같다.

- 전체시장 비용선도자: 이것은 전체시장에서 비용우위를 추구하는 전

45 Porter, M. E.(1985).

략이다. 이러한 전략을 추구하는 기업의 예로는 전 세계 시장을 대상으로 경쟁하는 일본기업(특히, 1990년대의 일본 자동차기업)을 들 수 있다.

- 전체시장 차별화: 이것은 전체시장에서 차별화우위를 추구하는 전략이다. 이에 대한 기업의 예로는 탁월한 신제품개발능력을 보유한 IBM, Benz, BMW, Bayer, Sony 등과 같은 글로벌 기업을 들 수 있다.
- 부분시장 비용선도자: 이것은 어떤 기업이 비용우위를 기초로 부분시장(단일 세분시장)에 집중하는 전략이다. 이에 대한 기업의 예로는 1980년대 한국, 타이완 및 신흥공업국의 기업을 들 수 있다.
- 부분시장 차별화: 이것은 어떤 기업이 차별화우위를 바탕으로 부분시장(단일 세분시장)에 집중하는 전략이다. 이러한 전략을 추구하는 기업의 예로 Rolex, Hermes, Louis Vuitton, Cartier 등과 같은 기업을 들 수 있다.

포터 매트릭스는 어떤 기업의 경쟁우위를 저비용, 차별화 및 집중화 등으로 분류하여 체계적으로 설명하고 있다. 그러나 *포터* 매트릭스는 단순히 저비용과 차별화와 같은 전략적 우위요소, 그리고 집중화와 같은 전략적 목표를 제시하고 있을 뿐이며 이러한 전략의 구체적인 실행방안을 제시하지 못하는 한계점을 지니고 있다.

2.3.3 혁신믹스를 통한 글로벌 경쟁전략

혁신(innovation)의 어원은 라틴어의 'innovatio'인데, 이 단어는 "새롭게 하는 것, 어떤 새로운 것의 창조 및 변화" 등을 의미한다.[46] *캔터*(*Kanter*)는 혁신을 다음과 같이 정의하였다. "혁신은 어떤 새로운 문제해결 또는 기회제공

46 Olschowy, W.(1990), p. 11; Perlitz, M./Löbler, H.(1989), p. 2; Perlitz, M./Löbler, H.(1985), p. 425.

과 관련된 아이디어를 활용할 수 있도록 해 주는 과정을 의미한다."[47] 본서에서는 혁신의 개념을 "새로운 아이디어가 전략혁신, 사회적 혁신, 제품혁신 및 공정혁신 등의 형태로 실천 또는 실행되는 것"으로 정의하고자 한다.[48] 이와 같은 4가지의 혁신(또는 4대 혁신)을 살펴보면 다음과 같다.[49]

- 전략혁신(strategic innovation): 어떤 기업이 속한 산업에서의 새로운 전략수립 및 그 기업 자체의 새로운 전략수립을 의미함, 예를 들면, 품질선도자전략, 비용(원가)선도자전략 및 시장선도자전략 등을 통하여 전략혁신을 추구함.
- 사회적 혁신(social innovation): 기업의 조직과 인적 자원영역에서의 변화 또는 변경, 종업원의 능력개발 및 인적 상호관계의 개선을 포괄함, 주요 관련영역은 혁신을 위한 조직구조, 연구개발의 글로벌화와 조직구조 및 조직혁신, 혁신조직에서의 조정 및 동기부여 등임.
- 제품혁신(product innovation): 신제품의 창출 또는 기존제품의 개선을 의미하며, 또한 제품의 개념에 서비스를 포함시킬 수 있음, 차별화우위와 관련되어 있음.
- 공정혁신(process innovation): 새로운 생산방식의 창출 또는 개선을 의미함, 생산기술과 관련된 생산공정뿐만 아니라, 조직, 계획, 자금조달, 자원조달 및 유통 등과 같은 기능영역에서의 경영적 성과의 창출과정 및 요소결합의 새로운 방식 등도 포괄할 수 있음(이 경우에 있어서 공정혁신을 넓은 의미로 해석하여 과정혁신이라고 함), 비용(원가)우위와 관련되어 있음.

〈그림 2-5〉는 혁신을 통한 경영적 및 국가경제적 경쟁력의 강화에 대한 개념을 제시한다. 이 그림에서는 연구개발을 통한 혁신이 이루어져야만

47 Kanter, R. M.(1984), p. 52.

48 박주홍(2007), p. 19 재인용; Perlitz, M./Löbler, H.(1989), p. 2; Brockhoff, K.(1987), p. 55; Lorenz, G.(1985), p. 138; Perlitz, M./Löbler, H.(1985), p. 425.

49 Park, J.-H.(1996), p. 11 이하.

그림 2-5 혁신을 통한 경영적 및 국가경제적 경쟁력의 강화

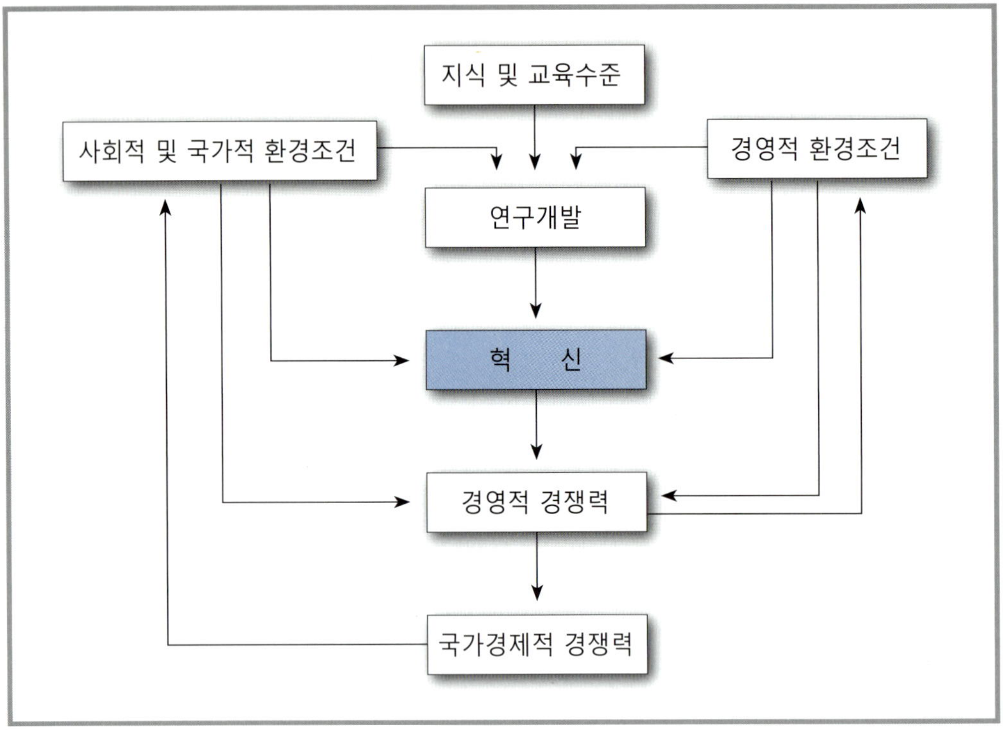

자료원: Brockhoff(1994), p. 21.

기업의 경영적 경쟁력과 국가경제적 경쟁력이 강화될 수 있다는 것을 명확히 하고 있다. 또한 이 그림은 지식 및 교육수준, 경영적 환경조건, 사회적 및 국가적 환경조건 등이 혁신의 성공을 위해 매우 중요한 요인이라는 것을 보여준다.[50]

〈그림 2-6〉은 혁신을 통한 글로벌 경쟁력강화의 개념도를 제시한다. 아울러 이 그림은 기업의 4대 혁신이 글로벌 경쟁력강화에 영향을 미친다는 것을 화살표로 보여준다.

혁신믹스(innovation mix)는 어떤 기업의 전략수립의 방향에 따라 4대

50 박주홍(2007), p. 38.

그림 2-6 혁신을 통한 글로벌 경쟁력강화의 개념도

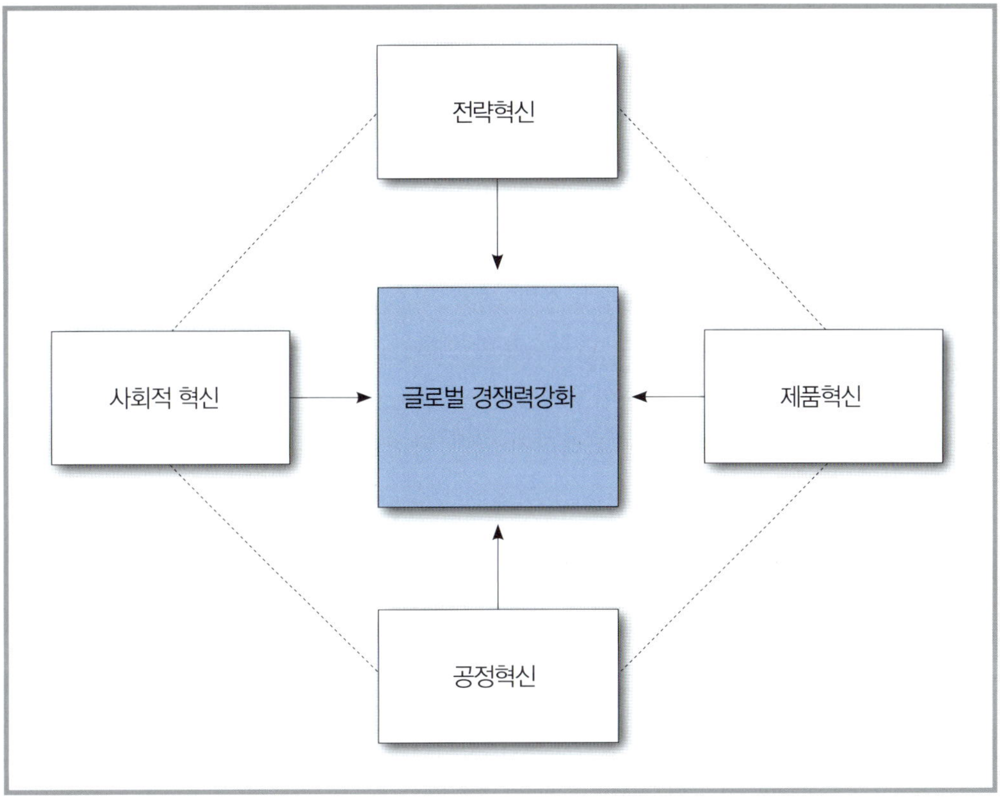

자료원: 박주홍(1998), p. 92.

혁신을 최적적으로 조합하는 것을 의미한다. 본서에서는 제품혁신(product innovation)과 공정혁신(process innovation)의 영문 이니셜(initial)에서 2P를 따고, 전략혁신(strategic innovation)과 사회적 혁신(social innovation)의 영문 이니셜에서 2S를 따서 '2P2S'로 칭하기로 하며, 2P2S에 기초하여 혁신믹스를 논의하기로 한다. 혁신믹스를 통한 글로벌 경쟁전략은 다음과 같은 4가지로 분류할 수 있다.[51]

51 박주홍(2007), p. 60 이하 재인용.

시장선도자와 2P2S 믹스전략

전략혁신으로서의 시장선도자전략(market leader strategy)은 특정시장에서 높은 시장점유율을 추구하는 전략이다. 특히, 시장선도자는 신제품의 개발과 도입에 있어서 다른 경쟁자에 비해 탁월한 우위를 갖는다. 시장선도자전략은 주로 제품혁신에 의하여 강력하게 추구될 수 있으며, 반면에 공정혁신과 사회적 혁신은 시장선도자전략 추구에 큰 영향을 미치지 못한다.

〈그림 2-7〉은 시장선도자와 2P2S 믹스전략을 보여준다. 이 전략을 추구하기 위해서 제품혁신이 단독으로만 이루어지지 않고, 공정혁신과 사회적 혁신도 병행하여 약하게 이루어진다. 기존의 시장선도자전략에서는 공정혁신과 사회적 혁신이 전혀 고려되지 않은 단점이 있기 때문에 〈그림 2-7〉의 대안에서는 공정혁신과 사회적 혁신의 강도는 약하지만 동시에 시장선도자전략을 위해 실행될 수 있는 여지를 보여준다.

그림 2-7 시장선도자와 2P2S 믹스전략

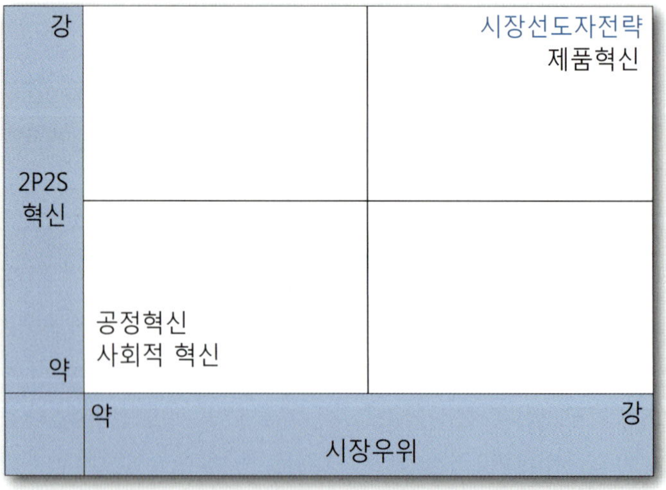

자료원: 박주홍(2001), p. 85.

그림 2-8 품질선도자와 2P2S 믹스전략

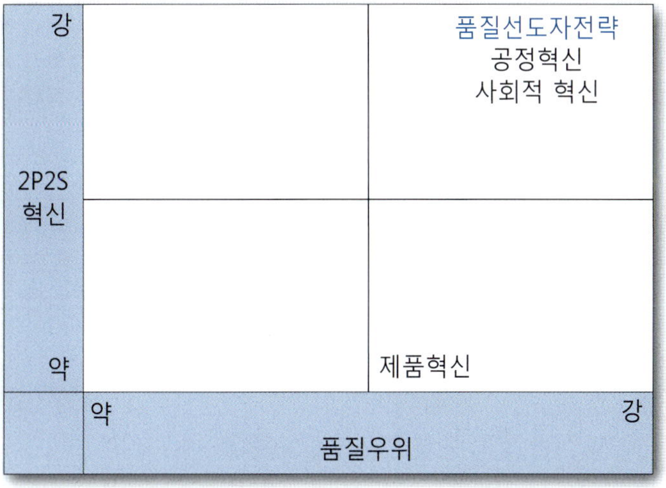

자료원: 박주홍(2001), p. 86.

품질선도자와 2P2S 믹스전략

전략혁신으로서의 품질선도자전략(quality leader strategy)은 제품의 품질에 기초한 기업의 전략을 의미한다. 이 전략을 통하여 글로벌 기업은 다른 경쟁자에 비해 탁월한 품질의 제품을 생산할 수 있다.

〈그림 2-8〉은 품질선도자와 2P2S 믹스전략을 보여준다. 품질우위를 확보하기 위해서 글로벌 기업은 우선적으로 공정혁신을 강력하게 실행하여야 한다. 아울러 품질관리분임조와 같은 품질향상기법을 실행하기 위하여 글로벌 기업은 인적 자원부문, 즉 생산 또는 제조분야의 인적 자원의 효과적이고 혁신적인 활용을 위한 사회적 혁신을 수행하여야 한다. 그리고 품질과 관련된 제품혁신은 품질우위를 확보하는 중요한 수단이 될 수 있다.

그림 2-9 비용(원가)선도자와 2P2S 믹스전략

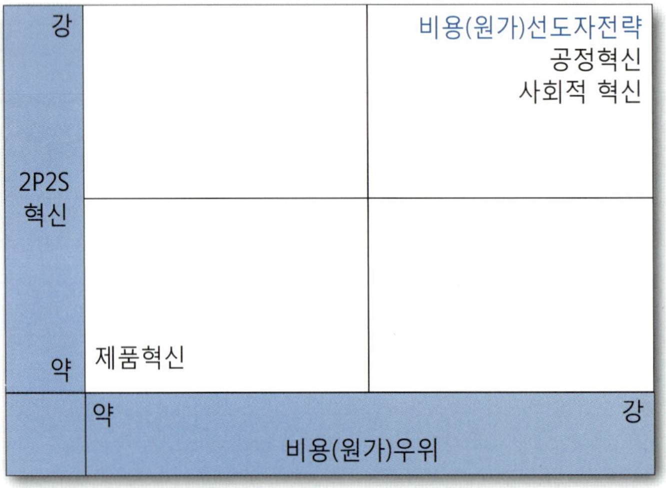

자료원: 박주홍(2001), p. 87.

비용(원가)선도자와 2P2S 믹스전략

전략혁신으로서의 비용(원가)선도자전략(cost leader strategy)은 경쟁자들에 비해 더욱 절감된 원가를 목표로 하는 혁신전략이다. 이러한 전략은 해당 산업부문에서 가장 저렴한 원가를 목표로 추구되며, 무엇보다도 기업이 생산하는 제품의 원가절감에 초점을 둔다.

〈그림 2-9〉는 비용(원가)선도자와 2P2S 믹스전략을 제시한다. 무엇보다도 비용(원가)우위를 실현하기 위하여 공정혁신이 강력하게 추구되어야 하며, 생산 또는 제조부문에서의 사회적 혁신도 추구되어야 한다. 품질선도자전략과 대체로 병행하여 실행할 수 있으나, 제품혁신은 품질선도자전략에 있어서 보다 비용(원가)선도자전략에서 비교적 약하게 추구된다. 물론 제품혁신을 통하여 비용(원가)절감을 위한 여지가 존재하지만, 일반적으로 제품혁신을 통한 신제품 개발 및 시장도입은 많은 초기비용(원가)이 소요되므로 신제품이 대량생산되기 이전에는 규모의 경제효과를 통한 원가절감의 목표가 달성되기

어렵다. 그러나 신제품이 제품수명주기의 성장기 단계에 접어들면 기존제품의 변경과 같은 제품혁신을 통하여 더욱 더 낮은 비용(원가)을 달성할 수 있으나, 시장에서 완전히 새로운 제품을 생산하는 제품혁신이 추구될 가능성은 매우 희박하다.

전사적 혁신전략과 2P2S 믹스전략

전략혁신의 관점에서 전사적 혁신전략(total innovation strategy)은 기업 전체의 관점에서 미래지향적이고 목표지향적인 혁신을 추구하는 전략으로서 2P2S 믹스전략이 동시에 강력하게 추구된다. 전사적 혁신전략의 실행에 있어서 기업의 모든 기능영역은 관련된 2P2S를 효과적이고, 효율적으로 실행하기 위하여 동시에 참여하게 된다.

〈그림 2-10〉은 전사적 혁신전략의 실현을 위해 시장, 품질 및 비용(원가) 등과 같은 우위들이 동시에 추구될 수 있음을 나타내고 있다. 글로벌 기업의

그림 2-10 전사적 혁신전략과 2P2S 믹스전략

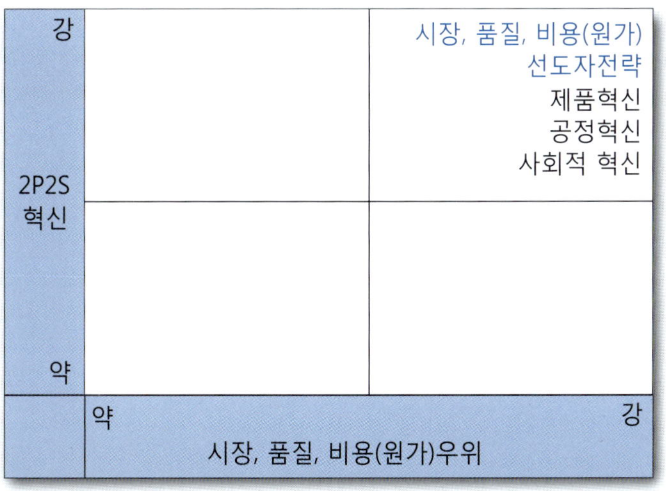

자료원: 박주홍(2001), p. 88.

각 기능영역은 관련된 혁신을 달성하기 위해 전사적인 관점에서 협력해야만 한다. 그러나 전사적 혁신전략의 추구는 인적 및 물적 자원이 많이 소요되어야 하기 때문에 경제성분석(economic analysis)과 비용-효용분석(cost-benefit analysis)이 이루어져야 한다. 경제성분석과 비용-효용분석의 결과, 경제성이나 효용 측면에서의 장점이 없다면 글로벌 기업은 위에서 제시한 시장, 품질 및 비용(원가)선도자전략 중에서 혁신전략의 대안을 찾을 필요가 있다.

혁신믹스는 차별화우위와 비용우위에만 국한하여 *포터* 매트릭스에서 제시한 경쟁우위들을 보다 구체적이고 체계적인 관점에서 글로벌 경쟁전략을 수립할 수 있는 방안을 제시한다. 또한 혁신믹스는 차별화우위와 비용우위가 동시에 추구될 수 있는 하이브리드전략(hybrid strategy)의 실행을 위한 개념적 기초를 제공할 수 있다.[52] 그러나 혁신믹스를 통한 글로벌 경쟁전략의 수립에 있어서 4대 혁신을 동시에 추구하는 경우, 글로벌 기업이 보유하고 있는 인적 및 물적 자원의 최적적 배분과 이를 뒷받침하는 실행 및 통제 계획을 잘 수립하여야 혁신믹스의 성공적 수행이 가능할 것이다.

---

52 Proff, H.(2000), p. 541 이하.

제 2 부에서는 글로벌 경영환경의 분석에 대하여 논의한다. 제3장에서는 정치적·법적 환경에 대하여 설명하며, 여기에서는 이러한 환경에 대한 평가방법을 구체적으로 살펴본다. 제4장에서는 경제적 환경에 대하여 논의하며, 특히 여기에서는 경제적 환경에 영향을 미치는 국제경제기구, 경제적 변수 및 사회경제적 변수 등을 중점적으로 논의한다. 제5장에서는 사회문화적 환경의 의의, 사회문화적 변수 및 사회문화적 환경의 분석을 위한 몇 가지 모형 등을 체계적으로 설명한다. 제6장에서는 기술적 환경의 관점에서 기술의 전략적 의미, 기술의 외부적 영향요인의 분석 및 기술적 이해관계자의 분석 등에 대하여 논의한다. 아울러 위와 같은 글로벌 경영환경에 대한 논의를 바탕으로, 제7장에서는 글로벌 경영환경의 분석방법에 대하여 체계적으로 설명하며, 여기에서는 글로벌 경영환경의 분석을 위한 정보수집, 통합적 분석과정 및 방법 등을 논의한다.

제 2 부

글로벌 경영환경의 분석

제 1 부　글로벌 전략과 글로벌 경쟁력

제 1 장　글로벌화와 글로벌 전략
제 2 장　글로벌 경쟁력과 글로벌 경쟁전략

↓

제 2 부　글로벌 경영환경의 분석

제 3 장　정치적 · 법적 환경
제 4 장　경제적 환경
제 5 장　사회문화적 환경
제 6 장　기술적 환경
제 7 장　글로벌 경영환경의 분석방법

↓

제 3 부　글로벌화 전략의 개발과 글로벌 시장진입전략

제 8 장　글로벌화 전략의 개발과 글로벌 시장진입전략
제 9 장　수　　출
제10장　라이선싱과 프랜차이징
제11장　해외직접투자
제12장　전략적 제휴

↓

제 4 부　글로벌 기업의 전략적 관리

제13장　글로벌 기업의 계획
제14장　글로벌 기업의 조직과 통제

↓

제 5 부　글로벌 기업의 지배구조와 윤리경영

제15장　글로벌 기업의 지배구조
제16장　글로벌 기업의 윤리경영

제 3 장

정치적 · 법적 환경

3.1 정치적 환경

3.2 법적 환경

3.1 정치적 환경

3.1.1 정치적 환경의 의의와 정치적 위험의 종류

글로벌 기업활동은 국경을 초월하여 이루어지기 때문에 현지국주권의 영향을 받게 된다. 특히, 글로벌 기업이 직면하게 되는 현지국의 정치적 환경은 그 예측이 매우 어려울 뿐만 아니라, 기업의 존립에도 심각한 영향을 미칠 수 있다. 일반적으로 정치적 환경은 글로벌 기업활동에 부정적인 영향을 미치는 경우가 많기 때문에 정치적 위험과 동일시하기도 한다. 정치적 위험은 글로벌 기업이 예측하기 어려운 정치적 변화에 근거하고 있으며, 이러한 정치적 변화는 글로벌 기업활동에 직접적 또는 간접적으로 영향을 미치게 된다.

정치적 환경(political environment)은 다음과 같은 여러 가지 변수로 구성되어 있다.[53]

- 정치적 이념(political ideology): 공산주의(국유화, 수용 및 몰수의 위험), 사회주의(예를 들면, 유럽의 사회주의, 공익목적을 위한 정부의 시장개입, 국영기업의 활성화), 자본주의(민영기업에 대한 정부의 규제가능성), 보수와 진보(조세제도 및 세율의 차이, 사회복지정책에서의 이견)
- 국유화(nationalization): 국영기업에 대한 특혜 또는 우대
- 민영화(privatization): 국영기업의 매각을 통한 민영화, 기업의 경쟁구도에 영향을 미침
- 정부의 국내외 경제활동에 대한 보호(protection of economic activities): 정치적 및 군사적 개입, 테러방지
- 정부의 안정성(stability of government): 정부의 권력유지, 정책의 안정성

53 Ball, D. A. et al.(2004), p. 334 이하.

- 전통적 적대감(traditional hostility): 역사적, 종교적, 민족적 또는 인종적 적대감
- 국제기구(international institutions): UN, IMF, WTO, OPEC, OECD 등의 정책 및 규제
- 노동조합(labor union): 이념적 성향의 노동조합(예를 들면, 유럽의 좌파적 노동조합, 정치적인 지지 및 후원)
- 글로벌 기업(global company): 거대한 글로벌 기업의 정치적 협상력(어떤 국가의 GNP보다 큰 매출액을 보유한 글로벌 기업의 존재)

정치적 위험(political risk)은 현지국의 정부가 글로벌 기업활동에 부정적인 영향을 미치거나 손실을 야기함으로써 표출될 수 있다. 어떤 국가에 투자한 글로벌 기업이 직면할 수 있는 정치적 위험은 다음과 같은 다양한 형태로 나타날 수 있다.

- 몰수(confiscation): 금전적인 보상이 전혀 없이 기업을 국가가 빼앗는 행위
- 수용(expropriation): 명목적인 보상을 해 주고 기업을 국가가 빼앗는 행위
- 외환통제(foreign currency control): 글로벌 기업의 투자회수 및 과실송금에 대한 규제
- 고용규제(employment regulations): 글로벌 표준에 어긋나는 현지인종신고용의 요구, 파견 직원에 대한 취업비자발급의 제한
- 현지부품 사용요구(local contents requirements): 과도한 현지부품 사용요구(현지부품 사용요구에 불응할 경우, 현지국으로 이전되는 원재료 및 부품에 대하여 높은 관세를 부과함)
- 경영 및 자본의 현지화(localization of management and capital): 현지인에 의한 경영요구, 외국기업의 다수지분제한
- 계약의 일방적 파기(one-sided abrogation of contract) 또는 재협상

(renegotiation)의 요구: 쌍무적 계약의 파기 또는 글로벌 기업에 불리한 계약조건의 강요

3.1.2 정치적 위험의 관리

정치적 위험은 불연속적으로 발생할 가능성이 높기 때문에 미래에 대한 예측이 매우 어려울 수 있다. 이러한 미래의 불확실성과 투자손실을 줄이기 위해서는 정치적 위험에 대한 관리가 필요하다. 아래에서는 정치적 위험의 관리방법을 투자 이전과 투자 이후 및 위험발생 이후로 나누어 살펴보기로 한다.

투자 이전의 관리방법

투자 이전의 관리방법은 진출포기, 현지지분의 최소화 및 국제적 통합 등과 같은 내부적 관리방법과 정부 및 민간 해외투자보험의 가입, 현지정부의 투자보증 및 정부 간 투자보장협정 등과 같은 외부적 관리방법으로 구분할 수 있다.

(1) 내부적 관리방법

- 진출포기: 어떤 특정국가에 대한 정치적 위험이 높게 평가될 경우, 글로벌 기업은 그 국가로의 진출을 포기할 수 있다. 왜냐하면 글로벌 기업의 해외투자대상 국가는 다양하므로 정치적 위험이 높을 것으로 예상되는 국가에 진출할 필요가 없기 때문이다.
- 현지지분의 최소화: 어떤 특정국가의 정치적 위험이 높음에도 불구하고, 그 국가에 투자하기로 의사결정을 한 글로벌 기업은 현지 투자자본을 최소화하여 위험을 회피할 수 있다.
  - 현지차입: 현지자회사는 운영에 필요한 자본을 현지금융기관으로부

터 차입하는 비율을 높일 수 있다. 만일 정치적 위험에 노출되어 현지자회사가 도산한다면, 손실이 최소화될 수 있기 때문이다.

– 합작투자: 현지투자기업은 합작투자를 통하여 파트너기업과 정치적 위험을 나누어 가짐으로써 손실을 줄일 수 있다. 또한 합작투자파트너가 현지국 기업(국영기업 또는 민영기업)일 경우, 정치적 위험이 상당히 예방될 수 있다.

– 경영관리계약: 경영관리계약은 현지국에 전혀 지분을 보유하지 않는 진입방법이다.

- 국제적 통합: 글로벌 기업의 다양한 기능영역이 네트워크를 통하여 국제적으로 통합이 이루어지면 어느 특정해외자회사의 정치적 위험은 줄어들 수 있다.

– 생산, 마케팅 및 부품조달활동의 국제적 통합: 어떤 특정현지자회사가 정치적 위험에 노출될 경우, 생산, 마케팅 및 부품공급 등과 같은 지원을 중단함으로써 글로벌 차원에서 글로벌 기업의 손실이 최소화될 수 있다.

(2) 외부적 관리방법

- 정부 및 민간 해외투자보험의 가입: 정치적 위험으로 인한 손실이 발생할 경우를 대비하여 글로벌 기업은 보험에 가입하여 위험에 대처할 수 있다.
- 현지정부의 투자보증: 현지정부의 투자보증은 정치적 위험을 줄여줄 수 있다. 예를 들면, 외교관계가 없는 미수교국에 투자하려는 글로벌 기업은 현지정부의 투자보증을 받아 정치적 위험을 회피할 수 있다.
- 정부 간 투자보장협정: 투자보장협정은 민간기업의 해외투자위험을 회피하기 위해 정부 간에 미리 체결하는 협정을 말한다. 본국과 현지국 정부 간의 투자보장협정을 통하여 정치적 위험은 현저히 줄어들 수 있다.

투자 이후의 관리방법

투자 이후의 관리방법은 선량한 기업시민이미지의 창출, 현지국으로의 기술이전공헌 및 현지국의 경제발전공헌 등과 같은 내부적 관리방법과 정부 및 민간 해외투자보험의 가입, 현지정부의 투자보증 및 정부 간 투자보장협정 등과 같은 외부적 관리방법으로 나눌 수 있다. 특히, 투자 이후의 외부적 관리방법은 투자 이전의 관리방법과 동일하지만 투자시점의 차이 때문에 구체적인 관리방법이 약간 다를 수 있다.

(1) 내부적 관리방법

- 선량한 기업시민이미지의 창출: 정치적 위험에 노출될 경우를 대비하여 글로벌 기업은 현지자회사의 기업이미지를 잘 관리하여야 한다. 이를 통하여 현지자회사가 정치적 위험에 노출되었을 경우, 그 기업은 현지국 국민 또는 직원의 지원을 받을 수 있다.
- 현지국으로의 기술이전공헌: 현지국으로의 적극적인 기술이전을 통하여 현지자회사는 현지국이나 현지기업으로부터 신뢰를 받을 수 있다. 그러나 핵심기술의 현지이전은 신중히 고려하여야 한다.
- 현지국의 경제발전공헌: 현지자회사는 현지국의 경제발전에 공헌하고 있다는 사실을 보여주어야 한다. 예를 들면, 현지자회사는 현지기업으로부터 필요한 부품을 공급받거나, 추가적인 투자를 통하여 현지국의 경제발전 또는 산업발전에 기여함으로써 현지국의 신뢰를 받을 수 있다.

(2) 외부적 관리방법

- 정부 및 민간 해외투자보험의 가입: 현지자회사는 투자 이후에 나타나는 다양한 형태의 정치적 위험을 회피하기 위하여 관련된 보험에 가입한다.
- 현지정부의 투자보증: 현지자회사는 투자 이후에 나타날 수 있는 정치

적 위험을 줄이기 위하여 현지국의 투자보증을 받을 필요가 있다.

- 정부 간 투자보장협정: 현지자회사는 정부 간 투자보장협정을 통하여 현지투자기업의 재산보전, 정당한 법절차에 따른 신속하고 효과적인 보상, 자유로운 본국으로의 송금 및 본국 정부에 의한 손해청구 등과 같은 권리를 행사할 수 있다.

위험발생 이후의 관리방법

위험발생 이후의 관리방법은 적극적인 회수 및 보상과 같은 내부적 관리방법과 본국 정부의 경제적 제재, 외교적 해결 및 군사적 해결 등과 같은 외부적 관리방법으로 분류할 수 있다.

(1) 내부적 관리방법

- 적극적인 회수 및 보상: 정치적 위험이 발생하여 현지자회사의 존립에 위기가 닥쳐왔을 경우, 현지자회사는 적극적으로 투자자본을 회수하거나, 현지정부와의 협상을 통해 신속하고 충분한 보상이 이루어지도록 해야 한다.

(2) 외부적 관리방법

- 본국 정부의 경제적 제재: 정치적 위험으로 인하여 현지자회사가 위험에 처하였거나 불이익을 받을 경우, 본국 정부는 현지국에 경제적 제재를 가할 수 있다.
- 본국 정부의 외교적 해결: 현지자회사의 재산상의 피해 또는 손실이 발생할 경우, 외교적인 접근을 통하여 문제가 해결될 수 있다.
- 본국 정부의 군사적 해결: 현지자회사의 피해 또는 손실이 복구될 가능성이 없는 경우, 본국 정부에 의한 군사적 해결과 같은 극단적인 방법이 동원될 수 있다.

〈표 3-1〉은 정치적 위험의 관리방법을 내부적 및 외부적 관리방법으로 구분하여 제시한다.

표 3-1 정치적 위험의 관리방법

구분	내부적 관리방법	외부적 관리방법
투자 이전	• 진출포기 • 현지지분의 최소화 – 현지차입 – 합작투자 – 경영관리계약 • 국제적 통합 – 생산, 마케팅 및 부품조달활동의 국제적 통합	• 정부 및 민간 해외투자보험의 가입 • 현지정부의 투자보증 • 정부 간 투자보장협정
투자 이후	• 선량한 기업시민이미지의 창출 • 현지국으로의 기술이전공헌 • 현지국의 경제발전공헌	• 정부 및 민간 해외투자보험의 가입 • 현지정부의 투자보증 • 정부 간 투자보장협정
위험발생 이후	• 적극적인 회수 및 보상	• 본국 정부의 경제적 제재 • 본국 정부의 외교적 해결 • 본국 정부의 군사적 해결

자료원: Leontiades, J. C.(1985); Hoskins, W. R.(1970), 전용욱 외(2003), p. 335 재인용; 저자에 의해 일부 수정됨.

3.1.3 정치적 위험의 평가방법

정치적 위험은 현지국의 정치적 환경의 변화에 의하여 현지자회사가 손실을 입을 수 있는 가능성을 의미한다. 이러한 손실가능성은 다음과 같은 여러 가지 평가방법에 예측될 수 있다. 정치적 위험의 평가방법은 정성적, 정량적 및 통합적 방법 등으로 구분된다.[54]

54 이장호(2003), p. 385 이하; 전용욱 외(2003), p. 348 이하; 어윤대 외(1997), p. 176 이하; 조동성(1997), p. 118 이하.

정성적 평가방법

전문가를 활용하여 평가하는 것은 대표적인 정성적 평가방법(qualitative evaluation methods)에 속한다. 현지국 대사관의 외교관 또는 직원, 현지법인 주재원, 특파원, 학자, 유학생 및 재외국민회 관계자(예를 들면, 현지국의 한인회) 등이 전문가로 활용될 수 있다. 이것은 현지국에 대하여 많은 경험과 지식을 가지고 있는 전문가를 활용하여 정치적 위험을 주관적으로 평가하는 것이다.

(1) 서술법

서술법(description method)은 자유서술법과 정형적 서술법으로 나누어진다. 자유서술법은 어떤 형식이나 틀에 구애받지 않고 현지국에 대한 정치적 위험을 평가하는 것이다. 이 방법은 현지국의 정치적 위험과 관련된 다양한 질적 요인들을 충분히 검토할 수 있는 장점이 있는 반면, 다소 객관성이 결여된 평가를 할 가능성을 내포하고 있다. 정형적 서술법은 현지국의 정치적 위험과 관련된 주요변수들을 중심으로 예측이 이루어지기 때문에 일정한 형식을 갖는다. 이 방법은 여러 국가를 대상으로 정치적 위험을 평가할 때 객관적 비교가 가능한 장점을 가지고 있으나, 주요예측관련 변수가 제한적이기 때문에 어떤 특정현지국의 국가특성을 반영하기 어려운 단점을 가지고 있다.

(2) 현지방문조사

현지방문조사(grand tours)는 평가조사단이 현지국을 직접 방문하여 정치적 위험을 평가하는 것을 말한다. 평가조사단은 현지국의 관련 공무원 및 기업인들과의 면담을 통하여 정치적 위험과 관련된 정보를 수집하여 평가에 활용한다. 이 방법은 관련당사자들을 통하여 현지국의 정치적 환경을 직접 확인할 수 있는 장점이 있다. 그러나 평가조사단이 단기간에 걸쳐 제한된 수의 현지당사자들과의 면담을 통하여 어떤 현지국의 정치적 위험을 평가하는 경우, 그 국가의 위험을 객관적으로 평가할 수 없는 단점이 나타날 수 있다.

(3) 고문제도

고문제도(old hands)는 현지국의 정치, 경제 및 사회문화적 환경에 대하여 전문적 지식을 가지고 있는 현지 전문가를 고문으로 기용하여 현지국의 정치적 위험을 평가하는 것을 말한다. 일반적으로 현지 전문가에 의한 평가는 앞서 설명한 현지방문조사보다 신뢰도가 높은 장점을 가지고 있다. 하지만 현지 전문가의 주관적 판단과 오판에 의해 잘못된 평가가 이루어지는 경우에는 현지자회사의 경영에 부정적인 영향을 미칠 수 있는 단점이 나타날 수 있다.

(4) 체크리스트법

체크리스트는 어떤 의사결정에 영향을 미칠 수 있는 평가항목들을 제시한 표(table) 또는 목록(list)을 의미한다(제10장 10.1.3 참고). 특히, 체크리스트법(checklist method)은 현지국의 정치적 위험을 평가하기 위하여 널리 사용되는 방법 중의 하나이다. 먼저, 이 방법에서는 정치적 위험과 관련된 평가항목에 각각 점수가 부여된다. 일반적으로 평가점수는 5점 척도에 의해 부여될 수 있다. 각 평가항목에 대한 점수가 부여된 후, 각 평가항목에 가중치를 부여하여 이들 점수를 합산하면 총점이 계산된다. 마지막으로, 의사결정자는 총점에 근거하여 현지국의 정치적 위험을 평가한다. 이 방법에서는 구체적인 평가항목에 근거하여 평가가 이루어지기 때문에 다른 방법에 비해 보다 높은 객관성을 확보할 수 있는 장점이 있으나, 평가항목의 선정과 가중치의 부여에 있어서 평가자의 주관성이 개입될 수 있는 단점이 있다.

(5) 델파이 기법

델파이 기법(delphi forecasts)은 고대 그리스의 아테네신전이 있던 도시인 델파이(Delphi)의 예언자들이 사용했던 방법에서 유래했다. 이 방법은 다음과 같은 단계를 거쳐 현지국의 정치적 위험에 대한 평가가 이루어진다.

- 각 분야의 현지 전문가로 구성된 델파이 팀의 조직
- 1차 설문지 개발
- 1차 설문지를 현지 전문가에게 전달하여 의견수렴
- 1차 응답결과를 분석한 후 2차 설문지 개발
- 2차 설문지를 현지 전문가에게 전달하여 의견수렴
- 2차 응답결과를 분석하여 보고서 완성

설문지는 결과가 도출될 때까지 여러 번에 걸쳐 현지 전문가에게 전달될 수 있다. 최종적으로 현지 전문가들이 제시한 설문지의 각 평가항목의 점수에 가중치를 곱하여 총점이 구해진다. 이렇게 구해진 총점을 근거로 의사결정자는 현지국의 정치적 위험을 평가한다.

이 방법에서는 전문가집단에 의해 정치적 위험에 대한 평가가 신속하게 이루어질 수 있고, 전문가집단이 서로 모르는 상태에서 평가가 진행되기 때문에 소수의 의견선도자(opinion leader)나 권위 있는 전문가에 의한 압력이 형성되지 않는 장점이 있다. 그러나 최소한 2차에 걸친 설문지 작성과정에서 정량화하기 어려운 어떤 중요한 정성적인 변수가 제거될 수 있는 단점이 있다.

정량적 평가방법

정량적 평가방법(quantitative evaluation method)은 계량화될 수 있는 자료를 바탕으로 통계적 분석을 하여 정치적 환경을 평가하는 것이다. 즉, 이 방법은 정치적 환경의 예측에 필요한 각종 자료를 수치화하여 계량모델을 통하여 어떤 국가의 정치적 위험을 측정하는 것이다.

이 방법은 정치적 환경에 영향을 미칠 것으로 판단되는 변수를 계량화하기 때문에 보다 객관적인 결과를 도출할 수 있는 장점을 갖고 있다. 그러나 변수의 계량화과정에서 중요한 정성적인 변수가 제거될 수 있는 단점이 있다.

통합적 평가방법

정치적 위험의 분석에 있어서 위험을 과소평가하거나 과대평가하여 기업이 손실을 입을 가능성이 존재하기 때문에 객관적인 방법과 주관적인 방법, 그리고 거시적인 위험과 미시적인 위험이 통합적으로 고려되어야 할 필요가 있다. 이와 같이 통합적 평가방법(integrated evaluation method)은 정성적 방법과 정량적 방법을 통합한 것을 말하며, 그 대표적인 것으로 시나리오 기법(scenario method)을 들 수 있다. 이 방법은 평가자가 주관적 판단을 통하여 미래의 정치적 위험에 대하여 여러 가지 대안을 제시한 후, 각 대안에 따라 정치적 위험을 예측하는 것을 말한다. 시나리오기법은 다음과 같은 과정을 거쳐 정치적 위험을 평가한다.[55]

- 시나리오결정변수의 파악: 거시적 및 미시적 위험변수를 파악한다.
- 시나리오의 개발: 결정변수에 따라 낙관적, 비관적 및 절충적 시나리오를 개발한다.
- 대응전략개발: 각 시나리오에 따라 정치적 위험에 대응하는 전략을 개발한다.
- 시나리오발생가능성의 예측: 시나리오들이 발생할 확률을 예측하여 가장 확률이 높은 시나리오를 선택한다.
- 대체결과의 분석: 예측된 시나리오와 다른 상황이 전개될 경우를 대비하여 예상되는 결과를 분석한다.

시나리오기법의 장점은 평가자가 몇 개의 시나리오를 주관적으로 선택할 수 있으며, 거시적 변수와 미시적 변수를 모두 고려하여 정치적 위험을 예측할 수 있다는 것이다. 그러나 시나리오결정변수들이 평가자의 주관적 결정에 의하여 선택되기 때문에 중요한 변수가 누락될 수 있는 단점이 있을 수 있다.

55 전용욱 외(2003), p. 353 이하.

3.2 법적 환경

3.2.1 법적 환경의 의의

글로벌 기업활동은 본국뿐만 아니라, 현지국의 법률적 지배도 받으며 이루어지기 때문에 법적 환경(legal environment)을 이해하는 것은 매우 중요하다. 어떤 국가의 법적 환경을 이해하는 데 있어서 가장 중요한 것 중의 하나는 그 국가의 법체계를 파악하는 것이다. 일반적으로 어떤 국가의 법체계는 성문법(대륙법)과 불문법(영미법) 중에서 하나에만 근거하여 구성된다.

성문법(civil law)은 입법기관에 의하여 만들어지고, 그 내용이 문서로 작성되어 일정한 형식과 절차를 거쳐서 공포된 법을 말한다. 예를 들면, 어떤 국가의 헌법 · 법률 · 명령 · 조례 · 규칙 · 조약 등은 성문법에 속한다. 이와 반대로 불문법(common law)은 성문법 이외의 법으로서 문장으로 표현되지 않으며, 일정한 법제정기관에 의한 소정의 절차를 거치지 않고 형성된 법을 말한다. 예를 들면, 사회생활 속에서 법적인 확신 또는 인식을 가지고 관행적으로 행해지는 관습을 내용으로 하는 관습법, 그리고 법원이 구체적인 사건에 대하여 내린 판결이 유사한 사건에 반복 · 답습됨으로써 일정한 법적 규범의식을 갖게 된 판례 및 사물의 합리성 또는 본질적 법칙을 말하는 조리(條理) 등은 불문법에 해당된다.

앞서 논의한 성문법과 불문법 이외에 글로벌 기업이 직면하게 되는 또 다른 중요한 법체계는 이슬람법(Islamic law)이다.[56] 이슬람을 국교로 삼은 국가에서 기업활동을 할 때는 이 법을 준수해야만 기업이 법적인 불이익을 당하지 않게 된다. 이슬람법은 코란과 마호메트의 언행을 중심으로 한 일종의 관습법으로서 이슬람교도의 신앙생활은 물론 이슬람사회의 정치, 경제, 사회 및 인간상호 간의 권리 · 의무 따위의 모든 영역에 걸친 계율 등으로 구성되

56 Dülfer(1992), p. 337.

어 있다.

특히, 글로벌 기업이 현지국에서 기업활동을 하는 경우, 다음과 같은 법률들을 면밀히 검토할 필요가 있다.[57]

- 상법 및 경제법
- 화폐 및 금융법
- 회사법 및 기업법
- 노동법 및 사회법
- 경쟁법
- 세법

기업의 성격과 활동범위 등에 따라서 현지국별로 검토해야 하는 법률들이 다를 수 있다. 일반적으로 현지국의 법률에 대한 구체적인 검토는 기업의 법무팀, 현지국의 변호사 또는 법무법인 및 경영컨설팅회사 등에 의하여 이루어질 수 있다. 즉, 이러한 법률자문을 통하여 글로벌 경영자는 현지국의 법률에 의해 영향을 받게 되는 글로벌 기업의 활동 및 행위와 관련된 구체적인 지식 또는 정보를 획득할 수 있다.

3.2.2 현지국에서의 규제적 법률환경

현지국에서 활동하는 글로벌 기업은 여러 가지 규제적 법률환경(regulative legal environment)에 노출되어 있다. 이러한 규제적 법률환경은 글로벌 기업활동에 심각한 타격 또는 손실을 야기시킬 수 있다. 예를 들면, 다음과 같은 규제적인 법률이 글로벌 기업활동에 부정적인 영향을 미칠 수 있다.

- 기업의 소유지분을 규제하는 법률

57 전게서, p. 339; Schaffer, R. et al.(2002), p. 240 이하.

- 현지종업원의 고용에 관련된 법률
- 투자원금의 회수와 본국송금에 관련된 법률
- 특허, 상표 및 지적재산권 등과 관련된 법률
- 반덤핑규제
- 제품의 품질, 규격 및 안전 등에 관련된 법률과 규제
- 가격통제에 관련된 법률과 규제

이 밖에도 현지국별로 다양한 규제적인 법률이 존재할 수 있으므로 글로벌 경영자는 현지국의 독특한 법적 환경에 대하여 철저하게 분석하여야 한다. 아울러 법률이나 규칙으로 제정되어 있지 않은 상관습도 경우에 따라서 글로벌 기업활동을 제약할 수 있기 때문에 이에 대한 분석이 필요하다.

3.2.3 현지국에서의 법적 분쟁의 해결방법

글로벌 기업이 현지국에서 법적 분쟁에 휘말릴 경우에는 소송, 타협과 화해 및 중재를 통하여 이러한 분쟁을 해결할 수 있다.[58]

- 소송(litigation): 현지국에서 어떤 법적인 문제가 발생하였을 때, 글로벌 기업은 현지국법원에 소송을 제기할 수 있다. 그러나 이 해결방법은 최후의 수단으로 사용되어야 한다. 왜냐하면 소송은 비용이 많이 들고, 오랜 시간이 걸리고, 기업의 이미지가 악화될 수 있고, 현지국 법정에서 차별대우를 받을 수 있는 단점이 있기 때문이다.
- 타협(conciliation)과 화해(mediation): 타협과 화해는 법적 분쟁의 당사자들이 비공식적 또는 자발적으로 합의하여 분쟁을 해결하는 방법이다. 이 방법은 분쟁을 평화적으로 해결할 수 있는 장점을 갖고 있으나, 타협이나 화해에 실패할 경우 중재 또는 소송으로 이어질 수밖에 없는

58 Czinkota, M. R. et al.(2005), p. 125; Ball, D. A. et al.(2004), p. 367.

단점을 갖고 있다.

- 중재(arbitration): 중재는 분쟁의 당사자들과 이해관계가 없고, 전문성을 보유한 제3자 또는 기관을 중재자를 선정하여 분쟁을 해결하는 방법이다. 이 방법은 시간이 적게 걸리고, 비용이 적게 들며, 기업의 이미지를 손상시키지 않는 장점을 갖고 있다. 국제적으로 인정받고 있는 중재기관으로는 1923년에 설립된 국제상공회의소 산하의 국제중재법원(International Court of Arbitration)을 들 수 있다. 현지국에서의 법적 분쟁이 소송으로 이어지는 것을 방지하기 위하여 글로벌 기업이 체결하는 모든 계약에 중재조항을 삽입하는 것이 바람직하다.

제 4 장

경제적 환경

4.1 국제경제기구

4.1.1 국제통화기금(IMF)

국제통화기금(International Monetary Fund, IMF)은 제2차 세계대전 이후 국제통화제도의 필요성이 대두됨에 따라 설립된 국제금융기구이다. 제2차 세계대전이 종전을 치닫고 있을 무렵인 1944년 7월 미국 뉴햄프셔주의 브레튼우즈(Bretton Woods)에서 44개국이 모여 전후의 세계경제의 회복과 국제무역의 활성화를 위해 브레튼우즈 협정을 발족시켰고, 1947년부터 공식 업무를 시작하였다.[59]

이 기구의 주요 설립목적으로는 국제적 통화협력을 통한 외환 및 환율의 안정, 국제유동성의 원활화, 통화의 자유교환성 확립, 국제무역의 확대와 자유무역을 통한 세계경제의 균형적인 발전 등을 들 수 있다. 무엇보다도 이 기구는 회원국이 외환문제로 어려움을 겪거나, 이로 인하여 외환위기 또는 경제위기에 직면할 경우 해당회원국의 경제적 파국을 직접 또는 간접적으로 막을 수 있는 역할을 한다. 1997년 우리나라에 외환위기가 발생했을 때 이 기구의 구제금융을 받음으로써 경제위기를 극복할 수 있었고, 아직도 전 세계의 여러 회원국들이 구제금융을 통하여 국제통화기금의 지원을 받고 있다.

국제통화기금은 설립 이후 오늘날에 이르기까지 여러 차례의 회의를 통하여 국제금융과 관련된 주요문제를 해결하기 위하여 변천을 거듭하였다. 이러한 변천은 브레튼우즈(Bretton Woods) 체제, 스미소니언(Smithsonian) 체제 및 킹스턴(Kingston) 체제 등으로 구분된다.[60]

브레튼우즈 체제는 국제통화기금이 설립된 제2차 세계대전 이후의 국제금융에 대한 기본방향을 제시하는 성격을 갖는다. 이 체제에서는 금(金)본위 환율제도를 바탕으로 미국의 달러화를 국제기축통화로 삼았으며, 환율체

59 Fatehi, K.(1996), p. 480.

60 김시경(2007), p. 72 이하; 원종근(1999), p. 120 이하.

제는 고정환율제도를 채택하였다. 창설초기에는 미국의 주도적 역할로 이 체제가 유지되었지만, 1960년대에 접어들면서 유럽 및 일본의 경제재건 및 부흥으로 인하여 미국경제의 주도적 역할이 쇠퇴하기 시작하였고, 미국 달러화의 절대적 우위가 흔들리기 시작하였기 때문에 체제변화의 필요성이 대두되었다. 또한 국제적인 금보유량의 한계가 드러나고, 금값이 폭등함으로써 금본위 환율제도에 대한 회의가 싹트기 시작하였다. 무엇보다도 이 체제하에서는 국제유동성이 가장 큰 문제로 제기되었다. 이러한 문제를 해결하기 위하여 회원국들은 1971년 미국 워싱턴에 있는 스미소니언박물관에서 체제에 대한 새로운 변화를 모색하는 회의를 개최하기에 이르렀다.

스미소니언 체제에서는 고정환율제도는 그대로 유지하기로 하였으나, 금 1온스가 35달러로 고정된 브레튼우즈 체제의 금과 미국 달러화에 대한 고정평가를 대신하여 보다 신축성 있는 기준율제도를 도입하였다. 이 체제에서는 금 1온스를 38달러로 새롭게 평가하였는데, 이것은 금에 대한 미국 달러화의 평가절하의 성격을 갖는다. 또한 기준율제도를 도입하여 환율변동폭을 종전의 상하(上下) 1%에서 2.25%로 확대 설정하였다. 그러나 이러한 결정을 통하여 국제수지의 불균형을 해소하기에는 역부족이었기 때문에 변동환율제로의 이행이 불가피하게 되었다.

킹스턴 체제는 1976년 자메이카의 수도 킹스턴에서 개최된 회의를 통하여 출범하였다. 이 체제하에서는 변동환율제도를 도입함으로써 안정적인 환율조정과 국제수지의 조정이 가능하게 되었다. 또한 금을 폐화 조치하여 더 이상 평가기준으로 삼지 않았다. 아울러 특별인출권(Special Drawing Rights, SDR)을 도입하여 미국 달러화 부족으로 나타날 수 있는 통화파동을 예방할 수 있게 되었다. 회원국의 통화자산에 적용되는 특별인출권은 일종의 특수통화로서 세계 5대 주요화폐의 평균치를 기준으로 산정되는 인위적 가치를 지니고 있다.

1997년 우리나라의 외환위기 당시, 국제통화기금으로부터 '스탠드바이(stand-by) 협정'을 통하여 외환을 차입하였다. '스탠드바이 협정'은 긴급한 상황이 아닌 경우에 통용되는 제도로서 외환지원을 받기 위해서는 정부가 협정을 체결하고자 하는 의향을 국제통화기금에 전달하여야 한다. 외환위기 당시, 우리나라는 국제통화기금 출자액인 8억 SDR(약 11억 달러)의 5배인 55억 달러까지 대출(대출까지 약 3개월이 소요됨)을 받을 수 있었다. 특히, 킹스턴체제에서 도입된 변동환율제도(우리나라의 도입은 1997년 12월)는 1997년 우리나라의 외환위기 당시 앞서 언급한 안정적인 환율조정과 국제수지의 조정을 가능하게 하였다. 1997년 11월 외환위기 이전의 미국 달러화에 대한 원화의 가치가 1달러/1,100원에서 외환위기 이후 1달러/2,000원으로 큰 폭의 환율변동이 이루어졌다. 이러한 변동환율제도를 통한 급격한 환율변동은 우리나라의 수입을 억제(국내 수입가격이 높아짐)하고, 수출을 촉진(해외 수출가격이 낮아짐)시키는 현상을 초래하였고, 이로 인하여 우리나라의 무역수지가 흑자로 반전되는 계기를 마련할 수 있었다.

4.1.2 세계무역기구(WTO)

세계무역기구(World Trade Organization, WTO)는 1947년부터 시작된 관세 및 무역에 관한 일반협정(General Agreement on Tariffs and Trade, GATT) 체제를 대체하기 위해 1995년 1월에 설립되었으며, 세계무역장벽을 감소시키고 자유무역을 촉진시키기 위한 목적을 가지고 있다. WTO는 설립당시 76개의 회원국을 가지고 있었지만, 2008년 7월 현재 153개의 회원국을 가진 명실상부한 국제기구가 되었다. 1986년부터 1993년까지 지속된 GATT 체제의 마지막 다자 간 무역협상인 우루과이라운드(Uruguay Round)는 종래의 무역협상과는 달리 첨단기술산업 및 서비스산업 등을 협상대상에 포함시켜 협상을 타결하였다.

GATT 체제는 출범 이후 WTO 체제로 대체되기 전까지 국제무역의 증진과 관세 및 비관세장벽의 완화에 많은 공헌을 하였음에도 불구하고, 다음과 같은 결점을 지니고 있었다.[61]

61 김시경(2007), p. 83.

- GATT는 세계기구가 아닌 국제협정이었다.
- 국제무역문제들을 단편적으로 취급하였다.
- 선진국 간의 무역문제에 중점을 두었으며, 선진국과 개발도상국 간의 무역문제를 소홀히 하였다.
- 1980년대 말과 1990년대 초까지 존재하였던 대부분의 사회주의국가들이 가입하지 않았다.
- 1차 산업에 대한 협정을 하지 않았다.

이러한 결점을 개선하기 위하여 WTO는 분쟁해결기구(Dispute Settlement Body)를 통한 분쟁조정, 관세인하요구 및 반덤핑규제 등과 같은 법적 권한과 구속력을 보유하게 되었다. WTO의 주요구성조직을 살펴보면 다음과 같다.[62]

- 각료회의(Ministerial Conference): 최소한 2년에 한 번 개최되는 최고 의사결정기구이다.
- 일반이사회(General Council): 매년 수시로 스위스 제네바에서 개최되며, 무역정책 검토기구와 분쟁해결기구로 개최된다. 모든 회원국정부가 파견한 대표(대사 또는 특사)로 구성된다. 일반이사회 산하에는 상품이사회, 무역관련 지적재산권이사회 및 서비스이사회가 있다.
- 상품이사회(Goods Council): 상품의 교역 및 관세 등에 대한 의제를 다룬다. 즉, GATT의 역할을 담당한다.
- 무역관련 지적재산권이사회(Trade Related Intellectual Property): 무역관련 지적재산권에 관한 모든 협정 및 이와 관련된 세계무역기구의 문제를 다룬다.
- 서비스이사회(Services Council): 서비스무역관련 일반협정을 감독하는 역할을 수행한다.
- 분쟁해결기구(Dispute Settlement Body): 회원국 간의 무역분쟁을 해결하는 기구이다.

---

62 http://www.wto.org/english/thewto_e/whatis_e/inbrief_e/inbr02_e.htm.

- 무역정책 검토기구(Trade Policy Revision Body): 회원국의 무역정책을 검토하는 기구이다.

WTO의 출범에도 불구하고 관세 및 비관세 등의 무역장벽이 없는 완전한 자유무역은 아직 이루어지지 않고 있다. 또한 유럽연합(European Union, EU), 북미자유무역협정(North America Free Trade Agreement, NAFTA), 동남아시아국가연합(Association of South East Asian Nations, ASEAN) 및 남미공동시장(Mercado Común del Sur, MERCOSUR) 등과 같은 세계경제의 블록화의 진전 및 점증하는 국가 간 자유무역협정(Free Trade Agreement, FTA)은 세계적인 자유무역을 추구하려는 WTO의 목표와 상충될 수 있을 뿐만 아니라, 비회원국 및 비협정국 간의 교역에도 부정적인 영향을 미칠 수 있다. 그러나 WTO는 이러한 부정적인 영향을 충분히 상쇄시킬 수 있는 체제를 갖추고 있기 때문에 다양한 산업분야에서 무역기회를 창출하고, 공정한 국제무역질서의 확립에 기여할 것으로 보인다.

4.2 경제적 환경

4.2.1 경제적 환경의 의의

어떤 국가의 경제적 환경(economic environment)은 그 국가에 진출하였거나, 또는 진출하려는 글로벌 기업의 시장의 잠재성과 성장가능성을 예측하는 데 있어서 매우 중요한 역할을 한다. 즉, 글로벌 기업이 해외시장에 진출하는 경우에 있어서 고려해야 하는 가장 중요한 요인 중의 하나는 경제적 환경이며, 이러한 환경은 시장과 관련된 다양한 변수들을 포함하고 있다.

넓은 의미의 경제적 환경은 어떤 국가의 거시경제적 환경과 사회경제적 환경을 모두 포괄하고 있다. 거시경제적인 환경(macroeconomic environment)

은 어떤 국가의 경제체제(예를 들면, 중앙집권적 계획경제, 혼합경제 및 시장경제), 시장규모(예를 들면, 국민 총생산, 1인당 국민소득, 소득분포)와 거시경제지표와 관련된 변수(예를 들면, 경제성장, 인플레이션, 이자율, 환율, 국제수지, 외채 등) 등으로 구성되어 있다. 사회경제적 환경(socioeconomic environment)은 총인구, 연령분포 및 인구밀도와 분포 등으로 이루어져 있다.

일반적으로 경제적 환경과 관련된 변수의 통계수치는 UN 통계연감, 현지국에서 발행하는 통계연감, 경제백서 및 경제보고서 등과 같은 2차 자료를 통하여 쉽고 간편하게 확인할 수 있다.

4.2.2 경제체제의 종류

어떤 국가의 경제체제(economic system)는 소유권과 경제통제권을 누가 보유하고 있는가에 따라 중앙집권적 계획경제, 혼합경제 및 시장경제 등과 같은 세 가지로 분류할 수 있다.[63] 소유권은 누가 경제활동과 관련된 자원(또는 재산)에 대한 보유권리를 갖고 있는가에 대한 것이며, 그리고 경제통제권은 누가 자원을 배분할 수 있는 권리를 갖고 있는가에 대한 것이다. 소유권과 경제통제권의 보유주체는 공공부문(국가 및 공공기관)과 민간부문(기업 및 개인)이 될 수 있다.

중앙집권적 계획경제

중앙집권적 계획경제(centrally planned economy)는 자원에 대한 소유권과 경제통제권을 국가가 소유하는 경제체제를 말한다. 이 경제체제하에서는 국가 및 공공기관이 가격책정과 생산 등을 포함하는 경제활동에 대하여 전적으로 통제한다. 북한과 쿠바 등은 아직도 이 경제체제를 유지하고 있다. 구소련과 동구권도 1980년대 말까지 이 경제체제를 유지하였으나 공산주의의 몰

63 Wild, J. J. et al.(2008), p. 122 이하; Daniels, J. D. et al.(2004), p. 112 이하.

락으로 시장경제체제로 옮겨가게 되었다.

혼합경제

혼합경제(mixed economy)는 자원에 대한 소유권과 경제통제권이 공공부문과 민간부문에 의해 공유되고 있는 경제체제를 의미한다. 일반적으로 이 경제체제하에서는 공익과 관련된 공공부문은 정부와 공공기관에 의해 통제되고, 그리고 영리추구와 관련된 민간부문은 기업과 개인에 의해 통제된다. 거의 대부분의 국가에서 혼합경제를 채택하고 있다. 예를 들면, 덴마크, 프랑스, 독일, 스웨덴, 인도, 인도네시아, 한국 및 남아프리카공화국 등이 혼합경제를 채택하고 있다. 이들 국가의 정부는 중앙집권적 계획경제를 받아들이지 않고 있지만, 특정산업에 대한 지원 및 인센티브의 제공 등과 같은 정책적인 접근을 통하여 경제활동에 적극적으로 개입하고 있다.

시장경제

시장경제(market economy)는 기업과 개인 등과 같은 민간부문이 대부분의 자원에 대한 소유권을 보유하고 있으며, 정부는 경제활동에 대하여 최소한의 개입을 하는 경제체제를 뜻한다. 이 경제체제하에서는 생산에 대한 의사결정은 민간부문에 의해 전적으로 이루어지며, 가격은 수요와 공급에 의하여 결정된다. 미국, 홍콩 및 싱가포르 등의 국가들이 시장경제체제를 유지하고 있다.

어떤 경제체제를 선택하느냐에 따라 달라지게 되는 경제적 자유를 결정하는 요인들은 다음과 같다.[64]

- 무역정책
- 정부의 재정부담 수준

64 Daniels, J. D. et al.(2004), p. 114.

- 정부에 의한 경제개입 수준
- 금융정책
- 자본흐름과 투자
- 뱅킹과 파이낸스
- 임금과 가격 수준
- 재산권
- 정부에 의한 규제
- 암시장의 존재 여부

또한 어떤 국가의 경제체제는 글로벌 기업의 다음과 같은 다양한 측면에 큰 영향을 미칠 수 있다.

- 기업의 소유권 및 경영권
- 기업의 마케팅정책(예를 들면, 가격 및 유통정책)
- 기업의 이윤추구
- 기업의 납세액수준
- 기업의 인적자원의 고용 및 해고

4.2.3 주요 경제적 변수

시장규모와 관련된 변수

아래에서 언급되는 국민 총생산, 1인당 국민소득 및 소득분포 등은 어떤 국가의 시장규모와 잠재성을 측정하기 위하여 널리 활용되는 변수이다.[65]

65 국민 총생산과 1인당 국민소득은 거시경제지표에 속하지만, 시장규모의 관점에서의 설명의 편의를 위하여 여기에서 논의하였다.

(1) 국민 총생산(Gross National Product, GNP)

이것은 어떤 한 국가의 국내 및 해외소유 생산요소들에 의해 최종 생산된 제품과 서비스의 총 시장가치를 화폐단위로 나타낸 것을 말한다. GNP는 국민 총소득(Gross National Income, GNI)이라고도 하며, 일반적으로 1년 단위로 집계된다. GNP는 어떤 국가의 경제활동수준을 파악하는 데 가장 널리 사용되는 지표이다. 국내 총생산(Gross Domestic Product, GDP)은 어떤 한 국가 내에서 생산된 제품과 서비스의 시장가치를 합한 것을 의미하며, 어떤 한 국가의 실제적인 국내경제의 수준을 측정하는 데 널리 사용된다.

(2) 1인당 국민소득(per capita income)

이것은 국민 총생산(GNP)을 인구수로 나눈 것을 의미한다. 그러나 국내 총생산(GDP)을 인구수로 나눈 국내의 1인당 국민소득을 사용하여 어떤 국가의 소비자의 구매력을 예측하려는 경향이 있다. 1인당 국민소득은 국가별 인구수에 따라 많은 차이가 날 수 있기 때문에 GNP 또는 GDP의 규모와 비교하여 평가되어야 한다. 글로벌 기업은 다음과 같은 분류를 통하여 국가별 시장규모와 잠재성을 예측할 수 있다.

- GDP의 규모가 크고, 1인당 국민소득이 높은 국가
- GDP의 규모가 크고, 1인당 국민소득이 낮은 국가
- GDP의 규모가 작고, 1인당 국민소득이 높은 국가
- GDP의 규모가 작고, 1인당 국민소득이 낮은 국가

1인당 국민소득은 물가와 환율의 변동에 따라 달라질 수 있기 때문에 글로벌 기업은 이것에 대하여 분석한 후에 어떤 국가의 시장규모와 잠재성을 평가하여야 한다. 예를 들면, 실질 GDP가 증가하지 않더라도 물가가 상승하여 명목 GDP가 커지는 경우, 그리고 환율이 하락하는 경우(예를 들면, 미국 달러화에 대한 현지화폐의 평가절상)에는 1인당 국민소득이 늘어나게 된다. 1인당

국민소득은 단순한 평균치에 불과하기 때문에 보다 정확한 시장규모와 잠재성을 예측하기 위해서는 소득분포를 파악하는 것이 중요하다. 또한 1인당 국민소득의 평가와는 별도로, 개인소득에서 납부한 세금을 차감한 가처분소득(可處分所得, disposable income)은 현지국소비자의 실질구매력을 예측하는 중요한 기준이 될 수 있다.[66]

(3) 소득분포(income distribution)

이것은 어떤 한 국가의 국민이 벌어들이는 소득이 어떻게 분포되어 있는가를 보여주는 지표이다. 세계은행(World Bank)에서 매년 발간하는 《World Development Indicators》는 다음과 같은 기준으로 어떤 한 국가의 소득분포를 측정한다.[67] 여기에서 하위 20%에서 상위 20%까지의 5개기준의 합은 100%이며, 상위 10%의 수치는 부가적으로 제시된 것이다.

- 하위 20%
- 20-40%
- 40-60%
- 60-80%
- 상위 20%
- 상위 10%

어떤 한 국가의 소득분포에 기초하여 글로벌 기업은 보다 정확하고 의미있는 특정제품의 시장규모와 잠재성을 예측할 수 있고, 보다 구체적으로 시장세분화를 할 수 있다. 일반적으로 소득은 선진국일수록 균등하게 분포되어 있으며, 후진국일수록 불균등하게 분포되어 있다.

---

66 원칙적으로 가처분소득은 개인소득에서 개인세금을 차감한 나머지 금액을 말한다. 즉, 이것은 개인이 소비 또는 저축을 자유롭게 할 수 있는 소득이다.

67 Ball, D. A. et al.(2004), p. 238.

거시경제지표와 관련된 변수

거시경제지표와 관련된 변수들은 어떤 국가의 금융 및 재정정책에 의해 직접 또는 간접적으로 영향을 받게 된다. 아래에서 설명하려는 거시경제지표와 관련된 변수들은 국가적 차원의 경제상황을 판단할 수 있는 중요한 기준으로 활용된다.

(1) 경제성장(economic development)

이것은 국민 총생산과 1인당 국민소득 등과 같은 국민경제의 기본적 지표가 높아지는 것을 말한다. 경제성장률은 어떤 국가의 시장규모와 잠재성의 변화를 예측하는 기준으로 사용된다. 즉, 이것은 어떤 국가의 전반적인 경제발전의 경향을 보여주는 지표이다. 일반적으로 경제성장률은 실질 국민 총생산의 연간증가율을 기준으로 산출되며, 실질 경제성장률은 명목 경제성장률에서 물가상승률을 뺀 것을 말한다.

(2) 인플레이션(inflation)

인플레이션은 물가가 급격히 상승하는 것을 말한다. 일반적으로 인플레이션은 어떤 국가의 통화량이 팽창하여 화폐가치가 떨어지고, 물가가 계속적으로 상승하여 국민의 실질적 소득이 감소하는 현상을 초래한다. 급격한 인플레이션은 글로벌 기업의 매출과 제품가격에 직접적으로 영향을 미칠 수 있기 때문에 글로벌 경영자는 주기적으로 현지국의 인플레이션율을 파악하여야 한다.

(3) 이자율(interest rate)

사전적(辭典的)인 의미의 이자는 빌려 준 돈이나 예금 등에 붙는 부가적인 수익을 말하며, 금리라고도 한다. 즉, 이자는 원본인 유동자본(화폐)의 대부로부터 발생하는 수익으로서 원본액과 사용기간에 비례하여 일정한 이율에 따라 지급되는 금전 또는 기타의 대체물을 의미한다. 이자율은 글로벌 기업의 재무관리에 있어서 가장 중요한 부분 중의 하나에 속한다. 어떤 국가의 이자율은 현지국에서 활동하는 글로벌 기업의 수익에 영향을 미치기 때문에 적정한 부채비율을 유지하는 것이 중요하다. 글로벌 기업은 본국과 현지국의 이자율을 주기적으로 검토하여야 한다.

(4) 환율(exchange rate)

환율은 어떤 국가의 외환시장에서의 외환에 대한 수요와 공급에 의하여 결정되며, 외환시장의 수요와 공급은 무역거래 및 국제자본이동 등을 수반하거나 환율변동에서 차액을 얻으려는 투기적 시장참가자에 의해 발생한다.[68] 환율변동은 글로벌 기업의 자본가치, 주가, 제품가격 및 원재료 조달가격 등에 직접적인 영향을 미치기 때문에 글로벌 기업은 급격한 환율변동에 대하여 신속하게 대처하여야 한다. 특히, 환율은 어떤 국가의 국제수지에 큰 영향을 미치기 때문에 국가적 차원의 관심이 집중되고 있다.

(5) 국제수지(Balance of Payment, BOP)

국제수지는 한 국가의 국경을 통과하는 자금의 흐름을 집계하고, 그로부터 자금의 유입(inflow)과 유출(outflow)을 구한 것이다.[69] 일반적으로 국제수지는 적자(deficit) 또는 흑자(surplus)로 나타나기 때문에 어떤 한 국가의 적자 또는 흑자의 규모를 파악하는 것이 중요하다. 다른 경제적 조건이 동일하다면, 글로벌 기업은 국제수지가 흑자인 국가에서 활동하는 것이 더욱 유리할 수 있다. 이러한 국가에서는 대체로 물가 및 환율이 안정되어 있을 뿐만 아니라, 이자율도 안정적으로 유지되고 있기 때문이다. 국제수지는 경상수지와 자본수지로 구성되어 있으며, 주요 구성요소를 살펴보면 다음과 같다.[70]

- 무역수지: 상품 및 서비스의 수출(자금유입)과 수입(자금유출)

68 민상기/정창영(2012), p. 64 이하.
69 전게서, p. 75 이하.
70 전게서, p. 77.

- 소득수지: 이자, 배당금의 지급을 위한 자금의 유출과 유입
- 경상이전수지: 송금 및 무상원조 등과 같은 반대급부가 없이 일방적으로 지급되는 자금의 유출과 유입
- 투자수지: 직접투자, 증권(주식) 및 채권 등에 투자한 경우의 수지
- 기타자본수지: 직접투자와 증권투자에 속하지 않는 대출 및 차입, 무역관련 신용 등과 관련된 수지

여기에서 무역수지, 소득수지 및 경상이전수지를 모두 포함하여 경상수지(current account)라고 한다. 경상수지는 상품 및 서비스의 교역 등과 같은 경제상황의 변동에 따르는 자발적 거래에 의한 것으로서 한 국가 경제의 대외적 건전성을 나타내는 가장 중요한 지표이다. 자본수지(capital account)는 투자수지와 기타자본수지로 구성되어 있으며, 이들 중에서 직접투자의 유입과 유출과 관련된 투자수지가 중요한 의미를 갖는다.

(6) 외채(external debt)

외채는 어떤 국가의 정부, 금융기관 및 기업 등이 외국의 공공은행 또는 민간은행 등에 지고 있는 빚을 말한다. 이것은 1년 내에 갚아야 하는 단기외채와 1년 후에 갚아도 되는 장기외채로 분류된다. 특히, 단기외채의 급증과 경상수지의 악화가 예상되는 국가에서는 채무의 이행을 연장하는 지불유예(支拂猶豫, moratorium) 또는 외환위기가 나타날 가능성이 매우 높으며, 이것은 글로벌 기업활동에 심각한 악영향을 미칠 수 있다. 외채문제는 채무재조정(rescheduling)과 추가금융지원(refinancing) 등을 통하여 해결될 수 있다.[71] 즉, 채무재조정은 특정외채에 대한 원래의 상환만기를 재조정하거나 재구성하는 것이고, 반면에 추가금융지원은 채무자가 계속하여 채무상환의무를 이행할 수 있도록 채권자가 추가적으로 대출해 주는 것이다.

---

71 박영규(2010), p. 389.

4.2.4 주요 사회경제적 변수

어떤 국가의 경제적 환경을 보다 구체적으로 평가하기 위해서는 총 인구, 연령분포 및 인구밀도와 분포 등과 같은 사회경제적 변수를 검토할 필요가 있다.

총 인구

총 인구(total population)는 어떤 국가의 잠재적 시장규모를 평가하기 위한 가장 일반적인 지표이다. 특히, 총 인구는 가격이 비교적 저렴한 소비재 또는 편의품의 시장규모를 예측하는 데 유용한 기준이 될 수 있다. 다른 여러 가지 조건이 동일하다면, 인구가 많은 국가일수록 그 국가는 글로벌 기업에게 유리한 시장상황을 제공할 것이다. 어떤 국가의 GNP의 규모는 그 국가의 총 인구와 정비례하는 경향이 있지만, 그 국가의 경제발전정도에 따라 이러한 경향은 다르게 나타날 수 있다. 예를 들면, 총 인구 865만 명의 작은 국가인 스위스의 GDP의 규모(2019년 기준)는 총 인구 1억 6,468만 명의 방글라데시보다 2배 이상 크다. 또한 총 인구는 어떤 국가의 노동력의 이용 가능성 또는 잠재성을 파악하기 위한 중요한 기준이 될 수 있다.

연령분포

연령분포(age distribution)는 어떤 국가에 있어서 일련의 연령범주에 속하는 국민들의 비율분포를 말한다. 일반적으로 개발도상국에서는 선진국에 비해 청년층의 비율이 높게 나타나는 경향이 있고, 선진국에서는 개발도상국에 비해 노년층의 비율이 높게 나타나는 경향이 있다. 이와 같이 연령분포가 국가별 그리고 경제발전수준별로 다른 이유는 출산율과 의료수준의 차이 때문인 것으로 보인다. 연령분포는 연령과 관련된 제품(예를 들면, 유아, 청소년, 청장년 및 노년층 등을 위한 제품)의 시장세분화를 위한 중요한 기준이 된다. 아울러 이것은 어떤 국가에서 이용 가능한 노동력의 질과 양을 평가하기 위한 기본적인 자료로 활용될 수 있다.

인구밀도와 분포

인구밀도(population density)는 일반적으로 1㎢당의 인구로 표시되며, 국가별로 많은 차이가 날 수 있는 사회경제적 변수이다. 이것은 어떤 국가의 기후, 지형, 지질 등과 같은 자연적 요인과 문화, 환경 등과 같은 사회적 요인에 의해 결정될 수 있다. 인구밀도는 시장규모와 잠재성을 평가하기 위한 중요한 기준이 된다. 글로벌 마케팅의 관점에서 볼 때, 일반적으로 인구밀도가 높은 국가에서는 적은 비용으로 높은 매출액이 달성될 수 있다.

인구분포(population distribution)는 어떤 국가의 국민이 지리적으로 어떻게 분포되어 있는가에 대한 것이다. 이러한 인구분포는 산맥, 호수 및 강 등과 자연적 장벽 또는 경계에 의해 이루어질 수 있으며, 경우에 따라서 종교, 문화 및 언어 등과 사회적 요인에 의해 결정될 수도 있다. 예를 들면, 스위스에서는 산맥과 언어에 따라 4개 지역(독일어, 프랑스어, 이탈리아어 및 로만어 사용지역)을 중심으로 인구분포가 이루어져 있다. 또한 국가별로 도시와 농촌의 인구분포가 어떻게 되어 있는가를 파악하는 것도 매우 중요하다. 인구밀도와 마찬가지로 인구분포는 글로벌 마케팅믹스의 차별화와 같은 글로벌 마케팅 전략의 수행을 위한 중요한 기준이 될 수 있다.

제 5 장

사회문화적 환경

5.1 문화의 의의와 종류

5.2 주요 사회문화적 변수

5.3 사회문화적 환경의 분석을 위한 모형

5.1 문화의 의의와 종류

5.1.1 문화의 의의

문화(culture)는 라틴어의 'cultus(경작하다, 재배하다)'에 그 어원을 두고 있으며, 이것은 어떤 지역, 국가 및 집단의 "사회구성원들에 의해 공유되고 학습된 행위의 총체"를 의미한다.[72] *호프슈테데*(*Hofstede*)는 문화를 "어떤 한 집단의 구성원들을 다른 집단의 구성원들과 다르게 만드는 인간사고(人間思考)의 집단적 프로그래밍"으로 정의한다.[73] 폰 *켈러*(*von Keller*)에 의하면, 문화는 다음과 같은 7가지의 특징을 갖고 있다.[74]

- 문화는 인간에 의해 창조된다.
- 문화는 개인을 초월하며, 개인에게 지속적으로 영향을 미치는 하나의 사회현상이다.
- 문화는 학습된다.
- 문화는 규칙, 규범 및 행동방식 등을 통하여 행동을 조정한다.
- 문화는 내부적 일관성과 통합을 추구한다.
- 문화는 적응력을 갖고 있다.
- 문화는 장기간에 걸쳐 변화된다.

문화는 실체의 대부분은 바닷물에 잠겨 있고, 매우 작은 일부분만이 외부에 노출되어 있는 빙산에 비유되기도 한다(〈그림 5-1〉 참고). 외부에 드러나는 문화의 요소들은 심벌, 종교의식, 언어, 의복, 음식 및 예술 등과 같은 인공적 산물이다. 그러나 이러한 요소들은 가치관, 규범, 사고방식 및 태도

72 Hoebel, A.(1970).
73 Hofstede, G.(2000), p. 10.
74 von Keller, E.(1982), p. 114 이하.

그림 5-1 빙산으로 표현된 문화

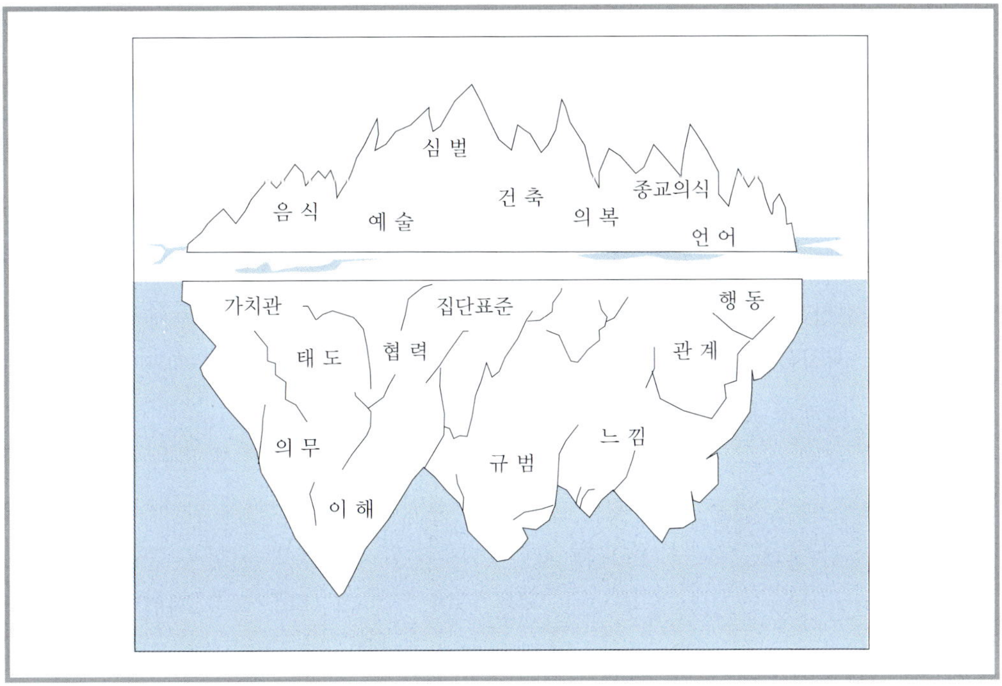

자료원: Perlitz, M.(2004), p. 251.

등과 같이 눈에 보이지 않는 무의식적이고 내재적인 요소들을 반영하고 있다.[75]

글로벌 기업은 문화적 전통과 배경이 다른 국가 또는 지역에서 활동하기 때문에 현지국 또는 현지지역의 문화에 대한 다양한 측면들을 분석할 필요가 있다. 사회문화적 환경으로서의 문화는 어떤 기업이 글로벌 기업활동에 관계할 때 가장 먼저 직면하게 되는 요소이다. 글로벌 기업활동의 관점에서 볼 때, 현지국의 문화는 다음과 같은 다양한 측면들과 관련되어 있다.

- 현지종업원의 일에 대한 태도 및 동기부여
- 현지고객의 제품에 대한 욕구 또는 취향(예를 들면, 소비자행동)

75 Perlitz, M.(2004), p. 250 이하; Trompenaars, F.(1993), p. 22 이하.

- 현지파견인력 및 현지종업원에 대한 교육 및 훈련
- 현지인 또는 현지종업원과의 커뮤니케이션
- 글로벌 마케팅전략의 수립(예를 들면, 제품디자인, 광고전략 및 유통전략 등의 수립)
- 국제적 협상

글로벌 경영자는 현지국과 본국의 문화적 차이 때문에 발생하는 문제를 해결하기 위하여 문화적 지식을 갖출 필요가 있다. 이러한 문화적 지식은 사실적 지식과 해석적 지식으로 구분될 수 있다.[76] 사실적 지식(factual knowledge)은 대체로 명백하며 학습되어야 하는 것이다. 예를 들면, 문화에 따른 색상의 서로 다른 의미, 서로 다른 취향 및 고유한 문화적 특성 등은 글로벌 경영자가 예상, 연구 및 습득할 수 있는 사실적 지식이다. 이에 반해, 해석적 지식(interpretative knowledge)은 서로 다른 문화적 특성과 패턴을 충분히 이해하고 평가할 수 있는 능력이다. 예를 들면, 시간의 의미, 다른 사람과 특정대상에 대한 태도, 어떤 사람의 사회적 역할에 대한 이해 및 삶의 의미 등은 문화에 따라 크게 다르며, 이것을 충분히 이해하기 위해서는 사실적 지식 이상의 것이 필요하다.

5.1.2 문화의 종류

기업의 관점에서 볼 때, 문화는 개인문화, 기업문화, 산업문화 및 사회문화 등과 같은 네 가지로 구분될 수 있다.[77] 〈그림 5-2〉에 나타나 있는 바와 같이, 개인, 기업, 산업 및 사회의 순서로 문화의 관련영역이 넓어진다.

76 Cateora, P. R.(1993), p. 99 이하.

77 Scheuss, R.(1985).

개인문화

개인문화(individual culture)는 어떤 한 개인의 문화적 표준에 그 기초를 두고 있다. 개인의 문화적 표준은 각 개인의 성장과정, 교육, 인간관계 및 환경 등과 같은 요소에 의해 결정되는 경향이 있다. 특히, 개인문화는 소비자로서의 개인을 이해하는 데 있어서 매우 중요한 의미를 갖는다.

기업문화

기업문화(corporate culture)는 어떤 한 기업의 문화적 표준에 근거하고 있다. 기업문화는 어떤 기업의 가치관, 규범, 사고방식 및 행동 등과 같은 문화적 요소들이 오랜 기간에 걸쳐 개인에게 영향을 미쳐 형성되며, 이것은 그 기업에서 일하는 개인(예를 들면, 경영자 및 종업원)의 행동을 통제할 가능성이 매우 높다. 기업문화는 다음과 같은 여러 가지 특징을 갖고 있다.[78]

- 기업문화는 기업의 역사와 환경을 통하여 형성된다.
- 기업문화는 기업구성원들의 장기간에 걸친 상호작용의 산물이다.
- 기업문화는 개별적이다. 즉, 모든 기업은 어떤 전형적이고 특징적인 문화를 갖고 있다.
- 기업문화는 학습이 가능하다.
- 기업문화는 함축적인 특성을 갖고 있다.
- 기업문화는 다양한 표현양식을 갖고 있다.
- 기업문화는 대다수의 기업구성원들의 총체적인 가치관과 규범을 내포한다.
- 기업문화는 정서적인 관계를 구축한다.

78 Macharzina, K.(1993), p. 191 이하.

그림 5-2 문화의 종류(상자모델)

상자모델	관련영역
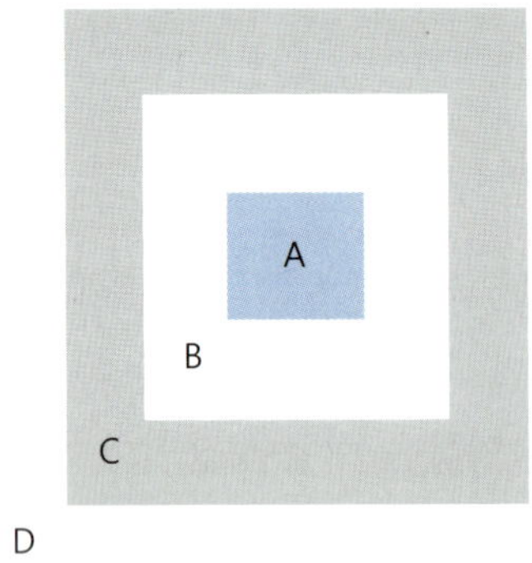	A: 개인문화 (한 개인의 문화적 표준) B: 기업문화 (한 기업의 문화적 표준) C: 산업문화 (한 산업의 문화적 표준) D: 사회문화 (전 사회의 문화적 표준)

자료원: Scheuss, R.(1985).

산업문화

산업문화(industrial culture)는 한 산업의 문화적 표준에 그 기반을 두고 있다. 산업문화는 어떤 한 산업에 속해 있는 여러 기업들의 기업문화를 총체적으로 반영한다. 글로벌 기업의 관점에서 볼 때, 어떤 국가의 특정산업문화는 어떤 특정기업의 기업문화를 유추할 수 있는 기회를 제공할 수 있다.

사회문화

사회문화(social culture)는 전 사회의 문화적 표준에 그 바탕을 두고 있다. 즉, 이것은 국가적 차원의 문화를 의미한다. 사회문화는 어떤 국가의 개인문화, 산업문화 및 기업문화를 모두 포괄하고 있다. 사회문화의 대표적인 예로 국민성을 들 수 있는데, 이것은 한 국가에서 오랜 기간 동안 학습되고 공유된 인성적인 특징을 말한다. 그리고 어떤 국가에서 발견되는 특징적인 관행 또는 습관 등도 사회문화의 주요 구성요소이다.

5.2 주요 사회문화적 변수

글로벌 기업이 현지국 기업 및 국민과 좋은 관계를 유지하고, 기업의 성과를 증대시키기 위해서는 그 국가의 문화를 이해하는 것이 중요하다. 사회문화적 변수 또는 문화의 구성요소는 어떤 국가의 문화를 연구하고 분석하기 위한 개념적인 기초가 된다.

언 어

언어(language)는 문화들 간의 차이점을 분명하게 확인시켜주는 가장 중요한 변수이다. 이것은 의사소통도구로 사용되며, 어떤 국민 또는 민족의 정체성을 대변하는 기준이 된다. 즉, 어떤 하나의 언어는 다른 언어와 구별되는 특유의 문화적 정체성을 보유하고 있다.

언어는 음성언어와 비음성언어로 구분된다. 음성언어(spoken language)는 말과 글로 표현되는 언어이다. 예를 들면, 한국어, 영어, 중국어 및 일본어 등은 음성언어에 해당되며, 이것은 말과 글로 구성되어 있다. 그러나 어떤 음성언어는 말로 표현되지만 고유의 글이 없는 경우도 있다. 다민족 또는 다인종 국가에서는 다양한 음성언어가 존재하기 때문에 타민족 또는 타인종과의 의사소통이 불가능하거나 어려운 상황이 발생할 수 있다. 비음성언어(unspoken language)는 제스처, 표정 및 몸짓 등과 같은 것을 통하여 의사소통이 이루어진다. 이것은 국가별, 민족별 또는 부족별로 매우 다를 수 있을 뿐만 아니라, 동일한 표현도 전혀 다른 의미로 해석될 수 있다.

언어는 다음과 같은 글로벌 기업활동에 영향을 미칠 수 있다.

- 언어로 표현된 본사의 경영노하우 및 기술노하우의 현지자회사로의 이전(업무지침 및 사용매뉴얼 등의 번역)
- 현지경영자 및 종업원과의 의사소통
- 현지소비자와의 의사소통
- 상표명 및 광고주제의 설정 등과 같은 글로벌 마케팅활동
- 글로벌 시장조사(예를 들면, 현지인을 대상으로 하는 설문조사 및 인터뷰 등)

언어와 관련된 상표 및 광고주제의 오해 또는 오류, 번역상의 뉘앙스 차이에 대한 사례를 살펴보면 다음과 같다.[79]

- GM Nova: '신성(新星)'이라는 의미가 스페인에서는 '움직이지 않는다(won't move)'로 이해된다.
- Dreck: 남성적인 뉘앙스를 풍기는 미국의 가죽손질용 스프레이의 상표가 독일어에서는 '오물'로 해석된다.
- 대영자전거: 영어로 표시된 상표 'Dai Young'이 'die young'으로 발음되어 '일찍 죽는다'로 해석된다.
- 파커 펜: '당황스러운 상황을 피하십시오 －파커 펜을 사용하십시오.'(Avoid embarrassment －use Parker Pens.)라는 광고문구의 'Avoid embarrassment'가 남미에서는 '임신을 피하십시오(Evite embrazazos)'로 번역된다.
- 미국 방취제회사: '당신이 우리 회사의 방취제를 사용한다면, 당신은 공공장소에서 당황하지 않을 것입니다.'(If you use our deodorant, you won't be embarrassed in public.)라는 광고문구의 'you won't be embarrassed in public'이 멕시코에서는 '공공장소에서 임신하지 않을 것입니다'라는 스페인어로 번역된다.

79 Wild, J. J. et al.(2008), p. 68 이하; Ball, D. A. et al.(2004), p. 316; 김주헌(2004), p. 104 이하.

제스처 또는 몸짓과 관련된 국가 간 오해의 사례를 살펴보면 다음과 같다.[80]

- 엄지와 집게손가락으로 동그라미를 만드는 몸짓: 미국에서는 'OK', 프랑스에서는 숫자 '0', 일본에서는 '돈', 남미에서는 '저속한 의미', 튀니지에서는 '너를 죽이겠다'를 의미한다.
- 머리를 위에서 아래로 흔드는 몸짓: 대부분의 국가에서는 '예 또는 긍정'을 의미하지만, 영국에서는 '동의한다'라는 의미보다는 '듣고 있다', 불가리아와 그리스의 일부 지역에서는 '아니오 또는 부정'을 의미한다.
- 90도 이상 허리를 숙임: 한국이나 일본에서는 '예의바른 인사'이지만, 사우디아라비아에서는 '개종을 부탁'하는 것으로 이해된다.

미　　학

미학(aesthetics)은 자연이나 인생 및 예술 등에 담긴 미의 본질과 구조를 탐구하는 학문을 의미한다. 이것은 어떤 문화의 미적 감각과 취향 등과 관련되어 있으며, 예술(음악, 미술, 연극 및 무용), 색채 및 형상 등으로 표현된다. 특히, 미학은 글로벌 마케팅과 관련하여 다음과 같은 측면에서 중요한 의미를 갖는다.

- 디자인: 제품, 포장 디자인
- 색채: 제품의 색상, 색상의 상징적 의미, 컬러 TV에서의 광고
- 음악: 글로벌 광고에서의 배경음악의 선택, 음악의 문화적 차이
- 상표명: 상표명에 대한 미학적 요소의 결합(디자인, 글꼴 및 색채 등)

80 Wild, J. J. et al.(2008), p. 68 이하; 김주헌(2004), p. 104 이하; 반병길(1998), p. 163 이하.

특히, 특정색채와 관련된 의미에 대한 국가별 해석의 차이를 살펴보면 다음과 같다.[81]

- 녹색: 밀림 또는 정글국가에서는 '질병', 프랑스와 네덜란드에서는 '화장품'과 관련되어 있으며, 이집트에서는 국가색이기 때문에 포장지 등에 전혀 사용되지 않는다.
- 검정, 흰색, 보라색: 서양에서는 검정, 동양에서는 흰색, 남미에서는 보라색이 '죽음 또는 장례식'의 상징으로 사용된다.

최근 들어 글로벌 기업의 광고에 많이 활용되는 인터넷 배너광고에 대한 색채연구는 웹사이트를 이용한 색채연구 및 디자인 커뮤니케이션차원의 연구로 볼 수 있다.[82] 색채는 심리표현의 수단일 뿐만 아니라, 아울러 의사소통의 수단으로서 지역, 문화 및 민족의 고유한 특성을 나타내는 중요한 요인이다.[83] 글로벌 마케팅의 관점에서 볼 때, 색채는 제품의 색채와 포장, 기존의 광고 및 인터넷 배너광고의 색채구성을 위해 중요한 요인으로 작용하고 있다. 예를 들면, 한국, 독일 및 미국의 주요 신문과 시사경제 잡지의 웹사이트 초기화면에 게재된 인터넷 배너광고에 대한 색채연구에 따르면, 인터넷 배너광고의 배경색, 글자색, 배경색 및 글자색 조합에 대한 색채선호도가 국가별로 다음과 같이 다르다는 것을 알 수 있다.[84]

- 인터넷 배너광고의 배경색: 한국은 파랑, 흰색, 노랑, 검정, 초록의 순으로, 독일은 흰색, 검정, 파랑, 회색, 초록의 순으로, 미국은 흰색, 파랑, 검정, 초록, 회색의 순으로 배경색을 선호하는 것으로 밝혀졌다.
- 인터넷 배너광고의 글자색: 한국은 흰색, 파랑, 검정, 혼합, 노랑의 순으로, 독일은 흰색, 검정, 파랑, 빨강, 초록의 순으로, 미국은 검정, 흰

81 김주헌(2004), p. 105 이하.
82 박주홍/강문식(2002), p. 59 이하.
83 권은숙(1998), p. 124.
84 박주홍/강문식(2002), p. 67 이하.

색, 파랑, 빨강, 노랑의 순으로 글자색을 선호하는 것으로 확인되었다.

- 인터넷 배너광고의 배경색 및 글자색 조합: 한국은 파랑/흰색, 흰색/파랑, 흰색/검정, 검정/흰색의 순으로, 독일은 검정/흰색, 파랑/흰색, 흰색/검정, 빨강/흰색의 순으로, 미국은 흰색/검정, 흰색/파랑, 파랑/흰색, 초록/흰색, 회색/검정의 순으로 배경색/글자색을 선호하는 것으로 나타났다.

가치관 및 태도

가치관(values)은 인간이 자기를 포함한 세계와 그 속의 사상(事象)에 대해 가지는 근본적인 평가의 태도를 뜻한다. 여기에서 태도(attitudes)는 어떤 사물이나 상황 등을 대하는 자세를 의미한다. 인간의 행동은 대부분 이러한 가치관과 태도에 기초를 두고 있다. 일반적으로 가치관과 태도는 오랜 기간 동안 어떤 국민 또는 민족에게 영향을 미쳐온 종교 및 철학사상 등에 의하여 결정되는 경향이 있다. 가치관과 태도는 다음과 같은 측면에서 글로벌 기업 활동과 관련되어 있다.

- 일에 대한 태도: 일에 대한 태도의 국가별 차이는 국가별 생산성 및 매출액에 영향을 미칠 수 있다. 예를 들면, 미국인은 일을 하나님이 준 사명으로 이해하지만, 인도인은 일을 적선의 수단으로 활용한다.
- 시간에 대한 태도: 국가에 따라서 시간약속을 잘 지키는 국가(예를 들면, 독일, 일본 및 유럽의 일부 국가 등)와 그렇지 못한 국가(예를 들면, 아시아와 남미의 일부 국가 등)가 있다. 국가 간의 시간관념의 차이는 글로벌 기업의 협상에 영향을 미칠 수 있다(예를 들면, 한국인의 조급함과 중국인의 느긋함의 차이).
- 부(富)에 대한 태도: 부를 성취의 상징으로 보는 국가와 그렇지 못한 국가가 있다. 이러한 태도의 차이에 따라 금전적 동기부여의 결과가 달라질 수 있다.

- 변화 또는 혁신에 대한 태도: 이것은 신제품개발과 시장도입에 영향을 미칠 수 있을 뿐만 아니라, 조직의 혁신에도 영향을 미칠 수 있다.
- 특정제품을 대하는 태도: 국가별 소비자 간의 어떤 특정제품에 대한 인식의 차이 때문에 소비자에 대한 접근이 달라질 수 있다(예를 들면, 자동차를 신분표시의 수단으로 인식하는 국가와 단순 수송수단으로 인식하는 국가에서의 광고는 차별화될 수 있음).

종　교

종교(religion)는 신, 초자연적인 절대자 또는 힘을 믿음으로써 인간생활의 고뇌를 해결하고 삶의 궁극적인 의미와 내세를 추구하는 문화체계를 의미한다. 종교는 인간의 일상생활, 가치관 및 태도 등에 큰 영향을 미친다. 즉, 어떤 특정종교는 그 종교를 믿는 사람의 행동과 사고에 중대한 영향을 미친다. 종교는 다음과 같은 측면에서 글로벌 기업의 다양한 활동에 영향을 미칠 수 있다.

- 직업윤리: 이것은 특정 직업에 종사하는 사람들이 지켜야 하는 행동규범을 의미하며, 종교의 영향을 많이 받는다. 예를 들면, 청교도적인 직업윤리 및 유교적 직업윤리 등은 해당국가에서 활동하는 글로벌 기업에 큰 영향을 미친다.
- 직장생활: 특정종교는 일정한 기도시간과 먹는 음식에 대한 명확한 기준을 갖고 있기 때문에 글로벌 기업은 종업원의 직장 내 종교활동을 존중할 필요가 있다(예를 들면, 독일기업의 터키인 이주노동자들에 대한 이슬람식단 및 기도실 제공, 종교에서 정하는 축일 또는 휴일의 존중).
- 소비자행동: 종교별로 금기시하는 제품이 있다(예를 들면, 식품과 의류 등).
- 시장세분화: 다종교국가에서는 서로 다른 세분시장이 나타난다.
- 광고활동: 국가에 따라 종교적 금기사항을 광고캠페인에 포함시키지

못한다.

- 현지인채용: 종교에 기인하는 계급제도를 통하여 인력관리의 문제점이 발생한다(예를 들면, 인도의 카스트제도와 글로벌 기업 내 채용, 배치 및 승진 등과 같은 인력관리의 특수성).
- 정부기관 및 공공기관과의 관계: 정교일치(政敎一致) 국가와 정교불일치 국가에서의 글로벌 기업과 정부와의 관계설정은 다를 수 있다.

사회제도

사회제도(social structure)는 어떤 국가에서 역사적, 관습적 및 종교적으로 지지되고 있는 사회계급과 사회조직 등을 포괄하는 개념이다. 사회계급은 공통적인 가계 또는 신분, 부, 교육 및 직업 등을 가진 개인들의 집단을 말한다. 어떤 특정사회계급은 유사한 생활방식, 유사한 관념, 느낌 및 태도를 보유하고 있기 때문에 다른 계급과 구별된다. 사회계급은 전통적인 신분제도와 소득계층에 따른 계층구조(예를 들면, 상류, 중류 및 하류) 등에 의해 구체적으로 분류될 수 있다. 사회계급은 사회계층이라고도 하며, 이것은 글로벌 기업의 시장세분화와 인력관리 등에 많은 영향을 미칠 수 있다.

사회조직(social organization)은 친척관계와 자유로운 연합 등으로 형성된 인간관계의 기본적 조직을 의미한다.[85] 친척관계(kinship)의 대표적인 기초 단위는 가족이다. 일반적으로 가족은 가족구성원의 세대와 수에 따라 대가족 제도(extended family)와 핵가족 제도(nuclear family)로 분류될 수 있다. 그리고 친척관계에 근거하지 않은 자유로운 연합(free association)은 연령별(예를 들면, 노인협회 및 청년협회 등), 성별(예를 들면, 여성협회) 및 공통이해집단(예를 들면, 정당, 노동조합 및 취미동아리 등) 등으로 구분될 수 있다. 또한 넓은 의미의 사회조직에 교육제도가 포함될 수 있다. 교육제도(education system)는 일반적으로 학교교육의 동의어로 사용되기도 한다. 국가 간 교육제도와 투입하는 교육예산의 차이는 문맹률, 대학 이상의 고등교육을 받은 국민의 비율 및

85 Ball, D. A. et al.(2004), p. 321 이하.

여성교육비율 등에서의 국가 간 교육수준의 차이를 발생시킨다. 특히, 사회조직은 글로벌 기업의 생산 또는 판매제품의 종류 및 수량, 시장세분화, 인력관리 및 광고전략 등에 많은 영향을 미칠 수 있다.

5.3 사회문화적 환경의 분석을 위한 모형

5.3.1 *호프슈테데(Hofstede)*의 모형

네덜란드의 사회심리학자인 *호프슈테데*의 연구는 다른 연구자들에 의해 가장 많이 인용되고 있는 문화에 대한 연구에 속한다. 그는 1967년부터 1973년까지 전 세계 67개국의 11만 7,000명의 IBM 자회사의 직원을 대상으로 60개의 항목에 대한 설문조사를 하였다.[86] 그는 이러한 연구결과를 바탕으로 문화를 권력간격(권력의 평등 대 불평등), 개인주의 대 집단주의, 남성성 대 여성성 및 불확실성 회피 대 수용 등과 같은 4가지 차원으로 분류하였다. 또한 그는 23개국을 대상으로 문화에 대한 추가적인 연구를 통하여 시간지향성(장기지향성 대 단기지향성)이라는 5번째 문화의 차원을 제시하였다.[87] 이러한 5가지 문화의 차원을 살펴보면 다음과 같다.

권력간격(권력의 평등 대 불평등)

권력간격(power distance)은 어떤 국가의 사회와 조직 내에서 권력이 불평등하게 배분되어 있는 것을 수용하는 정도를 말한다. 권력간격이 작은 국가 또는 권력이 평등하게 배분되어 있는 국가의 조직구성원은 그들이 속한 조직이 민주적이라고 생각한다. 반면에, 권력간격이 큰 국가 또는 권력이 불

86 Hofstede, G.(1982), p. 53 이하.

87 Hofstede, G.(2001), p. 238 이하.

평등하게 배분되어 국가의 조직구성원은 그들이 속한 조직이 독재적이라고 느낄 수도 있지만 이것을 용인하는 경향이 높다. 일반적으로 권력격차가 작은 국가는 평등주의적인 성향을 띠는 반면에, 권력격차가 큰 국가는 사회적 불평등을 더 용인하며 소득의 격차나 권력배분의 차이를 수용하는 정도가 더 높다. *호프슈테데*의 연구결과에 의하면, 말레이시아, 과테말라, 파나마, 필리핀 및 멕시코 등의 국가는 권력격차가 크고, 오스트리아, 이스라엘, 덴마크, 아일랜드 및 스웨덴 등의 국가는 권력격차가 작은 것으로 나타났다.

개인주의 대 집단주의

개인주의 대 집단주의(individualism vs. collectivism)의 구분은 어떤 국가의 조직구성원이 어떤 집단의 구성원으로서보다는 독립적인 개인으로서 그들 자신을 평가하는 정도의 차이에 기초한다. 개인주의에서는 각 개인의 자유가 존중되는 반면, 집단주의에서의 개인은 집단에 소속되거나 통합되어 있기 때문에 개인의 자유보다는 집단의 목표가 중요하게 고려된다. *호프슈테데*의 연구결과에 따르면, 미국, 호주, 영국, 캐나다 및 네덜란드 등의 국가는 개인주의적인 성향을 띠고 있으며, 과테말라, 에콰도르, 파나마, 베네수엘라 및 콜롬비아 등의 국가는 집단주의적인 성향을 갖고 있는 것으로 나타났다.

남성성 대 여성성

남성성 대 여성성(masculinity vs. feminity)의 구분은 남성과 여성의 역할 또는 행동의 차이에 근거한다. 남성적인 사회는 자기주장이 강하고, 거칠고, 경쟁적이고, 자신감이 높다. 반면에, 여성적인 사회는 온화하고, 부드러우며, 배려심이 강하고, 삶의 질을 중요하게 생각한다. *호프슈테데*의 연구결과에 의하면, 일본, 오스트리아, 베네수엘라, 이탈리아 및 스위스 등의 국가는 남성성이 강하고, 스웨덴, 노르웨이, 네덜란드, 덴마크 및 코스타리카 등의 국가는 여성성이 강한 것으로 밝혀졌다.

불확실성의 회피 대 수용

불확실성의 회피 또는 수용(uncertainty avoidance vs. acceptance)의 구분은 어떤 국가의 조직구성원이 불확실하거나 낯선 상황에 의해 위협을 느끼는 정도에 기초한다. 불확실성의 회피 정도가 높은 국가는 미래를 통제하려고 하며, 법률제정, 규칙설정 및 행동에 대한 규제, 안전 및 보호수단, 비정상적인 행동의 거부 및 위험회피 등을 추구한다. 이에 반해, 불확실성의 수용정도가 높은 국가는 반드시 필요한 규칙 이외의 것은 만들지 않는다. *호프슈테데*의 연구결과에 의하면, 불확실성의 회피정도가 높은 국가는 그리스, 포르투갈, 과테말라, 우루과이 및 벨기에 등이며, 불확실성 회피정도가 낮은 국가는 싱가포르, 자메이카, 덴마크, 스웨덴 및 홍콩 등으로 나타났다.

시간지향성(장기지향성 대 단기지향성)

장기지향성 대 단기지향성(long-term orientation vs. short-term orientation) 등과 같은 시간지향성(time orientation)의 구분은 어떤 국가의 문화가 미래에 중점을 두는 정도에 근거한다.[88] 장기지향성은 목표추구과정에서의 인내, 직위 중심적인 계층구조의 존중, 높은 비율의 저축과 투자 및 수치심(feeling of shame) 등을 중요하게 고려한다. 반면에, 단기지향성은 개인적 인내와 안정, 체면유지, 전통의 존중, 상호주의에 근거한 격식 및 선물과 호의 등을 중요하게 생각한다. *호프슈테데*의 연구결과에 따르면, 장기지향성은 중국, 홍콩, 타이완, 일본 및 한국 등과 같은 유교문화권의 국가에서 높게 나타났으며, 단기지향성은 파키스탄, 나이지리아, 필리핀, 캐나다 및 짐바브웨 등의 국가에서 높게 나타났다.

*호프슈테데*의 문화에 대한 연구결과는 다음과 같은 관점에서 글로벌 기업의 의사결정을 위한 경영적 시사점을 제공한다.[89]

88 Hofstede, G.(2001), p. 237 이하.

89 Neuland, E./Hough, J.(2007, Ed.), p. 96.

- 권력격차가 큰 국가에서는 의사결정이 중앙집권화되고, 조직 내의 이동성이 낮고, 조직의 계층구조가 길며, 상사의 명령에 복종하는 경향이 있다.
- 권력격차가 낮은 국가에서는 조직구조가 단순하고, 의사결정이 참여직이며, 조직 내의 이동성이 높은 경향이 있다.
- 개인주의적 국가에서의 성과평가시스템은 집단보다는 개인에 대한 보상에 중점을 두는 것이 바람직하다.
- 집단주의적 국가에서는 집단 중심적인 보상시스템이 적절하다.
- 남성성이 높은 국가에서는 조직의 목표가 시장점유율 및 수익성의 증대이며, 조직구성원은 상위경영층에 지배당하며, 과업성취가 중요하다.
- 여성성이 높은 국가에서는 직장에서의 삶의 질, 환경보호, 공평성과 공정성 및 기업의 사회적 책임 등이 중요하다.
- 불확실성의 회피정도가 높은 국가에서는 장기적 계획이 강조되어야 한다.
- 불확실성의 수용정도가 높은 국가에서는 단기계획과 융통성이 중요하다.
- 장기지향성이 높은 국가에서는 전략적 계획이 중요하다.
- 단기지향성이 높은 국가에서는 전술적 계획 또는 운영적 계획이 강조된다.

5.3.2 홀(*Hall*)의 모형

홀은 서로 다른 문화권 또는 국가 간의 문화의 차이를 비교·분석한 결과, 문화를 고배경문화와 저배경문화로 분류하였다.[90] 고배경문화와 저배경문화를 구체적으로 살펴보면 다음과 같다.

90 Hall, E. T.(1976), p. 67 이하.

고배경문화(high context culture)

이것은 의사소통에 있어서 전체적인 맥락(context) 또는 비언어적인 설명에 의존하고 있다. 특히, 의사소통에 있어서의 문화적 단서(clues) 및 뉘앙스는 전달되는 메시지를 이해하는 데 도움이 될 수 있다. 예를 들면, 전체적인 분위기를 파악하고 있는 어떤 조직의 구성원들에게 "이해합니까?"(Do you understand?)라고 물으면 그들은 무엇을 이해했는지 대답하게 될 것이다. 한국, 일본, 중국, 동남아시아의 국가 및 중동의 국가들은 고배경문화에 속한다.

저배경문화(low context culture)

이것은 말하는 사람의 명확한 언어적 표현 또는 구체적인 메시지를 통하여 의사소통을 하는 문화를 말한다. 예를 들면, 구체적인 설명을 요구하는 경우에 있어서, 저배경문화에서는 "나는 이것이 무엇을 의미하는지 설명하기를 원합니다."(I want to explain what it means.)라는 명확한 표현을 하는 것이 의사소통에 도움이 된다. 대부분의 유럽의 국가 및 미국은 저배경문화에 속한다.

〈표 5-1〉은 고배경문화와 저배경문화의 차이점을 제시한다.

고배경문화와 저배경문화에 대한 글로벌 경영적인 시사점은 다음과 같다.[91]

- 고배경문화는 장기적인 관계에 가치를 두며, 신뢰를 협상수행을 위한 기본으로 간주한다.
- 일본과 같은 고배경문화에서의 광고는 정서 지향적이지만, 독일과 같은 저배경문화에서의 광고는 사실 지향적이다.
- 저배경문화에서는 합의와 거래의 구체적인 조건에 중요성이 부여되

91 Griffin R. W./Pustay, M. W.(2007), p. 99.

표 5-1 고배경문화와 저배경문화의 차이점

구 분	고배경문화	저배경문화
법률 또는 법률가	덜 중요하다.	매우 중요하다.
개인의 말	개인이 보증한다.	서면으로 보증한다.
공 간	서로 어울리는 공간을 중요하게 여긴다.	개인적 공간을 중요하게 여기며 침해받는 것을 싫어한다.
시 간	폴리크로닉(polychronic, 다원적)하다.	모노크로닉(monochronic, 일원적)하다. 즉, '시간은 돈이다'라는 관념이 아주 강하다.
협 상	협상이 매우 세밀하게 이루어진다. 그것은 협상의 목적을 모든 당사자들이 충분히 이해하도록 하는 데 있다.	매우 신속하게 이루어진다.
경쟁입찰	빈번하지 않다.	일반적이다.
해당국가	일본 및 중동	미국 및 북유럽

자료원: Keegan, W. J.(1989), p. 117; 김시경(2007), p. 416 재인용.

는 반면, 고배경문화에서는 협상을 위해 신뢰를 구축하는 것이 중요하다.

- 고배경문화에서는 정서적이고 사회적인 환경조건이 의사결정에 도움이 된다. 반면에, 저배경문화에서의 의사결정은 비개인적이며, 이해당사자와의 갈등은 무조건 피해야 한다.

5.3.3 *클러크혼과 스트로트벡(Kluckhohn and Strodtbeck)*의 모형

*클러크혼과 스트로트벡*은 문화 간의 차이를 분석하기 위하여 인간의 본성, 인간과 자연의 관계, 인간관계, 인간의 행동양식, 시간관념 및 공간관념

등과 같은 6가지 차원의 문화적 지향성을 제시하였다.[92] 이러한 6가지 차원을 살펴보면 다음과 같다.[93]

- 인간의 본성: 인간의 본성은 기본적으로 '선한가?' 또는 '악한가?'라는 두 가지 관점에서 파악될 수 있다. 그리고 인간의 본성이 변화될 수 있는가에 대한 관점은 문화에 따라 다를 수 있다.
- 인간과 자연의 관계: 이것은 인간이 자연을 지배하는가(예를 들면, 미국 및 유럽) 또는 인간과 자연이 조화를 이루는가(예를 들면, 동양)에 대한 문제이다.
- 인간관계: 이것은 개인주의(서양) 또는 집단주의(동양)의 관점에서 파악될 수 있다.
- 인간의 행동양식: 이것은 동적(dynamic) 또는 정적(static)인가에 대한 것이다. 일반적으로 서양은 동적인 문화에, 동양은 정적인 문화에 기초하고 있다.
- 시간관념: 이것은 미래 중심적 또는 과거 중심적, 그리고 단기 지향적 또는 장기 지향적 관점에서 파악될 수 있다.
- 공간관념: 이것은 사무실 등과 같은 기업의 공간이 사적으로 독점되는가 또는 공적으로 공유되는가에 대한 문제를 다룬다. 사적 독점의 문화권에서는 폐쇄적인 사무실을 선호하는 경향이 있고, 공적 공유의 문화권에서는 개방적인 사무실을 선호하는 경향이 있다.

5.3.4 *트롬페나아즈*(*Trompenaars*)의 모형

*트롬페나아즈*는 전 세계 28개국의 15,000명의 경영자를 대상으로 문화

---

92 Kluckhohn, F. R./Strodtbeck, F.(1961), p. 12.

93 Adler, N. J.(1984); 김시경(2007), p. 415 재인용.

간의 차이점을 분석하기 위한 실증적 연구를 수행하였다.[94] 그는 이러한 연구결과를 바탕으로 문화를 보편주의 대 특수주의, 개인주의 대 집단주의, 중립적 관계 대 정서적 관계, 특수한 관계 대 확산된 관계, 실적 대 귀속, 순서적 대 동시적 및 내부지향적 대 외부 지향적 등으로 분류하였다. 이러한 7가지 문화의 차원을 살펴보면 다음과 같다.[95]

보편주의 대 특수주의(universalism vs. particularism)

보편주의는 규칙의 준수 및 인간관계에 대한 규칙의 제정 등과 같은 것에 큰 가치를 두는 반면, 특수주의는 특수한 상황 또는 개인적 사정을 중요하게 고려한다. 보편주의적 문화는 독일, 오스트리아, 스위스, 미국, 캐나다 및 영국 등과 같은 국가에서 발견되며, 특수주의적 문화는 한국, 베네수엘라, 러시아 및 중국 등과 같은 국가에서 발견된다.

개인주의 대 집단주의(individualism vs. collectivism)

앞에서 살펴본 바와 같이(5.3.1 참고), 개인주의 대 집단주의는 어떤 국가의 조직구성원이 어떤 집단의 구성원으로서보다는 독립적인 개인으로서 그들 자신을 평가하는 정도의 차이에 따라 분류된다. *트롬페나아즈*의 연구결과에 따르면, 미국, 루마니아, 체코, 러시아, 나이지리아 및 이스라엘 등의 국가는 개인주의적인 성향을 띠고 있으며, 일본, 인도, 이집트 및 멕시코 등의 국가는 집단주의적인 성향을 갖고 있는 것으로 밝혀졌다.

중립적 관계 대 정서적 관계(neutral vs. emotional relationships)

중립적 관계는 이성적 행동에 의하여 형성되는 반면, 정서적 관계는 억압되지 않은 느낌과 감정에 의하여 형성된다. *트롬페나아즈*의 연구결과에 의

94 Trompenaars, F.(1993), p. 8 이하.

95 전게서; Rugman, A. M./Hodgetts, R. M.(2003), p. 136 이하.

하면, 일본, 중국, 폴란드, 불가리아 및 오스트리아 등의 국가는 중립적 관계를 중요하게 고려하며, 대부분의 남미, 아프리카 및 중동의 국가는 정서적 관계를 중요하게 고려하는 것으로 나타났다.

특수한 관계 대 확산된 관계(specific vs. diffuse relationships)

특수한 관계를 추구하는 문화에서는 공사(公私)가 분명하게 구분되는 반면, 확산된 관계를 추구하는 문화에서는 공사가 잘 구분되지 않는 경향이 있다. *트롬페나아즈*의 연구결과에 따르면, 미국과 유럽 국가 등은 특수한 관계를 중요하게 생각하며, 중국, 쿠웨이트, 인도네시아 및 칠레 등의 국가는 확산된 관계를 중요하게 고려하는 것으로 밝혀졌다.

실적 대 귀속(achievement vs. ascription)

이것은 조직에 있어서 어떤 직위의 결정요인이 개인의 실적(예를 들면, 성과 또는 능력)에 달려 있는가 또는 개인적 귀속요인(예를 들면, 출신성분, 종교 및 연령)에 달려 있는가에 대한 문제를 다룬다. *트롬페나아즈*의 연구결과에 따르면, 미국은 실적을 중요하게 고려하는 국가이고, 대부분의 남미, 아시아 및 중동의 국가, 그리고 이탈리아, 독일 및 러시아 등과 같은 유럽의 일부 국가들은 개인적 귀속을 중요하게 고려하는 것으로 밝혀졌다.

순서적 대 동시적(sequential vs. synchronic)

이것은 시간에 대한 태도에 따라 구분된다. 순서적 개념은 어떤 일들이 진행되면 먼저 하나가 끝나고 그 다음의 일이 진행되어야 하는 것을 뜻한다. 반면에, 동시적 개념은 어떤 일들이 순서에 관계없이 동시에 진행될 수 있다는 것을 의미한다. 순서적 시간관념은 시간에 대한 선형적 관점(linear view of time)을 중요하게 생각하는 서양에서, 동시적 시간관념은 시간에 대한 순환적 이해(cyclical understanding of time)를 추구하는 동양에서 주로 발견된다.

내부 지향적 대 외부 지향적(inner-directed vs. outer-directed)

이것은 운명에 대한 통제를 누가 하느냐에 따라 구분된다. 일반적으로 운명이 개인의 능력 또는 의지에 달려있다는 내부지향적 사고는 서양에서, 그리고 운명이 외부요인(예를 들면, 하늘 및 사주팔자)에 의해 좌우된다고 믿는 외부지향적인 사고는 동양에서 발견된다.

제 6 장

기술적 환경

6.1 기술의 전략적 의미와 기술적 환경의 의의

6.2 기술의 외부적 영향요인의 분석

6.3 기술적 이해관계자의 분석

6.1 기술의 전략적 의미와 기술적 환경의 의의

6.1.1 기술의 전략적 의미

기술(technology)은 생산 및 서비스 창출을 위하여 투입요소를 산출요소로 바꾸는 방법 또는 기법이다. 특히, 기술은 신제품 및 신공정의 본질적인 구성요소일 뿐만 아니라, 경쟁잠재성과도 관련된 중요한 요인이다. 경쟁전략적 의미에서 기술은 기초기술, 핵심기술 및 선도기술 등으로 구분된다.[96]

기초기술(basic technology)은 대다수의 경쟁자들이 사용하고 있는 기술을 말한다. 기초기술은 쉽게 이용할 수 있음에도 불구하고, 이러한 기술을 통하여 기업은 어떤 특별한 경쟁우위를 거의 달성할 수 없다. 반면에, 어떤 산업부문에 있어서 아직 많이 알려지지 않은 핵심기술(key technology)은 기업의 경쟁력에 비교적 큰 영향을 미친다. 선도기술(leading technology)은 대체로 기술수명주기의 초기단계에 해당되는 기술이다. 그러나 모든 선도기술이 미래에 있어서 핵심기술이 되는 것은 아니다. 〈그림 6-1〉은 기술의 통합과 경쟁력의 관계를 보여준다. 이 그림에 나타나 있는 것처럼 기술을 통한 경쟁력의 확보 및 제품과 공정에서의 기술통합의 관점에서 기술은 기초기술, 핵심기술 및 선도기술 등으로 구분될 수 있다.

서로 다른 기술과 전략 간에는 어떤 관련성이 존재하기 때문에 다음과 같은 질문이 기업에 있어서 매우 중요한 의미를 갖는다.[97]

- 기술과 전략 간의 관련성이 근본적으로 개별기업에 대하여 어떤 의미를 갖는가?

96 박주홍(2007), p. 76 이하 재인용; Bleicher, F.(1990), p. 8 이하; Sommerlatte, T./Deschamps, J.-P.(1985), p. 49 이하.

97 박주홍(2007), p. 78 재인용; Zahn, E.(1986), p. 30; Sommerlatte, T./Deschamps, J.-P.(1985), p. 41.

그림 6-1 기술의 통합과 경쟁력의 관계

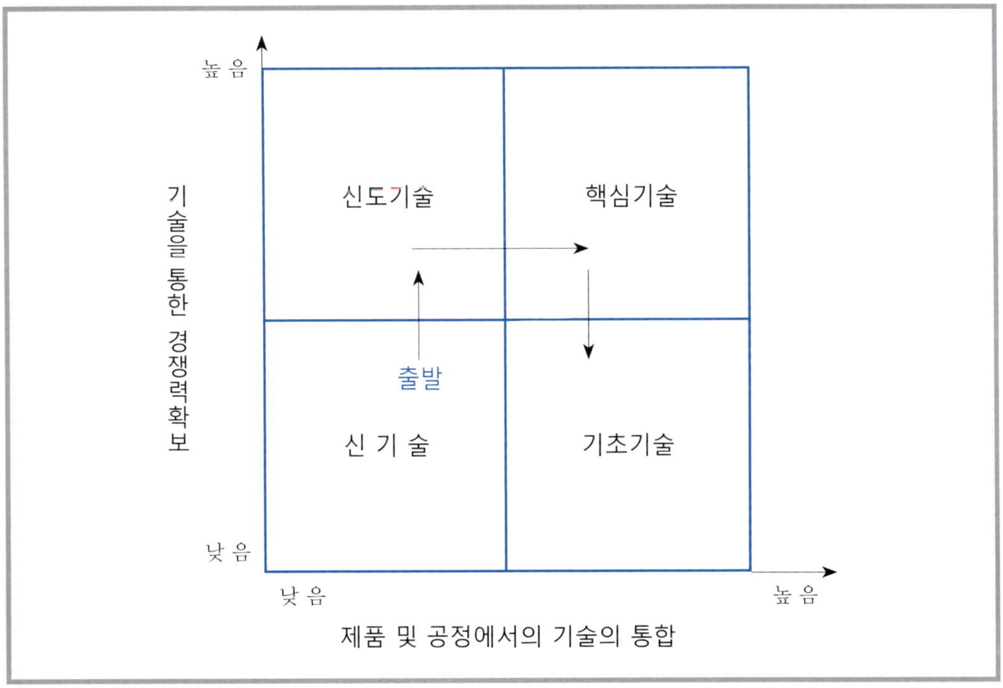

자료원: Servatius,H.-G.(1985), p. 117.

- 기술과 전략 간의 관련성이 나타나지 않는다면, 어떤 문제점이 발생하는가?
- 무엇으로 기술과 전략 간의 관련성을 만들 수 있는가?
- 특정산업에 있어서 전략적 도구로서의 기술이 어떤 역할을 하는가?
- 경쟁자와 비교하여 기업이 기술을 어떻게 효과적으로 사용하는가?
- 기업의 기술적 목표와 전략은 어디에 있는가?
- 기술적 목표와 전략이 기업의 전략과 잘 일치하는가?
- 기술개발을 위한 자원투입이 기업의 전략과 일관성이 있는가?
- 기업의 전략적 사업영역의 기술포트폴리오에 의한 시너지가 활용되는가?

그림 6-2 기술 S곡선과 시간경과에 따른 경쟁잠재력의 달성정도

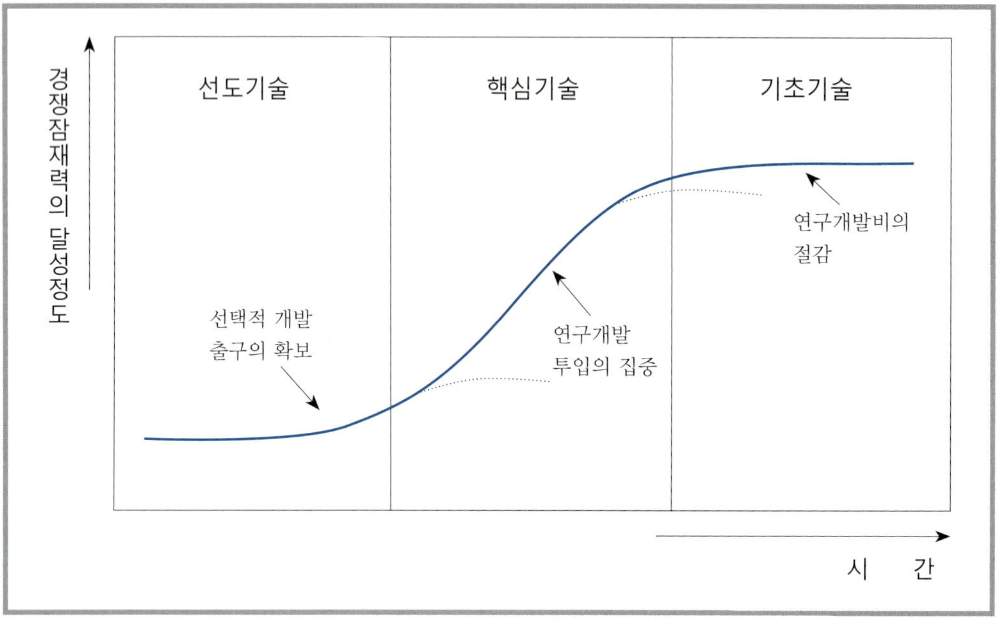

자료원: Perlitz, M.(1988), p. 50.

시간이 경과함에 따라 경쟁잠재력의 달성정도와 관련된 어떤 기술 S곡선을 살펴본다면, 〈그림 6-2〉와 같은 결과를 얻을 수 있다. 이 그림에서는 시간이 경과함에 따라 어떤 기술 S곡선은 선도기술, 핵심기술 및 기초기술 등 세 가지의 기술로 구성되어 있음을 알 수 있다.

〈그림 6-2〉에서는 연구개발비의 지출강도와 관련하여 다음과 같은 세 가지의 전략적 대안을 추론할 수 있다.[98]

- 선택적 개발 및 출구의 확보: 이 대안은 어떤 기술의 초기개발단계, 즉 선도기술의 단계에 존재한다. 이러한 선도기술은 장기적으로 어떤 산업의 경쟁력에 큰 영향을 미칠 수 있다.
- 연구개발투입의 집중: 이 대안에서는 기업이 어떤 핵심기술을 갖게 되

98 Perlitz, M.(1988), p. 50.

며, 또한 연구개발투입의 집중을 통하여 다양한 경쟁우위를 달성할 수 있게 한다.

- 연구개발비의 절감: 이 대안에서는 기초기술에 의한 제한적 경쟁우위가 나타나기 때문에 연구개발비의 지출을 감소시키고, 이것을 통하여 확보되는 여유사원을 어떤 새로운 신도기술의 개발을 위해 투자하는 것이 바람직하다.

6.1.2 기술적 환경의 의의

어떤 국가의 기술적 환경(technological environment)은 먼저 특정제품 및 서비스에 대한 수요-기술-제품수명주기(demand-technology-product life cycle)의 관점에서 평가될 수 있다.[99] 안소프(*Ansoff*)는 기술적 환경을 안정된 기술적 환경, 비옥한 기술적 환경 및 혼란한 기술적 환경 등으로 분류하였다. 이러한 세 가지 기술적 환경에 대하여 살펴보면 다음과 같다.[100]

안정된 기술적 환경(stable technological environment)

이것은 어떤 수요수명주기의 기간 동안 기본적으로 변화되지 않는 수명이 긴 기술을 가진 사업으로 구성되어 있다. 이러한 상황하에서는 일정한 제품수명주기 곡선들을 가진 제품의 수가 비교적 적으며, 다른 기술적 환경에 비해 안정적이다. 〈그림 6-3〉의 안정된 기술적 환경에 대한 그래프는 수요와 기술이 장기간 뒷받침되고, 또한 수요를 충족시킬 수 있는 소수의 제품이 안정적으로 판매되고 있는 상황을 보여준다.

---

99 Ansoff, H. I.(1984), p. 103 이하.

100 전게서; Roy, M. H./Dugal, S. S.(1999), p. 113; Dugal, S. S./Schroeder, J. E.(1995), p. 32 이하; Dugal, S. S./Roy, M. H.(1994), p. 294 이하.

그림 6-3 안정된 기술적 환경

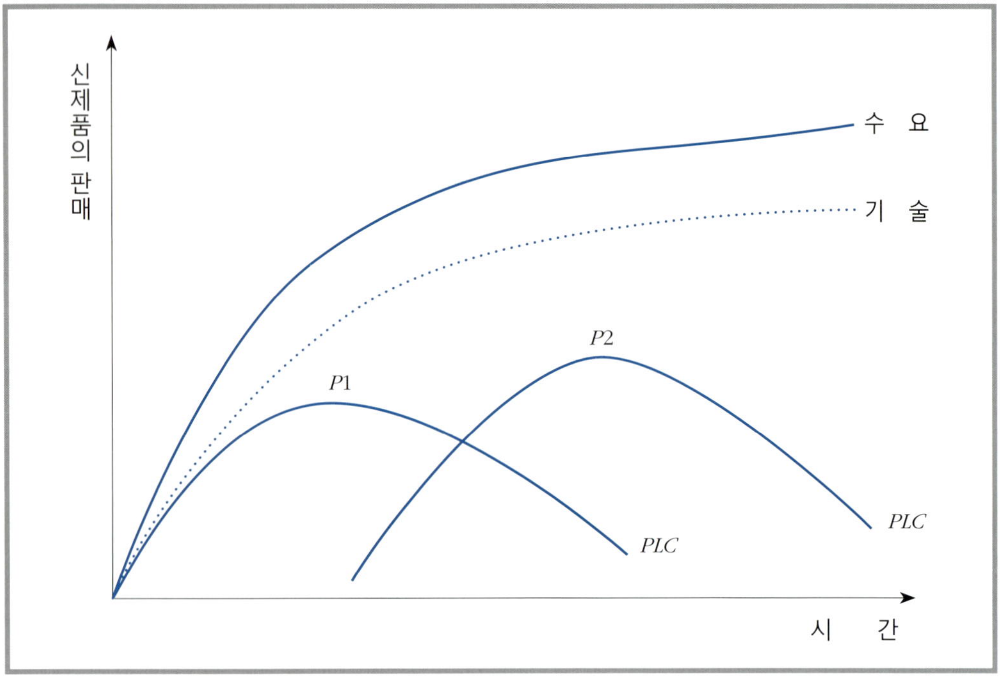

자료원: Ansoff, H. I.(1984), p. 103.

비옥한 기술적 환경(fertile technological environment)

이것은 안정된 기술적 환경에서와 마찬가지로 어떤 수요수명주기의 기간 동안 수명이 긴 기술을 가진 사업으로 이루어져 있다. 비옥한 기술적 환경은 안정된 기술적 환경에 비해 일정한 제품수명주기를 가진 제품을 더 많이 보유하고 있다. 이 환경하에서 제품개발은 성공을 위한 결정적 요인이 된다. 기업은 지속적 제품개발의 압박을 받기 때문에 혁신을 해야 하며, 제품수명주기는 비교적 짧다. 〈그림 6-4〉는 비옥한 기술적 환경을 그래프로 제시한다.

그림 6-4 비옥한 기술적 환경

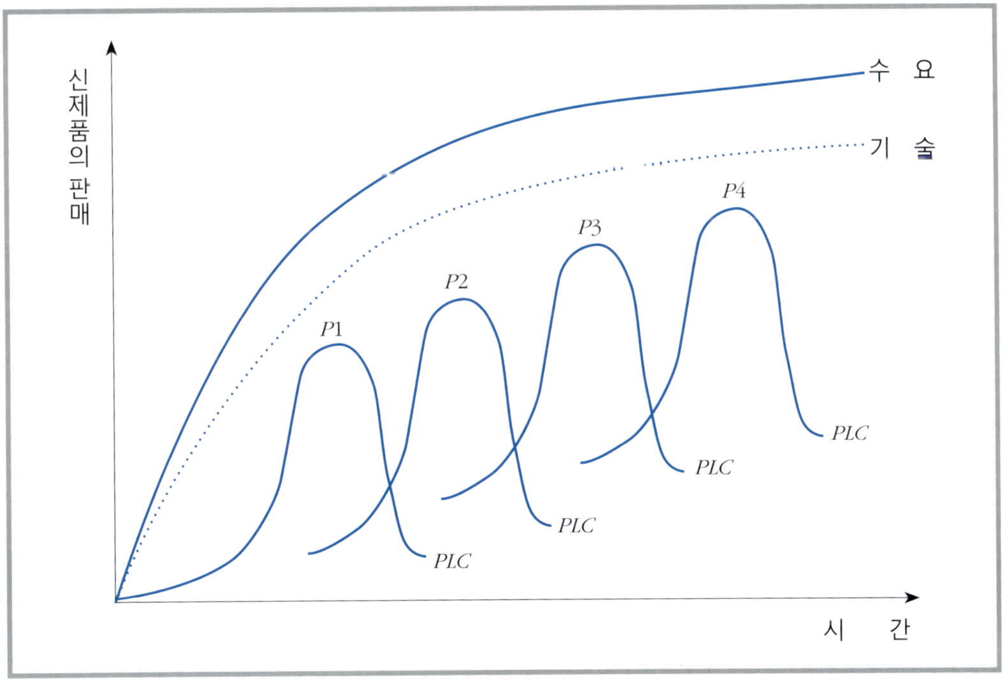

자료원: Ansoff, H. I.(1984), p. 103.

혼란한 기술적 환경(turbulent technological environment)

이것은 한 개 또는 그 이상의 기초기술의 대체가 일정한 수요수명주기 동안에 이루어지는 특징을 보여준다. 이러한 환경에서는 빠르고 짧은 제품수명주기로 인하여 나타나는 제품진부화(product obsolescence)의 위협이 큰 문제가 될 수 있다.

〈그림 6-5〉에 나타나 있는 바와 같이, 일정한 수요수명주기 동안 3개의 기초기술의 대체가 이루어지고 있다. 그러나 이러한 상황에서 중요한 것은 기초기술이 아니라 핵심기술 또는 선도기술이다. 이 그림에 제시되어 있는 바와 같이, 기술수명주기의 곡선들은 시간의 경과에 따라 하향하고 있는데, 이것은 기술적으로 진부화된 제품을 의미한다.

그림 6-5 혼란한 기술적 환경

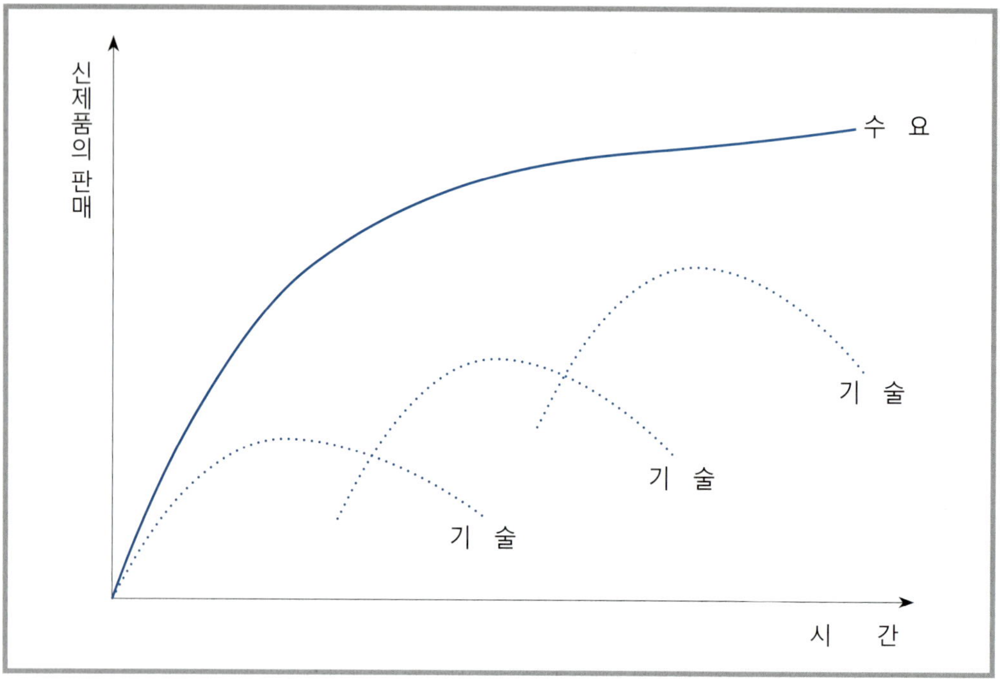

자료원: Ansoff, H. I.(1984), p. 103.

또한 어떤 국가의 기술적 환경은 외부적 영향요인 및 어떤 글로벌 기업과 관계하고 있는 이해관계자에 의하여 평가될 수 있다. 즉, 자연적, 기술적, 사회적, 법적·정치적 및 경제적 요인 등과 같은 외부적 영향요인은 글로벌 기업의 기술적 환경에 직접 또는 간접적으로 관련되어 있다.

그리고 글로벌 기업의 경쟁적 이해관계자인 경쟁자, 잠재적 진출기업, 공급자, 구매자 및 대체품생산자 등도 기술적 환경의 중요한 구성원이다. 아래의 6.2와 6.3에서는 이러한 환경적 요인에 대하여 각각 살펴보기로 한다.

6.2 기술의 외부적 영향요인의 분석

6.2.1 자연적 영향요인

자연적 환경(natural environment)은 인간의 모든 거래활동의 기본적 요소를 제공한다. 어떤 제품을 생산하기 위해서 글로벌 기업은 투입요소를 필요로 하며, 이러한 투입요소는 대부분 자연적 산물이다. 그리고 산출요소인 제품은 공해를 유발하지 않거나 쓰레기를 발생시키지 않는 등 환경친화적인가를 고려하여야 한다. 특히, 생태적인 문제는 사회적, 경제적, 법적 및 기술적 환경과 밀접한 관계가 있다. 투입요소와 산출요소가 기술에 영향을 미칠 수 있는 상황은 다음과 같으며, 이러한 상황들은 기술개발과 밀접하게 관련되어 있다.

- 원재료 가격의 폭등으로 인한 대체원료의 개발
- 생산에서의 에너지절감
- 생태적 위험의 회피가능성
- 자원의 재활용잠재성

기업의 혁신 및 기술경영의 관점에서 볼 때, 어떤 제품개발은 기술과 직접적으로 관련되어 있다. 그러나 이러한 제품개발에 덧붙여서, 기업이 중요하게 고려하여야 할 부분은 제품생산을 위한 원재료의 환경친화성, 생산에서의 원가절감을 위한 공정기술의 개발 및 환경보호를 위한 기술개발 등이다. 즉, 기업이 어떤 제품의 생산에 있어서 생태적 부담을 완화하는 것은 기업의 연구개발부문의 중요한 연구과제가 될 수 있으며, 이것은 또한 매우 큰 개선의 잠재성과 혁신의 잠재성을 내포하고 있다.

6.2.2 기술적 영향요인

기술적 환경(technological environment)은 기술의 발전상태, 관련산업의 기술적 성숙도, 기술개발의 역동성, 새로운 물질 또는 원재료의 이용 가능성 및 기술의 경쟁적 잠재성 등과 같은 현지국의 외부적 영향요인을 말한다. 먼저, 기술의 발전상태는 일반적으로 선진국, 개발도상국 및 후진국 등으로 분류하는 기준이 되며, 글로벌 기업은 기술의 발전상태에 따라 현지국에서 기술집약적 제품의 생산을 고려할 수 있다. 관련산업의 기술적 성숙도는 현지국에서 어떤 특정기술이 어느 정도의 글로벌 경쟁력을 보유하고 있는가에 대한 척도를 제시한다. 현지국에서의 기술개발의 역동성은 현지정부의 기술개발의 지원 및 특정산업의 육성(예를 들면, 경제개발계획의 수립을 통한 특정산업의 육성) 등을 통하여 촉진될 수 있다. 새로운 물질 또는 원재료의 이용 가능성은 어떤 기술의 개발과 제품생산을 위한 기본적인 요소로 작용할 수 있다. 마지막으로, 기술의 경쟁적 잠재성은 경쟁업체와 비교한 어떤 기업의 기술적 위치를 파악하게 하는 중요한 기준이 된다.

현지국의 기술적 영향요인은 체계적인 기술평가에 의해 파악될 수 있다. 이러한 기술평가는 한편으로는 어떤 글로벌 기업이 현지국에 투입한 기술의 발전상황에 대한 정보수집을 목표로 수행되며, 다른 한편으로는 투입한 기술의 기회와 위험을 조사할 목적으로 이루어진다. 구체적인 기술평가는 전문분야의 문헌분석, 특허분석, 실제적 및 잠재적 경쟁자의 연구개발능력의 분석 등을 통하여 이루어진다.

6.2.3 사회적 영향요인

사회적 환경(social environment)은 인구통계적인 요인과 사회문화적 요인 등과 같은 현지국의 어떤 기술에 영향을 미치는 외부적 요인으로 구성되어 있다. 총 인구, 연령별 및 지역별 인구분포 등과 같은 인구통계적인 요인은 기술혁신에 있어서 결정적인 영향을 미치지는 않지만 어느 정도의 영향을 미치고 있다. 특히, 지역별 인구분포의 관점에서 볼 때, 어떤 현지국의 인구가 도시지역에 대규모로 집중되어 있다면 어떤 제품에 대한 실제적 및 잠재적 시장규모가 크기 때문에 기업은 제품개발을 위해 많은 자원을 투입할 것이다. 사회문화적 요인은 고객의 가치관, 제품수용가능성, 소비자의 행동 및 취향의 차이와 변화 등을 포함하고 있으며, 이러한 요인은 기술적 환경에 영향을 미치게 된다. 예를 들면, 소비자의 행동 및 취향이 바뀌게 되면 기업은 그들이 판매하는 특정제품의 수정 및 개발과 관련된 의사결정상황에 직면하게 될 것이다.

사회문화적 요인은 다른 어떤 요인보다도 현지국에서의 제품차별화에 결정적인 영향을 미칠 수 있다. 왜냐하면 현지국에서의 사회문화적 요인의 변화는 기술적 환경의 변화를 촉진하는 요인으로 작용하기 때문이다. 일반적으로 사회적 환경 중에서 인구통계적인 요인에 대한 자료는 2차 자료를 통하여 쉽게 획득될 수 있지만, 소비자행동과 관련된 사회문화적 요인은 설문조사 및 인터뷰 등을 통하여 직접 수집하여 분석하여야 한다. 이렇게 수집하여 분석된 자료를 바탕으로 기업은 현지국에서 판매할 제품의 기술적 요구사항을 충족시킬 수 있다.

6.2.4 법적 · 정치적 영향요인

법적 · 정치적 환경(legal and political environment)은 기술에 대한 법적인 규정, 기술표준, 정부의 경제정책 및 연구개발정책, 지원 및 촉진제도 등과 같은 요인으로 구성되어 있다. 먼저, 기술에 대한 법적인 규정으로는 혁신 및 기술경영에 직접적 또는 간접적 영향을 미치는 특허법, 환경보호법 및 소비자보호법 등이 있다. 이러한 법률규정은 기업이 어떤 제품을 개발 또는 생산할 때 반드시 준수하여야 하는 범위조건을 제시한다. 기술표준(technical standards)은 어떤 제품의 기술적 요인에 관련되는 표준을 의미하며, 기업이 제품관련 기술을 개발할 때 이것을 반드시 지켜야 한다. 국가별로 기술표준이 다르다면, 기업은 국가별로 제품차별화를 해야만 하는데, 이것을 강제적 제품차별화(mandatory product differentiation)라고 한다. 정부의 경제정책 및 연구개발정책은 어떤 국가에 있어서의 산업의 발전, 기술개발 및 연구개발의 활성화에 기여한다. 마지막으로, 지원 및 촉진제도는 기술개발과 관련하여 정부가 기업에게 각종 인센티브, 지원금 및 보조금 지급 등을 지원하는 제도이다.

법적 · 정치적 환경에 대한 구체적인 자료는 문헌조사, 법률조항의 검토, 정부의 보고서 및 관련된 산업협회 등을 통하여 수집할 수 있다. 특히, 현지국의 특허관련 법률과 다른 기업에 의해 이미 등록된 관련기술에 대한 특허는 명확하게 조사 · 분석되어야 한다. 이를 통하여 글로벌 기업은 특허 침해적이고 중복적인 연구개발활동을 방지할 수 있고, 아울러 독자적으로 개발된 기술을 법률적으로 보호를 받는 특허로 등록할 수 있다.

6.2.5 경제적 영향요인

경제적 환경(economic environment)에서는 국민 총생산, 1인당 국민소득 및 소득분포 등과 같은 시장규모와 관련된 변수와 경제성장, 인플레이션, 이자율, 환율, 국제수지 및 외채 등과 같은 거시경제지표와 관련된 변수가 기술의 외부적 영향요인을 분석하는 데 있어서 중요한 의미를 갖는다. 어떤 현지국의 시장규모가 크고, 어떤 글로벌 기업이 판매하는 제품의 매출액규모가 크다면, 이에 상응하여 기업이 기술개발을 위해 투자할 수 있는 금액의 규모가 커지게 된다. 즉, 시장규모가 큰 국가는 기업의 매출액증가에 유리한 상황을 제공하며, 이러한 매출액의 일부가 기술개발에 유용하게 사용될 수 있다.

또한 어떤 국가의 거시경제관련 지표는 그 국가의 금융 및 재정상황을 파악하는 데 도움이 된다. 만일 어떤 국가의 금융 및 재정상황이 매우 양호하다면, 이러한 상황은 현지국에서 활동하는 글로벌 기업이 기술개발에 필요한 자금을 조달할 때 매우 유리하게 작용할 수 있다. 예를 들면, 어떤 현지국의 이자율이 다른 국가에 비해 상대적으로 낮다면, 그 국가에서 활동하는 글로벌 기업은 좋은 조건의 기술개발자금을 조달하게 된다.

경제적 환경과 관련된 구체적인 자료는 국제경제관련 통계수치, 각국 정부에서 발간하는 통계연감, 개별기업 및 경영컨설팅회사에서 발간하는 보고서 등을 통하여 획득할 수 있다. 그리고 대출조건이 좋은 기술개발자금을 조달하기 위해서, 글로벌 기업은 각 국가의 이자율, 환율 및 물가상승률 등과 같은 금융 및 시장정보를 면밀히 분석하여야 한다.

6.3 기술적 이해관계자의 분석

*포터*가 산업 내의 경쟁을 분석하기 위하여 제시한 경쟁자, 잠재적 진출기업, 공급자, 구매자 및 대체품생산자 등은 글로벌 기업의 기술적 이해관계자가 될 수 있다(제2장 2.3.1 참고).[101] 아래에서는 이러한 기술적 이해관계자가 글로벌 기업의 기술적 환경에 있어서 어떤 의미를 갖고 있는지에 대하여 살펴보기로 한다.

6.3.1 경 쟁 자

경쟁자는 어떤 글로벌 기업이 경쟁관계를 유지하고 있는 기존의 경쟁자를 말한다. 어떤 글로벌 기업이 기술적 환경을 보다 정확하게 파악하기 위해서는 무엇보다도 경쟁자의 제품수명주기, 신제품개발능력 및 연구개발예산의 규모 등을 분석하여야 한다.

101 Porter, M. E.(1980).

경쟁자의 제품수명주기는 경쟁자가 생산하는 제품별로 평가되어야 하며, 그 평가결과는 경쟁관계를 유지하고 있는 어떤 글로벌 기업의 제품수명주기와 비교·분석되어야 한다. 경쟁자의 제품수명주기가 어느 위치에 있는가를 파악하게 된다면, 그 글로벌 기업은 신제품개발 또는 제품수정의 시점을 보다 효과적으로 결정할 수 있다. 그러나 동일한 제품의 수명주기는 각 국가별로 다를 수 있기 때문에 이에 대한 분석도 추가적으로 이루어져야 한다.

글로벌 기업의 가장 중요한 기술적 환경의 분석대상의 하나는 경쟁자의 신제품개발능력이다. 기업이 글로벌 경쟁에서 생존하고, 장기적으로 발전하기 위해서는 탁월한 신제품개발능력을 보유하여야 한다. 경쟁자의 신제품개발능력을 구체적으로 분석하기 위해서는 연구개발인력의 수준, 국내외 보유특허의 수, 연간연구개발비 및 총 매출액에서 신제품이 차지하는 비율 등과 같은 자료가 수집되어야 한다. 특히, 최근 2-3년간 총 매출액에서 신제품이 차지하는 비율은 경쟁자의 신제품개발능력 또는 혁신능력을 단적으로 보여주는 중요한 지표가 될 수 있다.

연구개발예산의 규모는 경쟁자의 현재 및 미래의 기술력을 예측할 수 있는 또 하나의 지표이다. 연구개발예산은 "어떤 계획기간에 있어서 연구개발비지출을 위해 이용 가능한 기업전체의 총 예산의 일부"이다.[102] 연구개발예산을 수립하기 위해서 기업은 연구개발을 통하여 달성될 수 있는 이윤과 성장을 고려해야만 한다. 연구개발예산의 확정은 연구개발프로그램의 중요한 요소 중의 하나이다. 그러므로 이것은 연구개발영역의 진행계획 및 잠정적 계획뿐만 아니라, 나아가 기타계획영역(예를 들면, 연구개발 이외의 기능영역)에 대해서도 간접적으로 영향을 미친다.[103]

102 Schanz, G.(1972), p. 80.

103 Schröder, H.-H.(1980), p. 646; 박주홍(2007), p. 123 재인용.

6.3.2 잠재적 진출기업

잠재적 진출기업 또는 신규 시장진입자는 기존의 경쟁구도에 직접적으로 영향을 미치게 된다. 잠재적 진출기업이 새로운 시장에 진출하려는 경우에 있어서 어떤 제품의 개발과 생산에 많은 연구개발비를 필요로 한다면, 새로운 시장에 대한 진입장벽이 높아진다. 이와 반대로, 연구개발비 부담이 거의 없는 제품인 경우에는 시장진입장벽이 낮기 때문에 경쟁이 격화될 가능성이 매우 높다. 글로벌 기업은 기존의 글로벌 경쟁에 막대한 영향을 미칠 수 있는, 높은 기술력을 가진 잠재적 진출기업의 시장진입가능성을 항상 염두에 두고 기술경쟁력을 확보하여야 한다.

6.3.3 공 급 자

공급자 또는 협력업체는 어떤 기업의 제품생산을 위해 원재료 또는 부품을 공급하는 기업이다. 공급자가 납품한 어떤 부품의 품질 및 원가는 최종조립업체의 제품경쟁력 또는 원가경쟁력에 영향을 미치게 된다. 예를 들면, ABS(anti-lock brake system) 브레이크를 개발한 보쉬(Bosch)가 이 신제품을 벤츠(Benz), BMW, 아우디(Audi) 및 폭스바겐(Volkswagen) 등과 같은 독일의 자동차회사에 납품하여 자동차를 생산하였을 때 소비자들의 반응은 매우 호의적이었다.

특히, 글로벌 기업은 전 세계적으로 원재료 또는 부품을 조달하는 데, 이것을 글로벌 소싱이라고 한다. 글로벌 소싱(global sourcing)은 지리적 입지와 관계없이 필요한 자원 및 산출물을 가장 효과적으로 제공할 수 있는 공급자를 전 세계적으로 활용하는 것을 의미한다.[104] 이러한 기업활동은 원재료 및 부품을 필요한 시점에 유리한 가격으로 전 세계에 있는 공급자들로부터 합리

104 Hodgetts, R. M./Luthans, F.(2000).

적으로 구매하기 위한 관리활동에 기초를 두고 있다.[105]

글로벌 소싱에 있어서 협력관계는 무엇보다도 제조업체와 공급자의 기술적인 공동협력에 중점을 두어야 한다. 이러한 기술적 공동협력은 일반적으로 제조업체가 원재료 및 부품의 생산에 필요한 기술을 공급자에게 제공함으로써 잘 이루어질 수 있다. 경우에 따라서 제조업체와 공급자가 공동으로 기술을 개발하며, 이를 통하여 최종제품의 기술적 표준을 충족시킬 수 있다. 또한 공급자는 제조업체가 필요로 하는 원재료 및 부품을 독자적으로 개발하여 납품할 수 있으며, 이 경우에는 기술개발에 필요한 인적 및 물적 자원을 공급자가 전적으로 부담하여야 한다.[106]

현지국에서 생산시설을 보유하고 있는 글로벌 기업의 자회사는 생산초기부터 현지국의 공급자와 협력관계를 잘 유지해야만 요구되는 품질 및 납품시기 등과 관련된 문제점들을 극복할 수 있다.[107] 현지국의 공급자는 원재료 및 부품의 생산에 필요한 기술을 제조업체로부터 제공받을 수도 있고, 독자적으로 기술을 개발할 수도 있다. 현지국의 제조업체는 우수한 품질의 원재료 및 부품을 조달받기 위하여 현지국의 공급자에게 기술적인 노하우 및 지식의 제공, 엔지니어 또는 기술인력의 교육, 재정적인 지원을 할 필요가 있다. 이러한 공동협력과 지원을 통하여 제조업체는 품질이 우수한 원재료 및 부품을 안정적으로 조달할 수 있으며, 이를 통하여 최종제품의 글로벌 경쟁력을 향상시킬 수 있다.[108]

6.3.4 구 매 자

구매자 또는 고객은 기업이 만든 제품을 최종적으로 취득하는 역할을 담당하며, 이를 통하여 기업의 매출이 발생한다. 기술적 환경의 관점에서 볼

105 조동성(1997), p. 685.
106 박주홍(2004), p. 160 이하.
107 Grochla, E./Fieten, R.(1989), p. 211.
108 박주홍(2004), p. 161.

그림 6-6 기술푸시와 수요풀에 의한 혁신

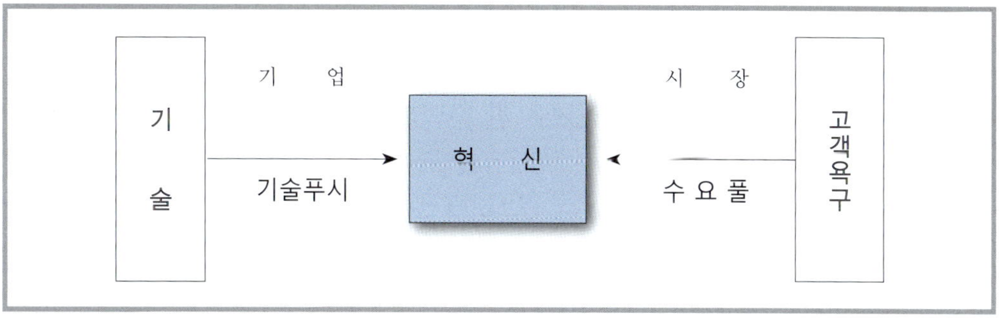

자료원: Perl, E.(2003), p. 39.

때, 구매자는 제품에 대하여 그들의 욕구를 표현하며, 이러한 요구사항은 신제품개발과 제품수정으로 연결되기도 한다.

〈그림 6-6〉은 기술푸시(technology push)와 수요풀(demand pull)에 의한 혁신을 보여준다. 이 그림에 제시되어 있는 것처럼, 기업은 시장에서 요구하는 고객욕구를 충족시키기 위하여 기술을 개발하여야 한다. 기술푸시는 기업 내부적 관점에서 혁신을 추구하는 것인 반면, 수요풀은 기업 외부적 관점에서 혁신이 강요되는 것으로 볼 수 있다.[109]

글로벌 기업의 관점에서 볼 때, 각 국가별 구매자들의 문화적 배경에 따라 그들이 선호하는 제품이 다를 수 있다. 이러한 경우에는 제품차별화가 전략적으로 중요한 의미를 갖게 된다. 제품차별화가 신제품으로 구체화되어야 한다면, 기업은 신제품개발을 위한 투자를 해야만 한다. 그러나 어떤 기업의 보유자원이 제품차별화를 하는 데 충분치 않다면, 이 기업은 제품표준화를 추구하여야 한다. 제품표준화에서는 원가절감과 품질향상을 위한 공정기술이 제품기술보다 더 중요하게 취급될 수 있다.

109 박주홍(2007), p. 21.

6.3.5 대체품생산자

*포터*가 산업 내의 경쟁분석에서 논의한 대체품(substitutes)은 기존의 경쟁구도를 바꿀 수 있는 역할을 할 수 있다. 대체품은 기존제품의 기능, 사용방법 및 효용 등을 다른 기술이나 방법으로 충족시켜주는 제품이다. 이것은 구매자가 어떤 한 종류의 제품이나 서비스를 다른 종류의 제품이나 서비스로 대체하기 때문에 기존제품이나 서비스의 생산자에게 위협으로 작용할 수 있다.

일반적으로 대체품은 기존제품보다 기술적으로 우수하거나 새로운 기술패러다임을 가진 제품이기 때문에 더욱 강한 글로벌 경쟁력을 보유하고 있다. 즉, 대체품은 환경과 기술패러다임의 변화를 반영하여 개발되고 생산되기 때문에 기술집약적인 제품인 경우가 많다. 예를 들면, 기존의 자동차는 휘발유 또는 경유 등과 같은 화석연료를 사용하지만, 대체품은 전기, 태양열 및 수소 등을 연료로 사용하기 때문에 새로운 기술을 개발해야만 한다.

대체품생산자는 앞서 언급한 것처럼 기술집약적인 제품을 생산할 뿐만 아니라, 경우에 따라서 저렴한 원가의 대체품을 생산하기도 한다. 이 경우에 있어서 대체품생산자는 원감절감을 위한 공정기술의 개발, 생산성 및 품질향상 등과 같은 목표를 추구하기도 한다. 예를 들면, 휘발유 또는 경유를 대체할 수 있는 저렴한 자동차 연료로 바이오에탄올 또는 바이오디젤 등을 들 수 있는데, 이러한 대체품들은 식물에서 그 원료를 추출하기 때문에 생산원가가 저렴하지만 정제, 가공 및 생산을 위한 기술개발과 관련하여 많은 연구개발비를 필요로 한다.

제 7 장

글로벌 경영환경의 분석방법

7.1 글로벌 경영환경의 분석을 위한 정보수집

7.1.1 정보수집의 원천

글로벌 경영환경의 분석은 글로벌 기업이 진출하려는 어떤 국가 또는 지역에 대한 정보수집으로부터 시작된다. 이러한 정보는 외부적 원천과 내부적 원천을 통하여 수집되거나 창출되며, 이들을 구체적으로 살펴보면 다음과 같다.[110]

정보의 외부적 원천(external sources of information)

글로벌 기업의 외부에서 수집되는 정보는 다음과 같은 여러 가지 원천을 갖고 있다. 일반적으로 외부적 정보는 이미 발표되거나 출판된 2차 자료에 기초하고 있다.

- 고객: 개인소비자 또는 사용자, 기업고객으로부터 수집되는 정보
- 경쟁기업: 경쟁기업이 발간한 자료 및 보고서, 경쟁기업의 직원으로부터 수집되는 정보
- 해외회사: 해외자회사 및 해외에서 활동하는 다른 기업으로부터 수집되는 정보
- 개별적 보고서: 시장조사기업 및 컨설팅기업에게 비용을 지불하여 수행한 보고서
- 전문적 연구보고서: 산업협회 및 연구기관이 발간한 연구보고서(예를 들면, 제품별 또는 산업별 연구보고서)
- 서비스기업: 은행, 회계법인 등과 같은 서비스기업이 발간한 자료 또

110 Daniels, J. D. et al.(2004), p. 394 이하; Perlitz, M.(2004), p. 170 이하.

는 보고서

- 정부기관: 각 정부부처에서 발간하는 보고서 및 각종 연감
- 국제조직 및 기구: UN, WTO, IMF 등과 같은 국제조직 및 기구에서 발간하는 보고서 및 각종 연감
- 상공회의소 및 무역협회: 이들이 발간하는 자료, 보고서 및 각종 연감
- 정보서비스기업: 각종 정보에 대하여 체계적으로 데이터베이스를 구축한 기업으로부터 관련된 정보를 유료로 구입함
- 인터넷: 인터넷검색을 통한 정보수집
- 박람회 및 전시회: 참가기업, 구매자(바이어), 주최기관 및 방문객 등을 통한 정보수집

정보의 내부적 원천(internal sources of information)

이것은 글로벌 기업이 그들이 필요로 하는 글로벌 경영환경에 대한 정보 및 자료를 독자적으로 수집하거나 창출하는 것과 관련되어 있다. 일반적으로 내부적 정보는 이미 발표되거나 출판된 2차 자료를 외부에서 수집하여 글로벌 기업이 이것을 직접 가공하여 획득할 수 있다. 그러나 외부에서 수집되는 2차 자료가 불충분한 경우에는 기업이 직접 조사하여 자료를 수집하는데, 이것을 1차 자료라고 한다. 정보의 내부적 원천은 다음과 같다.

- 기업내부에 구축된 정보시스템: 데이터베이스를 활용한 글로벌 경영환경과 관련된 정보의 분류 및 가공
- 글로벌 시장조사의 수행: 외부적 정보가 어떤 국가 또는 지역의 글로벌 경영환경을 분석하는 데 충분하지 않은 경우, 기업이 독자적으로 글로벌 시장조사를 수행하여 정보 또는 자료를 수집함(예를 들면, 설문조사, 인터뷰 및 관찰 등을 수행함)

7.1.2 정보수집의 과정

정보수집의 과정(process of information gathering)은 기업이 어떤 관점에서 정보를 수집하는가에 따라 수동적 과정과 능동적 과정으로 구분될 수 있다.[111] 일반적으로 어떤 기업의 글로벌 경영환경을 보다 정확히 이해하고 분석하기 위해서는 수동적 정보수집보다는 능동적 정보수집을 하는 것이 바람직하다. 왜냐하면 수동적 정보수집에서는 글로벌 경영환경과 관련된 정보의 종류와 양이 제한될 가능성이 매우 높기 때문이다. 이러한 두 가지 정보수집의 방법은 다음과 같이 설명될 수 있다.

수동적 정보수집의 과정(process of passive information gathering)

이 과정에서는 정보가 외부(국내 및 외국)로부터 국내기업(본사)으로 전달되는데, 이 과정에서 국내기업은 수동적으로 정보를 수집한다. 먼저, 국내기업은 제품정보를 외국의 이해관계자들에게 전달하고, 그 다음 단계에 외국의 이해관계자들은 그들이 보유하고 있는 정보를 국내기업에게 제공한다. 또한 국내에서는 제품정보가 국내의 이해관계자에게 거의 대부분 공개되어 있기 때문에 제품정보를 별도로 제공하지 않고도 국내의 관련된 이해관계자들로부터 관련된 정보를 전달받게 된다. 〈그림 7-1〉은 수동적 정보획득모델을 제시한다.

능동적 정보수집의 과정(process of active information gathering)

이 과정에서는 정보가 외부(국내 및 외국)로부터 국내기업(본사)으로 전달되는데, 이 과정에서 국내기업은 그들이 필요로 하는 정보를 국내 및 외국의 이해관계자들에게 능동적으로 요구하여 수집한다. 즉, 국내기업은 외국과 국내에 있는 이해관계자들에게 어떤 정보가 필요한가를 구체적으로 언급해 주어야 한다. 〈그림 7-2〉는 능동적 정보획득모델을 보여준다.

111 Perlitz, M.(2004), p. 169 이하.

그림 7-1 수동적 정보획득모델

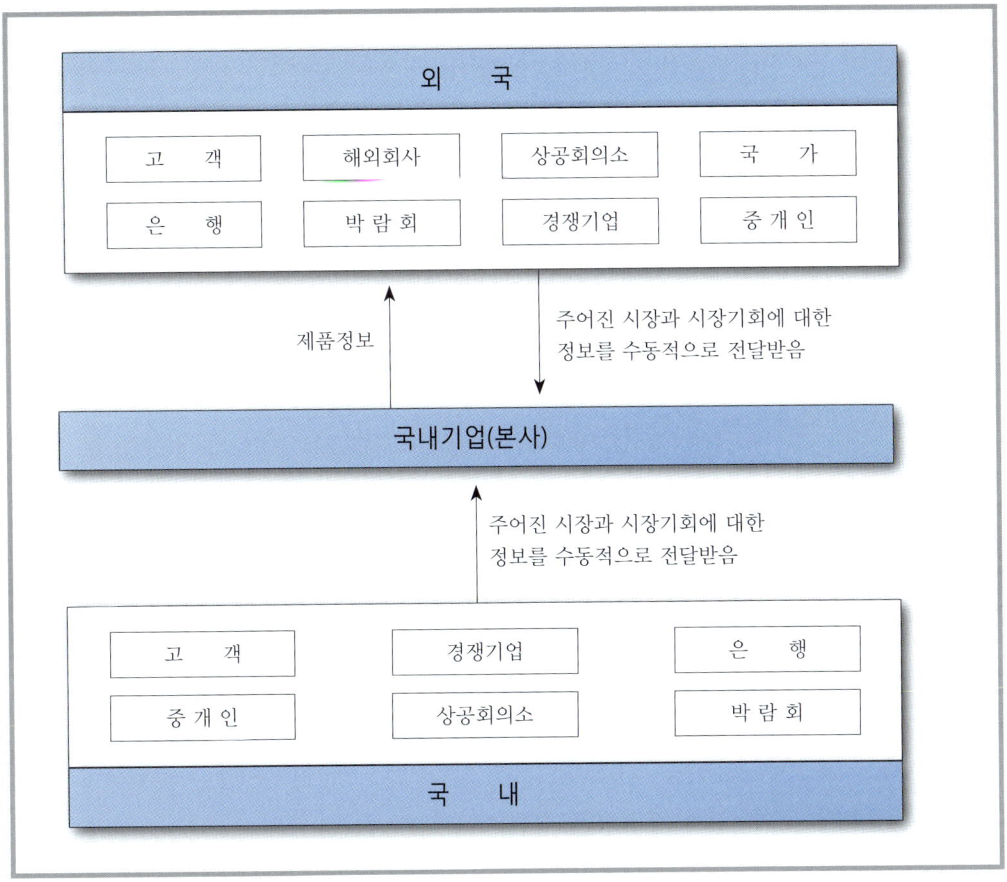

자료원: Perlitz, M.(2004), p. 170; 저자에 의해 일부 수정됨.

그림 7-2 능동적 정보획득모델

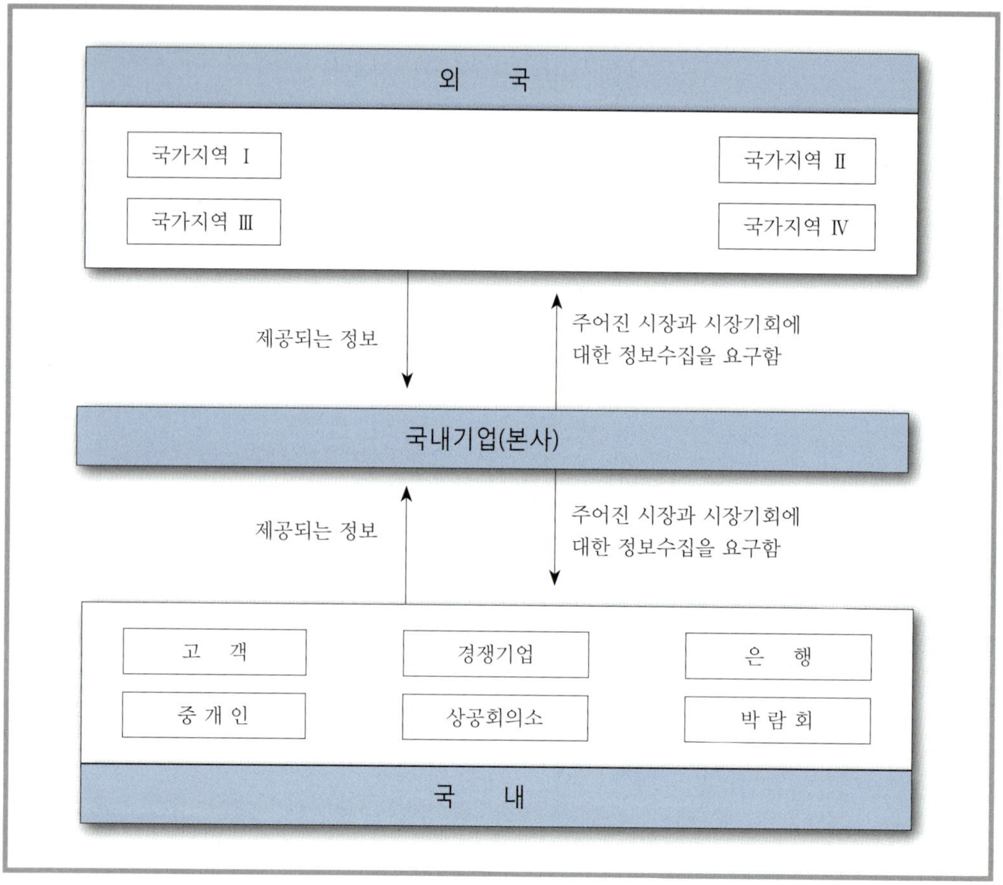

자료원: Perlitz, M.(2004), p. 170; 저자에 의해 일부 수정됨.

7.2 글로벌 경영환경의 통합적 분석과정

글로벌 경영의 관점에서 볼 때, 글로벌 기업의 활동영역은 전 세계의 수많은 국가 및 지역이기 때문에 글로벌 기업이 활동하거나, 또는 활동하려는 국가 및 지역에 대한 경영환경은 개별적 및 통합적으로 분석되어야 한다. 특히, 글로벌 경영환경의 통합적 분석과정에서는 본서의 제2부 3장부터 6장까지 설명된 4개의 환경요인뿐만 아니라, 본서에서 다루지 않은 여러 가지 환경요인들도 아울러 검토되어야 한다. 일반적으로 글로벌 경영환경의 분석에서는 정치적·법적(political-legal), 경제적(economic), 사회문화적(sociocultural) 및 기술적(technological) 환경요인들이 주로 분석되기 때문에 이러한 통합적 분석을 PEST 분석이라고 한다. 여러 가지 글로벌 환경요인을 고려한 통합적 분석과정(process of integrative analysis)은 다음과 같은 순서로 구성되어 있으며, 〈그림 7-3〉은 글로벌 환경의 통합적 분석과정을 보여준다.

- 국가 및 지역의 선정: 어떤 글로벌 기업이 분석하기를 원하는 국가 및 지역을 선정한다.
- 환경의 분류: 각 국가 및 지역에 따라 분석하려는 환경요인을 정치적·법적, 경제적, 사회문화적 및 기술적 환경 등으로 분류한다.
- 환경의 분석: 분석하려는 각 환경요인에 대한 세부적 항목을 선택하고, 이들에 대한 추세를 분석한다.
- 환경변화의 예측: 앞 단계의 각 환경요인에 대한 세부적 항목의 분석에 근거하여 각 국가 및 지역에 대한 환경변화를 예측한다.

그림 7-3 글로벌 환경의 통합적 분석과정

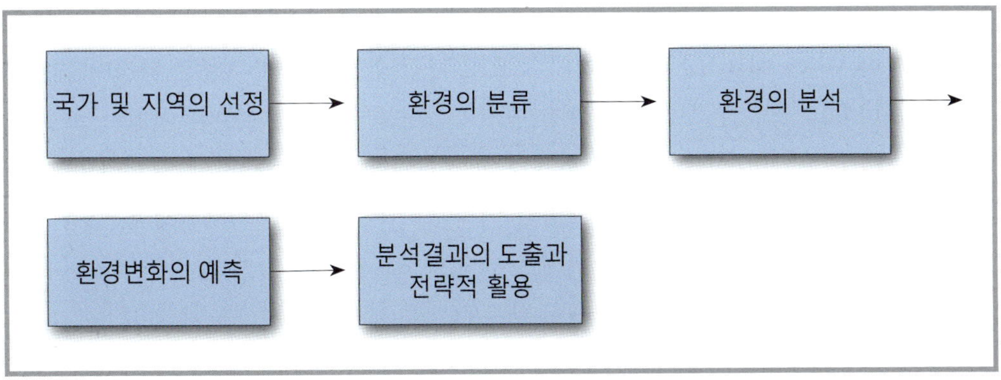

그림 7-4 임팩트 매트릭스(impact matrix)

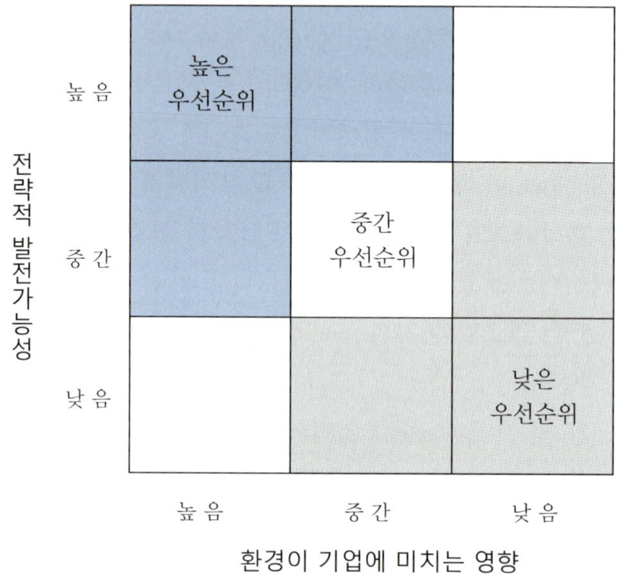

자료원: Wilson, I. A.(1983).

- 분석결과의 도출과 전략적 활용: 각 국가 및 지역에 대한 분석결과를 도출하여 평가하고, 전략수립을 위해 활용한다.

국가 및 지역별로 수행된 글로벌 환경의 통합적 분석의 결과는 *윌슨*(*Wilson*)의 임팩트 매트릭스(impact matrix)를 통해 최종적으로 평가될 수 있다.[112] 이 매트릭스는 두 개의 축으로 구성되어 있는데, X축은 환경이 기업에 미치는 영향을, Y축은 전략적 발전가능성을 각각 제시한다. 어떤 글로벌 기업이 평가한 여러 국가의 환경분석의 결과를 이 매트릭스에 표시하면, 국가 간 환경요인의 차이가 명확히 드러나게 된다. 따라서 의사결정자는 이 매트릭스에 표시된 국가들의 위치를 비교함으로써 간편하게 환경분석을 수행할 수 있다. 〈그림 7-4〉는 임팩트 매트릭스를 제시한다.

112 Wilson, I. A.(1983), p. 9 이하.

7.3 글로벌 경영환경의 분석방법

7.3.1 국가비교를 위한 기본적 도구

글로벌 기업이 국가별 조사를 통하여 수집한 글로벌 경영환경에 대한 정보는 그리드와 매트릭스를 이용하여 분석할 수 있다.[113] 이 두 가지의 도구는 수집된 정보를 일목요연하게 정리하여 분석할 수 있도록 하며, 의사결정자는 분석된 결과를 바탕으로 국가 간 환경의 차이를 시각적으로 비교할 수 있다.

그리드

그리드(grid)는 격자(格子)를 말하며, 이것은 바둑판모양과 같은 가로와 세로의 선들이 만나 나타내는 모양을 의미한다. 즉, 그리드는 가로와 세로의 형태로 연결된 구조를 통하여 어떤 특정문제를 해결하기 위해 사용된다. 그리드기법은 여러 개의 환경요인이 있는 상황에서 각 환경요인에 가중치를 부여하여 대안을 평가하는 방법이다.

그리드는 평가기준이 많고 비교해야 할 대안이 많을 때 유용하게 사용될 수 있는 장점을 갖고 있으며, 반면에 평가기준이 많을 때 각 기준에 가중치를 부여하기 어려운 단점을 갖고 있다.

〈표 7-1〉은 글로벌 경영환경의 분석을 위한 그리드의 활용사례를 제시한다. 이 표는 어떤 글로벌 기업이 3개의 진출대상국가를 비교하는 것을 가정하고 있다. 이 표에 나타나 있는 바와 같이, A부터 F까지 총 6개의 주요 환경변수들이 제시되어 있으며, 각 변수들에 대하여 서로 다른 가중치가 부여되었다. 또한 *리커트(Likert)* 5점 척도를 기준으로 각 국가별 점수가 부여되었다.

113 Daniels, J. D. et al.(2004), p. 396 이하.

표 7-1 글로벌 경영환경의 분석을 위한 그리드의 활용사례

주요 환경변수	가중치	국가 1	국가 2	국가 3
A	0.2	4	2	3
B	0.3	5	3	3
C	0.1	3	3	4
D	0.2	4	2	5
E	0.1	3	2	4
F	0.1	3	1	3
총 점	1.0	40점	23점	36점

– 각 환경변수에 대한 척도: 1(매우 낮음) –5(매우 높음).
– 국가별 총점은 주요 환경변수별 가중치에 개별점수를 곱한 값의 합계임.

이 가상사례에서는 총 50점 만점에 국가 1은 40점, 국가 2는 23점, 국가 3은 36점으로 나타났다. 따라서 국가별 총점에 근거하여 어떤 글로벌 기업이 하나의 진출대상국가를 선택한다면, 총점이 가장 높은 국가 1을 선택하게 된다. 국가별 환경분석을 수행하려는 의사결정자는 국가별 평가와 관련하여 다음과 같은 평가기준을 제시할 수 있다.

- 45점 이상: 매우 양호
- 40점 이상: 대체로 양호
- 35점 이상: 보통
- 30점 이상: 대체로 불량
- 30점 미만: 매우 불량

매트릭스

매트릭스(matrix)는 수학에 있어서 행렬(行列)을 의미하며, 경영학에서는 이러한 매트릭스를 의사결정을 위해 활용하고 있다. 즉, 매트릭스는 가로로 배열된 행(row)과 세로로 배열된 열(column)을 갖고 있다. 의사결정자는 매트릭스를 활용하여 어떤 국가의 환경분석을 수행할 수 있다. 시장성장률

과 상대적 시장점유율과 같은 두 개의 기준으로 만든 BCG(Boston Consulting Group) 매트릭스가 이 개념을 활용한 대표적인 사례이다.

매트릭스는 어떤 국가의 환경을 시각적으로 단순화하여 보여줄 수 있는 장점을 갖고 있는 반면, 매트릭스로 평가한 어떤 요인 또는 변수의 위치가 경계선에 놓여있는 경우에는 그 해석이 어려운 단점을 갖고 있다.

예를 들면, 다음 절의 〈그림 7-5〉에 제시된 국가포트폴리오 매트릭스는 어떤 국가의 환경을 이윤기회지수(profit opportunity index)와 위험지수(risk index)로 구분하여 평가하고 있다.

7.3.2 국가포트폴리오 매트릭스

글로벌 경영환경의 분석은 글로벌 기업의 해외진출뿐만 아니라 마케팅 및 생산 등과 같은 다양한 분야의 의사결정을 위해서도 중요한 의미를 갖는다. 또한 어떤 글로벌 기업이 외국기업과의 전략적 제휴와 합작투자를 하려는 경우에도 현지국에 대한 글로벌 경영환경의 분석이 요구된다. 특히, 현지국에 대한 정보수집과 분석은 해외시장의 개척과 해외직접투자를 위한 가장 중요한 전제조건이다.[114]

BCG 매트릭스와 유사한 원리로 *펠리츠*(*Perlitz*)는 국가포트폴리오 매트릭스 분석방법(country-portfolio matrix analysis)을 개발하였다.[115] 이 매트릭스는 국가별 환경분석을 통하여 국가별 경쟁력 또는 안정성을 쉽게 파악할 수 있도록 하였으며, 여기에서는 이윤기회지수와 위험지수를 두 가지 축으로 하여 여러 국가들을 분류하였다.

*펠리츠*는 그의 국가포트폴리오 매트릭스에서 46개의 국가를 Baby, Star, Cash Cow 및 Dog 등과 같은 4개의 범주로 분류하였다. 그는 이러한 분류를

114 Park, J.-H.(1999), p. 273 이하; Segler, K.(1986), p. 55 이하; Perlitz, M.(1985), p. 11 이하; Perlitz, M.(1978), p. 175 이하.

115 Perlitz, M.(1985), p. 25.

위하여 인구구조, 정치적 안정성 및 제품패턴 등과 같은 3개의 요인을 사용하였다. 논리적으로 100% 일치하지는 않지만, BCG 매트릭스의 두 가지 축인 시장성장률(현금유출)과 상대적 시장점유율(현금유입)은 국가포트폴리오 매트릭스의 이윤기회지수와 위험지수로 각각 비교될 수 있다.

〈그림 7-5〉는 국가포트폴리오 매트릭스를 제시한다. 이 표에 나타나 있는 바와 같이, 글로벌 기업은 어떤 국가의 이윤기회지수와 위험지수를 고려한 매트릭스에서 환경분석 대상국가의 위치를 파악할 수 있다. 이 매트릭스에서 분류한 4개의 범주는 다음과 같이 분류될 수 있다.

- Star 국가: 이윤기회지수(1, 2), 위험지수(1, 2)
- Cash Cow 국가: 이윤기회지수(1, 2), 위험지수(3, 4)
- Baby 국가: 이윤기회지수(3, 4), 위험지수(1, 2)
- Dog 국가: 이윤기회지수(3, 4), 위험지수(3, 4)

국가포트폴리오 매트릭스의 장점은 어떤 글로벌 기업이 진출하려는 국가에 대한 평가를 4개의 범주로 나누어 매우 간편하게 할 수 있다는 것이다. 그러나 이 매트릭스에 제시되어 있는 이윤기회지수와 위험지수가 구체적으로 어떤 세부적인 환경요인들을 포함시키고 있는지에 대한 정확한 설명이 부족한 것이 단점으로 지적될 수 있다.

7.3.3 사업환경 위험지수

사업환경 위험지수(Business Environment Risk Index, BERI)는 7.3.1에서 설명한 그리드를 활용하여 지수를 산출한 후, 이를 기초로 하여 국가별 글로벌 경영환경을 분석하는 방법이다. 이것은 운영 위험지수(Operations Risk Index, ORI)와 정치적 위험지수(Political Risk Index, PRI) 등과 같은 부분지수를 포함하고 있다.[116]

116 Perlitz, M.(2004), p. 177.

그림 7-5 국가포트폴리오 매트릭스(country-portfolio matrix)

위험지수 \ 이윤기회지수	1	2	3	4
4				아르헨티나 볼리비아 에콰도르 멕시코 페루 이란 모로코 파키스탄 케냐 자이레
3		한국	프랑스 그리스 아일랜드 이탈리아 포르투갈 스페인 콜롬비아 태국 이스라엘 터키 아이보리코스트	브라질 칠레 베네수엘라 홍콩 필리핀 이집트 인도 나이지리아
2	서독 네덜란드 영국 캐나다 타이완	벨기에 덴마크 스웨덴 호주 말레이시아 사우디아라비아	남아공	
1	스위스 미국 일본 싱가포르			

– 지수: 1(매우 유리함), 2(유리함), 3(불리함), 4(매우 불리함).
– 국가명은 연구 당시의 것임.
자료원: Perlitz, M.(1985), p. 25.

표 7-2 터키의 운영 위험지수의 산출사례

평가기준	평가점수	가중치	점수
1. 정치적 안정성	1.1	3.0	3.30
2. 해외투자자와 이윤에 대한 태도	2.1	1.5	3.15
3. 국유화	2.1	1.5	3.15
4. 인플레이션	1.1	1.5	1.65
5. 국제수지	1.8	1.5	2.70
6. 관료주의장벽	1.8	1.0	1.80
7. 경제성장	1.6	2.5	4.00
8. 통화태환성	1.1	2.5	2.75
9. 계약의 실행가능성	2.0	1.5	3.00
10. 인건비/생산성	2.2	2.0	4.40
11. 현지의 전문가 및 협력업체의 이용 가능성	2.2	0.5	1.10
12. 통신/수송	2.0	1.0	2.00
13. 현지의 경영자 및 파트너	2.1	1.0	2.10
14. 단기적 금융의 이용 가능성	0.8	2.0	1.60
15. 장기적 금융의 이용 가능성 및 자기자본	0.7	2.0	1.40
최고 점수: 4×25=100점		25.0	총 38.10점

– 척도: 0(매우 나쁨), 1(나쁨), 2(보통), 3(좋음), 4(매우 좋음).
자료원: Perlitz, M.(2004), p. 179.

〈표 7-2〉는 터키의 운영 위험지수의 산출사례(2003년 8월 기준)를 보여준다. 이 표에 제시되어 있는 바와 같이, 운영 위험지수는 총 15개의 기준으로 평가되었으며, 평가점수는 0점부터 4점까지의 척도로 부여되었다. 아울러 15개의 평가기준에 각각 가중치가 부여되었으며, 가중치의 합은 총 25점이다. 터키의 운영 위험지수는 100점 만점에 총 38.10점으로 나타났다.

운영 위험지수(Operations Risk Index, ORI)는 다음과 같은 4개의 평가등급에 의해 최종적으로 평가될 수 있다. 이 평가등급에 의하면, 터키의 운영위험지수는 38.10점으로 4등급에 해당되기 때문에 투자가 불가능한 국가로 평가된다.

- 1등급: 71점 이상(안정된 국가)
- 2등급: 56-70점(약간의 위험이 있는 국가)

- 3등급: 41-55점(높은 위험이 있는 국가)
- 4등급: 40점 이하(투자가 불가능한 국가)

운영 위험지수는 의사결정 보조수단으로서 환경분석 대상국가와 관련된 중요한 요인들을 거의 대부분 고려할 수 있는 장점이 있다. 그러나 이 방법은 일부 평가기준들이 독립적이지 않기 때문(예를 들면, 인플레이션, 국제수지 및 경제성장 등은 밀접한 관련이 있으므로 상호 종속적임)에 평가점수 또는 가중치를 중복적으로 부여할 수 있는 가능성이 있을 뿐만 아니라, 총점이 극단적인 부분점수(최대 또는 최소)를 무시할 수도 있는 단점이 있다. 예를 들면, 어떤 국가의 운영 위험지수가 총 85점으로 나타났다면 '안정된 국가'로 평가된다. 그러나 평가기준의 하나인 '정치적 안정성'이 0점으로 극단적으로 낮게 나타났다면, 이 국가의 사업환경은 매우 나쁜 것으로 판단하여야 한다.

정치적 위험지수(Political Risk Index, PRI)는 어떤 국가의 사회 및 정치적 안정성 등과 관련된 10개의 평가기준들을 포함하고 있다. 평가방법은 운영위험지수와 비슷하지만, 여기에서는 0부터 7까지의 척도(0=문제점이 전혀 없음, 7=문제점이 매우 많음)가 사용된다. 이 방법의 장점과 단점은 앞서 살펴본 운영위험지수의 그것과 유사하다. 정치적 위험지수와 관련된 10개의 평가기준들은 다음과 같다.

- 정당의 상태
- 언어 및 종교
- 탄압수단
- 국민의 성향
- 사회적 상황
- 좌경화의 정도
- 권력에 대한 종속성
- 지역적 정치력의 영향
- 사회적 갈등
- 정치적 불안정

7.3.4 *Manager Magazin(MM)*국가테스트

독일의 저명한 경제잡지인 《Manager Magazin》과 함부르크의 ITE연구소(Ingenieurgesellschaft Torsten Erdmann mbH)가 1982년에 공동으로 개발한 국가테스트는 방법적으로 사업환경 위험지수와 비슷하며, 약 250명의 전문가들에 의하여 평가기준들이 국가별로 평가되었다.[117]

MM국가테스트는 총 30개의 평가기준들을 포함하고 있으며, 정치경제적 상황(8개), 국내경제(11개), 대외경제(11개) 등과 같은 3개의 주요변수로 구성되어 있다. 이 방법에서 3개의 주요변수는 각각 100점 만점이며, 총점은 300점이다. 그리고 각 평가기준에 최소점수와 최대점수가 부여되는데, 이러한 점수 부여방식은 가중치 부여의 효과를 갖는다. 이 평가방법에서는 어떤 평가대상국가가 높은 점수를 받을수록 안정된 국가로 평가된다. 〈표 7-3〉은 MM국가테스트의 평가기준을 제시한다.

이 방법은 정치경제적 상황, 국내경제 및 대외경제를 포괄하는 다양한 평가기준들이 수많은 전문가들에 의해 평가되었기 때문에 비교적 신뢰성이

표 7-3 *MM*국가테스트의 평가기준

정치경제적 상황 (100점)	국내경제 (100점)	대외경제 (100점)
정치체제의 안정성	인구상황	수입정책
내부적 위협요소	구매력	수출가능성
외부적 위협요소	경제발전정도	외국투자자의 제한
경제질서	성장전망	상표 및 제품보호
경제파트너로서의 국가	인플레이션	투자참여 부과금
법적 안정성	국내자본시장	자본유통
행정력	노동력 잠재성	통화정책
노동환경/사회적 만족	외국인의 취업가능성	국제수지
	에너지 이용 가능성	에너지수입의 종속성
	환경보호부과금	국제적 지불능력
	교통/통신시스템	통화태환성

117 Manager Magazin(1982).

높은 장점을 갖고 있다. 그러나 국가환경분석에서 가장 중요한 평가기준에 속하는 인건비와 생산성이 평가에 포함되지 않은 것과 주요변수 간 또는 주요변수 내에 중복적인 성격을 가진 평가기준이 포함된 것(예를 들면, 인플레이션, 자본유통, 통화정책 및 국제수지 등과 같은 평가기준)은 단점으로 지적될 수 있다.

제 3 부에서는 글로벌화 전략의 개발과 글로벌 시장진입전략에 대하여 체계적으로 논의한다. 제8장에서는 글로벌화 전략의 개발의 관점에서 전략적 격차의 분석, 전략적 환경분석, 사업분석 및 계획수립, 그리고 글로벌 시장진입전략의 선택 등에 대하여 설명한다. 이러한 논의를 기초로 하여, 제9장에서는 수출에 대하여 설명하며, 여기에서는 간접수출과 직접수출, 대응무역, 글로벌 납품계약과 턴키계약 등을 구체적으로 논의한다. 제10장에서는 라이선싱과 프랜차이징에 대하여 살펴보며, 아울러 여기에서는 로열티의 의의와 결정방법 및 지불유형 등에 대하여 논의한다. 제11장에서는 해외직접투자에 대하여 체계적으로 논의한다. 특히, 여기에서는 해외직접투자의 의의와 동기, 형태, 현지국 및 본국 관점에서의 해외직접투자의 영향 등을 중점적으로 검토한다. 제12장에서는 전략적 제휴의 의의와 동기, 형태, 대상국가 및 파트너의 선정 등에 대하여 구체적으로 논의한다.

제 3 부

글로벌화 전략의 개발과 글로벌 시장 진입전략

제 1 부 글로벌 전략과 글로벌 경쟁력

제 1 장 글로벌화와 글로벌 전략
제 2 장 글로벌 경쟁력과 글로벌 경쟁전략

↓

제 2 부 글로벌 경영환경의 분석

제 3 장 정치적 · 법적 환경
제 4 장 경제적 환경
제 5 장 사회문화적 환경
제 6 장 기술적 환경
제 7 장 글로벌 경영환경의 분석방법

↓

제 3 부 글로벌화 전략의 개발과 글로벌 시장진입전략

제 8 장 글로벌화 전략의 개발과 글로벌 시장진입전략
제 9 장 수 출
제10장 라이선싱과 프랜차이징
제11장 해외직접투자
제12장 전략적 제휴

↓

제 4 부 글로벌 기업의 전략적 관리

제13장 글로벌 기업의 계획
제14장 글로벌 기업의 조직과 통제

↓

제 5 부 글로벌 기업의 지배구조와 윤리경영

제15장 글로벌 기업의 지배구조
제16장 글로벌 기업의 윤리경영

제 8 장

글로벌화 전략의 개발과 글로벌 시장진입전략

8.1 글로벌화 전략의 의의와 전략적 격차의 분석

8.1.1 글로벌화 전략의 의의

글로벌화를 통하여 기업은 보다 도전적이고 다양한 글로벌화 전략을 선택할 수 있는 기회를 제공받게 된다. 넓은 의미에서 본다면, 글로벌화 전략(globalization strategy)은 기업이 환경분석과 사업분석을 통하여 기업전략(corporate strategy), 사업전략(business strategy) 및 기능영역전략(functional strategies) 등과 같은 경쟁전략과 글로벌 시장진입전략(global market entry strategies)과 같은 선택전략을 수립하는 것과 관련되어 있다.[118] 이러한 전략들은 다음과 같은 의미를 갖고 있다.

- 경쟁전략(competitive strategy): 이것은 기업의 글로벌 경쟁력향상과 관련된 실행전략이며, 효율(efficiency)의 증대를 목표로 한다.
  - 기업전략: 단일의 사업전략, 관련사업 및 비관련사업의 다각화전략
  - 사업전략: 차별화, 저비용 및 집중화전략
  - 기능영역전략: 마케팅, 생산, 재무, 인사·조직 및 연구개발 등과 같은 기능영역과 관련된 전략
- 선택전략(selection strategy): 이것은 기업의 글로벌 시장진입전략의 선택과 관련된 전략이며, 효과(effectiveness)의 증대를 목표로 한다.
  - 글로벌 시장진입전략: 수출, 라이선싱과 프랜차이징, 해외직접투자 및 전략적 제휴 등과 관련된 전략

일반적으로 경쟁전략은 8.2의 글로벌화 전략의 개발부분과 관련되어 있으며, 그리고 선택전략은 8.3의 글로벌 시장진입전략의 선택부분과 관련되어 있다.

118 Griffin, R. W./Pustay, M. W.(2007), p. 316 이하.

8.1.2 전략적 격차의 분석

전략적 격차의 분석(analysis of strategic gap)은 글로벌화 전략의 수립이 궁극적으로 기업목표에 어느 정도의 영향을 미치는가를 보여준다.[119] 〈그림 8-1〉은 전략적 격차를 제시한다. 이 그림을 구체적으로 설명하면 다음과 같다.

- *X*축은 시간, *Y*축은 기업목표를 의미한다. 기업목표는 매출액 또는 수익 및 시장점유율 등이 될 수 있다.
- 실제적 능력(*Ga*)은 운영적 계획과 전략적 계획(국내 및 외국)을 수립하기 이전의 기업목표의 달성정도를 의미한다.
- 잠재적 능력은(*Gp*)은 국내에서 운영적 계획을 수립하여 실행한 경우의 기업목표의 달성정도를 말한다.
- 국내에서의 한계(*Gd*)는 국내에서 전략적 계획을 수립하여 실행한 경우의 기업목표의 달성정도를 뜻한다.
- 외국에서의 한계(*Gi*)는 외국에서 전략적 계획을 수립하여 실행한 경우의 기업목표의 달성정도를 의미한다. 여기에서 외국에서의 전략적 계획은 글로벌화 전략의 중요한 구성요소로서의 성격을 갖는다.

이 그림에 나타나 있는 바와 같이, 운영적 격차(operational gap)는 어떤 기업의 현재의 사업(current business)이 국내에서의 운영적 계획(예를 들면, 마케팅 및 생산계획 등)과 실행에 의해 개선될 수 있는 정도를 의미한다. 또한 국내에서의 전략적 격차는 어떤 기업이 새로운 사업영역(new business areas)에 진출하는 경우에 나타날 수 있으며, 외국에서의 전략적 격차는 글로벌화 전략의 실행에 의해 발생할 수 있다. 그러므로 글로벌 기업이 보다 높은 기업목표를 달성하기 위해서는 국내뿐만 아니라, 외국에서의 전략적 계획의 수립과 실행도 요구된다. 물론 이 그림에 표시되어 있지는 않지만, 외국에서의 운영적 계획의 수립과 실행도 글로벌 기업의 기업목표의 달성에 긍정적인 영향을

119 Perlitz, M.(2004), p. 63 이하; Ansoff, I. H.(1965).

그림 8-1 전략적 격차

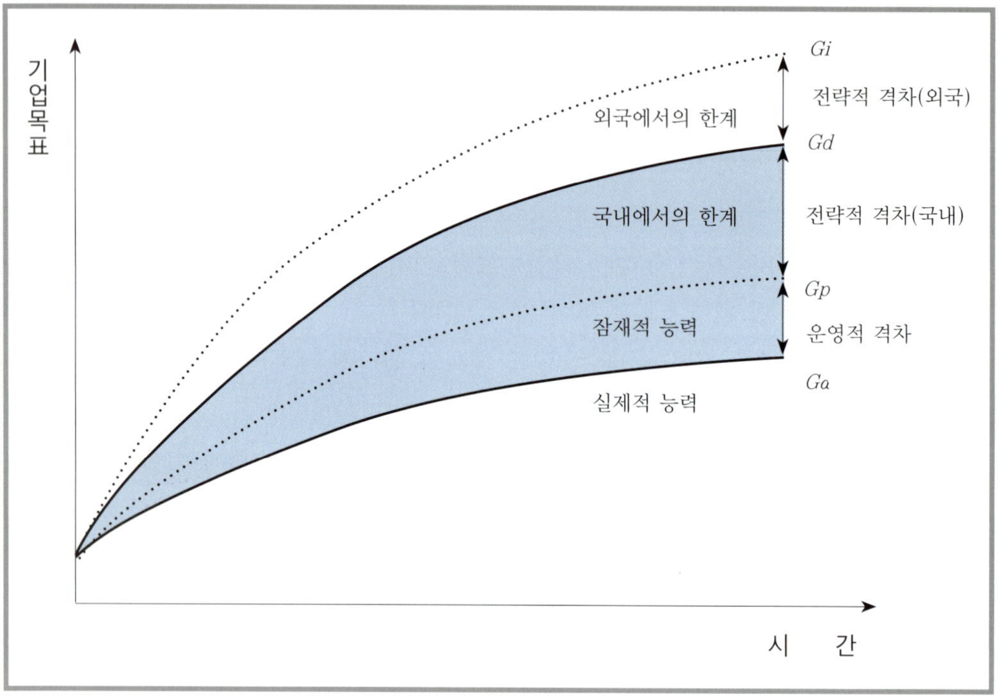

자료원: Perlitz, M.(2004), p. 63; 저자에 의해 일부 수정됨.

미칠 것이다.

전략적 격차의 분석은 기업에 있어서 글로벌화 전략의 수립과 실행이 얼마나 중요한가를 그래프를 통해 간편하게 보여주는 장점이 있는 반면, 글로벌화 전략이 구체적으로 어떻게 개발되는가에 대한 정보를 제공하지 못하는 단점을 갖고 있다. 따라서 아래에서는 글로벌화 전략이 어떻게 개발되는가에 대하여 구체적으로 논의하기로 한다.

8.2 글로벌화 전략의 개발

글로벌화 전략의 개발(development of globalization strategy)은 전략적 환경분석(외부분석), 전략적 사업분석(내부분석) 및 전략적 계획수립(글로벌화 전략의 도출) 등의 3단계로 이루어진다. 〈그림 8-2〉는 글로벌화 전략의 개발과정을 제시한다. 이 그림에 제시된 글로벌화 전략의 개발과정에 대한 개념은 국내기업뿐만 아니라, 글로벌 기업도 보편적으로 활용할 수 있다. 아래에서 설명하려는 각 과정별로 제시된 분석방법 또는 기법은 널리 알려져 있고, 또한 실무적으로 자주 사용되는 방법에 속한다.

그림 8-2 글로벌화 전략의 개발과정

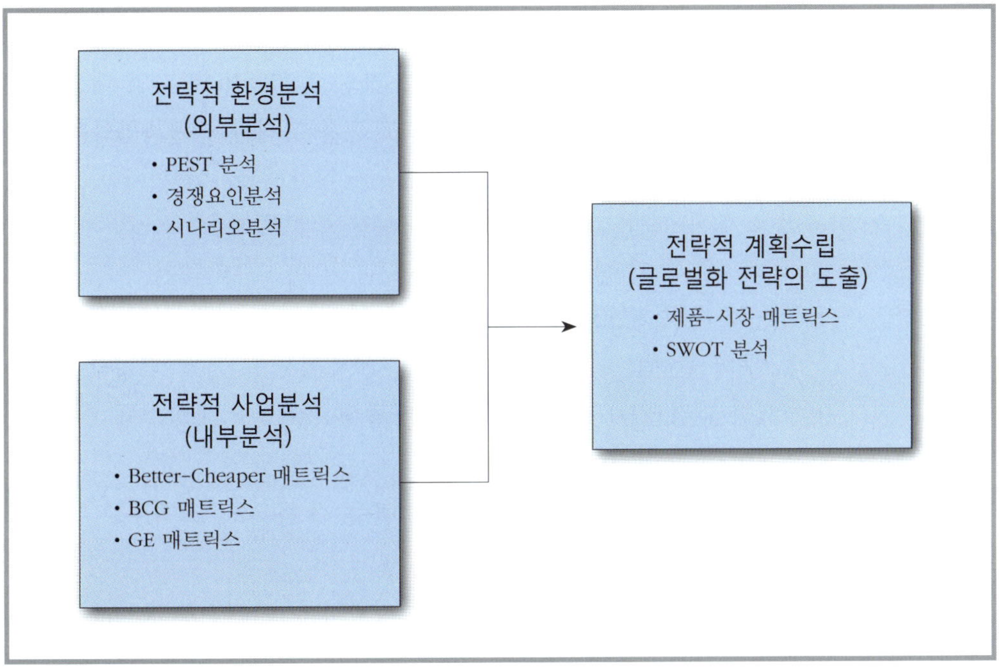

8.2.1 전략적 환경분석

PEST 분석

제2부의 제3장부터 제7장까지의 글로벌 경영환경의 분석에서는 정치적·법적(*P*olitical-legal), 경제적(*E*conomic), 사회문화적(*S*ociocultural) 및 기술적(*T*echnological) 환경요인들과 그 분석방법에 대하여 살펴보았다. 즉, 제2부에서 논의한 내용들은 글로벌 기업이 진출하려는 국가 또는 지역에 대한 거시적 환경분석(macro environmental analysis)과 관련되어 있다. 제2부에서 글로벌 경영환경에 대하여 충분히 설명하였기 때문에 아래에서는 PEST 분석의 개념만 간략히 살펴보기로 한다(PEST는 4개의 환경요인의 영문 앞글자만을 따서 만든 용어임).

PEST 분석(PEST analysis)은 무엇보다도 글로벌 기업이 통제 불가능한 4가지 환경요인의 분석에 초점을 두고 있다. 분석의 결과는 기업의 글로벌화 전략의 수행에 있어서 위협 또는 기회요인으로 고려되어야 한다. 이 분석에서는 각각의 PEST 환경요인들의 하위요소 또는 항목들이 평가의 대상이 된다. 그러므로 평가자는 기업의 전략과 목표 등을 고려하여 평가항목을 선정하여야 한다. PEST 환경요인과 관련된 다양한 평가항목들이 있지만, 최소한 다음과 같은 평가항목들은 가능한 한 우선적으로 분석되어야 한다.

- 정치적·법적 환경요인: 정치적 안정성, 무역정책 및 규제, 경쟁관련법, 무역관련법, 노동 및 고용관련법, 조세법 등
- 경제적 환경요인: 경제성장률, 국민 총생산, 1인당 국민소득, 환율, 인플레이션, 금리 및 통화정책 등
- 사회문화적 환경요인: 인구통계적 변수, 소득분포, 교육수준, 생활양식, 가치관 등
- 기술적 환경요인: 정부의 연구개발 지원정책 및 지원투자, 과학기술정책, 기술이전, 새로운 발명 및 개발, 국내외 특허보유건수, 산업클러스터의 존재 등

PEST 분석은 거시적 환경분석을 통하여 어떤 국가의 위협 및 기회요인을 비교적 간편하게 파악할 수 있는 장점이 있다. 그러나 각 요인별 주요 평가항목이 잘못 선정되는 경우에는 정확한 환경분석이 어려우며, 각 요인 간의 구체적인 관련성을 파악하기 힘든 단점이 있다. 또한 각 요인별 주요 평가항목들은 정성적 항목과 정량적 항목을 공통적으로 포함하고 있기 때문에 자료의 수집과 분석에 있어서 일관성이 떨어지고 복잡성이 증대되는 단점이 있다.

경쟁요인분석

경쟁요인분석(competitive forces analysis)은 기존기업 간의 경쟁, 잠재적 진출기업의 위협, 공급자의 교섭력, 구매자의 교섭력 및 대체품의 위협 등과 같은 *포터*가 제시한 5개의 경쟁요인을 대상으로 수행된다(제2장 2.3.1 참고).[120] 제2장에서 살펴본 바와 같이, 경쟁요인분석에 사용되는 5개의 요인 중에서 잠재적 진출기업의 위협, 기존기업 간의 경쟁 및 대체품의 위협 등과 같은 3개의 경쟁요인은 '경쟁'에 영향을 미치는 요인이며, 공급자의 교섭력 및 구매자의 교섭력 등과 같은 2개의 경쟁요인은 '협력'에 영향을 미치는 요인이다. 경쟁요인분석을 위해 사용할 수 있는 각 요인별 주요 평가항목을 제시하면 다음과 같다.

- 기존기업 간의 경쟁: 강력한 경쟁자의 수, 산업성장률, 고정비, 전략적 이해관계자, 차별화
- 잠재적 진출기업의 위협: 강력한 잠재적 대체품생산자의 수, 제품차별화능력, 진입자본, 유통경로에 대한 접근성, 노하우 및 기술에 대한 접근성
- 공급자의 교섭력: 공급자 교체비용, 전방통합(예를 들면, 제조업체에 의

120 Porter, M. E.(1980).

한 가치사슬의 전방에 위치한 부품업체의 인수 또는 설립)의 가능성, 주문량, 공급자의 독점가능성

- 구매자의 교섭력: 구매자의 구입량, 구매자 교체비용, 제품차별화의 정도, 후방통합(예를 들면, 제조업체에 의한 가치사슬의 후방에 위치한 유통업체의 인수 및 설립)의 가능성, 제품서비스의 수준
- 대체품의 위협: 대체품의 출현가능성, 대체품의 경제성, 강력한 대체품생산자의 수, 구매자 교체비용(예를 들면, 기존제품의 유통업자를 대체품의 유통업자로 교체하는 데 드는 비용)

경쟁요인분석은 글로벌 기업이 진출하려는 국가의 관련산업의 경쟁력을 파악하는 데 많은 도움을 줄 수 있으며, 이러한 분석을 통하여 도출되는 5개 요인에 대한 각각의 결과는 현지국에 진출하려는 글로벌 기업의 전략적 선택을 위해 유용한 정보를 제공할 수 있다. 또한 5개 요인에 대한 각각의 평가항목은 *리커트*척도(*Likert* scale)를 사용하여 점수를 부여할 수 있는 장점이 있다. 그러나 제2장에서 제시한 바와 같이, 이 분석방법은 산업경쟁력과 산업구조가 동태적으로 변화하는 상황을 충분하게 고려하지 못할 뿐만 아니라, 어떤 산업에 속해 있는 기업들 간의 구체적인 경쟁전략의 차이점을 명확하게 설명하지 못하는 단점을 갖고 있다.

시나리오분석

시나리오분석(scenario analysis)은 현재의 기업상황에 영향을 미칠 수 있는 대안적인 미래의 시나리오를 작성하여 의사결정에 이용하는 방법이다(제3장 3.1.3 참고).[121] 글로벌화 전략 수립의 관점에서 볼 때, 먼저 어떤 전략적 계획에 영향을 미칠 수 있는 기업 내부적이고 기업 외부적인 정보가 수집되며, 수집된 정보는 시나리오에 요약된다. 아울러 시나리오는 지금까지 알려지지

121 박주홍(2007), p. 116 이하 재인용; Macharzina, K.(1993), p. 629; Welge, M. K./Al-Laham, A.(1992), p. 139; Nieschlag, R./Dichtl, E./Hörschgen, H.(1988), p. 868.

않은 전략적 대안들을 발견하는 데 도움이 되어야 한다. 시나리오분석은 다음과 같은 8단계로 구성되어 있다.[122]

- 조사분야의 정의와 분류
- 조사분야에 영향을 미치는 가장 중요한 요인(또는 영역)의 확인 및 구조화
- 조사영역의 상황전개 및 결정적 요인의 확인
- 대안적인 영역별 시나리오의 작성 및 선택
- 선택된 영역별 시나리오의 해석
- 주요 방해요인의 작용에 대한 분석
- 조사분야에 대한 시나리오의 완성 및 결과의 도출
- 기업을 위한 수단의 강구 및 계획의 수립

시나리오분석은 미래의 상황들을 분석하기 위한 방법이다. 또한 각 시나리오는 전략적 대안과 결합될 수 있다. 이 기법은 서로 다른 미래의 전개상황이 검토될 수 있고, 각 상황별로 대안이 제시될 수 있는 장점을 갖고 있다. 그러나 시나리오변수들의 미래의 전개상황은 주관적 평가에 달려 있기 때문에 시나리오는 단지 예측모델로서의 의미를 갖는 단점이 있다.[123] 그러므로 시나리오는 발생 가능한 기회잠재성 및 위험잠재성을 제시하는 데만 도움을 줄 뿐이다.

122 Nieschlag, R./Dichtl, E./Hörschgen, H.(1988), p. 807; von Reibnitz, U.(1981), p. 38.
123 Brockhoff, K.(1994), p. 133.

8.2.2 전략적 사업분석

Better-Cheaper 매트릭스

Better-Cheaper 매트릭스(Better-Cheaper matrix)는 어떤 기업의 특정제품의 품질수준(better quality, *Y*축)과 가격(cheaper price, *X*축)을 경쟁자의 그것들과 비교하여 전략수립의 방향을 제시하는 방법이다. 아래에서는 이러한 두 가지 축을 바탕으로 8개의 전략적 대안들을 제시하기로 한다.[124] 〈그림 8-3〉은 Better-Cheaper 매트릭스를 제시한다.

그림 8-3 Better-Cheaper 매트릭스

품질경쟁변수 "Better"	가격이 더 비쌈	같음	가격이 더 쌈
더 좋음	품질선도자 전략	가격대비 우수품질 전략	세계챔피언 전략
같음	소망과 기도자 전략	교착전략	저가 동일가치 전략
더 나쁨	패배자 전략	소망과 기도자 전략	싸구려 전략

가격경쟁변수 "Cheaper"

자료원: Perlitz Strategy Group(2009b), p. 17.

124 Perlitz Strategy Group(2009b), p. 17.

- 품질선도자전략(quality leader strategy): 고가/고품질
- 가격대비 우수품질전략(best price/outcome ratio strategy): 동일가격/고품질
- 세계챔피언전략(world champion strategy): 저가/고품질
- 소망과 기도자전략(hope and prayer strategy): 고가/동일품질 또는 동일가격/저품질
- 교착전략(stalemate strategy): 동일가격/동일품질
- 저가 동일가치전략(same value for less money strategy): 저가/동일품질
- 패배자전략(loser strategy): 고가/저품질
- 싸구려전략(bargain-basement strategy): 저가/저품질

〈그림 8-4〉는 Better-Cheaper 매트릭스의 활용사례를 보여준다. 이 그림에 나타나 있는 X축은 경쟁자와 비교한 가격(%)이며, Y축은 품질수준이다.

그림 8-4 Better-Cheaper 매트릭스의 활용사례

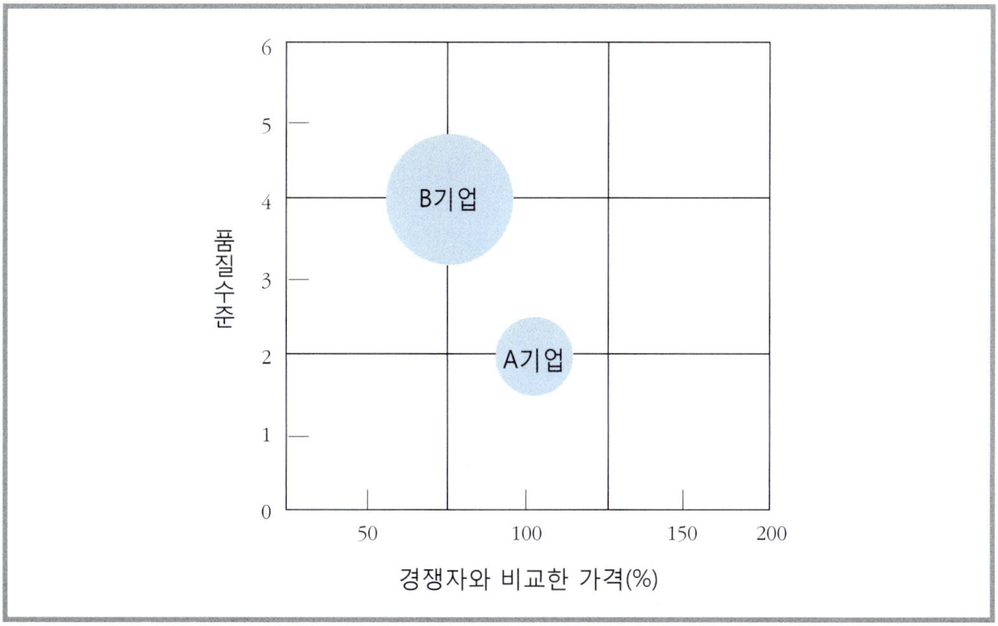

자료원: Perlitz Strategy Group(2009a), Data Analysis by *StrategyPilot*, Demo Version.

이 매트릭스에는 A기업과 경쟁업체인 B기업의 위치가 각각 표시되어 있으며, 원의 크기는 매출액의 규모를 의미한다. 이 활용사례에 의하면, A기업의 가격, 품질수준 및 매출액은 경쟁업체인 B기업보다 상대적으로 불리하다.

Better-Cheaper 매트릭스는 어떤 특정제품의 품질 및 가격을 경쟁자의 그것들과 비교함으로써 다양한 전략적 대안을 도출할 수 장점을 갖고 있다. 또한 이 매트릭스에서는 경쟁력을 파악할 수 있는 가장 중요한 척도인 매출액을 동시에 고려할 수 있는 장점이 있다. 그러나 이 매트릭스는 품질, 가격 및 매출액의 관점에서 단순히 현재의 경쟁상황을 보여줄 뿐이며, 미래의 전략수립에 대한 구체적 방안을 제시할 수 없는 한계점을 갖고 있다.

BCG 매트릭스

기업은 사업영역계획을 위한 전략을 개발하기 위하여 사업영역포트폴리오를 이용하여 특정 사업영역상에서의 자사의 시장위치를 분석할 수 있다.[125] 가장 널리 알려진 사업영역포트폴리오는 보스턴컨설팅그룹(Boston Consulting Group)이 개발한 시장성장-시장점유율 매트릭스이며, 이것은 GE의 다각화 사업평가를 위해 처음으로 사용되었다. BCG 매트릭스(BCG matrix)에서는 두 가지 기준, 즉 시장성장(또는 현금유출)과 상대적 시장점유율(또는 현금유입)이 고려된다. 〈그림 8-5〉는 BCG 매트릭스를 보여준다. 이 매트릭스는 다음과 같은 네 가지 서로 다른 전략적 사업영역을 갖고 있다.[126] 괄호 속에 표시된 수치는 각 사업영역의 바람직한 매출액비율이다.

- Question Marks(Babies): 이 사업영역에서는 제품수명주기의 도입기에 있고, 상대적 시장점유율이 1보다 작은 사업영역과 관련되어 있다

125 박주홍(2007), p. 117 이하 재인용; Litke, H.-D.(1993), p. 50; 사업영역은 "경쟁의 상황에서 어떤 기업의 전략적 사업단위의 위치를 정하려는 영역 또는 공간"을 의미한다(Specht, G./Michel, K.(1988), p. 503).

126 Perlitz, M.(2004), p. 45; Nieschlag, R./Dichtl, E./Hörschgen, H.(1988), p. 875 이하; 상대적 시장점유율은 일반적으로 어떤 한 기업의 시장점유율과 그 기업의 가장 강력한 3개의 경쟁기업과의 시장점유율을 비교한 값으로 결정된다.

그림 8-5 BCG 매트릭스

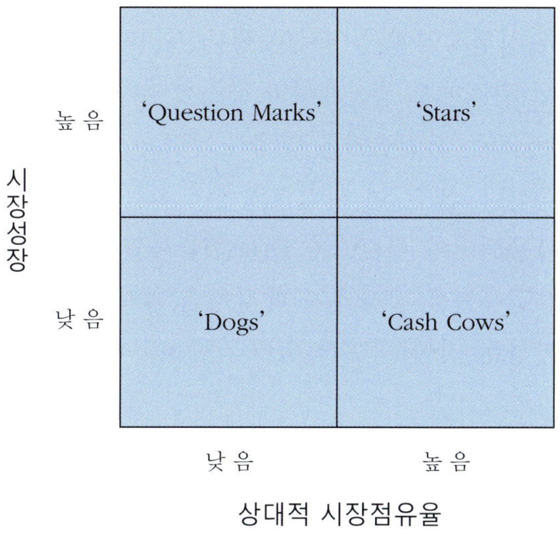

자료원: Boston Consulting Group

(최소 10%). 상황에 따라 증대전략(build), 수확전략(harvest)과 철수전략(divest) 또는 청산전략(liquidate)을 선택적으로 추구할 수 있다.

- Stars: 이 사업영역은 제품수명주기의 성장기에 있다. 또한 높은 시장성장과 1보다 큰 상대적 시장 점유율을 갖고 있다(30% 내외). 유지전략(hold)과 증대전략(build)을 사용한다.
- Cash Cows: 이 사업영역은 제품수명주기의 성숙기에 있고, 1보다 큰 상대적 시장점유율을 갖고 있다(40-50%). 유지전략(hold)을 선택한다.
- Dogs: 이 사업영역은 제품수명주기의 쇠퇴기에 있고, 1보다 작은 상대적 시장점유율을 갖고 있다(10-20%). 수확전략(harvest)과 철수전략(divest) 또는 청산전략(liquidate)을 추구한다.

글로벌화 전략의 관점에서 볼 때, BCG 매트릭스상의 네 가지 사업영역은 다음과 같은 서로 다른 의미를 갖는다.

'Question Marks(Babies)'의 사업영역에 있어서 일반적으로 기업은 성공적인 신제품을 시장에 도입하기 위하여 막대한 연구개발자금을 필요로 한다. 'Stars'의 사업영역에 있어서는 생산원가를 계속적으로 낮추는 것이 필요하다. 이러한 관점에서 생산계획과 공정혁신이 중요한 의미를 갖는다. 'Cash Cows'에 해당되는 사업영역을 위해서 기업은 마케팅활동에 자금을 투자하는 것이 바람직하다. 또한 이 사업영역에서 획득된 이윤은 신제품개발을 위한 자금으로 활용되어야 한다.[127] 'Dogs'의 사업영역은 낮은 시장성장과 낮은 상대적 시장점유율을 나타내기 때문에 장기적 관점에서 볼 때, 포트폴리오로부터 제거하는 것이 의미가 있다. 즉, 이 사업영역의 투자회수가 필요하다.[128]

BCG 매트릭스의 본질적인 장점은 단순한 기본구조와 처리가능성 및 편리한 이해가능성 등이다.[129] 이러한 장점에도 불구하고, 이 방법은 다음과 같은 비판을 받고 있다.[130] 두 개의 기준, 즉 시장성장과 시장점유율에 기초하여 전략적 사업영역이 평가되기 때문에 실제의 상황을 있는 그대로 반영했다고 볼 수 없다. 실제에 있어서는 사업영역의 성공에 영향을 미칠 수 있는 제품품질, 마케팅활동 및 투자강도 등과 같은 수많은 다른 요인들이 있다.

GE 매트릭스

GE 매트릭스(General Electric matrix)는 사업부강점(business unit strength)을 X축으로, 산업매력도(industry attractiveness)를 Y축으로 설정하여 기업의 전략적 사업영역을 분석하는 도구이다. 이것은 GE의 다각화사업을 전략적으로 평가하기 위하여 맥킨지(McKinsey)에 의하여 개발되었기 때문에 GE/맥킨지 매트릭스라고도 한다.[131] GE 매트릭스의 두 가지 축을 각각 살펴보면 다음과 같다.

---

127 Perlitz, M. et al.(1995), p. 26.
128 Nieschlag, R./Dichtl, E./Hörschgen, H.(1988), p. 879.
129 Macharzina, K.(1993), p. 279.
130 Nieschlag, R./Dichtl, E./Hörschgen, H.(1988), p. 879.
131 Collins, D. J./Montgomery, C. A.(1999), p. 1 이하.

- 사업부강점(또는 기업경쟁력): 시장점유율, 시장점유율의 성장, 브랜드 강점, 수익성, 유통경로의 접근가능성, 생산용량 등
- 산업매력도(또는 시장매력도): 시장규모, 시장성장률, 수요가변성, 시장 수익성, 산업라이벌관계, 글로벌 기회, 거시적 환경요인(PEST) 등

〈그림 8-6〉은 GE 매트릭스를 제시한다. 이 매트릭스에 나타나 있는 9개의 전략을 구체적으로 설명하면 다음과 같다.

- 투자/성장전략(invest/growth): 성장, 선도적 위치구축 및 투자극대화
- 선택적 성장전략(selective growth)(1): 세분시장별 시장선도자의 잠재성평가, 자사의 약점파악 및 강점추구

그림 8-6 GE 매트릭스

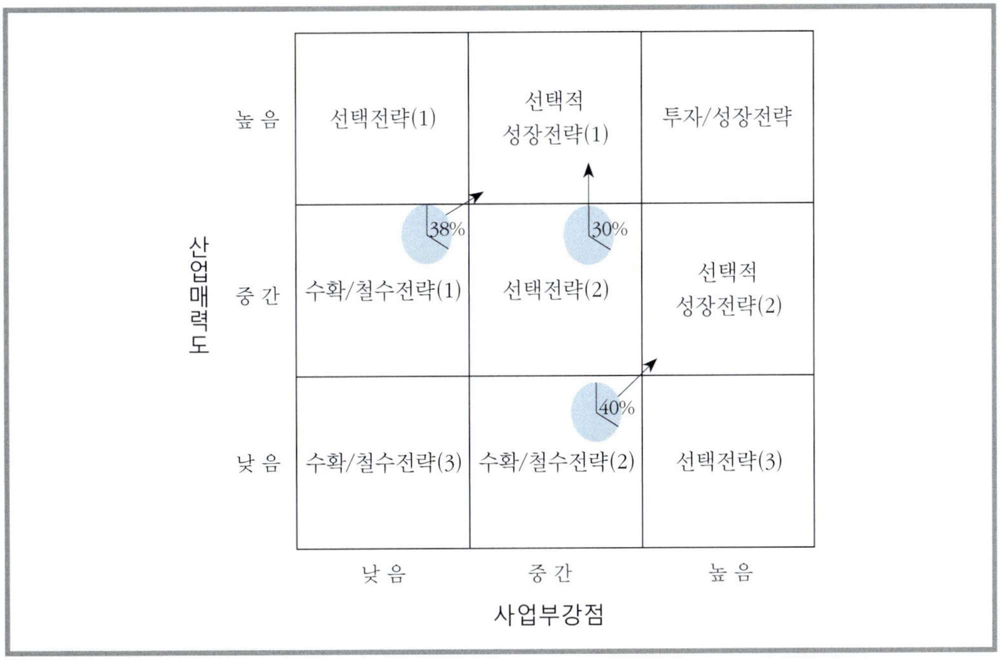

– 원의 크기: 시장규모.
– 파이의 크기: 전략적 사업단위의 시장점유율(%).
– 화살표: 전략적 사업부(사업단위 또는 사업영역)의 방향.
자료원: McKinsey; Collins, D. J./Montgomery, C. A.(1999).

- 선택적 성장전략(2): 성장 가능한 세분시장 확인, 투자증대 및 유지전략
- 선택전략(selection)(1): 사업부특화, 틈새시장공략 및 인수전략
- 선택전략(2): 성장 가능한 세분시장의 확인, 사업부특화 및 선택적 투자
- 선택전략(3): 유지전략, 현금흐름관리 및 유지전략을 위한 투자
- 수확/철수전략(harvest/divest)(1): 사업부특화, 틈새시장공략 및 시장철수
- 수확/철수전략(2): 제품라인의 강화, 투자최소화 및 청산조직의 구성
- 수확/철수전략(3): 시장철수 또는 청산시점의 결정

GE 매트릭스를 활용하여 글로벌 기업은 사업부 또는 사업영역의 전략적 위치를 비교적 간편하게 파악할 수 있다. 이 매트릭스는 4개의 셀(cell)로 이루어진 BCG 매트릭스와는 달리 9개의 셀로 구성되어 있기 때문에 보다 정교한 사업부평가가 가능하다. 즉, 사업부강점과 산업매력도를 파악하면 매우 간편하게 전략을 수립할 수 있는 장점이 있다. 그러나 사업부에 대한 성공적인 포트폴리오분석을 위해서는 제품 또는 제품계열 등을 종합적으로 분석하여야 하기 때문에 시간이 많이 걸리는 단점이 있다.

8.2.3 전략적 계획수립

제품-시장 매트릭스

1960년대 미국의 *안소프(Ansoff)*에 의해 개발된 제품-시장 매트릭스(product-market matrix)는 가장 잘 알려진 전략개발을 위한 모델이다.[132] 이 매트릭스는 네 가지 서로 다른 전략적 대안인 시장침투, 시장개발, 제품개

132 박주홍(2007), p. 114 이하 재인용; Ansoff, H. I.(1966), p. 130 이하.

발 및 다각화 등으로 구성되어 있다. 〈표 8-1〉은 기업이 제품(기존제품 및 신제품) 및 시장(기존시장 및 신시장)의 관점에서 수립할 수 있는 네 가지 전략을 제시한다.

표 8-1 제품-시장 매트릭스(안소프 매트릭스)

시 장 / 제 품	기존시장	신시장
기존제품	시장침투	시장개발
신제품	제품개발	다각화

자료원: Ansoff, H. I.(1965), p. 132.

전략적 혁신계획의 관점에서 볼 때, 앞서 언급한 네 가지 전략은 다음과 같은 의미를 갖는다.

- 시장침투: 이 전략은 원가측면을 중요하게 고려하는데, 그 이유는 기업이 원가절감을 통하여 시장지위를 개선할 수 있기 때문이다. 또한 이 전략의 실행을 위해서는 공정혁신이 중요한 의미를 갖는다.
- 시장개발: 이 전략의 성공적인 실행을 위해서 기업은 이 전략에 상응하는 시장기회를 갖고 있는 신시장을 필요로 한다. 여기에서는 유통활동이 중요한 의미를 갖는다.
- 제품개발: 이 전략은 제품혁신에 기초를 두고 있다. 여기에서는 연구개발활동이 중요하다.
- 다각화: 이 전략의 실행을 위해서 기업은 신제품을 개발하고, 새로운 시장기회를 활용하기 위한 자본을 필요로 한다.

제품-시장 매트릭스는 원래 기업의 성장전략을 위하여 개발되었다. 전략적 계획의 관점에서 볼 때, 이 매트릭스는 기능영역관련적인 계획에 대한 필요성의 근거를 제시한다. 즉, 이 매트릭스를 통하여 기업은 어떤 전략의 실행을 위해서 중점적으로 관련된 기능영역을 파악할 수 있다. 이 기법은 시장과

제품의 관점에서 개념적으로 이해하기 쉬운 전략적 대안을 제시한 것이 가장 큰 장점이다. 그러나 이 기법은 기업 간의 경쟁을 고려하지 않고 있으며, 특히 포화된 시장에 있어서 어떤 강력한 경쟁압력을 받는 기업의 입장을 거의 도외시하고 있다. 또한 심각한 재무적 위기에 처하여 계속적인 자원개발(예를 들면, 인적 및 물적 자원)을 할 수 없는 기업을 고려하지 않은 전략적 사고모델로서의 의미만을 갖고 있다는 비판을 받고 있다.[133]

SWOT 분석

SWOT 분석(SWOT analysis)은 기업의 내부요인을 대변하는 강점(*S*trengths)과 약점(*W*eaknesses), 그리고 기업의 외부요인을 반영하는 기회(*O*pportunities)와 위협(*T*hreats)을 동시에 고려하여 전략적 계획을 수립하는 방법이다. 이 분석방법은 TOWS 매트릭스라고도 하며, WOTS-UP분석을 더욱 체계적으로 발전시킨 것이다.[134]

SWOT 분석에서는 내부분석에서 도출한 강점과 약점, 외부분석에서 파악한 기회와 위협을 하나의 매트릭스에 결합하여 기업의 총체적 상황을 평가하고, 이를 기초로 하여 전략적 계획을 수립하게 된다. 〈표 8-2〉는 SWOT 매트릭스를 보여준다. 이 표에는 SO 전략, WO 전략, ST 전략 및 WT 전략 등과 같은 4개의 전략적 대안들이 제시되어 있다.

SWOT 분석에서는 다음과 같은 전략적 차원(strategic dimensions) 또는 전략적 기준(strategic criteria)들을 고려하여 내부요인과 외부요인을 분석한 후 전략적 계획을 수립하는 것이 바람직하다.

- 발전방향 및 자원활용: 성장전략(투자), 안정전략(유지) 및 축소전략(철수)
- 제품 및 시장의 결합: 시장침투, 시장개발, 제품개발 및 다각화

133 Nieschlag, R./Dichtl, E./Hörschgen, H.(1988), p. 868.
134 David, F. R.(1989), p. 209 이하.

표 8-2 SWOT 매트릭스

내부요인 / 외부요인	강 점(S)	약 점(W)
기 회(O)	기회활용 – 강점사용 SO 전략	기회활용 – 약점극복 WO 전략
위 협(T)	위협회피 – 강점사용 ST 전략	위협회피 – 약점극복 WT 전략

자료원: Weihrich, H.(1982), p. 60.

- 부가가치사슬: 전방 및 후방통합, 다각화의 형태 및 가치사슬의 다양한 결합
- 시장범위: 틈새시장, 전체시장 및 글로벌화
- 경쟁전략: 비용(원가)선도자, 차별화전략 및 하이브리드(혼합)전략
- 혁신전략: 선도자 또는 추종자전략
- 기능영역전략: 마케팅, 생산, 연구개발, 재무, 인적자원 및 투자 등과 같은 기능영역전략
- 조직: 조직과 전략의 효율적 결합

〈표 8-3〉은 유럽연합(EU)에 있는 어떤 식품기업의 SWOT 분석의 사례를 제시한다. 이 표에 나타나 있는 바와 같이, 내부요인(강점과 약점)과 외부요인(기회와 위협)에 대한 분석결과를 바탕으로 모두 8개의 전략적 대안들이 제시되었다. 각 전략적 대안들은 괄호 속에 표시된 관련요인 간의 결합(예를 들면, S2/S3/O2)을 통하여 도출되었다.

SWOT 분석은 기업의 내부요인과 외부요인을 종합적으로 평가하여 전략적 계획을 수립하기 때문에 보다 현실적이고 실행가능성이 높은 대안을 제시할 수 있을 뿐만 아니라, 수많은 기업의 환경요인들을 4개의 개념으로 단순화하여 전략을 명료하게 제시할 수 있는 장점도 갖고 있다. 하지만 이 분석방법은 평가자의 주관적인 판단에 근거하여 환경을 분석하고, 전략을 도출하기 때문에 객관성이 다소 떨어질 수 있는 문제점을 내포하고 있다. 또한 국내

표 8-3 SWOT 분석의 사례

내부요인 / 외부요인	강 점(S) 1. 풍부한 자금보유 2. 연구개발 3. 종업원의 동기부여	약 점(W) 1. 남태평양지역에서의 높은 인건비와 약한 마케팅 2. 남유럽지역의 공장가동률이 65%로 저조
기 회(O) 1. 남태평양지역의 개인소득 연 12% 증가 2. 세계적인 건강에 대한 관심 고조 3. 중국과의 무역협정	SO 전략 • 새로운 건강제품의 개발(S2/S3/O2) • 중국에서 강력한 경쟁력을 보유한 홍콩의 식품업체의 인수(S1/O3)	WO 전략 • 일본기업과의 합작투자(W2/O1) • 중국으로의 공장이전(W1/O2/O3)
위 협(T) 1. 유럽연합(EU)에서의 법적 규제의 증가 2. 새로운 해외경쟁자 3. 식품산업에서의 이윤 감소	ST 전략 • 광고비의 대폭적 증가(S1/T2) • 전통적 식품분야를 위한 새롭고 혁신적인 제품의 개발(S2/S3/T3)	WT 전략 • 남유럽지역의 이윤이 저조한 공장폐쇄(W2/T1) • 비식품분야로의 다각화(W1/T3)

자료원: Lombriser, R./Abplanalp, p. A.(1998), p. 188.

외 경영전반에 대한 평가자의 지식 또는 실무능력이 부족한 경우, 이 분석방법은 환경상황을 정확하게 평가하기 어려운 단점을 지니고 있다.

8.3 글로벌 시장진입전략의 선택

8.3.1 글로벌 시장진입을 위한 포괄적 모델

글로벌 시장진입(global market entry)은 진입국가(*where*)의 선택, 진입시점(*when*)의 결정 및 진입방법(*how*)의 선택 등과 같은 전략적 의사결정과 관련되어 있다. 글로벌 시장진입을 위한 포괄적 모델은 〈그림 8-7〉에 나타나 있다. 해외시장 진입에 대한 결정을 하기 위해 의사결정자는 경쟁정도에 대한 산업기반적 고찰, 기업특유의 자산에 대한 자원기반적 고찰 및 국가위험에 대한 기관기반적 고찰을 수행하여야 한다.[135] 〈그림 8-7〉에 제시된 이러한 세 가지의 고찰의 방향에 대하여 살펴보면 다음과 같다.

경쟁정도에 대한 산업기반적 고찰(industry-based considerations)

글로벌 시장진입을 위한 첫 번째 고찰은 제2장 2.2.1에서 이미 살펴본 산업경쟁력의 분석과 관련되어 있다. 글로벌 시장진입의 관점에서 볼 때, 산업경쟁력에 영향을 미치는 각 요소들은 다음과 같은 의미가 있다.

- 기업 간 경쟁: 독점 또는 과점이 어떤 해외시장에서 나타날 경우, 이들은 시장진입의 장벽으로 작용할 수 있다. 따라서 해외의 어떤 제품 및 서비스시장에서 완전경쟁이 이루어지는 것이 바람직하다. 그러나 해외시장에 진출하려는 기업이 어떤 제품 및 서비스에 대하여 독점적 우위를 보유하는 것은 글로벌 시장진입을 위해 매우 긍정적으로 작용할 수 있다.
- 진입장벽: 일반적으로 해외시장의 진입장벽은 수입금지, 수입물량의 규제, 높은 관세의 부과 및 특정산업에 대한 투자규제 등과 같은 다양한 형태로 나타난다. 그러므로 다양한 형태의 해외시장 진입장벽은 기업으로 하여금 상황에 따라 차별적인 해외진입결정(예를 들면, 진입 장소, 시점 및 방법에 대한 의사결정)을 하도록 할 뿐만 아니라, 해외시장에서의 경쟁에도 직접적 또는 간접적으로 영향을 미치게 된다.
- 공급자의 교섭력: 어떤 기업이 해외에 생산자회사를 설립하려는 경우에 있어서 부품 및 원재료 공급자의 교섭력(예를 들면, 가격흥정에 있어서의 주도권확보의 문제)은 경쟁에 부정적 또는 긍정적으로 영향을 미칠

135 Peng, M. W.(2006), p. 218 이하.

그림 8-7 글로벌 시장진입을 위한 포괄적 모델

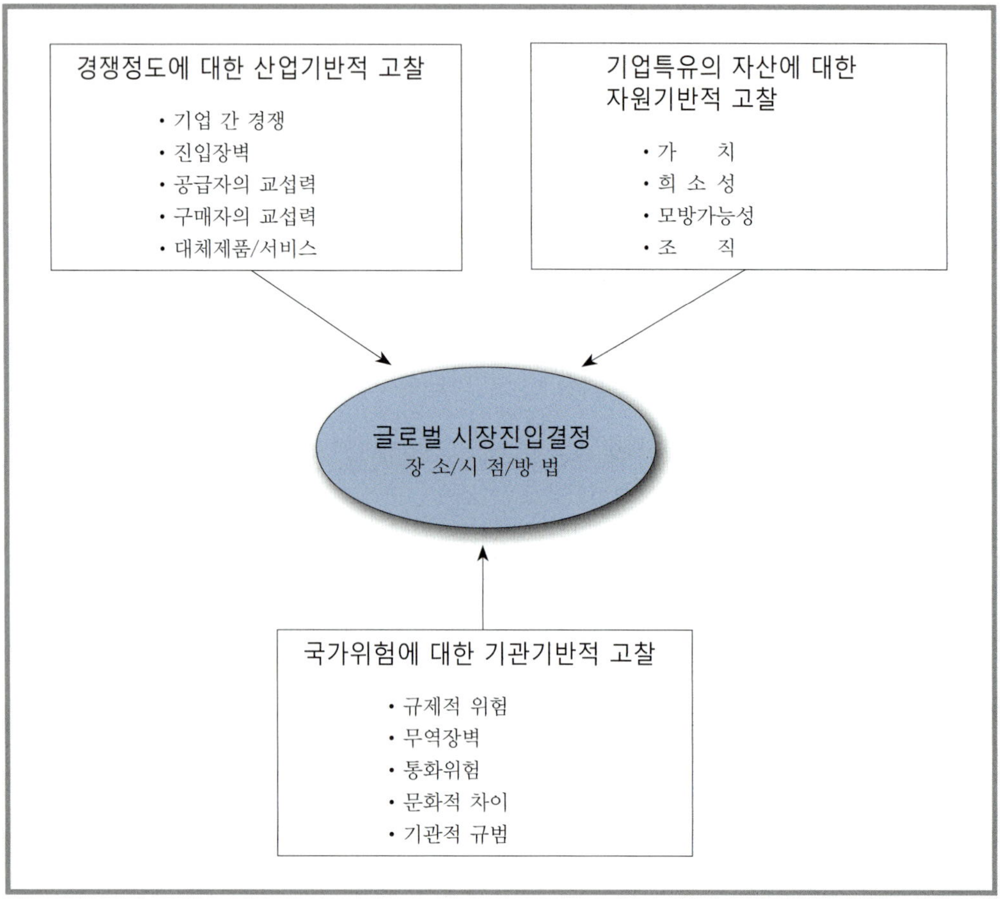

자료원: Peng, M. W.(2006), p. 219.

수 있다. 현지공급자가 생산자회사보다 규모가 크고 교섭력이 강하다면, 생산자회사는 공급자로부터 보다 비싼 가격으로 부품 및 원재료를 구매할 가능성이 높기 때문에 최종생산제품의 가격경쟁력이 약화될 수 있다. 그러나 현지공급자의 교섭력이 약하다면, 생산자회사의 가격경쟁력은 강화될 것이다.

- 구매자의 교섭력: 어떤 기업의 해외자회사가 특정제품을 생산하였다

면, 이 제품은 자사의 유통경로를 거쳐서 소비자에게 판매되거나, 또는 구매자(buyers)를 거쳐서 소비자에게 전달된다. 구매자의 교섭력은 일반적으로 구매자의 수가 적고, 제품구입의 규모가 크면 강해지는 경향이 있다. 그러므로 해외자회사의 교섭력이 구매자의 교섭력보다 높아야만 그 기업은 경쟁에 있어서 우위를 확보할 수 있다.

- 대체제품/서비스: 기존제품 또는 서비스의 수요를 대체하는 새로운 제품 또는 서비스의 출현은 기존의 경쟁구도에 악영향을 미칠 가능성이 매우 높다. 일반적으로 고객의 대체성향은 대체제품 또는 서비스의 가격 및 제품차별화에 의해 영향을 받는다.

기업특유의 자산에 대한 자원기반적 고찰(resource-based considerations)

기업특유의 자산에 대한 자원기반적 고찰은 기업이 보유한 자원(resources)과 능력(capabilities)에 그 기초를 두고 있다. *펭(Peng)*은 기업특유의 자산에 대한 분석을 위해 가치, 희소성, 모방가능성 및 조직 등과 같은 4개의 요소를 제시하였다.[136] 기업의 글로벌 시장진입과 관련하여 이러한 4개의 요소를 살펴보면 다음과 같다.

- 가치: 기업이 보유하고 있는 가치부가적인 자원은 국내 및 해외에서 경쟁우위를 창출할 수 있는 핵심적 요소이다. 기업의 가치부가적인 자원은 유형자산(공장설비 및 소프트웨어 등)과 무형자산(상표, 특허, 기술, 경영노하우 및 고객관계 등) 등을 말한다. 어떤 기업의 자산가치가 높을수록, 해외에서 이것을 더욱 공격적으로 활용할 수 있다.
- 희소성: 기업이 단순히 자산 및 능력을 보유하는 것보다 더 중요한 것은 이것들에 대한 희소성이다. 예를 들면, 특허, 상표 및 등록상표 등과 같은 무형자산은 법률을 통하여 그 희소성 또는 독창성을 보호받을 수 있다. 어떤 기업이 갖고 있는 자산 및 능력의 희소성이 높을수록,

136 전게서, p. 83 이하, p. 220 이하.

해외에서 더욱 강력한 경쟁력을 발휘할 수 있다.

- 모방가능성: 어떤 기업이 보유하고 있는 가치 있고, 희소한 자산 및 능력을 경쟁기업이 모방할 가능성이 낮을수록, 그 기업의 경쟁력은 더욱 오랜 기간 동안 지속될 수 있다. 일반적으로 유형자산의 모방은 비교적 쉬운 반면, 무형자산의 모방은 비교적 어렵거나 불가능할 수 있다.
- 조직: 기업의 조직은 그 기업이 보유한 자산과 능력의 효과적이고 효율적인 활용에 대한 책임을 지고 있다. 즉, 기업의 조직은 생산과 운영을 통한 가치창출의 기능뿐만 아니라, 국내 및 해외의 수많은 사업부 또는 자회사를 연결하고 관리하는 역할도 아울러 담당한다.

국가위험에 대한 기관기반적 고찰(institution-based considerations)

국가위험은 규제적 위험, 무역장벽, 통화위험 및 기관적 규범과 같은 공식적인(formal) 기관적 규제요인과 문화적 차이와 같은 비공식적인(informal) 기관적 차이 등을 통하여 발생한다.[137] 국가위험은 기업의 글로벌 시장진입을 방해하거나 금지시키기 때문에 진입에 대한 의사결정에 있어서 가장 먼저 고려해야 할 사항에 속한다.

- 규제적 위험: 현지국 정부의 외국기업에 대한 차별적인 정책은 대표적인 규제적 위험이다. 규제적 위험은 기업설립과 운영의 규제, 투자지분의 제한, 투자자본의 회수 및 과실송금의 제한, 파견직원의 입국금지 등과 같은 다양한 형태로 나타난다.
- 무역장벽: 무역장벽은 관세 및 비관세장벽, 현지부품사용률에 대한 규제 및 진입방법의 규제 등을 말한다. WTO의 출범을 통하여 관세 및 비관세장벽이 완화되고 있지만, 국가 간 무역에 있어서 이러한 장벽은 여전히 존재하고 있다. 현지부품사용률과 진입방법의 규제는 일반적

137 전게서, p. 221.

으로 현지국의 원재료 및 부품산업의 발전, 산업보호를 위해 이루어지고 있다. 그러나 최근에는 이러한 국가 간 무역장벽은 경제블록의 형성 및 국가 간 자유무역협정의 체결에 의하여 대폭 완화되거나 철폐되고 있다.

- 통화위험: 통화위험은 환율변동에 의하여 나타나는 위험을 말한다. 급격한 환율변동은 수출제품의 가격, 해외투자자산의 가치, 장기 및 단기 차입금의 원금상환과 이자지불 등에 직접적으로 영향을 미치게 된다. 따라서 기업은 글로벌 시장진입에 대한 의사결정을 하기 전에 먼저 국제금융시장의 동향을 면밀히 검토할 필요가 있다.
- 문화적 차이: 본국과 현지국의 문화적 차이에 대한 깊은 통찰이 없이 글로벌 기업활동을 전개하는 기업은 문화적 위험에 노출될 수 있다. 해외시장에 진입하려는 기업뿐만 아니라, 현지국에서 활동하고 있는 기업은 현지국의 문화적 환경에 대한 체계적인 분석을 통하여 문화적 위험을 최소화하여야 한다. 또한 기업이 현지국의 문화에 신속하게 적응하기 위해서는 현지국의 개인문화, 기업문화, 산업문화 및 사회문화 등에 대한 이해와 검토가 요구된다(제5장 참고).
- 기관적 규범: 규범(norms)은 어떤 집단의 구성원들에게 수용되고 기대되는 행동양식이나 규칙을 말하며, 이것은 구성원의 의식 속으로 내재화되거나, 실제적 또는 부정적인 제재수단에 의해 강제되기도 한다. 규범은 관습과 도덕 등에 의해 생활과 행동을 규제하는 사회적 규범과 공적인 권력에 의해 개인 및 기업행위를 제재하는 기관적 규범으로 구분할 수 있다. 넓은 의미에서 볼 때, 기관적 규범은 전형적으로 법률의 형태로 나타나기 때문에 글로벌 시장진입을 위한 의사결정에 있어서 법률적 환경에 대한 분석이 이루어져야 한다(제3장 참고).

8.3.2 진입국가의 선택

해외시장에 진입하려는 기업은 글로벌 경영환경의 분석(제2부 참고)을 기초로 하여 진입국가(foreign country to enter)를 선택하게 된다. 진입국가의 선택과 관련된 의사결정은 수출(무역)과 해외직접투자의 관점에서 각각 다르게 이루어지게 된다. 아래에서는 진입국가의 선택에 대한 이론적인 근거로 제시되는 입지이론을 살펴보기로 한다.

무역과 입지이론

무역과 관련된 대표적인 입지이론(location theory)은 *린네만(Linnemann)*에 의해 주장되었다.[138] 그는 수송비용, 수송시간, 경제적 이해의 한계 및 인위적 장벽 등과 같은 이른바 거리요인과 무역 간의 관계에 대한 이론적 설명을 시도하였다. 즉, 그에 의하면, 거리요인이 클수록 두 국가 간의 무역이 적어지고, 반면에 거리요인이 작을수록 두 국가 간의 무역이 많아진다. 다음과 같은 거리요인의 조건이 충족되면 두 국가 간의 무역이 촉진된다.

- 수송비용: 적은 수송비용
- 수송시간: 짧은 수송 및 배달시간
- 경제적 이해의 한계: 외국에 대한 풍부한 사회적 및 경제적 지식
- 인위적 장벽: 낮은 관세 및 비관세장벽

이 입지이론은 기업이 수출을 해외진입의 방법으로 결정한 경우에 있어서 수출대상 국가를 선택하는 의사결정에 도움이 될 수 있다. 입지이론에서 주장하는 거리요인은 일반적으로 인접한 국가와의 무역에서 더욱 유리하게 작용할 수 있고, 많은 수송비용이 발생하는 제품과 직접적으로 관련되어 있다. 경쟁기업과 비교하여, 어떤 기업의 짧은 수송 및 배달시간은 표준화된 제

138 Linnemann, H.(1966).

품을 생산하는 산업부문의 수출을 촉진할 수 있으며, 이를 통하여 전략적 경쟁우위를 달성할 수 있다.[139] 그러나 수송수단의 발달, 포장기술의 발달, 컨테이너의 사용 및 항공운송 등과 같은 수송에 있어서의 혁신적인 변화는 수출을 방해하는 거리요인을 상쇄시키는 역할을 한다.

해외직접투자와 입지이론

해외직접투자와 관련된 입지이론(location theory)에서는 현지국이 어떤 입지우위를 보유하고 있는가에 대하여 초점을 맞춘다. *야르라이쓰(Jahrreiß)*는 해외직접투자에 많은 영향을 미치는 현지국의 입지요인을 파악하기 위하여 국가적 투자유인책(세금혜택 및 지원금), 시장요인(시장규모, 시장성장 및 무역장벽의 존재여부), 세제, 임금의 차이 및 정치적 위험 등과 같은 요인들을 제시하여 독일의 글로벌 기업들을 대상으로 실증적 연구를 하였다.[140]

그의 연구결과에 의하면, 시장요인이 해외입지선정에 있어서 가장 중요한 요인으로 밝혀졌으며, 그 다음으로 임금의 차이가 중요한 것으로 나타났다. 그러나 임금의 차이는 비용(원가)지향적 해외직접투자에 있어서만 높은 설명력을 갖는 것으로 나타났다. 또한 그의 연구결과에 의하면, 국가적 투자유인책, 세제 및 정치적 위험은 해외입지선정에 있어서 중요하지 않은 것으로 밝혀졌다.[141] 그러나 실제에 있어서 해외직접투자에 영향을 미치는 입지요인은 앞에서 제시한 것보다 훨씬 다양할 뿐만 아니라, 이들이 입지선택에 미치는 영향력의 정도도 기업에 따라 많은 차이가 날 수 있다. 그러므로 해외입지선정과 관련하여, 아래에 제시되는 입지요인들이 종합적으로 검토되어야 한다.[142] 비용 및 세금요인, 수요요인 및 전략적 요인 등은 미시적 요인에 속하며, 그리고 규제적 요인 및 사회정치적 요인 등은 거시적 요인에 해당된다.

---

139 Perlitz, M.(2004), p. 45 재인용; Greene, M. L.(1975), p. 41.
140 Jahrreiß, W.(1984).
141 전게서, p. 93 이하; Perlitz, M.(2004), p. 100 재인용.
142 Shenkar, O./Luo, Y.(2004), p. 267.

- 비용 및 세금요인: 수송비용, 임금수준, 토지의 이용 가능성과 비용, 건축비용, 원재료 및 자원의 비용, 금융비용, 세율, 투자유인책 및 본국으로의 이윤송금
- 수요요인: 시장규모와 성장, 고객의 존재 및 현지국에서의 경쟁
- 전략적 요인: 투자와 관련된 기간구조, 생산집중화(산업클러스터), 산업적 연계, 노동생산성, 내향적 및 외향적 병참
- 규제적 요인: 산업정책, 해외직접투자 정책 및 특별지역의 이용 가능성(수출자유지역 및 경제자유구역)
- 사회정치적 요인: 정치적 불안정, 문화적 장벽, 현지의 사업관행, 정부의 효율성과 부정부패, 외국기업에 대한 태도, 지역사회의 특성 및 환경보전적 발전(공해규제 및 재활용의 요구)

어떤 기업이 추구하는 전략적 목표와 입지특유의 이점은 〈표 8-4〉에 제시되어 있다. 이 표에 나타나 있는 바와 같이, 기업의 전략적 목표는 진입국가의 선택에 결정적인 영향을 미칠 수 있다.

표 8-4 전략적 목표와 입지특유의 이점

전략적 목표	입지특유의 우위	사 례
원재료지향	천연자원의 보유, 관련된 수송 및 커뮤니케이션 기간구조	중동 및 러시아의 원유, 중미와 카리브 지역의 바나나
시장지향	강력한 시장수요와 고객구매력의 존재	일본의 해산물, 멕시코의 청량음료
효율지향	규모의 경제 및 저비용요인의 존재	중국의 제조, 인도의 정보통신(IT)
혁신지향	혁신적 인력, 기업 및 대학의 존재	실리콘밸리와 인도의 IT, 뉴욕과 런던의 금융서비스, 프랑스의 화장품, 독일의 화학, 러시아의 우주항공

자료원: Peng, M. W.(2006), p. 225 이하; Dunning, J. H.(1993), p. 82 이하.

8.3.3 진입시점의 결정

기업이 진입국가를 선택한 후에는 진입시점과 진입방법(8.3.4 참고)을 결정하여야 한다. 진입시점(entry timing)은 다음과 같은 두 가지 측면에서 검토되어야 한다.

최초진입자 전략과 후발진입자 전략

진입시점은 글로벌 기업이 직면하게 되는 현지의 환경적 위험 및 기회에 영향을 미치기 때문에 매우 중요한 의사결정에 속한다. 진입시점의 결정은 진입국가에 대한 경쟁자의 진입시점과 비교하여 이루어질 수 있다. 경쟁자가 어떤 기업이 진입하려는 국가에 아직 진출하지 않았다면 최초진입자 전략(first mover strategy)을 선택할 수 있으며, 반면에 경쟁자가 어떤 국가에 이미 진출해 있다면 후발진입자 전략(late mover strategy) 또는 추종자전략(follower strategy)을 선택하게 된다. 최초진입자 전략과 후발진입자 전략의 이점을 각각 살펴보면 다음과 같다.[143]

- 최초진입자 전략의 이점
  - 시장의 선점
  - 기술주도권의 확보
  - 희소한 자원의 선점
  - 후발진입자에 대한 진입장벽의 구축
  - 본국에서의 경쟁기업과의 충돌회피
  - 현지국의 고객 및 정부 등과 같은 이해관계자와의 관계구축
  - 고객충성도의 제고
  - 제품포지셔닝의 구축
  - 초기경쟁자가 적음

143 Peng, M. W.(2006), p. 229 이하; Shenkar, O./Luo, Y.(2004), p. 270 이하.

- 후발진입자 전략의 이점
  - 최초진입자의 투자경험활용
  - 기술 및 시장 불확실성의 해결
  - 안정적인 원재료 및 부품의 조달가능성의 증대
  - 관련된 지원산업과의 협력가능성의 증대

폭포형 진입전략과 스프링클러형 진입전략

일반적으로 글로벌 기업이 진입하려는 국가는 한 국가가 아니라 여러 개의 국가들이다. 어떤 기업이 여러 국가에 진출하려는 경우에 있어서 점진적 또는 순차적으로 진입할 것인가, 아니면 동시다발적으로 진입할 것인가에 대한 의사결정상황에 직면하게 된다.

폭포형 진입전략(waterfall entry strategy)은 글로벌 기업이 시차를 두고 9-10년에 걸쳐 순차적으로 해외시장에 진입하는 것을 말한다. 어떤 기업이 글로벌화의 초기단계에 있다면, 우선순위가 높은 시장에 먼저 진입하여 시장경험을 축적한 후 점차적으로 다른 국가로 진입하게 된다. 반면에, 스프링클러형 진입전략(sprinkler entry strategy)은 글로벌 기업이 다수의 해외시장에 1-2년에 걸쳐 동시에 진입하는 것을 의미한다. 이러한 동시다발적 진입방법은 여러 지역 또는 국가에서 시장기회를 선점하고, 글로벌 경쟁에서의 우위를 확보하기 위하여 사용된다. 〈그림 8-8〉은 폭포형 진입전략과 스프링클러형 진입전략을 보여준다.

폭포형 진입전략과 스프링클러형 진입전략의 이점을 각각 요약하면 다음과 같다.[144]

- 폭포형 진입전략의 이점
  - 글로벌화 경험과 자원이 부족한 기업에게 유리하다.
  - 글로벌화 초기단계의 투자위험이 감소한다.

---

144 김광수 외(2005), p. 188 이하; 조동성(1997), p. 499 이하; Hünerberg, R.(1994), p. 133.

그림 8-8 폭포형 진입전략과 스프링클러형 진입전략

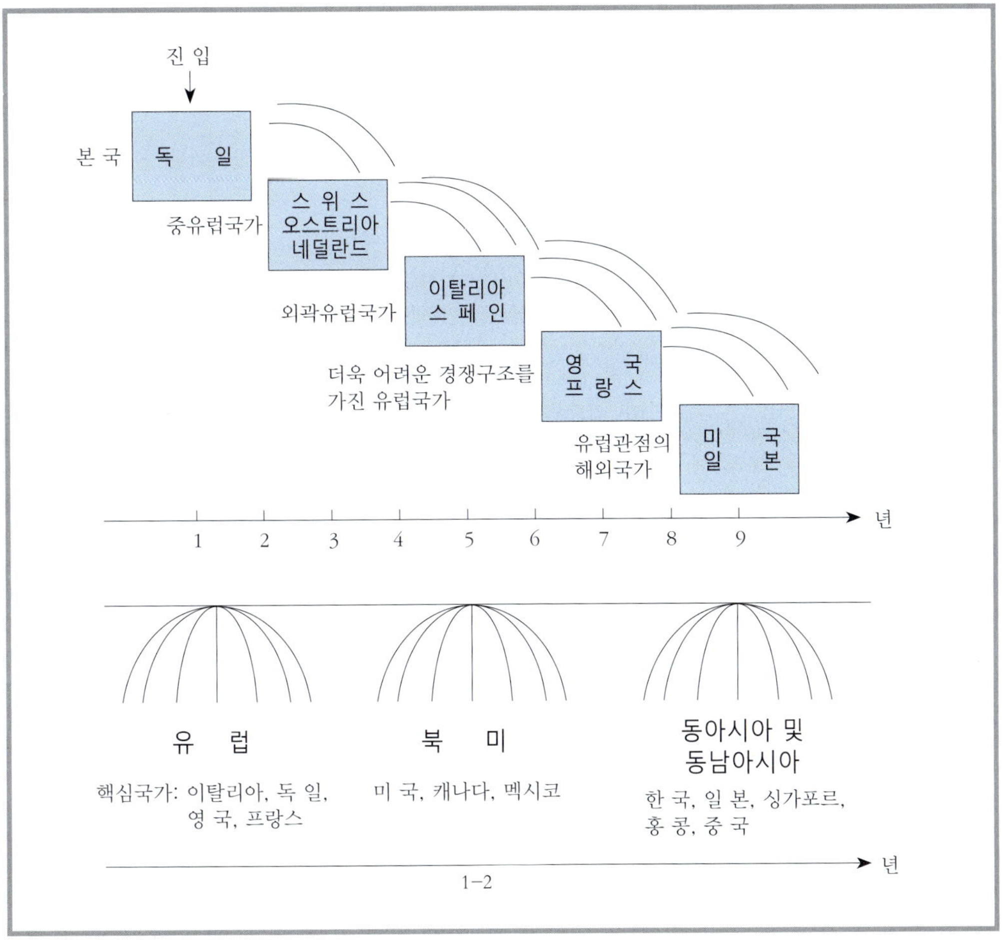

자료원: Perlitz, M.(2004), p. 251; 저자에 의해 일부 수정됨.

– 개별국가의 특수성과 요구사항을 고려한 강력한 시장집중이 가능하다.
– 순차적 시장진입에 있어서 축적된 투자경험을 활용할 수 있다.

- 스프링클러형 진입전략의 이점
  – 글로벌화 경험과 자원이 풍부한 기업에게 유리하다.
  – 다수의 국가에 대한 신속한 동시적 침투가 가능하다.

– 제품수명주기 또는 기술수명주기를 단기간에 다수의 국가에서 최대한 활용할 수 있다.
– 다수의 국가에서 표준화의 이점을 동시에 활용할 수 있다.
– 다수의 국가에서 최초진입자의 우위를 확보할 수 있다.

8.3.4 진입방법의 선택

진입방법의 분류

글로벌 시장진입방법(entry modes for global market)은 학자에 따라 서로 다르게 논의되고 있으나 일반적으로 수출, 라이선싱과 프랜차이징, 해외직접투자 및 전략적 제휴 등으로 구분할 수 있다. 아래에서는 글로벌 시장진입방법에 대한 몇 가지 분류기준에 대하여 살펴보기로 한다.

*판과 채(Pan & Tse)*는 글로벌 시장진입방법을 비자산방법과 자산방법으로 구분하였다.[145] 그리고 이러한 두 가지 진입방법의 일부분은 전략적 제휴와 관련되어 있다. 〈그림 8-9〉는 진입방법의 선택에 대한 단계적 모델을 제시한다.

- 비자산방법(non-equity modes)
  - 수출: 직접수출, 간접수출, 기타
  - 계약방법: 라이선싱과 프랜차이징, 턴키계약(플랜트수출), 연구개발계약, 공동마케팅
- 자산방법(equity modes or FDI modes)
  - 합작투자(Joints Ventures): 소수지분, 50%: 50% 동등지분 및 다수지분의 참여
  - 단독투자자회사: 신설투자, 인수, 기타
- 전략적 제휴(strategic alliances): 계약방법, 합작투자

145 Peng, M. W.(2006), p. 230 이하 재인용; Pan Y./Tse, D.(2000), p. 238.

그림 8-9 진입방법의 선택: 단계적 모델

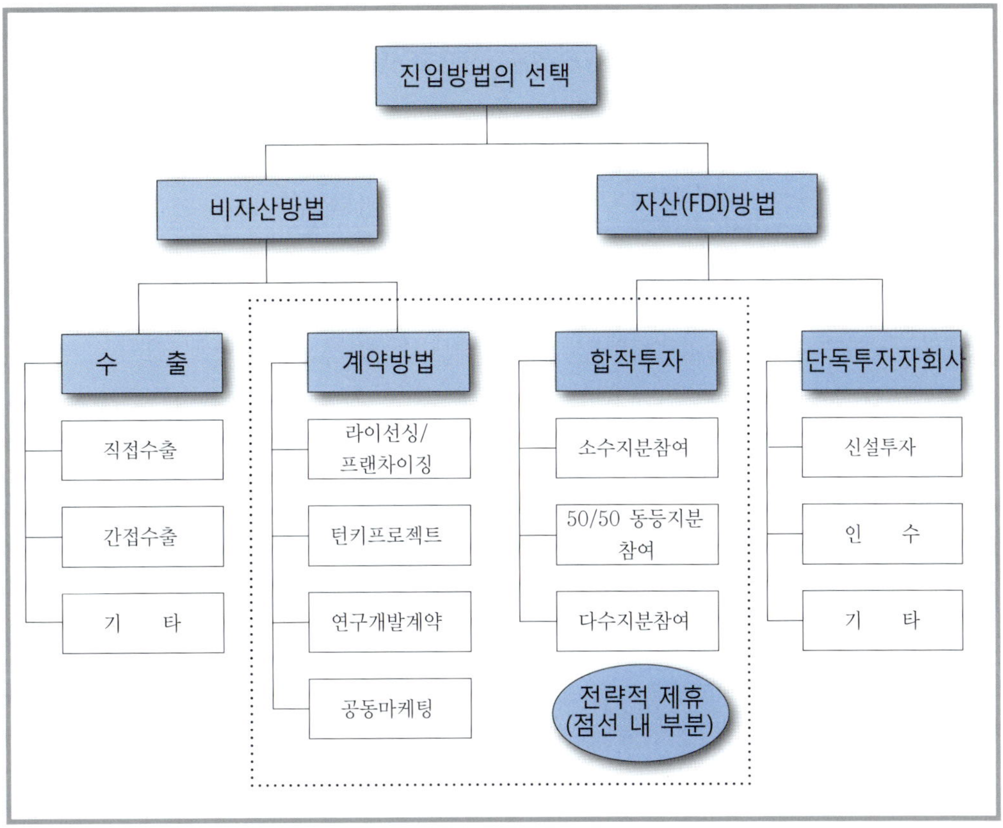

자료원: Pan Y./Tse, D.(2000), p. 238; Peng, M. W.(2006), p. 231 재인용.

*쉔카*와 *루오*(*Shenkar & Luo*)는 글로벌 시장진입방법을 무역관련 진입방법, 이전관련 진입방법 및 해외직접투자관련 진입방법 등으로 분류하였다.[146]

- 무역관련 진입방법(trade-related entry modes)
  - 수출
  - 글로벌 납품계약
  - 대응무역: 물물교환(구상무역)

146 Shenkar, O./Luo, Y.(2004), p. 274 이하.

- 이전관련 진입방법(transfer-related entry modes)
  - 글로벌 리스계약
  - 글로벌 라이선싱
  - 글로벌 프랜차이징
  - BOT계약(Build-Operate-Transfer)
- 해외직접투자관련 진입방법(FDI-related entry modes)
  - 지점(법인)설립
  - 계약적(협력적) 합작투자
  - 자산합작투자
  - 단독투자자회사
  - 지주회사

본서에서는 진입방법을 점진적 글로벌화 과정의 관점에서 다음과 같이 네 가지로 분류하여 제9장부터 제12장에 걸쳐 논의하기로 한다.

- 수출관련 진입방법(제9장 참고): 수출, 대응무역, 글로벌 납품계약 및 턴키계약(플랜트수출)
- 계약관련 진입방법(제10장 참고): 라이선싱과 프랜차이징
- 해외직접투자관련 진입방법(제11장 참고): 단독투자자회사, 합작투자, 인수 및 합병
- 전략적 제휴관련 진입방법(제12장 참고): 관리적 기능영역, 제휴대상 및 자본참여도에 따른 전략적 제휴

진입방법의 선택모델

아래에서는 진입방법의 선택과 관련하여 *던닝*(*Dunning*), *러그만*(*Rugman*) 및 *루트*(*Root*)의 모델에 대하여 각각 살펴보기로 한다.

(1) *던닝*(*Dunning*)의 모델(절충이론)

*던닝*의 절충이론(eclectic theory)은 해외직접투자에 대한 기존의 이론들을 결합시켜 단순인과적인 이론을 입지이론, 경쟁이론 및 무역이론 등으로 확대하여 관련시킨 이론이다.[147] 그는 기업특유의 독점적 우위, 입지특유의 우위 및 내부화의 우위 등이 해외직접투자, 수출 및 포트폴리오자원이전(대표적인 예를 들면, 라이선싱) 등의 진입방법을 결정하는 주요 요인으로 작용한다는 주장을 하였다. 즉, 전략적 대안으로서 해외직접투자가 이루어지려면 먼저 현지에 진출하는 외국기업으로서의 불리한 측면을 극복해야만 하고, 국내보다 외국이 생산입지로서 우위에 있어야 하며, 아울러 기업특유의 독점적 우위(예를 들면, 기술)를 외국기업에게 라이선싱을 하는 것보다 내부거래를 통해 이전하는 것이 유리한 내부화의 우위가 있어야 한다는 것이다.[148]

표 8-5 *던닝*의 세 가지 우위와 진입방법의 선택

		우 위		
		기업특유	내 부 화	입 지
진입방법	해외직접투자	예	예	예
	수 출	예	예	아니오
	라이선싱	예	아니오	아니오

자료원: Perlitz, M.(2004), p. 110.

147 박주홍(2000), p. 132 이하 재인용; Dunning, J. H.(1988), p. 1 이하; Dunning, J. H.(1980), p. 9 이하.

148 조동성(1997), p. 387.

절충이론에서는 기업특유의 독점적 우위, 입지특유의 우위 및 내부화의 우위 등으로 진입방법을 선택할 수 있는 이론적 근거를 제시한다.[149] 이 이론의 특징은 위에서 언급한 세 가지 우위의 보유여부에 따라 〈표 8-5〉와 같은 글로벌 시장진입의 형태를 제시할 수 있다는 것이다.

〈표 8-5〉에서 보는 바와 같이, 어떤 기업이 기업특유의 독점적 우위만을 갖고 있으면 라이선싱이 최상의 대안이 된다. 그러나 독점이론과 제품수명주기 이론에서는 기업특유의 우위(제품혁신)만으로도 수출과 해외직접투자를 할 수 있는 것으로 주장하기 때문에 *던닝*의 이론은 앞서 언급한 이론과 정면으로 배치되는 한계점을 갖고 있다. 즉, 어떤 기업의 해외직접투자는 기업특유의 독점적 우위, 입지특유의 우위 및 내부화의 우위가 있어야 가능한 것으로 나타나 있는데, 실제에 있어서 제품수명주기의 도입기에 채택될 수 있는 신제품개발(예를 들면, 제품혁신)을 통하여 독점적 우위를 갖는다면 진입방법으로서 수출과 해외직접투자를 선택할 수 있는 여지가 존재한다.

*던닝*의 절충이론은 지금까지 개발된 이론 중에서 가장 일반적이고 포괄적인 이론이지만 독점이론, 입지이론 및 내부화의 이론 등을 종합하였기 때문에 독창성이 결여된 이론으로 평가받고 있다. 아울러 입지이론과 내부화의 이론에서 설명하고 있는 변수들이 중복될 수 있는 단점을 갖고 있다.

(2) *러그만*(*Rugman*)의 모델

*러그만*은 *던닝*의 모델과 마찬가지로 진입방법을 수출, 라이선싱 및 해외직접투자 등으로 나누어 선택과정을 설명한다.[150] 그는 진입방법을 선택하는 기준으로 무역장벽과 기술유출의 위험을 제시한다.

〈그림 8-10〉에 나타나 있는 바와 같이, 어떤 기업이 만든 제품에 대한 무역장벽이 없다면, 그 기업은 수출을 진입방법으로 선택한다. 반면에, 진입하려는 국가에 무역장벽이 존재한다면, 그 기업은 수출을 포기하고 해외직접투자와 라이선싱 중에서 하나의 진입방법을 선택할 수 있다. 이 상황에 있어

149 Dunning, J. H.(1980), p. 9.
150 Rugman, A. M.(1986).

그림 8-10 *러그만*의 진입방법 선택모델

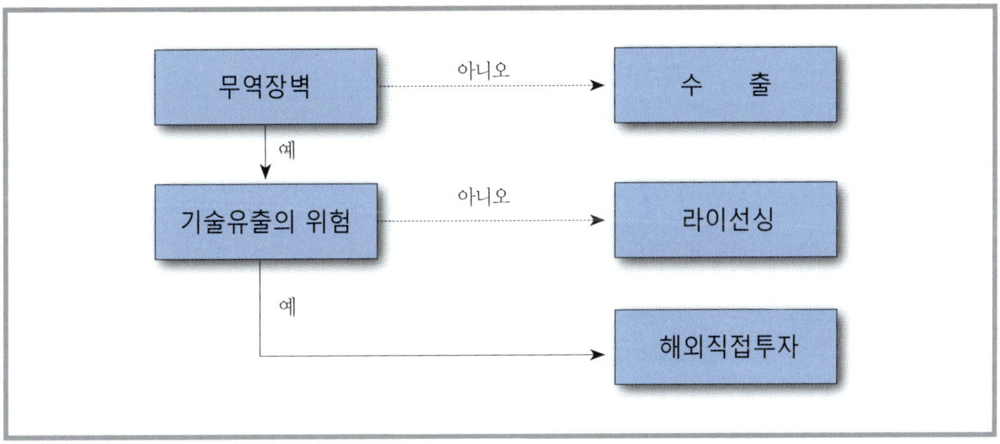

자료원: Rugman, A. M.(1986).

서 기술유출의 위험이 의사결정의 기준이 된다. 즉, 기술유출의 위험이 없다면 라이선싱을 선택하고, 기술유출의 위험이 존재한다면 해외직접투자를 선택하게 된다.

이 모델은 무역장벽과 기술유출의 위험이라는 두 가지 기준으로 매우 신속하고 간편하게 진입방법을 선택할 수 있기 때문에 평가비용이 절감되는 장점을 갖고 있다. 그러나 이 모델은 두 가지의 기준만으로 글로벌 시장진입에 대한 의사결정을 하기 때문에 복잡하고 다양한 글로벌 시장의 상황을 정확하게 반영할 수 없는 문제점을 내포하고 있다.

(3) *루트(Root)*의 모델

*루트*는 글로벌 시장진입방법의 선택에 영향을 미치는 요인을 내부요인과 외부요인으로 나누어 어느 정도 실행 가능한 진입경로를 제시한다.[151] 내부요인은 제품요인과 자원투입요인 등으로 구성되어 있으며, 반면에 외부요

151 어윤대 외(1997), p. 320 이하 재인용; 조동성(1997), p. 523 이하 재인용; Root, F. R.(1982) p. 67.

그림 8-11 *루트*의 진입방법 선택모델

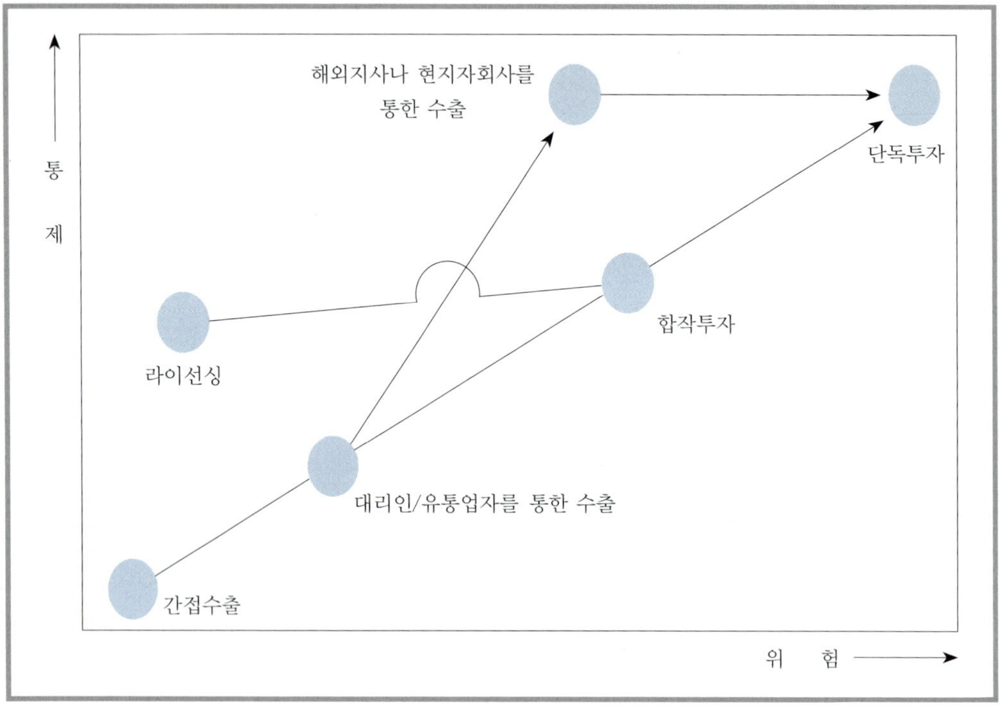

자료원: Root, F. R.(1982), p. 67.

인은 현지국의 시장요인, 생산요인, 환경요인 및 정부정책요인 등을 포함하고 있다. 이러한 내부요인과 외부요인은 기업의 점진적인 글로벌화 과정에서 통제와 위험이라는 두 가지 상황에 직면하게 된다.

〈그림 8-11〉은 *루트*의 진입방법 선택모델을 제시한다. 이 그림에 나타나 있는 바와 같이, 어떤 현지국에 진입하는 기업은 다음과 같은 진입방법을 순차적으로 거치게 된다. 그리고 단독투자는 다른 어떤 진입방법보다 위험(투자위험)이 높을 뿐만 아니라, 그에 따른 통제(자산 및 전략 등)의 수준도 높다.

- 간접수출 → 대리인 또는 유통업자를 통한 수출 → 합작투자 → 단독투자

–간접수출 → 대리인 또는 유통업자를 통한 수출 → 해외지사 또는 현지자회사를 통한 수출 → 단독투자
–라이선싱 → 합작투자 → 단독투자

이 모델은 글로벌 시장진입방법에 영향을 미치는 요인들을 고려하여 동태적인 관점에서 진입경로를 순차적으로 제시하기 때문에 다양한 진입경로를 쉽게 파악할 수 있는 장점을 갖고 있다. 그러나 이 모델은 단순히 미래의 방향만을 제시하기 때문에 정확한 진입시점과 진입방법의 구체성과 적합성을 뒷받침할 수 없는 한계점을 지니고 있다.

제 9 장

수 출

9.1 간접수출과 직접수출

9.1.1 수출의 의의

수출(export)은 기업이 생산한 제품 및 서비스를 외국에 판매하는 기업활동을 말한다. 제1장에서 논의한 바와 같이, 일반적으로 기업의 글로벌화는 수출, 라이선싱, 프랜차이징, 합작투자, 해외지점, 해외생산 및 자회사설립 등의 단계를 거치면서 점진적으로 이루어진다. 점진적 글로벌화의 관점에서 볼 때, 수출은 기업의 글로벌화의 시작으로 볼 수 있다. 과거에 수출을 통하여 성장과 발전을 위한 경제적 토대를 마련한 많은 기업들은 오늘날 글로벌 경쟁력을 갖춘 명실상부한 글로벌 기업이 되었다. 전 세계의 여러 국가와 지역에서 활동 중인 글로벌 기업들은 그들이 생산한 제품 및 서비스를 현지국 또는 현지지역에서 판매할 뿐만 아니라, 아울러 다른 국가 또는 지역으로도 수출하고 있다. 이러한 측면에서 볼 때, 수출은 기업의 가장 중요한 이윤창출의 원천으로 볼 수 있다.

수출의 이점으로 다음과 같은 것을 들 수 있다.[152]

- 전반적 판매량의 증가, 시장점유율의 증대 및 국내시장보다 나은 이윤창출의 기회가 제공될 수 있다.
- 규모의 경제를 증대시킴으로써 단위당 제조원가를 절감할 수 있다.
- 본국시장에 대한 의존성을 감소시킴으로써 고객기반을 다각화한다.
- 경기순환 또는 계절적 수요와 관련된 판매에 있어서의 변동을 안정시킨다.
- 다른 진입전략에 비해 위험이 최소화되고, 유동성이 극대화된다.
- 목표시장에 대한 투자와 현지에서의 기업유지를 하지 않아도 되기 때

152 Cavusgil, S. T. et al.(2008), p. 367 이하.

문에 해외시장 진입비용이 낮다.

- 해외유통업체의 역량과 기술 및 현지사업파트너를 활용할 수 있다.

위와 같은 이점에도 불구하고, 진입전략으로서의 수출은 다음과 같은 단점을 갖고 있다.[153]

- 수출활동은 해외시장에서의 기업운영을 필요로 하지 않기 때문에 경영자가 현지의 고객, 경쟁자 및 시장의 독특한 측면을 학습할 기회가 적다.
- 수출활동은 일반적으로 새로운 역량을 필요로 하고, 수출거래를 적절히 수행하기 위한 조직과 관련된 자원(예를 들면, 국제거래의 경험과 외국어능력을 갖춘 직원의 채용)을 요구한다.
- 수출은 다른 진입전략에 비해 관세 및 비관세장벽, 환율변동에 매우 민감하다.

9.1.2 간접수출

간접수출(indirect export)은 기업이 생산한 제품을 국내의 수출중간상을 통해 해외로 판매하는 것을 의미한다. 간접수출에 있어서 중간상은 종합무역상사(수출회사), 외국바이어, 외국기업의 구매사무소 및 수출대리점 등이다. 이 수출방법에서는 국내에 있는 수출중간상이 제품을 해외의 최종고객에게 판매하기 때문에 수출을 의뢰한 기업의 입장에서 볼 때, 이 방법은 국내판매와 동일하게 취급될 수 있다. 〈그림 9-1〉은 간접수출을 보여준다.

간접수출의 장점과 단점은 다음과 같이 열거할 수 있다.[154]

153 전게서, p. 368 이하.

154 Peng, M. W.(2006), p. 232; 김광수 외(2005), p. 209; 전용욱 외(2003), p. 125.

그림 9-1 간접수출

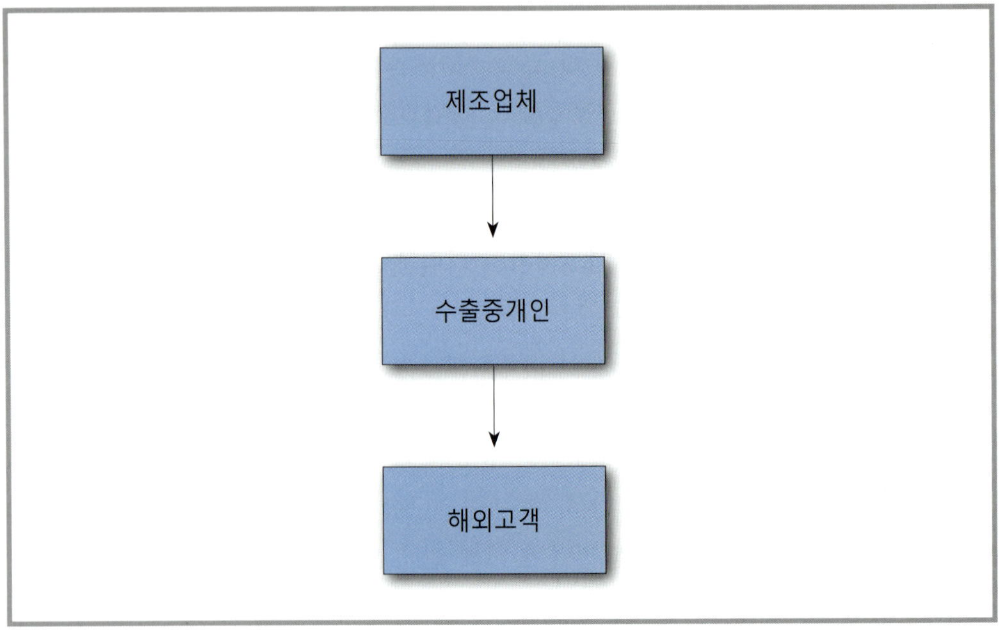

- 간접수출의 장점
  - 생산에 자원을 집중시킬 수 있다.
  - 수출중간상의 경험과 지식을 활용할 수 있다.
  - 수출관련조직을 운영하지 않기 때문에 자금부담(수출전문인력의 채용, 조직운영 또는 유지비용)이 경감된다.
  - 종합무역상사를 이용하는 경우, 해외시장정보를 입수할 수 있다.
  - 수출클레임을 회피할 수 있다(단, 납품한 제품의 포장 및 품질 등이 수출중간상에 의해 미리 확인된 경우).
- 간접수출의 단점
  - 해외에 수출한 제품에 대한 통제권이 상실된다.
  - 해외경험을 축적할 기회를 놓칠 수 있다.
  - 해외고객과의 직접적인 의사소통이 어렵기 때문에 고객정보수집에 문제가 있다.

–수출중간상의 소극적인 마케팅으로 인하여 매출증대가 제한될 수 있다.

9.1.3 직접수출

직접수출(direct export)은 수출업무를 다른 기업 또는 중간상에 위임하지 않고 독자적인 수출관련조직을 통해 직접 수행하는 것이다. 이 수출방법에서는 수출활동이 자사의 조직에 의해 직접 수행되거나, 또는 다른 기업과 공동으로 만든 조직을 통해 수행될 수 있다. 여기에서 자사의 조직은 수출부(또는 국제영업부 및 해외영업부) 및 현지자회사(또는 현지지점)의 마케팅관련부서를 말하며, 다른 기업과 공동으로 만든 조직은 국내외에 설립한 공동지사(또는 공동지점)를 의미한다. 특히, 공동지사를 통한 직접수출은 국내의 수출협회 및 해외의 공동지사 등을 통하여 이루어진다. 〈그림 9-2〉는 직접수출을 보여준다.

그림 9-2 직접수출

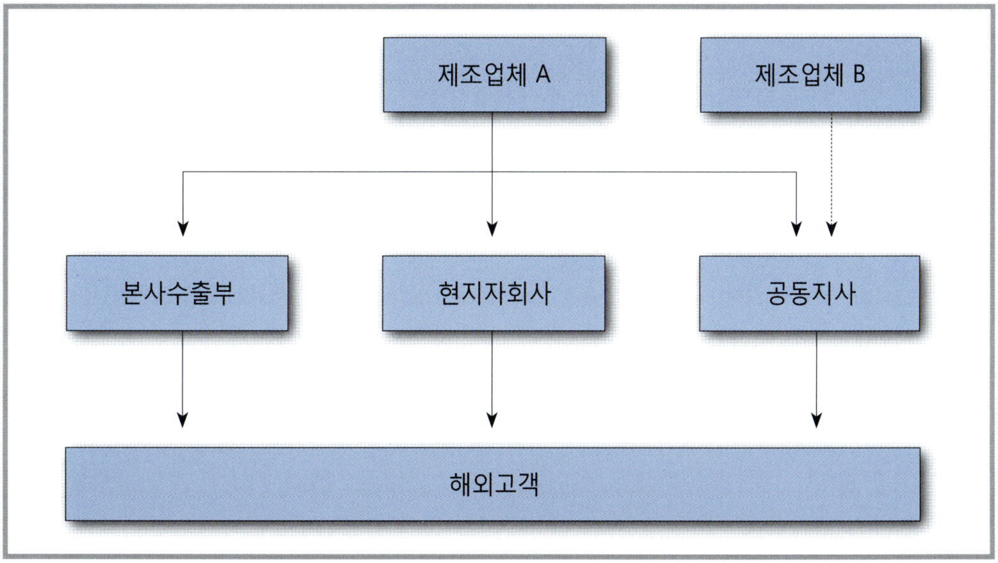

직접수출의 장점과 단점은 다음과 같다.[155]

- 직접수출의 장점
  - 해외시장에 대한 경험과 지식을 축적할 수 있다.
  - 수출관련조직을 통하여 해외시장정보를 쉽게 획득할 수 있다.
  - 해외에 수출한 제품에 대한 통제권이 강화된다.
  - 유리한 조건으로 제품판매에 대한 계약을 할 수 있다.
  - 적극적인 마케팅을 통하여 장기적인 매출증대가 가능하다.
- 직접수출의 단점
  - 수출관련조직의 운영에 따른 자금부담이 가중된다.
  - 수출클레임이 발생할 경우, 분쟁위험의 가능성이 높다.
  - 수출초기에 안정적인 고객확보의 어려움이 있다.

9.2 대응무역의 의의와 형태

9.2.1 대응무역의 의의

대응무역(countertrade)은 국가 간의 수출입거래에 있어서 상대국의 외환부족 등의 사유로 인하여 대금결제를 위한 현금지불을 불필요하게 만드는 무역방법을 말한다. 넓은 의미에서 볼 때, 이 무역방법은 화폐를 매개로 하지 않는 물물교환을 의미하는 바터(barter)와 환결제방법에 의해 수출과 수입을 결부시키는 구상무역(compensation trade)과 동의어로 사용되기도 한다. 일반적으로 외환부족을 겪고 있는 국가의 기업이 외환을 대체하는 현물로 수입대금을 결제하는 경우에 대응무역이 이루어진다. 또한 이 방법은 수입초과국이 상대국에 대해 일정한 제품의 수입을 요구하는 수단으로 채택될 수 있다.

155 전게서.

그림 9-3 대응무역의 거래방법(사례)

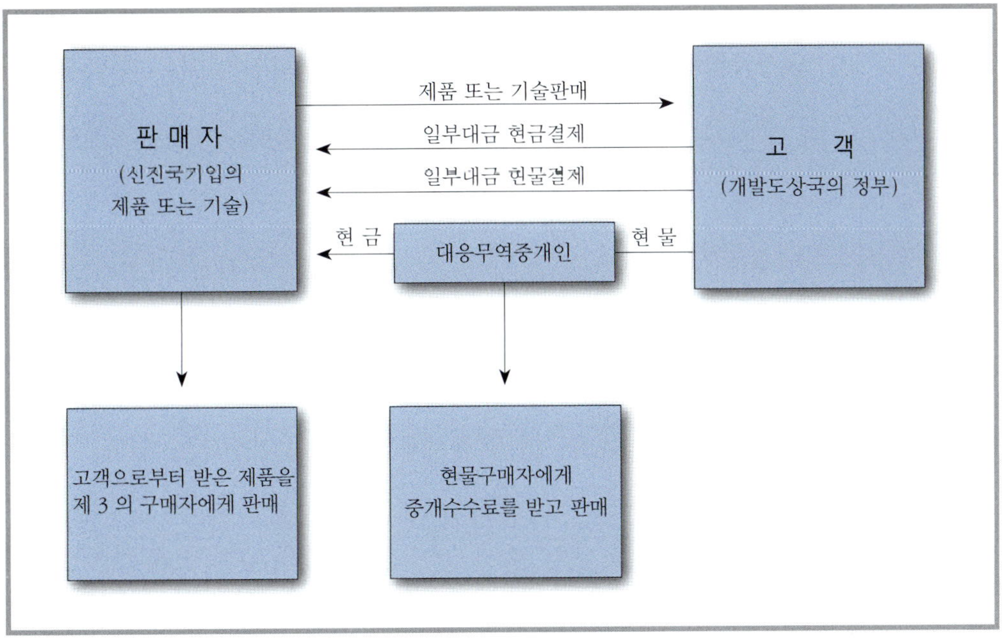

자료원: Cavusgil, S. T. et al.(2008), p. 384.

〈그림 9-3〉은 대응무역의 거래방법(사례)을 제시한다.

대응무역은 상대국의 외환부족문제와 관련국가 간 수출입의 불균형문제를 비교적 쉽게 해결할 수 있는 장점을 갖고 있는 반면에, 이 방법은 다음과 같은 위험을 내포하고 있다.[156]

- 고객이 현물로 결제한 제품은 품질이 열악할 수 있기 때문에 글로벌 시장에서 재판매하는 경우에 제약이 따른다.
- 현물로 결제한 제품은 일반적으로 제1차 산업제품(예를 들면, 농산물 및 광산물) 또는 품질이 낮은 제품이기 때문에 시장가격을 책정하는 데 어려움이 있을 수 있다.

156 Cavusgil, S. T. et al.(2008), p. 385 이하.

- 거래당사자들이 가격불리기를 하기 때문에 거래협상이 비효율적이다.
- 대응무역은 매우 복잡하고, 시간이 많이 걸리는 거래에 속한다.
- 당사국들의 정부에 의해 강요되는 규정들은 대응무역을 매우 관료주의적으로 흐르게 한다.

9.2.2 대응무역의 형태

대응무역은 대금지불여부, 대금지불형태(예를 들면, 현금 또는 현물), 대응수입의 대상제품, 기술이전여부 및 계약건수 등에 따라 물물교환, 청산협정, 스위치무역, 환매거래, 대응구매 및 상쇄무역 등으로 분류할 수 있다.[157]

물물교환

물물교환 또는 바터(barter)는 가장 원시적이면서도 초보적인 대응무역의 형태로서 수출입대금을 결제할 때 현금을 지불하지 않고 제품 또는 서비스를 맞교환하는 거래를 말한다. 이러한 사례로는 1980년대에 한국기업이 타이완기업에게 사과를 수출하고, 그 대금으로 타이완기업으로부터 바나나를 지급받은 수출입거래(단일계약으로 단일거래가 이루어진 경우)를 들 수 있다.

청산협정

청산협정(clearing agreement)은 일정기간 동안 단일의 수출입계약에 의해 제품 또는 서비스를 교환(다수의 거래)하고, 계약에 의한 거래가 끝나는 시점에서 거래당사자 사이에 교환의 차액이 발생하는 경우, 이것을 정산하는 것을 말한다. 차액의 정산은 특정통화로 할 수도 있고, 제품 또는 서비스를 추가적으로 제공함으로써 이루어질 수도 있다. 특정통화로 차액을 정산하기 위

157 Peng, M. W.(2006), p. 276 이하; 김광수 외(2005), p. 212 이하; 전용욱 외(2003), p. 131 이하; 이장호(2003), p. 227 이하.

하여 사용하는 계좌를 청산계정(clearing account)이라고 한다. 앞의 사례와는 다르게 한국기업과 타이완기업이 각각 사과와 바나나로 물물교환(단일계약으로 다수의 거래가 이루어진 경우)을 하였을 경우, 정산시점에 한국기업이 수입한 바나나의 가치가 더 높다면, 한국기업은 타이완기업에게 그 차액을 사과로 지불할 수도 있고, 미국 달러화로 그 차액을 청산할 수도 있다.

스위치무역

스위치무역(switch trading)은 거래의 당사자가 전문적인 무역중개상을 통하여 수출입거래를 하는 방법이다. 이 거래에 있어서, 수출업자는 제품수출에 대한 대금을 상대국의 수입업자로부터 현금으로 지급(상대국에 개설한 수출업자의 청산계정에 입금)받게 되며, 수출업자는 이 대금으로 상대국에서 생산한 제품 또는 서비스를 구매하여야 하는 의무를 지게 된다. 만일 수출업자가 상대국의 청산계정에 입금된 현금으로 그 국가에서 생산한 제품 또는 서비스를 구매할 의향이 없다면, 수출업자는 이 청산계정을 할인된 가격으로 전문적인 무역중개상에게 양도할 수 있다. 이러한 전문적인 무역중개상을 스위치무역상(switch trader)이라고 한다. 스위치무역상은 수출업자를 대신하여 상대국에서 생산한 제품 또는 서비스를 구입할 의무를 지게 된다.

환매거래

환매거래(buy-back)는 수출기업이 상대국의 수입기업에게 기술, 설비 및 플랜트 등을 수출하고, 그 생산시설에서 생산된 제품으로 대금을 지급받는 것을 말한다. 이 방법에서는 판매계약과 구매계약을 포함하는 두 개의 계약이 일괄적으로 이루어진다. 기술, 설비 및 플랜트 등의 수출은 판매계약과 관련되어 있으며, 생산시설에서 생산된 제품으로 대금을 지급받거나 장기적으로 대응구매를 하는 것은 구매계약에 해당된다. 예를 들면, 환매거래에서는 어떤 수출기업이 상대국의 수입기업에게 정유시설을 건설해 주고, 그 시설에서 생산되는 석유를 대금으로 지급받게 된다.

대응구매

대응구매(counterpurchase)는 제품 또는 서비스를 판매한 수출기업이 상대국의 수입기업으로부터 대금을 현금으로 지급받고, 그 현금으로 상대국의 수입기업으로부터 제품 또는 서비스를 구매하는 거래를 의미한다. 일반적으로 대응구매에 있어서 수입기업은 수출기업에게 그들이 판매하고자 하는 대응구매 품목리스트를 제시하며, 수출기업은 그 리스트에 제시된 품목들 중에서 구매할 품목을 선택하게 된다. 또한 이 방법에서는 수출기업이 지고 있는 대응구매 의무를 제3자에게 전가할 수도 있다. 특히, 대응구매는 정부 또는 공공부문 간의 수출입거래에서 자주 사용되는 방법으로 알려져 있다. 예를 들면, 어떤 국가가 미국의 항공기회사로부터 전투기를 수입한 후 그 대금을 현금으로 지급하고, 그 현금으로 미국의 항공기회사는 상대국에서 생산한 제품(단일 또는 다수의 제품)을 수입하는 거래를 대응구매의 사례로 들 수 있다.

상쇄무역

상쇄무역(offset)은 수출기업이 상대국의 수입기업, 정부기관 또는 공공기관에 제품 또는 서비스를 수출한 후, 수출기업이 제품 또는 서비스의 구매 등과 같은 대응의무를 지지 않고 기술이전, 현지조립 및 현지부품조달 등과 같은 대응의무를 지는 형태로 거래가 이루어진다. 상쇄무역은 기간산업, 군수산업 또는 국방산업 등의 분야에서 주로 이루어지고 있다. 예를 들면, 미국의 항공기회사가 어떤 국가에 전투기를 수출한 후, 이에 대한 대응의무로 전투기를 수입한 국가에서 제품을 일부 생산하거나 장기간에 걸쳐 기술이전을 해 주는 경우를 상쇄무역의 사례로 들 수 있다. 또한 1992년 한국이 프랑스와 테제베(TGV) 초고속열차에 대한 구매계약을 체결하면서 기술이전을 대응의무로 프랑스에 요구한 사례도 상쇄무역에 해당된다.

9.3 글로벌 납품계약과 턴키계약

9.3.1 글로벌 납품계약

글로벌 납품계약(global subcontracting)은 해외에 있는 글로벌 기업이 어떤 국가에 있는 제조업체 또는 서비스업체에게 생산 또는 주문을 의뢰하여 제품, 반제품 및 부품 등을 납품받는 거래방법이다. 즉, 이 거래방법에서는 제품을 납품하는 기업은 수출기업이 되고, 제품을 납품받는 기업은 수입기업이 된다. 또한 이 거래방법은 계약생산(contract manufacturing) 및 주문자상표부착 방식(Original Equipment Manufacturing, OEM) 등과 동의어로 종종 사용되기도 한다. 그러나 글로벌 납품계약에서는 제조업부문에 있어서의 주문업체와 납품업체 간의 하청관계에 의한 제품, 반제품 및 부품 등의 납품에 중점을 두고 있는 반면, OEM 방식은 제조업 및 유통업부문에 있어서의 완제품의 납품에 중점을 두고 있다는 점에서 용어상의 차이가 있다.

일반적으로 이 거래방법에서는 선진국에 있는 제조업체가 개발도상국 또는 후진국에 있는 제조업체에게 특정제품을 지정하여 납품을 의뢰한다. 특히, 특정제품을 지정하여 납품을 의뢰할 경우에는 제품설계, 디자인, 성능 및 기능 등과 같은 구체적인 제품명세서가 계약생산을 위해 작성된다. 글로벌 납품계약에 대한 대표적인 사례로 나이키(Nike)를 들 수 있는데, 이 회사는 중국, 베트남, 태국 및 방글라데시 등의 납품업체로부터 제품을 납품받아 전세계시장에 판매하고 있다.[158]

제품을 해외에 납품하는 기업(수출기업)의 관점에서 볼 때, 글로벌 납품계약은 다음과 같은 장점과 단점을 갖고 있다.

158 Shenkar, O./Luo, Y.(2004), p. 276.

• 장 점
 – 해외에 고정적이고 안정적인 수출판로를 확보할 수 있다.
 – 납품을 의뢰한 업체로부터 기술을 제공받을 수 있다.
 – 수출과 현지판매와 관련된 마케팅비용이 거의 들지 않는다.
• 단 점
 – 납품가격(수출가격)의 결정에 있어서 불리한 위치에 있다.
 – 장기적으로 해외에서의 고유브랜드의 육성이 어렵다.
 – 주문업체가 납품계약을 일방적으로 취소할 경우, 납품기업의 존립에 심각한 위협이 될 수 있다.
 – 납품업체의 독자적인 기술발전을 기대하기 어렵다.

9.3.2 턴키계약

턴키계약(turnkey contracting)은 어떤 하나의 기업 또는 컨소시움(consortium)에 참여한 기업들이 해외의 어떤 프로젝트의 모든 과정(계획, 자금조달, 조직, 관리 및 실행 등)을 진행하여 최종적으로 생산시설(플랜트), 건축물 및 발전소 등을 완성하여 발주자에게 납품하는 수출방법이다.[159] 즉, 이 거래방법은 열쇠(key)를 돌리면(turn) 모든 설비가 가동되는 상태로 플랜트(plant)를 완성하여 발주자에게 수출(납품)하는 것을 말한다.

일반적으로 턴키계약은 대규모 프로젝트로 진행되기 때문에 현지국 정부가 발주하는 경우가 대부분이다. 턴키계약에 의해 플랜트를 완성된 상태로 납품하면서 부가적으로 플랜트의 운영과 관련된 교육훈련 및 관련서비스가 동시에 제공되는 경우도 있는데, 이것을 턴키플러스(turnkey plus)라고 한다. 턴키계약의 사례로 동아건설이 수주하여 완성한 리비아의 대수로 공사 및 두산중공업이 아랍에미레이트에 건설한 바닷물 담수화플랜트 등을 들 수 있다. 턴키계약의 장점과 단점을 살펴보면 다음과 같다.

159 Cavusgil, S. T. et al.(2008), p. 439.

- 장 점
  - 턴키계약의 규모가 크므로 장기간에 걸쳐 수익창출이 가능하다.
  - 일반적으로 국가가 계약상대방이기 때문에 민영기업에 비해 비교적 안정적으로 대금결제가 이루어진다.
  - 현지국 정부와의 관계가 좋을 경우에는 추가적인 턴키계약이 가능하다.
- 단 점
  - 턴키계약의 협상과정이 비교적 길고 복잡하다.
  - 현지국에서 정치적 위험이 발생하는 경우에는 대금결제가 중지될 수 있다.
  - 현지국의 재정상황에 따라 계약관련예산의 변동이 있을 수 있다.

9.4 수출활동에 영향을 미치는 주요 요인의 검토

9.4.1 관세 및 비관세장벽

관세장벽

관세장벽(tariff barriers)은 어떤 국가가 법정의 관세영역(관세선)을 통과하는 물품에 대하여 세금을 부과함으로써 수입을 제한하기 위하여 만든 조세법적인 장벽을 말한다. 관세(tariffs)는 국가가 관세영역을 통과하는 물품에 대하여 부과·징수하는 조세를 말하며, 일반적으로 다음과 같은 성격을 갖는다.[160]

160 김정수(2000), p. 103.

- 주로 수입품에 부과되지만, 수출품에 부과되는 경우도 있다.
- 징수의 주체는 국가이다.
- 관세의 부담이 전가되는 일종의 간접세이다.
- 수입을 억제한다.
- 국내산업보호와 재정수입을 목적으로 부과된다.
- 공업용원자재에 대하여 감면되고, 불요불급품목 및 사치성품목에 대하여 중과된다.
- 법률 또는 조약에 의해 부과 · 징수된다.
- 보호주의 통상정책의 중요한 수단이다.

수출에 영향을 미칠 수 있는 관세를 몇 가지 기준에 의하여 분류하면 다음과 같다.[161]

- 과세기회에 의한 분류
  - 수입세(import duty): 관세영역의 안으로 이동할 때 부과된다(일반적으로 관세는 수입세를 말함).
  - 수출세(export duty): 국내물품이 외국으로 수출될 때 부과된다(특정물품의 대외유출을 방지하여 국내시장에서의 가격상승을 억제함).
  - 통과세(transit duty): 운송과정에 있는 물품이 수입국이 아닌 국가의 국경을 통과할 때 부과된다(1921년 바르셀로나협정에 의해 폐지됨).
- 과세방법에 의한 분류
  - 종가세(ad valorem duty): 수입품의 가격(GATT 규정에 의하면, 운임보험료가 포함된 CIF 가격임)에 기초하여 부과된다.
  - 종량세(specific duty): 수입품의 수량(무게)에 기초하여 부과된다.
  - 혼합세(combined duty): 종가세와 종량세를 결합한 형태로 부과된다(둘 중 하나를 선택하여 부과하는 선택세와 두 방법을 동시에 고려한 복합세가 있음).

161 전게서, p. 104 이하.

- 과세목적에 의한 분류
  - 재정관세(revenue duty): 세입관세 또는 수입관세(收入關稅)라고도 하며 국고수입의 목적으로 부과된다.
  - 보호관세(protective duty): 국내산업의 보호를 목적으로 부과된다.
- 제도적 성격에 의한 분류
  - 일반관세: 국정세율에 의해 부과되는 국정관세(national duty)와 타국과의 통상조약 및 관세조약에 의해 부과되는 협정관세(conventional duty)가 있다.
  - 특수관세: 일반세율보다 저율로 부과되는 특혜관세(preferential duty), 일반세율보다 저율 또는 고율로 부과되는 차별관세(differential duty) 및 관세율을 탄력적으로 적용하는 탄력관세(flexible tariff) 등이 있다.

〈표 9-1〉은 일부 국가의 평균수입관세율을 제시한다. 이 표에 의하면, 인도, 중국 및 멕시코 등과 같은 개발도상국의 수입관세가 매우 높게 나타난 반면, 호주, 캐나다, 유럽연합, 일본 및 미국 등과 같은 선진국의 수입관세는 개발도상국에 비해 상대적으로 낮게 나타났다. 특히, 미국과 캐나다와 북미자유무역협정을 체결한 멕시코는 자유무역협정 체결당사국을 제외한 다른 국가의 수입제품에 대하여 높은 수입관세를 유지하고 있다.

표 9-1 일부 국가의 평균수입관세율

국가/지역	농업 제품	비농업 제품
호 주	1.2	4.6
캐나다	3.0	4.0
중 국	15.8	9.1
유럽연합(EU)	5.8	3.9
인 도	37.4	15.0
일 본	6.9	2.3
멕시코	24.5	17.1
미 국	6.9	3.2

자료원: Cavusgil, S. T. et al.(2008), p. 191.

수출기업의 관점에서 볼 때, 관세는 수출제품의 가격상승요인으로 작용할 뿐만 아니라, 이로 인하여 해외시장에서 가격경쟁력의 하락이 초래될 수도 있다. 만일 어떤 국가의 시장 또는 산업이 관세 또는 비관세장벽으로 보호되고 있다면, 수출기업은 수출에 심각한 타격을 입을 수 있기 때문에 해외직접투자를 고려하게 된다.[162] 즉, 해외직접투자를 하게 되면 관세 및 비관세장벽이 더 이상 존재하지 않기 때문이다. 또한 경제블록의 형성 및 국가 간 자유무역협정 등을 통하여 관세 및 비관세장벽이 완화되거나 철폐될 수 있다.

비관세장벽

비관세장벽(non-tariff barriers)은 관세 이외의 방법으로 어떤 국가의 정부가 외국에서 수입하는 상품을 차별하는 여러 가지 규제를 말한다. 비관세장벽은 수입국의 관점에서 수입제한적 비관세장벽과 수출장려적 비관세장벽으로 분류할 수 있다. 수입제한적 비관세장벽에는 수입할당제, 수출자율규제, 수입과징금, 수입예치금제, 수입금지제 및 기타 기술적·행정적 규제 등이 있다. 수출장려적 비관세장벽에는 수출보조금, 수출신용제도, 수출신용보험제도 및 차별적 정부구매 등이 있다.[163] 아래에서는 이들 중에서 기업의 수출활동에 많은 영향을 미치는 수입할당제, 수출자율규제 및 기술적·행정적 규제 등에 대하여 살펴보기로 한다.

- 수입할당제(import quotas): 이것은 외국으로부터 수입하는 특정상품에 대하여 일정기간 동안 수량제한 또는 금액제한을 하는 것을 말한다. 수량제한은 어떤 상품에 대한 수입량을 설정해 두고 그 범위 내에서 수입을 허용하는 것이며, 금액제한은 어떤 상품에 대한 수입 총액을 설정해 두고 그 금액 내에서 수입을 허용하는 것이다. 수입할당제는 기업의 수출활동에 대하여 관세장벽보다 더 부정적인 영향을 미칠 수

162 Perlitz, M.(2004), p. 99 이하.
163 서근태 외(1999), p. 78.

있다. 왜냐하면 수출기업은 수출상품의 생산과 관련된 비용 또는 원가를 절감함으로써 관세장벽을 극복하여 현지국에서 가격경쟁력을 확보할 수 있지만, 수입할당제에서는 이러한 가격경쟁력이 확보되더라도 특정상품의 수출가능성이 많이 줄어들 수 있기 때문이다.

- 수출자율규제(voluntary export restriction): 이것은 어떤 국가가 수출하는 특정상품의 수출수량을 자발적으로 제한하는 것을 의미한다. 일반적으로 이것은 수입국이 수출국에 대하여 특정상품의 수입수량제한을 요청함으로써 이루어지며, 그 내용은 수입할당제와 같다. 만일 수출자율규제가 이루어지지 않는다면, 수입국은 수출국에 대하여 무역보복 조치를 취할 가능성이 높다.
- 기술적 · 행정적 규제(technical and administrative regulations): 이것은 수입국의 정부가 어떤 특정수입상품에 대하여 엄격한 기술적 표준을 요구하거나, 기술, 통관절차 및 제품사용허가 등과 같은 복잡하고 까다로운 행정적인 절차를 통하여 수출기업에게 부과하는 규제를 뜻한다. 특히, 특정제품을 사용하는 소비자의 안전을 보호하기 위하여 대부분의 국가에서는 기술적 표준을 법으로 규정하고 있다. 일반적으로 어떤 국가가 법적으로 규정하고 있는 특정제품에 대한 기술적 표준은 수출기업으로 하여금 강제적 제품차별화(mandatory product differentiation)를 하도록 만든다. 그리고 이러한 강제적인 제품차별화는 추가적인 연구개발비의 투입을 요구하기 때문에 수출제품의 가격상승으로 연결되는 경우가 많다.

9.4.2 보조금과 덤핑

보 조 금

보조금(subsidies)은 정부 또는 공공기관이 경쟁력을 강화하기 위하여 국내기업에게 제공하는 금전적 지원을 의미한다. 특히, 수출보조금(export subsidies)은 국내의 수출산업 또는 수출기업의 수출을 증대시킬 목적으로 제공되는 보조금을 말한다. 수출기업의 관점에서 본다면, 국내에서 지원되는 수출보조금은 수출상품의 가격경쟁력을 높이는 역할을 할 뿐만 아니라, 마케팅, 연구개발 및 생산 등의 활동을 지원하는 용도로 전용될 수도 있다. 그러나 WTO는 이러한 수출보조금을 금지하고 있기 때문에 과거에 비해 수출기업에 대하여 보조금이 갖는 의미는 미미하다. WTO 보조금협정에서 금지보조금, 조치가능보조금 및 허용보조금 등과 같은 세 가지 종류의 보조금을 규정하고 있다.[164]

- 금지보조금(prohibited subsidies): 지급이 금지된 보조금을 의미한다.
  - 수출보조금: 수출보조금 예시목록에 게재된 것을 포함하여 법률상 또는 사실상 수출실적에 따라 지급되는 보조금
  - 수입대체보조금: 수입품 대신 국내상품의 사용을 조건으로 지급되는 보조금
  - 생산보조금: 넓은 의미의 국내보조금을 의미하며, 수입대체보조금을 금지보조금으로 규정하고 있고, 이외의 국내보조금에 대해서는 직접적으로 금지하지 않음
- 조치가능보조금(actionable subsidies): 금지보조금과 허용보조금을 제외한 보조금을 의미하며, 수출국에서 보조금이 지급됨으로써 수입국의 국내산업이 입은 피해정도의 심각성에 따라 수입국이 자국에서 지급할 수 있는 보조금이다.
- 허용보조금(non-actionable subsidies): 정당한 산업지원책으로 보조금이 지급되는 것을 말한다.
  - 특정성이 없는 보조금: 무제한 허용됨
  - 연구개발지원 보조금: 산업적 연구의 경우 소요비용의 75%, 경쟁적 개발활동의 경우 50%까지 인정됨

164 김정수(2000), p. 202 이하.

– 지역개발지원 보조금: 회원국 내의 낙후지역을 위한 비특정적 보조금
– 환경보조금: 법 또는 규정이 요구하는 새로운 환경요건으로 기존시설을 개선하기 위하여 지원되며, 비반복적인 1회의 지원으로서 개선비용의 20%까지 무상지원이 가능함

덤 핑

덤핑(dumping)은 정상가치(normal value)보다 낮은 가격으로 제품을 수출하는 것을 말하며, 일반적으로 이것은 국내가격, 제3국 가격 또는 생산원가보다 낮은 가격으로 수출을 하는 것을 의미한다.[165] 수출기업이 덤핑을 하는 이유는 다음과 같다.[166]

- 국내에서 과잉 생산된 제품의 해외처분
- 특정해외시장의 신규개척 및 기존시장의 확보
- 국내독점기업의 판매정책(예를 들면, 국내가격은 높게 책정하고, 해외가격은 낮게 책정함)
- 특정해외시장에서의 경쟁업체의 제거 및 시장장악
- 특정해외시장에서의 경쟁업체의 덤핑에 대한 보복
- 특정해외시장의 독점적 지배와 독점이윤의 확보

덤핑에 의해 왜곡된 가격책정으로 인하여 자국의 산업 또는 기업이 받게 되는 손실을 방지하기 위하여 대부분의 국가는 덤핑을 규제의 대상으로 보고 있다. 이러한 규제를 반덤핑규제(anti-dumping regulations)라고 하며, 수입국의 정부는 덤핑업체 또는 덤핑국가의 수출제품에 대하여 고율의 관세를 부과함으로써 해당제품의 수입을 규제하게 된다. 그리고 덤핑을 방지하기 위하여

165 Cavusgil, S. T. et al.(2008), p. 195; Ball, D. A. et al.(2004), p. 119.
166 김정수(2000), p. 216 이하.

덤핑상품에 부과하는 징벌적인 고율의 관세를 반덤핑관세(anti-dumping duty)라고 한다. WTO는 덤핑으로 인하여 수입국의 경쟁제품의 생산자에게 심각한 손실이 발생한 경우에 해당국가가 수입제품에 대하여 반덤핑관세를 부과하는 것을 허용하고 있다.

9.4.3 인코텀스(Incoterms)

기업이 어떤 제품을 해외의 구매자에게 수출하고, 해외의 구매자가 그 제품을 수입하는 경우에 있어서 물품의 인도시기, 비용부담 또는 위험부담에 대한 문제가 명확히 규정되어야 한다. 왜냐하면 물품의 인도시점에 따라 수출하는 제품의 가격이 달라지기 때문이다. 이 문제를 다루기 위하여 국제상공회의소(International Chamber of Commerce, ICC)는 정형화된 거래조건들을 정하고, 이들에 대한 해석규칙을 제정하였다.

Incoterms(international commercial terms)는 무역거래당사자 간의 거래조건에 대한 해석상의 차이에 따른 분쟁을 해결하기 위하여 1936년 제정되었다. 이후 여러 차례의 개정을 거쳐 현재는 2011년 1월 1일부터 발효된 Incoterms 2010이 적용되고 있다. Incoterms 2010은 총 11개의 정형화된 거래조건을 2개의 사용조건으로 구분하여 각각의 조건에 대한 무역거래당사자의 의무를 규정하고 있다.167 Incoterms는 임의규정이지만, 무역거래당사자 간에 거래조건에 대한 협의가 이루어지면 법적 구속력이 부여된다. 〈표 9-2〉는 Incoterms 2010을 제시한다.

〈표 9-2〉에 나타나 있는 바와 같이, Incoterms 2010에서 해상, 항공, 육상, 복합 운송 등 운송 수단과 방법에 무관하게 사용할 수 있는 조건은 7개이며, 해상 및 내륙 수로 운송에만 사용되는 조건은 4개이다. 그리고 이들 중에서 FOB 가격은 수출면장(export permit, 輸出免狀)의 기준이 되고, CIF

167 Czinkota, M. R. et al.(2005), p. 541 이하; Ball, D. A. et al.(2004), p. 566 이하; 전용욱 외(2003), p. 138 이하; International Chamber of Commerce(2010).

표 9-2 Incoterms 2010

사용조건	거래조건	물품 인도시기	비용 또는 위험부담
운송 수단과 방법에 무관하게 사용할 수 있는 조건	EXW(Ex Works) 공장인도	매도인의 작업장 또는 영업장	인도시점까지 매도인 부담
	FCA(Free Carrier) 운송인인도	지정된 장소에서 매수인이 지정한 운송인에게 인도	위와 같음
	CPT(Carriage Paid To) 운임지급인도	FCA와 같음	FCA 조건, 수입국 내의 지정 목적지까지의 운임 매도인부담
	CIP(Carriage and Insurance Paid To) 운임보험료지급인도	FCA와 같음	CPT 조건, 수입국 내의 지정 목적지까지의 적하보험료 매도인 부담
	DAT(Delivered At Terminal) 터미널인도	수입국 내의 지정터미널	인도시점까지 매도인부담
	DAP(Delivered At Place) 목적지인도	수입국 내의 지정목적지	인도시점까지 매도인부담
	DDP(Delivered Duty Paid) 관세지급인도	위와 같음	인도시점까지 매도인부담(수입통관, 관세 포함)
해상 및 내륙수로 운송에만 사용되는 조건	FAS(Free Alongside Ship) 선측인도	선적항 본선의 선측	수출통관 매도인, 인도 후 매수인
	FOB(Free On Board) 본선인도	선적항 본선의 난간 통과시점	본선의 난간통과 매도인, 인도 후 매수인
	CFR(Cost and Freight) 운임포함인도	위와 같음	FOB 조건, 목적항까지의 운임 매도인부담
	CIF(Cost, Insurance and Freight) 운임보험료포함인도	위와 같음	FOB 조건, 목적항까지의 운임, 보험료 매도인부담

자료원: International Chamber of Commerce(2010).

가격은 수입면장(import permit, 輸入免狀)의 기준이 된다. 즉, 이들 두 가지 가격기준은 물품의 국경통과시에 부과되는 관세 및 각종 세금책정의 기준이 된다.

제 10 장

라이선싱과 프랜차이징

10.1 라이선싱

10.2 프랜차이징

10.3 로열티

10.1 라이선싱

10.1.1 라이선싱의 의의와 특징

라이선싱(licensing)은 라이선서(licensor, 라이선스제공기업)가 보유하고 있는 특허, 노하우, 상표명 또는 등록상표, 저작권, 디자인, 기술 및 작업방법 등과 같은 지적재산과 상업적 자산을 라이선시(licensee, 라이선스취득기업)에게 제공하고 그 대가로 로열티를 받는 계약을 의미한다.[168] 넓은 의미에서 볼 때, 라이선싱은 글로벌 기술이전의 한 형태로 기술수출(technology export)을 의미한다. 라이선싱을 통한 글로벌 시장진입방법은 해외직접투자 및 합작투자보다 비교적 위험부담이 적다. 왜냐하면 해외직접투자 및 합작투자는 해외에서의 위험이 수반되는 자본투입을 필요로 하지만, 라이선싱은 해외에서의 자본투입이 필요하지 않기 때문이다. 라이선싱이 글로벌 시장진입방법으로 선호되는 이유는 다음과 같다.[169]

- 수입장벽 또는 해외직접투자에 대한 규제의 우회수단
- 정치적 위험에 대한 노출의 최소화
- 글로벌 시장에서의 자원투입의 최소화
- 제공된 기술로부터 파생되는 기술 역이전(technology feedback)의 가능성존재
- 핵심기술보다 주변기술의 이전을 통한 라이선시의 미래의 경쟁력 약화

일반적으로 라이선싱은 글로벌 기술이전을 통하여 로열티를 받는 단순한 기술거래로 인식되고 있다. 그러나 라이선싱을 통하여 기업은 글로벌 시

168 Griffin R. W./Pustay, M. W.(2007), p. 343 이하.

169 전용욱 외(2003), p. 144 이하.

장에 대한 소비자의 동향 및 해당기술과 관련된 제품의 매출규모 등과 같은 유용한 시장정보를 획득할 수 있다. 즉, 글로벌 기술이전에 대한 대가인 로열티를 매출액기준으로 산정하여 수수할 경우, 라이선서는 해당기술과 관련된 제품의 시장규모를 쉽게 파악할 수 있다. 만일 매출액기준으로 받는 로열티의 규모가 매우 크다면, 라이선서는 라이선시와의 계약을 파기하고 현지국가에 해외직접투자 또는 합작투자 등과 같은 자본투자를 하여 현지생산을 할 수 있다.[170]

또한 라이선싱은 라이선서가 라이선시에게 지적재산과 상업적 자산을 사용하도록 하는 일방향적인 계약이지만, 경우에 따라서 쌍방향적인 교차라이선싱(cross licensing)이 이루어질 수 있다. 교차라이선싱은 해당라이선서와 라이선시 쌍방이 라이선싱을 상호 교환함으로써 제3의 경쟁기업에 대항할 수 있는 공동적인 기술우위를 확보하기 위한 수단으로 사용되기도 한다.[171]

성공적인 라이선싱협상을 위해서는 다음과 같은 측면들이 고려되어야 한다.[172]

- 전달되는 권리의 범위: 이전하려는 기술 및 노하우의 구체화, 명확한 이전과정에 대한 협상
- 보상: 이전비용(예를 들면, 기술이전에 의해 발생하는 모든 변동비), 연구개발비 및 기회비용(수출 및 해외직접투자에 따른 이윤과의 비교) 등을 포괄하는 로열티의 확보
- 라이선시의 준수사항: 이전기술에 대한 규제, 제공되는 정보에 대한 비밀보호, 문서보존 및 감사조항, 품질표준
- 분쟁해결: 계약에 대한 법률적 해석 및 갈등해결, 중재조항
- 계약의 기간과 종료: 현지국에서의 정부의 규제검토 및 상황악화에 따른 협정파기(예를 들면, 최대 허용기간)

170 박주홍(2008a), p. 61.
171 Perlitz, M.(2004), p. 104.
172 Czinkota, M. R. et al.(2005), p. 383 이하.

무엇보다도 기술이전의 관점에서 라이선싱을 고찰할 필요가 있다. 기술이전(technology transfer)은 특정 기관(예를 들면, 기업, 대학, 연구소 또는 연구기관, 정부기관 등)이 보유한 기술을 국내외의 다른 기업, 기관 또는 다른 국가에 이전하는 활동을 의미한다. 어떤 기업이 막대한 연구개발비와 시간을 투입하여 특정 기술을 개발하였다면, 이 기술은 그 기업의 신제품 도입에 활용될 수도 있고, 그 기술을 구매하기를 원하는 다른 기업에게 판매될 수도 있다.

일반적으로 기술이전이 가능한 기술은 다음과 같은 세 가지로 구분할 수 있다.[173] 이러한 세 가지 종류의 기술은 잉여기술(surplus technology)이라고도 한다.

- 기업이 자사를 위해 사용할 수 없는 기술(예를 들면, 경쟁력이 없는 기술)
- 기업이 자사를 위해 사용하지 않으려는 기술(예를 들면, 자사에게는 매력적이지 않지만 다른 기업에게는 매력적인 기술)
- 국내 또는 해외에 판매하기 위하여 개발한 기술(예를 들면, 기술을 판매용으로만 개발한 경우)

10.1.2 라이선싱의 장점과 단점

라이선싱은 기업이 보유하고 있는 다양한 지적재산과 상업적 자산의 제공을 통하여 해외시장에서 추가적 이윤을 달성할 수 있는 해외시장 진입방법이다. 이러한 라이선싱의 장점을 살펴보면 다음과 같다.[174]

- 보유하고 있는 지적재산을 활용한 로열티의 창출
- 관세 및 비관세 장벽의 우회를 통한 글로벌 시장진입

173 Perlitz, M.(2004), p. 103 이하.

174 Cavusgil, S. T. et al.(2008), p. 433; Hünerberg, R.(1994), p. 127.

- 신속하고 비용이 저렴한 글로벌 시장진입(해외투자를 필요로 하지 않음)
- 비교적 낮은 해외시장위험
- 교차라이선싱의 이용 가능성
- 해외직접투자에 앞선 해외시장의 조사(예를 들면, 라이선시의 매출액의 확인을 통한 해외시장규모의 파악)

라이선싱이 위와 같은 여러 가지 장점을 갖고 있음에도 불구하고, 라이선서는 다음과 같은 단점을 간과할 수 없다.[175]

- 수출 및 해외직접투자에 비해 대체로 낮은 수익성
- 수출 및 해외직접투자의 포기에 따른 높은 기회비용의 발생가능성
- 제공된 라이선스에 대한 통제의 문제점(비밀유지 또는 기술유출, 라이선시의 생산 및 마케팅통제)
- 현지국 및 제3국 시장에서 라이선시는 잠재적 경쟁자가 될 수 있음
- 라이선싱과 관련된 분쟁해결이 복잡하고, 만족스러운 해결이 어려움

10.1.3 라이선싱을 통한 글로벌 기술이전의 평가

주요 평가항목

성공적인 글로벌 기술이전을 위해서 라이선서는 무엇보다도 기술이전에 대한 평가를 잘 수행해야만 한다. 라이선싱을 통한 글로벌 기술이전의 평가는 라이선서, 라이선시 및 기술이전과정 등과 같은 세 가지 관점에서 이루어질 수 있다. 아래에서는 라이선서의 관점으로만 국한하여 주요 평가항목을 살펴보기로 한다.[176]

---

175 전게서.
176 박주홍(2008a), p. 68 이하 재인용.

*베네트*와 *자오*(*Bennett & Zhao*)는 라이선싱을 통한 글로벌 기술이전의 위험과 관련된 주요 평가항목을 다음과 같이 제시하였다.[177]

- 기술적 위험: 최종제품의 품질, 현지시장에 이전된 제품의 원가우위, 기술의 흡수, 기술적 문제의 해결 및 기술의 효과적 활용
- 시장위험: 파트너기업의 수주능력, 최종제품의 경쟁력(가격대비 품질수준), 품질 및 신뢰성에서의 고객확신 및 고객욕구를 충족하는 제품성능
- 협력위험: 협력의 우수성, 핵심부품의 공급 및 이전중인 기술의 통제

*워커*와 *엘리스*(*Walker & Ellis*)는 다음과 같은 글로벌 기술이전과 관련된 장벽을 제시하였다.[178]

- 언어의 차이
- 문화적 차이
- 정부의 규제 및 표준에 대한 종속성
- 기술제공기업의 흥미감소
- 문서번역
- 비싼 여행경비
- 시간이 소요되는 의사소통
- 파트너기업의 서로 다른 관심사항

또한 이들은 다음과 같은 글로벌 기술이전과 관련된 성공요인을 지적하였다.[179]

177 Bennett, D./Zhao, H.(2004), p. 414.
178 Walker, A/Ellis, H.(2000), p. 112.
179 전게논문, p. 113.

- 기업조직 간의 강력한 결속
- 명확한 사업필요성(예를 들면, 원가절감)
- 최종기술사용자의 조기참여
- 목표의 상호이해
- 최종기술사용자의 기술적 능력
- 후원자 또는 옹호자의 존재
- 기술과 병행하여 이전되는 인력

아래에서는 라이선싱을 통한 글로벌 기술이전에 대한 가상평가사례를 살펴보기로 한다. 특히, 가상평가에 있어서 가중치는 단순평균값 가중치와 분석적 계층화과정(Analytic Hierarchy Process, AHP) 가중치로 나누어 부여하여, 각각의 가상평가사례를 제시하기로 한다.[180]

단순평균값 가중치 체크리스트를 활용한 가상평가사례

〈표 10-1〉은 라이선싱을 통한 글로벌 기술이전의 평가를 위한 체크리스트를 제시한다. 이 표는 평가를 위해 중요하다고 판단되는 20개의 평가항목을 보여주며, 단순평균값을 이용하여 가중치를 부여한 경우의 평가를 위해 사용된다. 어떤 기술의 해외라이선싱에 대한 가상평가사례에서는 3명의 평가자가 한 개의 대안을 평가하는 것을 가정하였다. 실제에 있어서 가중치평가는 그 분야 전문가로 대표성을 띤다면 10-15명이면 충분하다.[181]

먼저, 일련의 절차를 거쳐 개발된 〈표 10-1〉의 라이선싱을 통한 글로벌 기술이전의 평가를 위한 체크리스트를 활용하여 가상평가를 하기로 한다. 체크리스트에는 20개의 평가항목(i=1, 2, 3, …, 20)이 제시되어 있으며, 평가자는 각 평가항목에 5점 척도를 기준으로 평가점수(p_i)를 부여하는 것으로 가정하였다.

180 단순평균값으로 가중치를 부여한 사례는 이준재 외(2007)와 Perlitz, M.(2004) 참고.
181 Saaty, T. L.(1994).

표 10-1 라이선싱을 통한 글로벌 기술이전의 평가를 위한 체크리스트의 가상평가사례 (단순평균값 가중치)

평가항목(i=1, 2, 3, ..., 20)	평가점수 (p_i)	가중치(w_i) (백분율)	최종 점수 ($p_i \cdot w_i$)
1. 현지시장규모가 크다.	4	2.0(0.100)	8.0
2. 현지국 정부의 글로벌 기술이전에 대한 인센티브 및 지원책이 많다.	3	0.5(0.025)	1.5
3. 현지국에서의 대체기술 개발가능성이 낮다.	3	0.5(0.025)	1.5
4. 현지국에서의 예상제품수명주기 또는 기술수명주기가 길다.	5	2.0(0.100)	10.0
5. 본국 정부의 글로벌 기술이전에 대한 규제가 심하지 않다.	5	0.5(0.025)	2.5
6. 기술취득기업의 자금조달능력이 우수하다.	4	1.0(0.050)	4.0
7. 기술취득기업의 마케팅능력이 우수하다.	4	1.0(0.050)	4.0
8. 기술취득기업의 생산능력이 우수하다.	5	1.0(0.050)	5.0
9. 이전기술에 대한 기술유출방지책이 우수하다.	4	1.0(0.050)	4.0
10. 기술취득기업으로부터 역기술이전의 가능성이 높다.	3	0.5(0.025)	1.5
11. 기술이전을 위한 교육인력파견으로 추가적 이윤의 획득가능성이 높다.	2	0.5(0.025)	1.0
12. 기술취득기업으로부터 받는 로열티가 많다.	5	3.0(0.150)	15.0
13. 교차라이선싱의 가능성이 높다.	3	0.5(0.025)	1.5
14. 기술을 이전함으로써 기술제공기업의 명성을 제고하여, 다른 제품의 판매에 긍정적 영향을 미칠 수 있다.	5	1.5(0.075)	7.5
15. 기술이전을 할 때 기술제공기업과 기술취득기업 간의 의사소통이 용이하다.	4	0.5(0.025)	2.0
16. 기술제공기업과 기술취득기업 간의 분쟁해결을 위한 규정이 명확하다.	5	0.5(0.025)	2.5
17. 기술취득기업이 미래의 강력한 경쟁자가 될 가능성이 낮다.	4	1.0(0.050)	4.0
18. 기술취득기업으로부터 현지시장정보가 획득될 가능성이 높다.	5	0.5(0.025)	2.5
19. 기술취득기업이 기술제공기업으로부터 원자재 및 부품을 부가적으로 조달할 가능성이 높다.	3	1.5(0.075)	4.5
20. 기술제공기업의 감사 및 검사권리(생산과정, 품질검사)의 확보가능성이 높다.	3	0.5(0.025)	1.5
최고 점수 → 5×20=100점	5점 척도	$\sum_{i=1}^{20} w_i = 20$	$\sum_{i=1}^{20} p_i \cdot w_i = 84.0$

평가척도: 1점(매우 그렇지 않다) – 5점(매우 그렇다)
자료원: 박주홍(2008a), p. 74.

그 다음 단계에서 평가자는 〈표 10-1〉에서 제시한 20개의 평가항목에 대한 가중치(w_i)를 각각 부여한다. 본 가상평가의 사례에서는 3명의 평가자가 각 평가항목의 중요도에 따라 0.5점에서 3.0점까지 각각 가중치(총 20점)를 부여하는 것으로 가정하였다. 최종가중치는 평가자들이 부여한 단순평균값으로 구하였다. 마지막으로, 평가자들이 제시한 각 평가항목의 평가점수의 평균값과 최종가중치를 곱하여 각 평가항목의 최종점수($p_i \cdot w_i$)를 계산한 후, 이들을 합산하여 총점(최고점수 100점)을 구한다. 이 가상평가사례에서는 총점이 84점으로 나타났다.

평가자는 총점에 근거하여 글로벌 기술이전에 대한 최종적인 평가를 한다. 글로벌 기술이전에 대한 평가대안이 다수인 경우에는 총점이 높은 대안을 선택하고, 평가대안이 하나인 경우에는 총점의 고저에 따라 대안을 선택할 수 있다. 평가자는 최종평가를 위해 다음과 같은 등급을 정할 수 있다.[182]

- 1등급: 90점 이상(매우 양호함)
- 2등급: 80점 이상(대체로 양호함)
- 3등급: 70점 이상(양호함)
- 4등급: 60점 이상(대체로 양호하지 않음)
- 5등급: 60점 미만(매우 양호하지 않음)

총점 84점을 획득한 이 대안은 2등급에 해당되며, 대체로 양호한 대안으로 볼 수 있다. 따라서 기술제공기업은 해외에 있는 기술취득기업에게 라이선싱을 통한 글로벌 기술이전을 하는 의사결정을 한다.

단순평균값 가중치를 이용한 가상평가사례에서 살펴본 바와 같이, 체크리스트는 글로벌 기술이전의 대안평가를 위해 매우 간편하게 사용할 수 있다. 체크리스트에 제시된 평가항목은 기업 또는 산업의 기술상황에 따라 조

182 단순평균값을 이용하여 가중치를 부여한 경우의 등급은 이와 같이 5등급으로 나누었으며, AHP 방법을 이용하여 가중치를 부여한 경우의 등급은 최종점수를 100점 기준으로 환산한다.

정이 가능하므로 유연하게 활용할 수 있다. 예를 들면, 체크리스트에서 제시한 어떤 평가항목이 해당기업의 글로벌 기술이전에 대한 평가항목으로 부적합하다고 판단된다면, 평가자는 해당평가항목을 제외시키거나 가중치 0점을 부여함으로써 이 문제를 쉽게 해결할 수 있다. 그러나 단순평균값 가중치를 이용하는 경우, 가중치의 객관성이 떨어질 수 있기 때문에 다음에서 제시하는 AHP 가중치를 사용하는 것이 바람직하다.

AHP 가중치 체크리스트를 활용한 가상평가사례

AHP에 의한 가중치 부여방법은 *새티*(*Saaty*)에 의해 개발된 다기준 의사결정방법(multicriteria decision making)의 하나로 경영의사결정, 계획, 자원배분, 갈등해결 및 예측 등과 같은 분야에 폭 넓게 적용되어 왔다.[183] AHP 방법은 복잡한 의사결정 과제의 분해(계층적 구조화)를 통하여 대안 또는 평가항목의 중요도를 제시하는 기법이다.[184] 계층적 구조화의 기본조건인 계층의 수는 연구자 또는 의사결정자의 모형화에 따라 정해진다. 이러한 계층의 수가 정해지면 구조화된 설문을 통해 각 의사결정자로부터 평가항목의 상대적 선호도, 즉 가중치를 얻는 두 번째 단계가 진행된다.

먼저, AHP의 방법론에 대하여 간략히 살펴본 후, 〈표 10-5〉에 제시된 각 평가항목의 가중치를 구하기로 한다. 본 사례에서 계층의 수는 평가기준 및 평가항목 등 2개로 설정되었다. 〈표 10-5〉에 나타나 있는 바와 같이, 1계층은 6개의 평가기준, 2계층은 총 20개의 평가항목으로 1계층에 각각 연결되어 있다. 그리고 각 계층별로 이원비교(pairwise comparison judgement)를 통하여 계층 내 가중치를 산정한다. 그 다음 단계에서는 판단의 일관성을 측정하는데, 일관성비율이 0.1 이하이면 상당한 일관성이 있다고 판단한다. 고유값(eigenvalue)을 이용하여 평가기준 및 평가항목의 일관성이 검증된다. 임의의 n에 확률적으로 생성된 일관성지표(Consistency Index, CI)와 최대고유값

---

183 Saaty, T. L.(1994); Saaty, T. L.(1990).

184 김윤주/심익섭(2007), p. 5 이하.

표 10-2 이원비교를 위한 AHP 척도

척 도	정 의
1	동등하게 중요함
3	약간 중요함
5	중요함
7	아주 중요함
9	절대 중요함
2, 4, 6, 8	위 척도들의 중간값
역수	1, 1/2, 1/3, …, 1/8, 1/9

자료원: 박주홍(2008a), p. 75.

(maximum eigenvalue)으로부터 일관성비율을 계산한다.[185] 마지막 단계에서는 계층구조의 종합화를 통해 평가항목들의 최종가중치가 결정된다.

AHP에서 *새티*는 9점 비율척도를 사용한다.[186] 각 계층별 평가기준 및 평가항목의 상대적 중요도를 구하기 위하여 속성이 다른 평가기준 및 평가항목을 이원비교할 수 있는 설문지가 작성되어야 한다. 이원비교를 위한 AHP 척도는 〈표 10-2〉와 같다.

이원비교를 위한 설문지는 아래와 같이 작성된다. 여기에서는 〈표 10-5〉에 제시된 1계층 평가기준의 "기술취득기업의 경영능력"의 세 가지 2계층 평가항목인 "기술취득기업의 자금조달능력, 마케팅능력, 생산능력"에 대한 설문지 작성 예(例)만을 보여주기로 한다. 이 예에서는 3개의 평가항목이 있으므로 3개의 이원비교가 이루어진다. 만일 4개의 평가항목이 있다면, 6개의 이원비교가 이루어진다.

(질 문) 기술제공기업의 관점에서 다음의 두 평가항목 중 상대적으로 더 중요하게 고려되어야 할 평가항목은 무엇이며, 얼마나 더 중요하게 고려되어야 한다고 생각합니까?

185 Saaty, T. L/Vargas, L. G.(2001).
186 Saaty, T. L.(1994); Saaty, T. L.(1990).

표 10-3 이원비교를 위한 설문지작성(예시)

기술취득기업의 자금조달능력(A_1)		기술취득기업의 마케팅능력(A_2)
9 8 7 6 5 4 3 2	1	2 3 4 5 6 7 8 9
기술취득기업의 자금조달능력(A_1)		기술취득기업의 생산능력(A_3)
9 8 7 6 5 4 3 2	1	2 3 4 5 6 7 8 9
기술취득기업의 마케팅능력(A_2)		기술취득기업의 생산능력(A_3)
9 8 7 6 5 4 3 2	1	2 3 4 5 6 7 8 9

자료원: 박주홍(2008a), p. 76.

만일 평가자가 〈표 10-3〉의 설문지 작성 예에서 왼쪽 위에서부터 차례로 2, 3, 4에 응답하였다고 가정한다면, 이원비교행렬과 가중치는 〈표 10-4〉와 같다. 예를 들면, 기술취득기업의 자금조달능력(A_1)과 기술취득기업의 생산능력(A_3)과 비교하여 기술취득기업의 자금조달능력이 '약간 중요하다'고 판단된다면 응답자는 '3점'을 부여하게 된다.

AHP를 활용한 가상평가사례에서는 3명의 평가자가 각 평가기준 및 평가항목에 대한 이원비교를 통하여 가중치(w_i)를 산정하는 것을 가정하였다. Expert Choice 11.5 견본프로그램(trial version)을 이용하여 가중치를 산정한 결과는 〈표 10-5〉에 제시되어 있다.[187] 그리고 전체영역의 일관성비율은 0.1 이하로 나타났다. 평가자가 각 평가항목에 5점 척도를 기준으로 평가점수(p_i)를 부여하는 것으로 가정하여 최종점수(최고점수 5점)를 구하였다. 각 평가항목의 5점 척도로 제시되는 점수는 앞서 언급한 단순평균값 가중치에 근거한

표 10-4 이원비교행렬과 가중치(예시)

기술취득기업의 경영능력	A_1	A_2	A_3	가중치
A_1	1	2	3	0.545
A_2	1/2	1	4	0.273
A_3	1/3	1/4	1	0.182

자료원: 박주홍(2008a), p. 76.

187 AHP를 지원하는 소프트웨어인 Expert Choice 11.5 견본프로그램은 2주간 한시적으로 www.expertchoice.com에서 무료로 다운받을 수 있다. 그러나 3개의 계층(level), 7개의 기준(criteria), 8개의 대안(alternative) 및 3명의 참가자(participant)의 설문자료만 분석가능하다.

표 10-5 라이선싱을 통한 글로벌 기술이전의 평가를 위한 체크리스트(AHP 가중치)

<table>
<tr><th>1계층 평가기준 (가중치)</th><th>2계층 평가항목($i=1, 2, 3, ..., 20$)</th><th>평가점수 (p_i)</th><th>2계층 가중치 (w_i)</th><th>최종 점수 ($p_i \cdot w_i$)</th></tr>
<tr><td>현지국 시장요인 (0.095)</td><td>1. 현지시장규모가 크다.</td><td>4</td><td>0.095</td><td>0.380</td></tr>
<tr><td rowspan="3">현지국 환경요인 (0.119)</td><td>2. 현지국 정부의 글로벌 기술이전에 대한 인센티브 및 지원책이 많다.</td><td>3</td><td>0.030</td><td>0.090</td></tr>
<tr><td>3. 현지국에서의 대체기술 개발가능성이 낮다.</td><td>3</td><td>0.030</td><td>0.090</td></tr>
<tr><td>4. 현지국에서의 예상 제품수명주기 또는 기술수명주기가 길다.</td><td>5</td><td>0.059</td><td>0.295</td></tr>
<tr><td>본국의 규제 (0.035)</td><td>5. 본국 정부의 글로벌 기술이전에 대한 규제가 심하지 않다.</td><td>5</td><td>0.035</td><td>0.175</td></tr>
<tr><td rowspan="3">기술취득 기업의 경영 능력(0.176)</td><td>6. 기술취득기업의 자금조달능력이 우수하다.</td><td>4</td><td>0.059</td><td>0.236</td></tr>
<tr><td>7. 기술취득기업의 마케팅능력이 우수하다.</td><td>4</td><td>0.059</td><td>0.236</td></tr>
<tr><td>8. 기술취득기업의 생산능력이 우수하다.</td><td>5</td><td>0.059</td><td>0.295</td></tr>
<tr><td rowspan="6">이전기술의 유용성 (0.370)</td><td>9. 이전기술에 대한 기술유출방지책이 우수하다.</td><td>4</td><td>0.050</td><td>0.200</td></tr>
<tr><td>10. 기술취득기업으로부터 역기술이전의 가능성이 높다</td><td>3</td><td>0.040</td><td>0.120</td></tr>
<tr><td>11. 기술이전을 위한 교육인력파견으로 추가적 이윤의 획득가능성이 높다.</td><td>2</td><td>0.040</td><td>0.080</td></tr>
<tr><td>12. 기술취득기업으로부터 받는 로열티가 많다.</td><td>5</td><td>0.160</td><td>0.800</td></tr>
<tr><td>13. 교차라이선싱의 가능성이 높다.</td><td>3</td><td>0.040</td><td>0.120</td></tr>
<tr><td>14. 기술을 이전함으로써 기술제공기업의 명성을 제고하여, 다른 제품의 판매에 긍정적 영향을 미칠 수 있다.</td><td>5</td><td>0.040</td><td>0.200</td></tr>
<tr><td rowspan="6">기술제공 기업과 기술취득 기업 간의 협력 (0.205)</td><td>15. 기술이전을 할 때 기술제공기업과 기술취득기업 간의 의사소통이 용이하다.</td><td>4</td><td>0.018</td><td>0.072</td></tr>
<tr><td>16. 기술제공기업과 기술취득기업 간의 분쟁해결을 위한 규정이 명확하다.</td><td>5</td><td>0.018</td><td>0.090</td></tr>
<tr><td>17. 기술취득기업이 미래의 강력한 경쟁자가 될 가능성이 낮다.</td><td>4</td><td>0.070</td><td>0.280</td></tr>
<tr><td>18. 기술취득기업으로부터 현지시장정보가 획득될 가능성이 높다.</td><td>5</td><td>0.030</td><td>0.150</td></tr>
<tr><td>19. 기술취득기업이 기술제공기업으로부터 원자재 및 부품을 부가적으로 조달할 가능성이 높다.</td><td>3</td><td>0.050</td><td>0.150</td></tr>
<tr><td>20. 기술제공기업의 감사 및 검사권리(생산과정, 품질검사)의 확보 가능성이 높다.</td><td>3</td><td>0.018</td><td>0.054</td></tr>
<tr><td>합계=1.0</td><td>최고 점수 → 5×1.0=5.0점</td><td>5점 척도</td><td>합계=1.0</td><td>총점=4.113</td></tr>
</table>

평가척도: 1점(매우 그렇지 않다) – 5점(매우 그렇다)
자료원: 박주홍(2008a), p. 77.

가상평가사례의 평가점수와 동일하다.

〈표 10-5〉는 AHP 가중치를 이용한 라이선싱을 통한 글로벌 기술이전의 평가를 위한 체크리스트의 가상평가사례를 보여준다.[188] 이 가상평가사례에서는 총점이 4.113점으로 나타났다. 이를 100점 만점으로 환산하면 82.26점(4.113x20=82.26)이다. 앞에서 언급한 등급기준으로 평가한다면, 이 대안은 2등급에 해당된다. 이 대안은 대체로 양호한 대안으로서 기술제공기업은 해외에 있는 기술취득기업에게 라이선싱을 통한 글로벌 기술이전을 하는 의사결정을 한다. 앞서 살펴본 단순평균값 가중치를 사용한 경우와 비교해 보면, 가중치와 총점에 있어서 약간의 차이가 발견된다. 이러한 차이는 가중치 산정에 있어서 방법적인 차이를 대변한다고 볼 수 있다.

AHP 가중치는 단순평균값 가중치보다 더 객관적으로 가중치를 산정할 수 있는 장점이 있다. 특히, AHP 가중치의 가장 큰 장점은 평가자가 각 평가기준 및 평가항목을 최적적으로 선택하는 데 도움을 줄 뿐만 아니라, 아울러 선택의 명확한 근거도 제시해 준다. 그러나 각 평가기준 및 평가항목의 분리가능성(separability)을 전제로 하기 때문에상호 의존적이고 유사한 속성을 갖는 기준에 대해 적용하기 어려운 단점을 갖고 있다.[189]

10.2 프랜차이징

10.2.1 프랜차이징의 의의와 특징

프랜차이징(franchising)은 프랜차이저(franchisor, 프랜차이즈제공기업)가 프랜차이지(franchisee, 프랜차이즈취득기업) 또는 개인사업자에게 상표,

188 AHP 가중치는 단순평균값 가중치와는 약간 다르게 나타났다. 〈표 10-1〉의 가중치(백분율)와 〈표 10-5〉의 2계층 가중치를 비교하면 이러한 차이를 발견할 수 있다.

189 김윤주/심익섭(2007), p. 20.

설비, 제품, 서비스 및 경영기법 등을 일괄적, 혼합적 또는 단일적으로 제공한 후, 그 대가로 로열티를 받는 계약방법을 말한다. 예를 들면, 맥도날드(McDonald's), 피자 헛(Pizza Hut), 켄터키 프라이드 치킨(Kentucky Fried Chicken, KFC), 힐튼 호텔(Hilton Hotel) 및 허츠(Hertz) 등은 널리 알려진 글로벌 프랜차이저이다. 글로벌 프랜차이징은 패스트푸드, 소매업, 호텔 및 렌터카 등과 같은 서비스산업에서 많이 이루어진다.

일반적으로 라이선싱은 제조업과 관련되어 있는 반면, 프랜차이징은 서비스산업과 관련되어 있다. 넓은 의미에서 볼 때, 프랜차이징은 라이선싱의 한 형태로 볼 수 있으나, 라이선싱에 비해 프랜차이지의 운영에 대한 보다 강한 통제가 이루어진다.[190] 즉, 프랜차이저는 프랜차이지의 모든 영업활동에 대한 통제권 또는 감독권을 갖고 있다.

프랜차이징은 제품 및 서비스의 유통권(distributorship)과 등록상표(trademark)의 제공 등과 같은 다양한 형태로 나타날 수 있지만, 가장 전형적인 형태는 비즈니스 포맷 프랜차이징(business format franchising)이다.[191] 이것은 시스템 프랜차이징(system franchising)이라고도 한다. 이 계약방법에서 프랜차이저는 생산 및 마케팅기법, 판매시스템, 절차 및 경영노하우뿐만 아니라, 기업명(또는 상호명)의 사용과 제품, 특허 및 등록상표 등에 대한 사용권도 아울러 포함하는 총체적 경영방법(total business method)을 프랜차이지에게 이전한다. 또한 프랜차이저는 프랜차이지에게 훈련, 지속적 지원, 인센티브 프로그램 및 협력적 마케팅프로그램의 참가권 등을 제공한다. 일반적으로 이러한 비즈니스 포맷 프랜차이징에서는 프랜차이지가 비교적 많은 자본을 투자하기 때문에 장기간의 계약이 이루어지는 경향이 있다.

글로벌 프랜차이저의 해외시장 진입방법은 프랜차이저의 몰입, 해외아울렛의 통제 및 새로운 지식을 배울 수 있는 기회 등의 높고 낮음에 따라 세 가지 형태로 분류될 수 있다.[192] 〈그림 10-1〉은 글로벌 프랜차이저의 세 가지

190 어윤대 외(1997), p. 334.
191 Cavusgil, S. T. et al.(2008), p. 435.
192 나원찬(2007), p. 72 이하.

그림 10-1 글로벌 프랜차이저의 세 가지 형태의 해외시장 진입방법

낮 음 ←	프랜차이저의 몰입 해외아울렛의 통제 새로운 지식을 배울 수 있는 기회	→ 높 음
진입방법(1)	진입방법(2)	진입방법(3)
매스터 프랜차이징과 지역개발계약	직접 프랜차이징과 라이선싱	부분 또는 단독의 기업소유 아울렛

자료원: 나원찬(2007), p. 73.

형태의 해외시장 진입방법을 보여준다. 이 그림에 나타나 있는 세 가지의 해외시장 진입방법을 살펴보면 다음과 같다.

- 매스터 프랜차이징과 지역개발계약
  - 매스터 프랜차이징(master franchising): 매스터 프랜차이지가 현지국에서 프랜차이저의 역할을 담당한다. 이들은 현지국의 프랜차이지와 계약을 체결하며, 자신이 프랜차이즈점을 직접 소유하여 운영하기도 한다. 매스터 프랜차이지는 로열티를 글로벌 프랜차이저에게 지불한다.
  - 지역개발계약(area development agreements): 이것은 글로벌 프랜차이저가 현지국의 제한된 지역 내에서 한 곳 이상의 프랜차이즈를 운영할 수 있는 권리를 프랜차이지에게 제공하고 로열티를 받는 계약을 말한다. 매스터 프랜차이저와는 달리 지역개발업자는 다른 사업자에게 프랜차이즈권리를 팔 수 없다.

- 직접 프랜차이징과 라이선싱
  - 직접 프랜차이징(direct franchising): 글로벌 프랜차이저가 현지국 프랜차이지와의 직접계약을 통하여 프랜차이즈를 제공한다. 이 방법은 가장 일반적인 해외진입 프랜차이징이다.
  - 라이선싱(licensing): 글로벌 프랜차이저가 현지국의 프랜차이지에게 상표와 같은 단일적 자산에 대한 프랜차이즈를 제공하는 것을 의미한다. 넓은 의미의 라이선싱은 앞 절(10.1 참고)에서 언급한 라이선싱을 말하며, 좁은 의미의 라이선싱은 단일적 자산에 대한 프랜차이징을 의미한다.
- 부분 또는 단독의 기업소유 아울렛(partially and fully company-owned outlets): 이것은 글로벌 프랜차이저가 인수 및 합병, 합작투자 및 단독투자 등을 통하여 설립한 기업소유 아울렛에 프랜차이즈를 제공하는 해외시장 진입방법이다.

10.2.2 프랜차이징의 장점과 단점

프랜차이징은 라이선싱과는 달리 계약대상이 포괄적일 뿐만 아니라, 계약의 규모도 크기 때문에 프랜차이저와 프랜차이지의 관점에서 프랜차이징의 장점과 단점이 각각 비교되어야 한다.

프랜차이저 관점에서의 프랜차이징의 장점과 단점은 다음과 같다.[193]

- 프랜차이저 관점에서의 프랜차이징의 장점
  - 다수의 글로벌 시장진입이 신속하게, 그리고 비용 효과적(경제적)으로 이루어질 수 있다.
  - 실질적인 자본투자가 요구되지 않는다.

193 Cavusgil, S. T. et al.(2008), p. 437.

- 잘 구축된 상표명은 해외에서의 초기판매 및 지속적 판매를 촉진시킨다.
- 현지시장을 효율적으로 통제하고 개발하기 위하여 프랜차이지의 지식을 활용할 수 있다.
- 전 세계적으로 표준화된 마케팅전략을 수행할 수 있다.

• 프랜차이저 관점에서의 프랜차이징의 단점
- 프랜차이지에 대한 통제가 어렵다.
- 프랜차이지와의 갈등이 나타날 수 있다(예를 들면, 법적 분쟁).
- 해외시장에서 프랜차이저의 이미지를 유지하기 어렵다.
- 프랜차이지의 성과에 대한 검토와 평가 및 지속적 지원이 필요하다.
- 프랜차이지가 취득된 지식을 활용할 수 있으며, 미래의 경쟁자가 될 수 있다.

또한 프랜차이지 관점에서의 프랜차이징의 장점과 단점은 다음과 같다.[194]

• 프랜차이지 관점에서의 프랜차이징의 장점
- 잘 알려지고, 인식하기 쉬운 상표명을 획득할 수 있다.
- 프랜차이저로부터 훈련 및 노하우를 취득한다(지속적 지원을 받음).
- 독립적인 사업을 운영할 수 있다.
- 사업의 성공가능성이 높다.
- 구축된 국제적 네트워크의 한 부분이 된다.

• 프랜차이지 관점에서의 프랜차이징의 단점
- 초기투자 및 로열티지불이 요구된다.
- 프랜차이지는 오직 프랜차이저로부터 공급물품, 장비 및 제품을 구매하여야 한다.
- 프랜차이저가 더 큰 힘을 보유한다(프랜차이저의 우세한 협상력).

194 전게서, p. 439.

– 프랜차이저의 아울렛이 현지에 있을 수 있으며, 이를 통하여 프랜차이지에 대한 경쟁이 유발될 수 있다.
– 프랜차이저가 프랜차이지에게 부적합한 기술 또는 관리시스템을 강요할 수 있다.

10.2.3 프랜차이징에 대한 평가

라이선싱을 통한 글로벌 기술이전의 평가에서는 라이선서의 관점에서 주요 평가항목과 체크리스트를 활용한 가상평가사례를 살펴보았다(10.1.3 참고). 프랜차이징에 대한 평가에서는 라이선싱에 대한 평가에서 채택한 방법 및 논리가 그대로 적용될 수 있기 때문에 간략히 언급하기로 한다. 아래에서는 프랜차이저의 관점에서 프랜차이지를 평가하기 위하여 개발된 패밀리 레스토랑의 재무적 및 비재무적 성과측정항목들이 제시된다.[195]

〈표 10-6〉은 패밀리 레스토랑 평가에 대한 성과지표와 가중치를 보여준다. 이 표는 2003년 12월 말에 실시한 썬앳푸드(토니로마스), CJ후드빌(빕스), 아모제(마르쉐), 베니건스 및 후드스타(T.G.I. Friday's) 등과 같은 한국에 있는 국내외 유명외식업체에 대한 실증적 분석에 근거하여 작성된 것이다.

만일 어떤 패밀리 레스토랑 프랜차이저가 프랜차이지의 성과를 평가하기를 원한다면, 이 표에 나타나 있는 3계층 평가기준에 대한 조사를 실시하여 평가결과를 도출할 수 있다. 각 평가기준은 5점 척도에 의해 점수가 부여될 수 있다. 평가자는 3계층 각 평가기준의 가중치와 각 평가기준에 대한 점수를 곱하여 총점을 구한다. 마지막으로, 프랜차이저는 각 프랜차이지의 총점을 비교한 후, 그 결과를 의사결정을 위한 자료로 활용할 수 있다.

195 오윤석/정순여(2004), p. 125 이하.

표 10-6 패밀리 레스토랑 평가에 대한 성과지표와 가중치(AHP 가중치)

1계층 평가기준	2계층 평가항목	3계층 평가기준	
패밀리 레스토랑의 성과평가 측정항목의 가중치 선정(100%)	고객관점 (40.1%)	고객만족지수	22.2%
		고객응답률	9.7%
		서비스의 품질	5.6%
		고객수의 증가	2.6%
	학습 및 성장관점 (36.0%)	직원 1인당 생산성	14.0%
		교육훈련	10.1%
		직원만족도지수	6.2%
		우수고객 확보율	3.8%
		이직률	1.8%
	업무프로세스관점 (14.7%)	서비스시간단축	7.0%
		원가절감	4.0%
		테이블회전율	2.3%
		원재료납기기간의 단축	1.3%
	재무관점 (9.2%)	당기순이익	5.0%
		영업이익	2.4%
		좌석당 객단가(客單價)	1.2%
		매출액	0.6%

자료원: 오윤석/정순여(2004), p. 142.

10.3 로열티

10.3.1 로열티의 의의

로열티(royalty)는 라이선서 또는 프랜차이저가 보유한 지적재산(특허권, 저작권 및 상표권)과 상업적 자산을 라이선시 또는 프랜차이지에게 제공하고 그 대가로 받는 사용료를 말한다. 이것은 이전되는 권리의 대상에 따라 라이선스사용료, 기술사용료, 특허사용료, 상표사용료, 노하우사용료 및 프랜차이즈사용료 등으로 분류되기도 한다. 이러한 다양한 형태의 사용료의 의미를 살펴보면 다음과 같다.

- 라이선스사용료(license fee): 라이선싱계약에 기초하여 라이선시가 라이선서에게 지불하는 사용료(일반적으로 로열티와 동의어로 사용되기도 함)
- 기술사용료(technology fee): 특정기술이 이전되는 경우에 기술사용자가 기술제공자에게 지불하는 사용료
- 특허사용료(patent royalty): 법적으로 보호를 받는 특허를 이전하는 경우에 특허사용자가 특허제공자에게 지불하는 사용료
- 상표사용료(brand royalty): 상표(또는 기업명)를 사용하는 대가로 상표사용자가 상표제공자에게 지불하는 사용료
- 노하우사용료(know-how fee): 특허를 통하여 법적인 보호를 받지 못하는 발명, 공식, 설계와 과정, 비법, 축적된 기술(또는 기술적 비밀) 및 경험 등을 사용하는 대가로 노하우사용자가 노하우제공자에게 지불하는 사용료
- 프랜차이즈사용료(franchise royalty): 프랜차이징계약에 기초하여 프랜차이지가 프랜차이저에게 지불하는 사용료

10.3.2 로열티의 결정방법 및 지불유형

로열티의 결정방법

로열티의 결정에 있어서 가장 중요한 요소의 하나는 로열티의 크기이다. 라이선서가 어떤 기술을 라이선시에게 이전한다면, 이들 쌍방은 로열티의 크기를 두고 첨예한 대립을 할 수도 있다. 즉, 라이선서는 최대한 많은 로열티를 받기를 원하는 반면, 라이선시는 최소한 적은 로열티를 지불하기를 원한다.

글렘보키(*Glembocki*)는 이러한 문제를 해결하기 위하여 무차별곡선(indifference curve)에 기초하여 라이선서와 라이선시 쌍방이 받아들일 수 있는 로열티의 크기에 대한 해영역(solution area)을 제시한다.[196] 로열티는 일괄지불(lump-sum payment)하는 총 사용료와 매출액에 따른 경상로열티(running royalty)로 구분된다. 경상로열티는 일반적으로 매출액의 일정비율(%)로 지불된다. 이와 같은 대표적인 두 가지의 로열티 지불유형을 바탕으로 하여 〈그림 10-2〉와 〈그림 10-3〉에 각각 제시된 라이선시(licensee) 및 라이선서(licensor)의 무차별곡선이 개발되었으며, 아울러 〈그림 10-4〉에 나타나 있는 로열티의 크기에 대한 해영역이 제시되었다.

〈그림 10-2〉와 〈그림 10-3〉에 나타나 있는 라이선시 및 라이선서의 무차별곡선은 다음과 같은 상황을 각각 설명한다.

- 라이선시는 일괄지불하는 총 사용료(S_0)의 크기와 경상로열티(R_0)의 크기가 서로 연결되는 무차별곡선보다 적은 금액을 지불하기를 원한다(〈그림 10-2〉, 무차별곡선의 아래에 있는 빗금 친 부분에 해당됨).
- 라이선서는 일괄지불하는 총 사용료($\bar{S}_0$)의 크기와 경상로열티($\bar{R}_0$)의 크기가 서로 연결되는 무차별곡선보다 많은 금액을 지불받기를 원한다(〈그림 10-3〉, 무차별곡선의 위에 있는 빗금 친 부분에 해당됨).

〈그림 10-4〉는 라이선시와 라이선서가 받아들일 수 있는 로열티의 크기에 대한 해영역을 제시한다. 이 그림에서는 라이선시와 라이선서의 무차별곡선의 기울기가 각각 다르게 나타나 있다. 이것은 어떤 기술의 라이선싱을 통하여 지불하거나 지불받아야 하는 로열티의 크기와 관련하여 쌍방이 서로 다른 기대치를 갖고 있다는 것을 의미한다. 이 그림에 의하면, 쌍방이 합의할 수 있는 로열티의 크기는 해영역(쌍방의 빗금 친 부분이 겹치는 영역)에서 결정된다.

무차별곡선에 기초하여 로열티의 크기를 결정하는 것은 이론적으로 가

196 Glembocki, S.(1977), p. 3 이하; Perlitz, M.(2004), p. 204 재인용.

그림 10-2 라이선시(licensee)의 무차별곡선

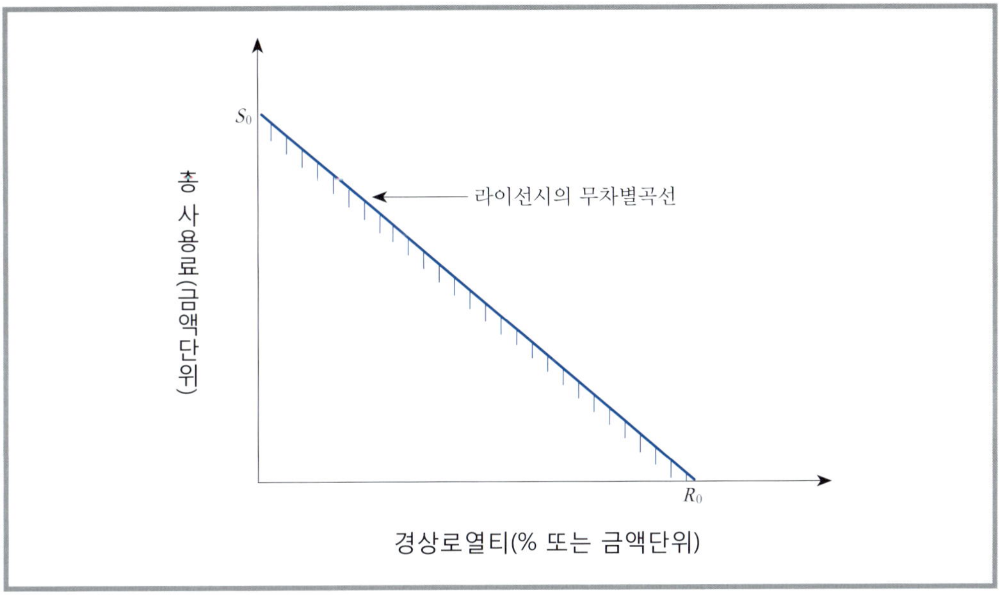

자료원: Glembocki, S.(1977).

그림 10-3 라이선서(licensor)의 무차별곡선

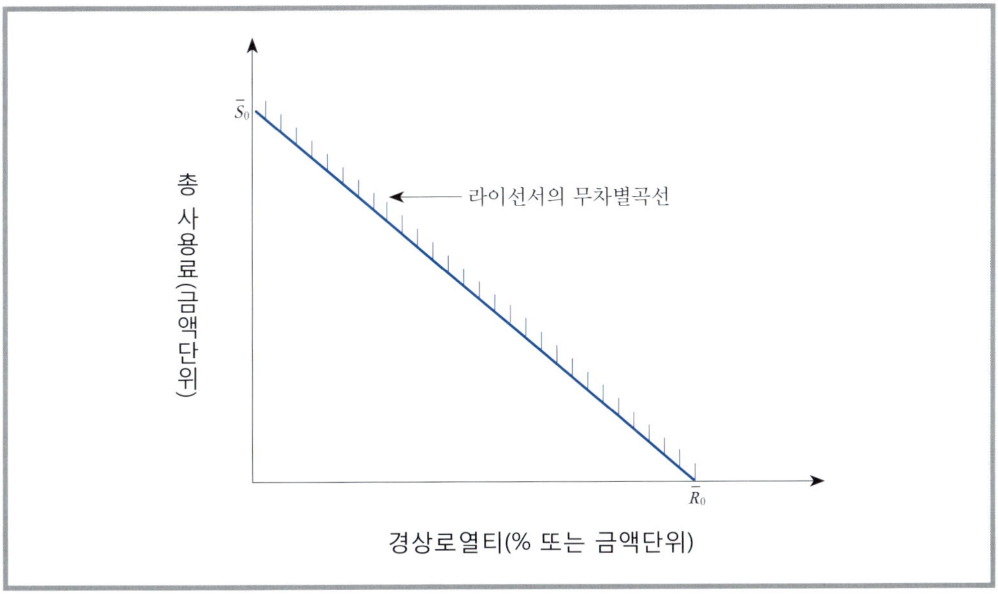

자료원: Glembocki, S.(1977).

그림 10-4 로열티의 크기에 대한 해영역(solution area)

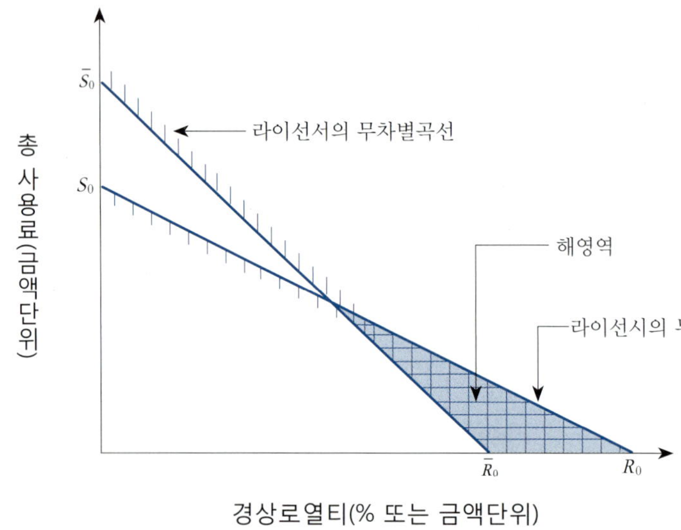

자료원: Glembocki, S.(1977).

능하지만, 실제적 관점에서 볼 때 라이선시와 라이선서의 협상력(bargaining power)에 따라 쌍방의 무차별곡선이 아무런 의미가 없을 수도 있다. 즉, 그 이유는 라이선싱을 통하여 이전되는 기술의 가치가 쌍방의 협상력에 큰 영향을 미칠 수 있기 때문이다. 만일 라이선서가 제공하는 기술이 경쟁력이 있는 독점적 기술이라면, 라이선시는 로열티협상에서 열위에 있게 된다. 반면에, 라이선서가 제공하는 기술이 널리 알려진 경쟁력이 없는 기술이라면, 라이선시는 로열티협상에서 우위에 서게 된다.

로열티의 지불유형

일반적으로 이전되는 기술의 가치에 따라 로열티 지불유형이 달라질 수 있다. 〈표 10-7〉은 로열티의 종류를 보여준다. 이 표에 제시되어 있는 바와 같이, 로열티는 매출기준 로열티, 매출과 무관한 로열티, 상한 및 하한 로열

표 10-7 로열티의 종류

구분	종류		내용
매출기준 로열티 (경상로열티)	매출액 로열티	요율 로열티	계약제품의 총 매출액의 일정비율
		중량 로열티	계약제품의 생산량의 일정금액 −제품당 로열티: 제품단위당 일정금액 −중량당 로열티: 제품중량당 일정금액 −출력당 로열티: 전기발전량에 따른 일정금액
		저감 로열티	계약제품의 총 매출액의 증가에 따른 단계별 로열티의 할인
	이익로열티		계약제품의 매출이익의 일정비율
매출과 무관한 로열티 (일괄지불)	일시불로열티		계약시점에 일시불로 지불
	일정액로열티		계약제품의 매출액과 무관한 일정액 지불(연간, 분기별)
상한 및 하한 로열티	상한로열티		최고 로열티(계약기간 중 로열티 전액 또는 매년 일정액 이하를 규정하고, 이를 초과하는 부분의 지불을 면제함)
	하한로열티		최저 로열티(계약기간 중 지불해야 하는 로열티의 최저 한도를 규정하고, 이에 미달하는 경우에는 보충하여 지불함)
기타	선불로열티		로열티의 선수금제도(미래에 발생하게 될 로열티의 일부를 미리 지불함)

자료원: 한희영(1985), p. 37; 저자에 의해 일부 수정됨.

티, 그리고 기타 로열티 등으로 크게 구분될 수 있다.

글로벌 라이선싱에 있어서 로열티 지불화폐는 라이선서와 라이선시를 통화위험(currency risk)에 노출시킬 수 있다. 로열티로 지불하거나 지불받아야 하는 금액이 적은 경우에는 문제점이 거의 없지만, 금액이 큰 경우에는 환율변동에 따른 손실이 발생할 수 있기 때문에 의사결정자는 지불화폐의 선택에 유의하여야 한다. 라이선시의 관점에서 볼 때, 로열티 지불화폐는 다음과 같다.

- 본국(라이선시 소재국가)의 통화
- 현지국(라이선서 소재국가)의 통화

- 혼합방법(본국의 통화, 현지국의 통화 및 제3국의 통화)
- 제3국의 통화(일반적으로 미국의 달러화 및 유럽연합의 유로화 등과 같은 태환성이 높은 통화가 지불됨)

제 11 장

해외직접투자

11.1 해외직접투자의 의의와 동기

11.1.1 해외직접투자의 의의

해외직접투자(foreign direct investment, FDI)는 기업이 자본, 기술, 노동력, 토지, 공장 및 설비 등과 같은 생산적 자산(productive assets)의 취득을 통하여 해외에 기업을 설립하여 기업경영에 참여하는 글로벌화 전략이다.[197] 자본투자의 관점에서 볼 때, 해외투자는 해외포트폴리오투자(foreign portfolio investment)와 해외직접투자로 분류할 수 있다. 해외포트폴리오투자(해외증권투자 또는 해외간접투자라고도 함)는 해외에서 주식 및 채권 등을 구매하여 투자한 자금에 대한 수익의 창출을 목표로 하는 반면, 해외직접투자는 해외에서 일정지분의 주식을 매수하여 투자한 기업에 대한 경영통제를 목표로 한다. 우리나라에서는 통계적 목적으로 해외기업의 주식을 20% 이상 소유하는 것을 해외직접투자로 보며, 20% 미만은 해외포트폴리오투자로 본다. 미국의 상무성의 규정에 따르면, 미국의 시민, 기관 또는 계열그룹이 해외기업의 주식을 10% 이상 소유하면 해외직접투자로 간주한다.[198]

해외포트폴리오투자와 해외직접투자의 주요특징을 비교하면 다음과 같다.[199]

- 해외포트폴리오투자의 특징
  - 해외자본시장을 통한 간접투자: 해외자본시장에서의 주식 및 채권의 구매를 통한 자산운용에 중점을 둠
  - 단기적 관점에서의 투자: 해외자본시장에서의 주식 및 채권의 거래

197 Cavusgil, S. T. et al.(2008), p. 394.

198 김광수 외(2005), p. 234; Ball, D. A. et al.(2004), p. 66.

199 김광수 외(2005), p. 234 이하; 박기안/김찬경(2001), p. 118 이하; 이광현(2001), p. 206 이하.

에서의 매수와 매도포지션을 대체로 단기적으로 유지함
- 순수한 수익확보의 관점에서의 투자: 해외자본시장에서의 주식 및 채권의 매수 및 매도를 통하여 수익을 창출함
- 제한적 물적 자원의 해외이동: 기업이 보유한 제한적 잉여자금을 해외자본시장에서 운용함

• 해외직접투자의 특징
  - 특정기업이 해외에 직접투자: 특정기업에 의한 해외에서의 기업설립 및 경영참가
  - 장기적 관점에서의 투자: 장기적인 관점에서의 기업가치의 극대화
  - 경영통제권의 확보: 소유지분에 따른 경영통제권의 확보(단독투자 및 다수지분)
  - 영속적인 조직구조를 유지: 지속적 사업활동을 통한 기업의 유지 및 발전
  - 인적 및 물적 자원의 포괄적 해외이전: 기업이 보유한 경영자원 및 생산요소의 일괄적 해외이전(일반적으로 패키지형태의 이전)

11.1.2 해외직접투자의 동기

해외직접투자의 동기는 현지국의 입지요인과 밀접하게 관련되어 있다(제8장 8.3.2 참고). 즉, 기업이 현지국의 입지요인을 어떻게 활용할 것인가에 따라 해외직접투자의 동기가 다를 수 있다. 아래에서는 해외직접투자의 동기를 시장추구, 자원 또는 자산추구, 효율추구 및 전략적 자산추구 등으로 구분하여 살펴보기로 한다.[200]

---

200 Cavusgil, S. T. et al.(2008), p. 397 이하; Peng, M. W.(2006), p. 225 이하; Dunning, J. H.(1993), p. 82 이하.

시장추구동기(market-seeking motives)

현지국의 시장규모, 시장성장률 및 고객의 구매력 등은 해외직접투자의 성패를 좌우하는 결정적인 시장관련 요인이다. 특히, 소비재의 경우에 있어서 현지국의 시장관련 요인뿐만 아니라, 현지국의 인구통계적인 속성(예를 들면, 총 인구, 인구밀도, 연령분포, 성별분포 및 도시와 농촌의 인구분포 등)도 해외직접투자에 대한 의사결정에 많은 영향을 미칠 수 있다.

일반적으로 시장추구의 동기로 어떤 현지국에 투자하는 기업은 그 국가에 이미 수출한 경험이 있으며, 아울러 그 국가의 관세 및 비관세 장벽 때문에 수출규제를 당한 경험을 갖고 있을 수 있다.

자원 또는 자산추구동기(resources or asset-seeking motives)

기업이 생산(산출)을 하기 위해서는 투입요소가 필요하다. 생산에 필요한 투입요소는 노동력(man), 기계(machine), 원재료(material), 자본(money) 및 경영(management) 등으로 구분할 수 있다(이러한 5가지의 투입요소를 5M이라고 함). 넓은 관점에서 볼 때, 5M 중에서 자원은 원재료를 의미하고, 자산은 자본 및 경영을 뜻한다고 볼 수 있다.

자원추구동기는 생산을 위한 원재료, 천연자원 또는 부품 등이 풍부한 국가에 투자하는 경우에 해당된다. 그리고 자산추구동기는 자본시장이 잘 발달된 국가 또는 자본획득이 쉽고 자본비용(금융비용)이 저렴한 국가에 투자하는 경우 및 경영노하우와 기술노하우 등과 같은 지식획득이 쉽고 풍부한 국가에 투자하는 경우와 관계가 있다.

효율추구동기(efficiency-seeking motives)

효율추구동기는 규모의 경제(economies of scale)와 범위의 경제(economies of scope) 및 저비용(low cost) 등을 보다 유리하게 달성할 수 있는 국가에 투자하는 것과 관련되어 있다. 규모의 경제는 대량생산을 통하여 원가 또는 비용효율적인 생산을 하는 것을 의미하며, 반면에 범위의 경제는 제품기술, 마케팅 및 기술노하우 등을 여러 국가 또는 지역에 걸쳐 공유하여 기업의 효율을 증대시키는 것을 말한다. 그리고 저비용을 달성하려는 기업은 일반적으로 인건비가 저렴한 국가에 투자하게 된다.

전략적 자산추구동기(strategic asset-seeking motives)

전략적 자산추구에 기초한 해외직접투자는 때때로 혁신지향적 해외직접투자를 의미하기도 한다. 전략적 자산은 첨단기술, 발명 및 특허 등과 같은 연구개발을 통하여 어떤 기업이 달성한 기업 내부적인 기술적 성과뿐만 아니라, 혁신적 인력, 기업 및 대학, 혁신클러스터의 존재 등과 같은 기업 외부적인 기간구조를 포괄한다. 일반적으로 전략적 자산추구동기는 기술수준이 높은 선진국에 투자하는 경우에 해당된다. 특히, 연구개발의 글로벌화는 글로벌 기업의 전략적 자산을 보다 풍부하게 만드는 원동력이 될 수 있다.

11.2 해외직접투자의 형태

11.2.1 단독투자

단독투자의 의의와 방법

기업이 완전소유자회사(wholly owned subsidiaries)를 해외에 설립하는 것을 단독투자라고 한다. 여기에서 완전소유(full ownership)는 해외에 투자한 기업이 100%의 주식지분을 갖는 것을 의미한다. 즉, 기업은 해외자회사에 대한 완전소유를 통하여 해외기업활동에 대한 배타적인 경영통제권을 행사할 수 있다. 해외에서의 완전소유자회사는 신설투자와 인수 등과 같은 두 가지

방법에 의해 설립될 수 있다.[201]

해외에서의 신설투자(greenfield investment)는 해외에 새로운 공장 또는 사업체(예를 들면, 생산자회사, 마케팅자회사 또는 판매법인, 서비스자회사 등)를 설립하는 것을 말한다. 신설투자를 'greenfield investment'라고 하는데, 이것은 녹지에 공사를 하여 새 건물 또는 공장을 짓는 이미지를 표현한 것이다. 반면에, 인수(acquisition)는 'brownfield investment'라고 하며, 이것은 기존의 공장 또는 설비를 인수하여 해외에 진출하는 방법이다(11.2.3 참고).

신설투자와 인수는 기업문화의 독특성과 시장성장률의 높고 낮음에 따라 뚜렷하게 구분된다. 〈그림 11-1〉은 기업문화의 독특성과 시장성장률에 따른 신설투자와 인수를 매트릭스를 통하여 비교한다. 이 그림에 나타나 있는

그림 11-1 기업문화의 독특성과 시장성장률에 따른 신설투자와 인수의 비교

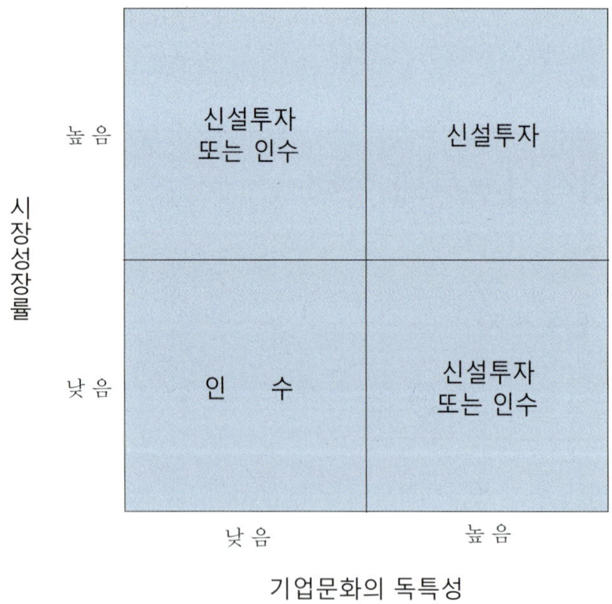

자료원: Gupta, A. K./Govindarajan, V.(2004), p. 25.

201 Hill, C. W. L.(2005), p. 494.

바와 같이, 신설투자는 기업문화의 독특성과 시장성장률이 모두 높은 경우에 유리한 단독투자대안이 될 수 있는 반면, 인수는 기업문화의 독특성과 시장성장률이 모두 낮은 경우에 유리한 단독투자대안이 될 수 있다. 그러나 위와 같은 두 가지 경우에 해당되지 않는다면, 신설투자와 인수 중에서 하나의 단독투자대안을 선택할 수 있다.

단독투자의 장점과 단점

단독투자는 일시에 많은 투자자본을 요구하기 때문에 장점과 단점을 신중하게 검토한 후 투자에 대한 의사결정을 하여야 한다. 단독투자의 장점을 살펴보면 다음과 같다.

- 현지자회사에 대한 완전한 통제권 확보: 경영권의 확보를 통하여 현지자회사의 경영활동에 대한 배타적인 통제가 가능하다.
- 기술유출의 방지: 기업이 보유하고 있는 특허 및 노하우 등과 같은 기술적 자산을 보호할 수 있다.
- 효율적 글로벌 네트워크의 구축: 장기적이고 전략적인 관점에서 글로벌 네트워크의 구축이 가능하다(예를 들면, 가치사슬의 글로벌화).
- 신속한 의사결정: 본사와 현지자회사 간의 원활한 커뮤니케이션을 통하여 신속한 의사결정이 가능하다.
- 내부화이점의 활용: 현지자회사가 생산한 제품 또는 서비스를 본사 또는 다른 현지자회사에 납품할 수 있다.

단독투자를 할 때는 다음과 같은 단점을 간과하지 않아야 한다.

- 높은 비용: 대규모 인적 및 물적 자원의 투자로 인하여 높은 비용이 발생한다.
- 높은 위험: 단독투자는 글로벌 경영활동을 통하여 발생할 수 있는 손

실을 전적으로 부담하기 때문에 위험성이 매우 높다. 특히, 정치적 위험이 높은 국가에서는 이러한 손실에 대한 위험부담이 더 클 수 있다.

- 설립시간의 소요: 현지자회사의 설립에 필요한 토지 및 건물구입 또는 신축 등과 관련하여 많은 시간이 소요되기 때문에 신속한 글로벌 시장 진입이 어렵다.
- 정치적 차별가능성: 본국과 현지국 간의 관계가 좋지 않거나 악화될 경우에는 현지자회사에 대한 심각한 차별이 나타날 수 있다.

11.2.2 합작투자

합작투자의 의의와 동기

합작투자(joint ventures)는 서로 다른 국적을 가진 2개 또는 그 이상의 개인, 기업 또는 국가기관(또는 국영기업)이 기업을 설립하여 공동으로 경영하는 것을 말한다. 넓은 의미에서 볼 때, 합작투자는 다수지분참여(majority participation, 50% 이상의 자본참여), 동등지분참여(equal participation, 50%: 50%의 동일한 자본참여) 및 소수지분참여(minority participation, 50% 미만의 자본참여) 등으로 구분할 수 있다. 그리고 좁은 의미에서 볼 때, 합작투자는 동등지분참여와 동의어로 사용되기도 한다. 합작투자는 2개 이상의 기업의 협력에 그 바탕을 두고 있기 때문에 전략적 제휴의 관점에서 논의되기도 한다(제12장 12.2.3 참고).[202]

합작투자의 동기는 해외투자기업과 현지파트너기업의 관점에 따라 서로 다를 것이다. 이러한 서로 다른 합작투자의 동기를 살펴보면 다음과 같다.[203]

먼저, 해외투자기업의 합작투자동기는 다음과 같이 요약될 수 있다.

202 Griffin R. W./Pustay, M. W.(2007), p. 360.

203 장세진(2006), p. 227 이하; 이광현(2001), p. 234 이하.

- 현지시장의 개척 및 확보: 해외투자기업은 현지파트너기업이 보유하고 있는 현지시장에 대한 정보와 경험을 획득할 수 있으며, 이것을 현지시장의 개척 및 확보를 위해 유용하게 활용할 수 있다.
- 현지국 정부의 규제회피: 정치적 또는 경제적 이유로 해외투자기업의 투자 및 경영활동 등을 제한하거나 규제하는 현지국가들이 있다. 이러한 국가에서의 규제를 피하기 위해서 합작투자가 선호된다.
- 투자위험의 분산: 단독투자를 할 경우, 해외투자기업이 투자위험을 전적으로 부담하게 된다. 그러나 해외투자기업은 현지파트너기업의 자본참여를 통하여 이러한 투자위험을 줄이거나 공유할 수 있다.
- 현지시장 진입시간의 단축: 합작투자에 참여한 기업 간의 신제품개발, 마케팅 및 생산 등과 관련된 다양한 기능적 활동의 공유를 통하여 현지시장 진입시간이 단축될 수 있다.
- 기술의 산업표준 채택가능성: 합작투자에 참여한 기업들이 기술을 표준화함으로써 글로벌 경쟁에서 기술우위가 확보될 수 있다. 또한 표준화된 기술은 현지국에서 산업표준으로 채택될 수 있을 뿐만 아니라, 국제적으로도 산업표준이 될 수 있다.
- 효율적 사업포트폴리오의 구성: 시장점유율 또는 시장성장률에서 문제가 있는 사업을 합작투자를 통하여 해외로 이전함으로써 효율적인 사업포트폴리오의 구성이 가능하다. 예를 들면, 선진국에서의 사양산업 또는 쇠퇴산업이 개발도상국에서는 성장산업이 될 수 있다.

현지파트너기업의 합작투자동기는 다음과 같이 제시될 수 있다.

- 외국자본의 활용: 현지파트너기업은 외국으로부터 유입되는 투자자본을 활용하여 새로운 사업에 진출하거나 기존사업을 확대시킬 수 있다.
- 외국기업의 명성활용: 현지파트너기업은 글로벌 시장에서 좋은 이미지를 갖고 있는 외국기업의 명성, 상표 및 제품 등을 무상으로 또는 저렴하게 활용할 수 있다.

- 외국기업의 경영기법습득: 합작투자를 통하여 현지파트너기업은 외국기업으로부터 우수한 경영기법을 전수받을 수 있다. 특히, 마케팅 및 생산부문의 경영기법들은 현지파트너기업의 발전에 큰 영향을 미치게 된다.
- 외국기업으로부터의 기술이전: 현지파트너기업은 외국기업이 보유하고 있는 우수한 기술을 전수받을 수 있다. 선진국기업과 개발도상국기업 간의 합작투자에 있어서, 개발도상국의 정부는 합작투자를 승인하는 조건으로 기술이전을 요구하는 경우도 있다.

합작투자파트너의 대상

글로벌 시장진입전략으로서 합작투자를 선택한 기업은 적합한 합작투자파트너를 선정하여야 한다. 여기에서는 합작투자파트너의 대상에 대해서만 논의하며, 구체적인 선정기준은 제12장에서 설명하기로 한다. 합작투자파트너의 대상은 다음과 같이 구분할 수 있다(제12장 12.3.2 참고).[204]

- 현지국 기업: 현지국 기업을 합작투자파트너로 선정하는 이유는 합작초기단계에 외국기업이 현지국 기업으로부터 현지경영과 관련하여 많은 도움을 받을 수 있기 때문이다. 합작초기단계에서는 무엇보다도 생산시설의 설립, 인력의 채용 및 유통망의 구축 등이 중요한 문제로 떠오르게 되는데, 이러한 문제는 현지국 기업이 효과적으로 해결할 수 있다.
- 현지국의 정부기관 또는 국영기업: 외국기업이 현지국의 정부기관 또는 국영기업을 합작투자파트너로 선정하게 되면 현지국에서 발생할 수 있는 정치적 위험을 현저하게 줄일 수 있을 뿐만 아니라, 대규모 사업에 참여할 수 있는 기회도 늘어나게 된다. 개발도상국 및 사회주의 국가는 특정산업의 발전과 국가의 경제성장을 이룩하기 위하여 합작

204 이광현(2001), p. 237.

투자파트너의 역할을 때때로 담당하기도 한다.

- 제3국의 기업: 현지국에서 적합한 합작투자파트너를 구하기 어려울 경우에는 제3국의 기업이 합작투자파트너가 될 수 있다. 이러한 사례는 자원개발분야(예를 들면, 석유 및 광산개발)의 합작투자에서 주로 발견된다.
- 혼합방법: 합작투자는 서로 다른 국적을 가진 2개 이상의 기업의 참여로 성립될 수 있으므로 본국 기업, 현지국 기업, 제3국의 기업, 국가기관 및 국영기업 등이 동시에 합작투자에 참여할 수 있다. 혼합방법을 선정할 경우에는 합작투자 참여기업이 다수이기 때문에 합작투자기업에서의 역할분담이 중요한 과제로 대두될 수 있다.

합작투자의 장점과 단점

합작투자는 다음과 같은 여러 가지 장점을 갖고 있다.

- 위험부담의 감소: 합작투자기업들은 참여한 지분에 해당하는 위험만을 부담한다. 특히, 위험을 전적으로 부담하는 단독투자보다 위험을 공유하는 합작투자가 위험성이 높은 대규모의 해외사업에 더욱 적합하다.
- 정치적 위험의 회피: 일반적으로 현지국 기업이 합작투자에 참여하기 때문에 현지국 정부에 의한 정치적 차별이 감소될 수 있다. 그러나 제3국의 기업과 합작투자를 하는 경우에는, 현지국 기업이 합작투자에 참여하지 않기 때문에 정치적 위험이 발생할 가능성이 높다.
- 합작투자파트너 간의 지식이전의 촉진: 합작투자를 통하여 합작투자기업들이 보유한 경영 및 기술노하우 등과 같은 지식의 이전이 촉진된다. 하지만 이러한 지식이전은 제한된 범위 내에서 이루어지기 때문에 합작투자와 관련된 지식이전의 대상과 범위를 구체적으로 명문화할 필요가 있다.

- 공동목표의 달성촉진: 합작투자는 참여한 기업들의 공동목표의 달성을 촉진할 수 있다. 즉, 참여한 기업들은 장점을 공유하고, 단점을 보완함으로써 효율적이고 목표지향적인 경영을 할 수 있다.

위와 같은 장점에도 불구하고, 합작투자는 다음과 같은 단점을 내포하고 있다.

- 기술유출의 가능성: 합작투자에 있어서 기술을 제공한 기업은 기술유출의 위험을 감수하여야 한다. 그러므로 기술유출로 인하여 심각한 피해가 예상되는 첨단기술 또는 핵심기술은 이전대상에서 제외하는 것이 바람직하다.
- 경영권분담과 이익분배에서의 갈등표출가능성: 다수지분참여와 소수지분참여에서는 합작투자에 참여한 기업들의 경영권이 분명하기 때문에 이를 둘러싼 갈등의 소지는 비교적 적은 편이다. 그러나 동등지분참여에서는 합작투자에 참여한 기업들이 경영권을 두고 첨예하게 대립할 가능성이 매우 높다. 또한 합작투자기업의 이익분배방법을 두고 합작투자에 참여한 기업 간에 마찰이 있을 수 있다.
- 의사소통의 문제점: 단독투자에서는 의사소통이 신속하고 원활하게 이루어지지만, 합작투자에서는 이러한 의사소통이 잘 이루어지지 않을 수도 있다. 이러한 경우에 대비하여 합작투자기업은 의사소통과 관련된 규정 또는 매뉴얼 등을 만들어 기업 내에서의 의사결정이 원활하게 이루어지도록 노력해야 한다. 이뿐만 아니라 본사와 합작투자기업 간의 의사소통도 합작의 성공과 밀접하게 관련되어 있다.
- 합작종결의 어려움: 합작투자가 합작파트너기업 간의 오랜 협상을 통하여 시작되는 것처럼, 합작종결도 합작파트너기업 간의 오랜 협상을 요구할 수 있다. 단독투자의 경우에 있어서는 본사의 신속한 의사결정에 따라 경쟁력이 없는 현지자회사가 매각되거나 폐쇄될 수 있다. 그러나 합작투자기업의 매각과 폐쇄는 합작파트너기업 간의 협상을 통

해 이루어지기 때문에 시간이 오래 걸릴 수 있고, 합작종결의 지연으로 인한 여러 가지 문제가 나타날 수 있다.

11.2.3 인수 및 합병

인수 및 합병의 의의와 동기

글로벌 경영의 관점에서 볼 때, 2개 이상의 기업이 법적인 절차를 거쳐 단일기업이 되는 합병(merger)과 해외투자기업이 현지국 기업의 주식의 일부 또는 전부를 매수하여 경영권을 획득하는 인수(acquisition)를 결합한 용어를 M&A(merger and acquisition)라고 한다.[205] 합병은 합병의사를 가진 서로 다른 국적의 기업들이 이사회와 주주총회의 결의를 거쳐 자산과 부채를 정리하여 하나의 기업이 되는 것을 말한다. 반면에, 인수는 해외투자기업이 협상 또는 다른 수단을 통하여 현지국 기업을 매수한 후 그 기업을 존속시키는 것을 의미한다. 이와 같이 인수와 합병이 개념적 · 법적으로 차이가 있지만, 기존의 현지국 기업을 투자 또는 사업확장의 대상으로 한다는 측면에서는 동일하기 때문에 M&A로 통칭하고 있다.[206]

M&A의 주요동기를 살펴보면 다음과 같다.

- 규모의 경제 및 범위의 경제 달성: 동일한 제품을 생산하는 현지국 기업을 M&A하는 경우, 대량생산을 통한 규모의 경제, 그리고 경영 및 기술노하우의 공유를 통한 범위의 경제가 달성된다.
- 해외시장 진입시간의 단축: 기존의 현지국 기업을 M&A함으로써 해외시장 진입시간이 단축될 수 있다. 신설투자는 회사의 설립과 인력의 채용을 위해 많은 시간이 소요되지만, M&A는 이러한 수고와 노력이 거의 필요 없기 때문이다.

---

205 장세진/MCC(2004), p. 7 이하.

206 전용욱 외(2003), p. 180.

- 위험회피: 새로운 사업에 진출하는 다각화전략의 일환으로 M&A를 하는 경우에는 위험이 분산될 수 있다. 또한 신설투자의 경우에는 해외투자의 초기단계부터 시작하기 때문에 사업위험이 높지만, M&A는 해외투자의 초기단계가 거의 존재하지 않기 때문에 이러한 위험을 피할 수 있다.
- 부족한 경영자원의 취득: M&A를 통하여 해외투자기업은 기술 및 경영노하우, 상표 및 제품 등과 같은 경영자원을 일시에 획득할 수 있다. 또한 M&A를 통하여 현지국 기업의 경영자 및 근로자가 승계되는 경우에 해외투자기업은 그들이 보유한 지식과 노하우를 그대로 전수받을 수 있다.
- 시장점유율의 증대: 해외투자기업은 기존의 현지국 기업을 M&A함으로써 비교적 빠른 시간 내에 현지국에서의 시장점유율을 증대시킬 수 있다. 예를 들면, 기존의 현지국 기업의 마케팅노하우와 유통경로를 활용한다면, 현지국에서의 고객 또는 소비자에 대한 접근성이 좋아지기 때문에 해외투자기업의 시장점유율이 증대될 수 있다.

인수 및 합병의 유형과 방법

결합형태에 따른 M&A의 유형은 〈표 11-1〉에 나타나 있는 바와 같은 5가지로 분류될 수 있다.

표 11-1 결합형태에 따른 M&A의 유형

유형	내용
수직적 M&A	기존의 공급자 또는 고객(유통망 포함) 대상
수평적 M&A	기존의 경쟁자 대상
제품확장형 M&A	제품라인을 보완하기 위한 M&A
시장확장형 M&A	시장을 확대·보완하기 위한 M&A
복합형 M&A	전략적 연계관계가 별로 없는 기업 대상

자료원: 전용욱 외(2003), p. 183.

먼저, 합병의 방법은 흡수합병과 신설합병으로 구분할 수 있다. 흡수합병(merger)은 한 기업이 다른 기업에 흡수되는 방법이며, 합병 후 하나의 기업만이 남게 된다(A기업+B기업=A기업). 이 경우에 있어서 흡수되는 기업의 경영자원은 흡수하는 기업의 처분에 맡겨야 한다. 신설합병(consolidation)은 법적인 절차에 따라 합병기업의 전부가 없어지며, 이들에 의하여 신설된 기업은 소멸된 기업의 권리나 의무를 이어받고 종업원을 수용할 수도 있다(A기업+B기업=C기업). 그러나 신설합병에서는 소멸된 기업의 경영자원을 신설기업이 반드시 승계할 의무는 없다. 일반적으로 신설합병은 법적인 절차가 복잡하고 비용이 많이 들기 때문에 흡수합병이 선호되고 있다.

인수의 방법은 자산인수와 주식인수로 분류할 수 있다.[207] 자산인수(asset acquisition)는 인수기업이 피인수기업의 자산의 일부 또는 특정사업부문을 취득하는 것이며, 반면에 주식인수(stock acquisition)는 주식의 일부 또는 전부를 취득하는 것이다. 주식인수를 구체적으로 살펴보면 다음과 같다.

- 교섭방법에 따른 분류
  - 위임장대결(proxy fight): 인수를 시도하는 기업이 목표기업의 주식의 일부분을 확보한 후, 주주들의 의결권을 위임받아 주주총회에서 경영권을 확보하는 방법이다.
  - 공개매수(tender offer): 인수를 시도하는 기업이 목표기업의 주식을 공개적으로 매입하여 인수하는 방법이다. 이 방법은 단기간에 대량의 주식을 매입할 수 있으나, 공개매수로 인하여 주가가 상승할 경우에는 인수부담이 클 수 있다.
- 성격에 따른 분류
  - 우호적 인수(friendly acquisition): 인수기업과 피인수기업의 합의와 협조를 바탕으로 이루어지는 인수를 말한다.
  - 비우호적 인수(unfriendly acquisition): 피인수기업의 의사에 관계없이 적대적으로 이루어지는 인수를 의미한다.

207 김시경(2007), p. 134 이하; 이장호(2003), p. 275 이하.

- 대금지급에 따른 분류
  - 현금인수(cash acquisition): 기업매수의 대가로 현금이 지급되는 인수를 뜻한다.
  - 주식교환인수(stock exchange acquisition): 피인수기업의 주식을 인수기업의 주식과 일정비율로 교환하는 것을 말한다.
  - 부채에 의한 인수(leveraged buy-out): 목표기업의 자산을 담보로 하거나, 또는 신용을 이용하여 자금을 조달하여 인수하는 방법이다.

인수 및 합병의 과정

M&A는 다음과 같은 4단계의 과정을 거쳐 이루어지게 된다.[208]

- 계획 및 전략수립단계: 인수를 위한 전략 및 계획, 구체적인 추진절차 및 일정계획 등이 수립된다. 아울러 이 단계에서는 자사의 강점 및 약점을 분석한 후 경쟁력 있는 인수 후의 사업포트폴리오를 미리 구성하여야 한다.
- 사전준비단계: 인수대상기업이 선정되며, 인수준비팀이 구체적인 자료 및 정보를 수집한다. 인수준비팀은 기업내부의 실무자와 컨설턴트, 회계사 및 변호사 등과 같은 기업외부의 전문가로 구성하는 것이 바람직하다.
- 협상 및 계약단계: 인수협상 및 인수대상기업에 대한 정밀실사가 이루어지고, 인수가격, 인수방법 및 지불방법 등이 합의되면 계약이 이루어진다. 특히, 정밀실사에서는 인수대상기업의 재무상태표(국제회계기준에서는 기존의 대차대조표라는 명칭 대신 이 명칭을 사용함) 및 포괄손익계산서 등과 같은 재무제표를 비판적인 시각으로 분석할 필요가 있다.
- 사후통합단계: 인수기업의 경영철학, 경영전략, 조직문화 및 업무방법 등이 피인수기업의 경영자 및 종업원에게 이전되는 단계이다. 또한 피

208 김동환 외(2000), p. 239.

인수기업의 잔류인력에 대한 불안감해소와 동기부여가 중요한 과제가 된다.

인수와 합병의 장점과 단점

M&A는 다음과 같은 장점 때문에 글로벌 시장진입을 위한 전략적 대안으로 선호되고 있다.

- 신속한 글로벌 시장진입: M&A는 현지국의 피인수기업 또는 피합병기업이 소유하고 있는 인적 및 물적 자원을 바로 활용할 수 있기 때문에 신속한 글로벌 시장진입을 가능하게 해 준다. 특히, 글로벌화가 빠르게 진행되고 있는 산업에 있어서 M&A는 신설투자 또는 합작투자보다 더 효과적인 글로벌 시장진입의 대안이 될 수 있다.
- 새로운 제품라인 또는 사업영역의 구축: 글로벌 기업은 해외에서의 M&A를 통하여 새로운 제품라인을 보유할 수 있을 뿐만 아니라, 새로운 사업영역도 구축할 수 있다. 즉, M&A는 해외에서 기업이 다각화전략을 추구하는 데 있어서 중요한 역할을 한다.
- 투자위험의 감소: M&A는 신설투자에 비해 투자위험이 현저히 낮을 수 있다. 신설투자에 있어서 생산과 매출은 공장이 설립된 이후에 발생하지만, M&A에 있어서 생산과 매출은 인수 및 합병시점부터 발생하기 때문에 투자자본이 더 빨리 회수될 수 있다. 그러나 불량기업을 M&A한 경우에는 투자위험이 증대될 수 있다.

M&A는 다음과 같은 단점을 갖고 있다.

- 현지국 정부의 규제: 현지국 정부는 자국의 산업을 보호할 목적으로 외국기업에 의한 M&A를 허용하지 않을 수도 있다. 특히, 첨단산업, 전략산업 또는 국방산업의 경우에는 M&A가 원천적으로 금지될 가능성

이 매우 높다.

- M&A 대상기업의 구조적 문제: 일반적으로 M&A 시장에 매물로 나온 기업들은 실적이 부진한 경우가 많기 때문에 대상기업을 선정하는 데 있어서 많은 어려움이 따른다. 또한 실적이 양호한 기업도 문제점을 은폐하는 경우가 많기 때문에 주의할 필요가 있다.
- 통합과정에서의 갈등: 국적이 서로 다른 기업들에 의해 M&A가 이루어지기 때문에 국가 간의 문화적 차이에 의한 갈등과 기업 내부적인 기업문화의 차이에 의한 갈등이 통합과정에서 나타날 수 있다.

11.3 현지국 및 본국 관점에서의 해외직접투자의 영향

글로벌 기업이 어떤 현지국에 투자한다고 가정한다면, 현지국 관점에서 이것은 해외직접투자 유입(FDI inflows)에 해당되며, 본국 관점에서 이것은 해외직접투자 유출(FDI outflows)에 속한다. 아래에서는 이러한 해외직접투자 유입과 유출이 현지국과 본국에 각각 어떤 영향을 미치는가에 대하여 논의하기로 한다.

11.3.1 현지국 관점에서의 해외직접투자의 영향

긍정적 영향

외국에서 유입되는 해외직접투자는 다음과 같은 여러 가지 측면에서 긍정적인 영향을 미친다.

먼저, 외국의 자본이 유입되어 현지국에 기업이 설립되면 고용이 창출되고, 이를 통하여 그 국가의 실업문제가 해소될 수 있다. 현지국에 설립된 외국기업은 이러한 실업문제를 해결할 수 있을 뿐만 아니라, 현지인의 소득을 증대시켜 현지인의 삶의 질을 향상시키고, 내수시장도 활성화시키는 역할을 한다.

일반적으로 해외직접투자는 선진국에서 개발도상국으로 이루어지는 경향이 있다. 선진국기업이 개발도상국에 투자하는 경우에는 선진국의 우수한 기술과 경영기법이 현지에 이전되기 때문에 현지국은 이러한 기술과 경영기법을 습득할 수 있는 기회를 가질 수 있다. 또한 장기적 관점에서 볼 때, 해외투자기업의 소유권 또는 경영권이 현지국에 이전되는 경우도 있는데, 이러한 경우에는 기술과 경영기법뿐만 아니라, 자산도 함께 이전된다.

해외투자기업은 무엇보다도 현지국의 경제발전과 지역사회의 발전에 커다란 공헌을 한다. 외국기업이 현지국에 공장을 설립하게 되면, 현지국의 노동력 및 원재료를 사용할 가능성이 매우 높으며, 이를 통하여 관련산업도 동시에 발전할 수 있다. 또한 현지국의 특정지역에 해외투자기업이 설립되면 그 지역의 경제도 활성화될 수 있을 것이다.

외국기업의 현지국 진출은 현지국의 경쟁상황에 큰 영향을 미치게 된다. 만일 현지국에 진출한 기업이 독점적 경쟁우위를 보유하고 있다면, 현지국의 경쟁기업은 불리한 위치에서 경쟁을 하게 된다. 이러한 상황이 장기간 지속된다면 현지국의 기업육성에 전혀 도움이 되지 않기 때문에 현지국 정부는 여러 가지 규제를 할 수 있다. 그러나 이러한 특수한 경우를 제외한 경쟁상황하에서의 해외투자기업은 현지국 기업의 발전과 경쟁력향상에 긍정적인 동기부여를 하게 된다.

부정적 영향

해외직접투자 유입은 위와 같은 긍정적인 측면에도 불구하고, 다음과 같은 부정적인 측면을 나타나게 한다.

경쟁우위를 보유한 선진국기업이 해외직접투자를 하는 경우에는 현지국의 산업 또는 경제가 선진국에 종속될 수 있는 위험이 있다. 특히, 이러한 위험은 선진국과 개발도상국 간의 해외직접투자에서 발생할 확률이 높다. 현지국 정부는 경제적 종속과 경제발전이라는 두 가지 측면을 잘 고려하여 해외직접투자 유입의 수준을 통제할 필요가 있다.

아울러 선진국과 개발도상국 간의 해외직접투자에서는 개발도상국이 기술적으로 선진국에 종속될 가능성이 있다. 이러한 상황을 방지하기 위하여 개발도상국의 정부는 해외직접투자를 허가해 주는 조건으로 선진국기업에게 기술이전을 요구할 수도 있다.

외국기업의 현지국 진출은 현지국의 경영자 및 근로자들의 일에 대한 태도 및 가치관 등에 긍정적인 영향을 미칠 수도 있지만, 경우에 따라 현지국의 고유한 전통적 가치를 파괴할 수 있다. 글로벌화라는 슬로건하에 이루어지는 선진국기업의 해외직접투자는 개발도상국의 문화적 정체성을 가끔 침해하기도 한다.

11.3.2 본국 관점에서의 해외직접투자의 영향

긍정적 영향

본국 관점에서 해외직접투자의 긍정적 영향은 주로 다음과 같은 경제적 측면에서 살펴볼 수 있다.

장기적으로 볼 때, 본국 기업의 해외직접투자는 그 국가의 글로벌 경쟁력을 강화시킬 뿐만 아니라, 아울러 GNP의 증대도 가져온다. 현지국의 해외투자기업으로부터 본국으로 유입되는 투자회수금과 과실송금은 외환수지 또는 국제수지의 개선에 많은 도움을 줄 수 있다.

해외직접투자를 통하여 본국 기업은 현지국 시장을 확보할 뿐만 아니라, 부족한 생산요소도 아울러 확보할 수 있다. 특히, 현지국시장의 확보는 시장지향적인 해외직접투자의 주된 동기가 되며, 부족한 생산요소의 확보는 자원지향적인 해외직접투자의 주된 동기가 된다.

마지막으로, 기업의 글로벌화에 기초한 해외직접투자는 산업의 국제적 분업체계와 구조조정을 촉진시키는 역할을 한다. 일반적으로 선진국기업은 자본집약적인 첨단산업을 자국에 그대로 두는 반면, 노동집약적인 사양산업 또는 쇠퇴산업을 개발도상국에 이전시키는 경향이 있다. 물론 이러한 경향에 배치되는 예외가 있을 수 있다.

부정적 영향

본국 관점에서 볼 때, 해외직접투자 유출의 가장 큰 문제점은 일자리의 수출에 따른 고용감소 및 산업공동화(deindustrialization)이다. 고용감소는 본국의 생산시설을 해외로 이전시키는 경우에 나타나는 현상이다. 또한 산업공동화는 본국의 제조업체들이 자국의 높은 생산원가나 현지국과의 무역마찰을 피하기 위해 해외로 진출해 현지생산으로 전환한 결과로 나타나는 현상이다. 이러한 상황이 장기간 지속된다면, 본국의 제조업체들이 외국으로 진출하여 그 수가 급격히 줄어들기 때문에 국가적인 조세손실이 나타날 수 있다.

또한 해외직접투자를 통하여 본국의 국제수지 또는 외환수지가 단기적으로 악화될 수 있는 가능성이 있다. 이러한 문제를 예방하기 위하여 본국 정부는 자국기업의 해외직접투자에 대하여 규제를 가하기도 한다.

마지막으로, 해외직접투자의 부정적인 영향으로 본국 기업의 기술유출을 지적할 수 있다. 물론, 현지국 정부의 요구에 의하여 합법적인 기술이전이 이루어지기도 하지만, 현지국에서는 본국보다 기술유출을 방지하기 어려운 것이 사실이다. 즉, 현지국의 해외투자기업의 경영자 및 종업원이 근무 중에 또는 이직한 이후에 회사의 기밀(기술, 영업비밀, 경영 및 기술노하우 등)을 누설할 위험성이 상존한다.

제 12 장

전략적 제휴

12.1 전략적 제휴의 의의와 동기

12.1.1 전략적 제휴의 의의

전략적 제휴(strategic alliance)는 2개 또는 그 이상의 법적으로 독립적인 기업이 참여하는 기업 간의 협력을 말한다. 이것은 전략적 파트너십(strategic partnership), 연합(coalition), 합작(collaboration), 협력(cooperation), 기업 간 결합(corporate linkage) 및 합작투자(joint ventures) 등과 같은 용어와 동의어로 사용되기도 한다.[209]

오늘날의 시장경제체제는 국가 간 또는 기업 간의 다양한 협력에 그 기초를 두고 있으며, 특히 기업협력으로서의 전략적 제휴는 1980년대 초부터 기업에 있어서 매우 중요한 의사결정영역으로 자리잡기 시작하였다.[210] 글로벌 기업의 전략적 제휴는 국경을 초월하는 기업 간의 협력을 의미하며, 이를 통하여 참여기업들은 그들의 글로벌 경쟁력을 강화시킬 수 있다. 또한 개별기업 또는 경쟁기업 간의 국경초월적인 전략적 제휴는 기업전략의 중요한 구성요소가 될 수 있다.[211] 특히, 경쟁기업 간의 전략적 제휴는 참여기업으로 하여금 불필요한 소모적인 경쟁을 방지할 수 있도록 해 준다.

전략적 제휴는 협력에 투입되는 생산요소, 여러 가지 활동의 전개 및 조정 및 협력결과의 배분에 대한 법적인 처리를 포함한다.[212] 즉, 전략적 제휴에 참여한 기업들은 생산요소의 투입, 활동과정의 참여 및 산출요소의 배분 등에 대한 구체적인 협력사항을 법적인 효력을 갖는 계약서의 형태로 작성하여야 한다. 이러한 협력사항을 구체적으로 살펴보면 다음과 같다.

209 제12장의 일부분은 박주홍/이병찬(1994); 박주홍/공명재(2003)의 논문에서 부분적으로 수정 재인용.

210 Ihrig, F.(1991), p. 29.

211 Perlmutter, H. V./Heenan, D. A.(1986), p. 238 이하.

212 Gahl, A.(1990), p. 35 이하.

- 생산요소의 투입: 노동력, 원재료 및 자본 등과 같은 생산요소의 투입에서의 협력
- 활동과정의 참여: 생산, 마케팅 및 유통 등과 같은 기능영역에서의 협력
- 산출요소의 배분: 제품, 서비스 및 연구개발의 결과물(예를 들면, 특허, 지적재산 등) 등과 같은 산출요소의 배분

12.1.2 전략적 제휴의 동기

국가차원의 동기

국가차원의 전략적 제휴의 동기는 국가의 발전정도, 즉 개발도상국과 선진국에 따라 다르게 나타난다.[213] 먼저, 개발도상국의 입장에서 볼 때, 전략적 제휴의 동기는 다음과 같이 제시될 수 있다.

- 기술, 경영 및 마케팅노하우, 전문지식의 도입
- 자금도입 및 기술자훈련
- 경제구조의 개선
- 산업의 성장가능성
- 경제적 및 정치적 동기

그리고 선진국의 관점에서 볼 때, 전략적 제휴의 동기는 다음과 같다.

- 자국시장에 대한 방어전략
- 해외시장확대를 위한 공격전략
- 현지이점의 활용
- 정치적 및 전술적 동기

213 Uhlig, C.(1983), p. 4 이하.

기업차원의 동기

기업차원의 전략적 제휴의 동기는 국가차원의 전략적 제휴의 동기와 명확한 구분은 어렵지만, 대체로 다음과 같이 제시될 수 있다. 개발도상국기업의 측면에서 볼 때, 전략적 제휴의 동기는 다음과 같이 제시될 수 있다.[214]

- 선진국기업으로부터의 기술, 경영 및 마케팅노하우의 이전
- 선진국기업으로부터의 자본도입
- 기업의 성장가능성

아울러 선진국기업의 관점에서 볼 때, 전략적 제휴의 동기는 다음과 같다.[215]

- 원가절감
- 위험감소
- 해외시장의 확대
- 부족한 자원의 개발
- 시너지잠재성의 활용

기업차원의 전략적 제휴의 사례를 통하여 선진국기업과 개발도상국기업의 전략적 제휴의 동기를 간략히 살펴보면 다음과 같다. 1991년 한국의 쌍용자동차는 독일의 벤츠자동차와 전략적 제휴를 체결하였다. 쌍용자동차의 전략적 제휴의 동기는 기술도입, 신제품개발 및 기업의 성장이었으며, 반면에 벤츠자동차의 전략적 제휴의 동기는 노후기술의 이전을 통한 추가적 이윤의 확보 및 아시아시장진출이었다. 이러한 전략적 제휴를 통하여 쌍용자동차는 무쏘, 체어맨, 코란도 및 이스타나 등과 같은 새로운 모델을 생산할 수 있었

214 전게논문.

215 Badaracco, Jr., J. L.(1991), p. 78 이하.

다. 그리고 벤츠자동차는 노후기술의 이전을 통하여 쌍용자동차로부터 막대한 금액의 로열티를 받았다.

12.2 전략적 제휴의 형태

12.2.1 관리적 기능영역에 따른 전략적 제휴

연구개발에서의 전략적 제휴

기술발전의 가속화와 제품수명주기 또는 기술수명주기의 단축으로 인하여 어떤 한 기업에 의한 연구개발활동은 많은 투자를 필요로 할 뿐만 아니라, 동시에 높은 위험도 부담하여야 한다. 연구개발에서의 전략적 제휴는 참여기업들이 각각 보유하고 있는 기술을 상호 교환하거나, 또는 새로운 기술을 개발하기 위하여 공동연구를 하는 것을 말한다. 또한 경우에 따라서 참여기업들은 연구개발을 위한 자회사를 공동으로 설립하기도 한다.

이러한 전략적 제휴의 목적은 참여기업들이 비용을 공동으로 부담하여 연구개발투자에 대한 위험을 감소시키는 데 있으며, 아울러 글로벌 시장에서 기술 및 제품경쟁력을 유지하는 데 있다. 이와 같은 형태의 전략적 제휴는 연구개발비가 많이 소요되는 전자, 에너지, 화학, 우주항공 및 자동차 등과 같은 산업에서 많이 발견된다.

생산 및 자원조달에서의 전략적 제휴

생산과 자원조달은 밀접하게 관련되어 있으며, 생산에 필요한 부품 및 원재료는 안정적으로 공급되어야 한다. 이러한 관점에서 볼 때, 생산 및 자원조달에서의 전략적 제휴는 생산시설을 갖춘 자회사를 공동으로 설립하거나,

또는 부품 및 자원조달부문에서 협력함으로써 이루어진다. 생산 및 자원조달에서의 전략적 제휴의 목표는 생산과정에서의 원가절감, 현지시장기회 및 저임금의 활용, 수입규제의 회피, 자원부족의 대비 및 보다 높은 이윤달성 등이다.[216]

생산 및 자원조달에서의 전략적 제휴는 부품조달을 필요로 하는 제조업부문에서 흔히 발견되는 제휴형태이다. 이러한 형태의 전략적 제휴에 대한 대표적인 사례로 1984년 미국의 캘리포니아주 프리몬트(Fremont)에 설립된 NUMMI(New United Motor Manufacturing, Inc.)를 들 수 있다. 이 회사는 GM과 Toyota에 의해 공동으로 설립되었으며, Toyota의 생산방식과 Toyota로부터 주요부품의 조달 등을 통하여 성공적인 공동생산을 수행하였다.

마케팅과 유통에서의 전략적 제휴

마케팅 및 유통에서의 전략적 제휴는 시장지향적인 성격을 갖고 있으며, 이러한 제휴를 통하여 참여기업들은 특정국가, 지역 및 고객을 목표시장으로 삼을 수 있다.[217] 마케팅 및 유통에서의 전략적 제휴의 목표는 현지유통망의 이용, 고객에 대한 접근, 시장점유율의 확대 및 유통비용의 절감 등이다.

이러한 제휴는 일반적으로 해외에서 유통망을 구축하는 데 비용이 많이 드는 경우에 체결된다. 마케팅 및 유통에서의 전략적 제휴는 매우 불안정해질 수 있는 가능성을 갖고 있는데, 그 이유는 각 참여기업이 서로 다른 전략적 제휴의 동기를 갖고 있을 수 있기 때문이다.[218] 예를 들면, 제품을 제공하는 A라는 참여기업은 현지시장에 관심이 있는 반면, 현지유통망을 제공하는 B라는 참여기업은 A기업의 제품에만 관심이 있을 수 있기 때문이다. 이러한 형태의 전략적 제휴는 일반적으로 현지국가의 유통망을 활용하려는 제조업부문에서 이루어진다.

---

216 Albach, H.(1979), p. 945.

217 Pohle, K.(1990), p. 67.

218 Porter, M. E./Fuller, M. B.(1989), p. 363.

가치부가적 제휴

가치부가적 제휴(value-adding partnership)는 "한 집단의 독립적인 기업들이 가치사슬의 전 분야에 걸쳐 재화와 서비스를 관리하기 위하여 밀접하게 공동 협력하는 것"을 말한다.[219] 여기에서 '독립적인 기업'이란 하청관계에서 흔히 발생할 수 있는 종속적인 관계가 배제된 상황에서 자율적으로 가치부가적 제휴에 참여하는 기업을 의미한다. 가치부가적 제휴의 목표는 앞서 언급한 관리적 기능영역에 있어서의 목표들을 포괄하고 있으며, 무엇보다도 가치사슬의 전 분야에 걸친 독립적인 기업 간의 협력을 증대하는 것이다. 이러한 협력을 통하여 참여기업들은 다른 경쟁업체에 비하여 강력한 비교우위를 달성할 수 있다.

가치부가적 제휴는 *포터*(*Porter*)가 제시한 가치사슬(value chain)에서 그 출발점을 찾을 수 있다.[220] 그는 기업의 가치활동을 주요활동(입하병참, 생산, 마케팅 및 판매, 출하병참, 고객서비스 등)과 지원활동(기업의 기간구조, 인적자원관리, 기술개발 및 자원조달 등)으로 나누어 가치사슬의 개념을 제시하였다. 〈그림 12-1〉은 *포터*의 가치사슬을 보여준다.

이러한 가치사슬에 있는 활동은 여러 개의 개별활동으로 다시 나눌 수 있다. 또한 각각의 범주가 모든 개별활동으로 분리될 때 완전한 가치사슬이 형성되며, 가치연계(value linkage)는 기업내부의 가치활동을 연결시킬 뿐만 아니라, 유통 및 공급업자의 가치사슬과도 상호의존관계를 형성한다.[221] 그러므로 가치사슬에 연결되어 있는 각 기업 간의 협력 또는 제휴를 통하여 어떤 기업이나 산업은 경쟁우위를 확보할 수 있다. 이러한 협력 또는 제휴는 국내뿐만 아니라, 해외의 기업 간에도 이루어질 수 있다. 즉, 이러한 *포터*의 연구를 통하여 가치사슬의 국내외적 배치와 가치사슬에 연결된 기업 간의 국내외적 전략적 제휴를 통하여 기업이 그들의 글로벌 경쟁력을 향상시킬 수 있다는 것을 확인할 수 있다. 글로벌 경영의 관점에서 볼 때, 가치사슬의 글로벌

219 Johnston, R./Lawrence, P. R.(1988), p. 94.

220 Porter, M. E.(1985), p. 37.

221 조동성(1997), p. 549; Porter, M. E./Millar, V. E.(1985), p. 149.

그림 12-1 *포터*의 가치사슬

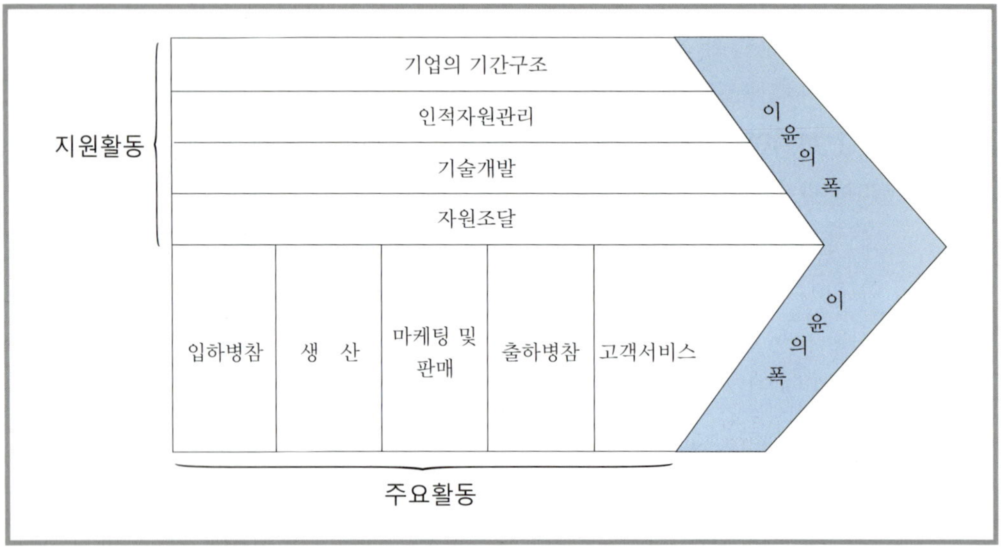

자료원: Porter, M. E.(1985), p. 37.

배치와 가치사슬에 연결된 기업 간의 글로벌 제휴는 글로벌 경쟁력 강화의 원천이 될 수 있다.[222]

가치부가적 제휴에 대한 대표적인 사례로 이탈리아의 섬유산업을 들 수 있다.[223] 이러한 사례는 다른 국가의 산업에서는 거의 발견되지 않는 형태의 제휴로서 협력(또는 하청)시스템과 비교해 볼 때, 유사한 측면도 존재할 수 있으나 결정적인 차이점은 참여기업이 독립적이라는 것과 가치사슬의 전 분야를 포괄한다는 것이다. 가치부가적 제휴는 이론적으로는 완벽한 형태의 제휴로서 여러 가지 이점이 많지만, 실제에 있어서 참여기업의 수가 많고 제휴의 범위가 광범위하여 시행하기 어려운 단점을 갖고 있다.[224]

222 장세진(2005), p. 169; Porter, M. E.(1989), p. 25.
223 Johnston, R./Lawrence, P. R.(1988), p. 94.
224 박주홍/이병찬(1994), p. 94.

12.2.2 제휴대상에 따른 전략적 제휴

라이선싱

라이선싱(licensing)은 라이선서가 법적인 보호권을 가진 특허, 상표, 디자인 및 법직인 보호권이 없는 기술과 경영노하우 등을 라이선시에게 제공하는 계약에 근거를 두고 있다(자세한 내용은 제10장 10.1 참고). 전략적 제휴의 관점에서 볼 때, 라이선싱에서는 참여기업 간의 이해관계에 따라 라이선싱의 대상과 범위가 결정된다. 전략적 제휴의 일환으로 라이선싱이 이루어지는 경우에 있어서, 라이선서는 이전되는 기술에 대한 독점적 사용을 라이선시에게 장기간에 걸쳐 허용하는 경향이 있다. 그러므로 라이선서는 장기적 관점에서 로열티의 수입을 극대화하기 위해서 라이선시의 기업이미지, 대량생산능력, 마케팅 및 유통능력 등을 고려하여 전략적 제휴를 체결할 필요가 있다.

또한 라이선서와 라이선시가 라이선싱을 상호 교환하는 교차라이선싱(cross licensing)이 전략적 제휴의 대안이 될 수 있다. 특히, 경쟁기업 간에 교차라이선싱이 이루어진다면, 참여기업들은 해당산업 또는 해당제품에 있어서 공동적인 기술우위를 확보할 수 있다. 그러나 교차라이선싱을 통하여 핵심기술이 유출될 가능성이 높기 때문에 참여기업들은 교차라이선싱의 대상, 계약조건 및 사용기간 등에 대하여 명확하게 규정하여야 한다.

라이선싱을 통하여 라이선서는 현지국의 라이선시로부터 로열티를 받을 뿐만 아니라, 아울러 라이선서의 혁신적 이미지 또는 기술선도자의 이미지를 현지국에서 구축할 수 있는 기회도 갖게 된다. 만일 라이선싱으로 이전되는 특정기술과 관련된 현지국의 시장규모가 크고, 그리고 현지국에 라이선서의 기업이미지가 잘 구축되었다면, 라이선서는 현지국으로의 라이선싱을 중단하고 해외직접투자를 할 수 있다. 반면에, 라이선시는 라이선싱을 통하여 자국시장에서 신제품을 생산할 수 있는 기회를 갖게 되지만, 기술적으로 라이선서에게 종속될 위험에 처할 수 있다.

글로벌 납품계약

전략적 제휴로서의 글로벌 납품계약(global subcontracting)은 계약에 참여한 기업들이 어떤 특정의 제품, 반제품 및 부품 등에 대하여 수출 및 수입계약을 하는 것을 말한다(자세한 내용은 제9장 9.3.1 참고). 이러한 납품계약은 일반적으로 장기간 지속되기 때문에 파트너기업의 선정이 매우 중요하다.

납품을 의뢰한 기업(주문기업)의 관점에서 볼 때, 납품하는 기업의 이미지, 납품되는 제품의 품질 및 가격 등은 계약의 체결 및 유지에 대한 의사결정을 하는 데 있어서 중요한 기준이 된다. 그리고 납품을 의뢰받은 기업은 납품가격 및 규모, 장기적 납품가능성 등을 고려하여 파트너기업을 선정할 필요가 있다. 그러나 현실적으로 볼 때, 납품을 의뢰받는 기업보다 의뢰하는 기업의 협상력이 크기 때문에 납품계약과 관련된 전략적 제휴가 납품을 의뢰하는 기업에게 일방적으로 유리한 조건으로 맺어질 가능성을 배제할 수 없다.

12.2.3 자본참여도에 따른 전략적 제휴

다수지분참여

다수지분참여(majority participation)에 의한 전략적 제휴는 해외진출기업이 50% 이상의 자본참여를 하는 넓은 의미의 합작투자를 의미한다. 이 경우에 있어서 다수지분으로 해외에 진출하는 기업은 현지국에서 경영권을 확보할 수 있다. 해외에 진출하는 기업의 관점에서 볼 때, 100% 단독투자를 한 글로벌 기업이 지분의 50% 미만을 현지국의 파트너기업에게 양도하는 경우, 그리고 현지국의 파트너기업의 자본이 충분하지 않은 경우에 다수지분참여에 의한 전략적 제휴가 이루어질 수 있다.

다수지분참여를 통하여 현지국으로 진출하는 기업은 현지국 정부에 의한 정치적 차별가능성을 고려할 필요가 있다. 그러나 다수지분참여에 의한 전략적 제휴는 100% 단독투자에 비해 현지국의 정부 또는 기업과의 관계를 더욱 양호하게 만들 수 있다. 현지국의 파트너기업은 소수지분으로 참여하기 때문에 경영권이 없으나, 현지국에서의 생산, 마케팅 및 유통 등과 같은 분야에서 추가적인 전략적 제휴를 할 수 있는 가능성을 갖고 있다.

동등지분참여

동등지분참여(equal participation)에 의한 전략적 제휴는 해외진출기업이 50%의 지분을 갖는 좁은 의미의 합작투자를 말한다. 만일 두 개의 기업이 동등지분참여를 하고 있다면, 이들 두 기업은 경영권을 공유할 뿐만 아니라, 합작투자기업의 경영에 있어서 동일한 책임과 의무도 지게 된다. 일반적으로 동등지분참여는 합작투자기업의 설립을 위해 참여기업들이 동등한 자본을 부담하지만, 경우에 따라서 해외투자기업은 자본을 부담하고 현지국 기업은 공장부지 또는 건물을 제공하는 형태의 동등지분참여가 이루어질 수 있다.

실증적 연구결과에 의하면, 동등지분참여에 의한 합작투자가 다수지분참여 및 소수지분참여에 의한 합작투자보다 더욱 성공적인 것으로 밝혀졌다.[225] 이 연구에서 20건의 동등지분참여의 사례를 분석한 결과, 이들 합작투자기업의 60%가 성공을 거둔 것으로 밝혀졌다. 또한 13건의 비동등지분참여의 사례를 분석한 결과, 이들 합작투자기업의 31%만이 성공을 거둔 것으로 나타났다. 즉, 이러한 실증적 연구결과는 동등지분참여가 성공할 가능성이 높고, 비교적 안정적이라는 것을 대변하고 있다. 하지만, 현지국의 파트너기업이 합작투자를 계속적으로 이끌어갈 만한 재정적인 여력이 충분하지 않고, 현지국의 법률이 미래에 있어서 해외투자기업에 의한 다수지분참여를 규제하고 있다면, 동등지분참여에 의한 합작투자는 어느 정도의 불확실성과 위험성을 내포하고 있다.

225 Bleeke, J./Ernst, D.(1991), p. 127 이하.

소수지분참여

소수지분참여(minority participation)에 의한 전략적 제휴는 글로벌 기업이 50% 미만의 자본참여를 통하여 해외시장에 진출하는 방법이다. 이 경우에 있어서 현지국의 파트너기업이 다수지분을 갖고 있기 때문에 소수지분을 갖고 있는 해외투자기업의 경영권이 배제된다. 그러나 현지국의 파트너기업은 다수지분을 보유하고 있기 때문에 합작투자회사에 대한 경영권 및 지배권을 행사할 수 있다.

현지국의 파트너기업은 현지국 정부의 보호와 지원을 받을 가능성이 높은 반면, 소수지분으로 참여한 해외투자기업은 현지국 정부로부터 투자에 따른 혜택을 거의 받지 못하거나 불이익을 받을 가능성이 있다. 그러나 소수지분참여를 통하여 현지국에 진출한 기업은 기술이전, 부품공급 및 유통 등과 같은 추가적인 계약을 함으로써 이윤획득의 기회를 증대시킬 수 있다.

12.3 전략적 제휴의 대상국가 및 파트너의 선정

12.3.1 전략적 제휴의 대상국가선정

전략적 제휴를 하려는 글로벌 기업은 파트너기업을 선정하기에 앞서 대상국가를 선정하여야 한다. 대상국가에 대한 정보수집 및 분석은 해외시장진출 또는 해외직접투자를 위한 중요한 전제조건이다. 대상국가의 선정은 입지선정에 대한 문제이며, 이것은 제2부에서 논의한 글로벌 경영환경의 분석과 직접적으로 관련되어 있다. 여기에서는 대상국가선정에 대하여 구체적으로 설명하지 않고(자세한 내용에 대한 설명은 제2부 참고), 대상국가선정에 영향을 미치는 주요 요인들을 간략히 살펴보기로 한다.

전략적 제휴의 대상국가선정에 영향을 미치는 주요 요인들은 다음과 같이 요약될 수 있다.

- 현지국의 정치적 안정성과 위험성: 정치적으로 불안정하거나 위험성이 높은 국가에서의 경영활동은 기업의 손실가능성을 높인다. 특히, 자본참여를 하는 전략적 제휴는 다른 형태의 전략적 제휴보다 상대적으로 위험이 높을 수 있다.
- 현지국의 시장특성: 현지국의 시장규모, 시장성장률 및 소비자의 특성 등과 같은 시장특성은 기업의 매출(예를 들면, 전략적 제휴에 의한 합작투자기업의 매출) 및 수익(예를 들면, 라이선싱에 따른 로열티)과 직결된다.
- 현지국의 경제적 환경: 현지국의 GDP, 1인당 국민소득, 경제성장률, 물가상승률, 이자율 및 환율 등과 같은 경제적 환경요인들은 전략적 제휴를 통하여 현지국에 진출하려는 기업의 수익성에 긍정적 또는 부정적 영향을 미칠 수 있다.
- 현지국의 사회문화적 환경: 이것은 현지국의 소비자 및 파트너기업과의 커뮤니케이션에 영향을 미칠 수 있다.
- 현지국의 지원정책: 이것은 현지국이 합작투자기업에게 제공하는 각종 투자인센티브, 그리고 다양한 형태의 전략적 제휴에 대한 지원정책을 포함한다.

12.3.2 전략적 제휴의 파트너선정

전략적 제휴의 파트너선정은 제휴의 성공을 위하여 매우 중요한 의미를 갖는다. 특히, 합작투자파트너의 대상에 대해서는 제11장에서 이미 살펴보았기 때문에 여기에서는 다루지 않기로 한다(제11장 11.2.2 참고). 전략적 제휴의 파트너선정은 다음과 같은 선정기준에 의해 이루어진다.[226]

226 박주홍/이병찬(1994), p. 101; Porter, M. E./Fuller, M. B.(1989), p. 363 이하.

- 추구하는 경쟁우위실현을 위한 기여가능성: 제휴파트너가 전략적 제휴를 통하여 비용(원가)우위 및 차별화우위 등과 같은 목표달성을 위해 어느 정도 기여할 수 있는가를 검토하여야 한다.
- 보완적 또는 탁월한 협력가능성: 제휴파트너에 의한 보완적 또는 탁월한 협력가능성이 있어야 전략적 제휴가 성공적으로 이루어질 수 있다.
- 제휴파트너 간의 유사한 글로벌화 전략: 제휴파트너 간의 유사한 글로벌화 전략은 전략적 제휴의 방향을 설정하는 데 도움이 될 수 있다. 또한 제휴파트너 간의 유사한 글로벌화 전략은 전략적 제휴를 위해 요구되는 인적 및 물적 자원의 효율적 배분에 긍정적인 영향을 미칠 수 있다.
- 제휴파트너 간의 경쟁의 회피가능성: 경쟁기업 간의 전략적 제휴에 있어서 경쟁보다는 협력이 중요한 역할을 한다. 장기적인 관점에서 볼 때, 제휴파트너 간의 치열한 경쟁은 전략적 제휴의 성공을 방해하는 요인으로 작용할 수 있다.
- 제휴파트너 간의 적합한 조직구조: 합작투자와 관련된 전략적 제휴에 있어서 제휴파트너 간의 적합한 조직구조는 합작투자기업의 업무효율성 및 생산성 등에 영향을 미칠 뿐만 아니라, 원활한 커뮤니케이션을 위해서도 중요한 역할을 한다.
- 제휴파트너 간의 경영스타일의 적합성: 전략적 제휴에 참여한 기업 간의 경영스타일이 유사할수록, 제휴파트너 간의 통합이 원활하게 이루어지며, 제휴파트너 간의 갈등도 줄어들 수 있다.
- 제휴파트너 간의 기업문화: 기업문화는 어떤 기업의 가치관, 규범, 사고방식 및 행동 등과 같은 문화적 요소들이 장기간에 걸쳐 기업의 구성원에게 영향을 미쳐 형성된다(제5장 5.1.2 참고). 기업문화가 서로 다른 기업과의 전략적 제휴에서는 문화적 충돌이 일어날 수 있는 가능성이 있다.
- 제휴파트너의 재무적 건전성: 전략적 제휴를 통하여 해외에 진출하려는 기업은 제휴파트너의 재무제표(재무상태표 및 포괄손익계산서 등)를

분석하여 재무적 건전성을 확인하여야 한다.

- 제휴파트너의 경쟁적 시장지위: 시장점유율 및 시장성장률 등과 같은 시장관련 요인들을 분석하여 제휴파트너의 현지국에서의 경쟁적 시장지위가 구체적으로 확인되어야 한다. 전략적 제휴를 통하여 해외에 진출하려는 기업이 제휴파트너에 대한 보다 구체적인 정보를 수집하기를 원한다면 경영컨설팅회사 또는 시장조사기관 등을 이용할 수 있다.

제 4 부에서는 글로벌 기업의 전략적 관리에 대하여 체계적으로 검토한다. 제13장에서는 글로벌 기업의 계획과 전략적 계획시스템, 전략적 계획 및 운영적 계획 등을 설명한다. 제14장에서는 글로벌 기업의 조직의 의의와 조직구조, EPRG 관리개념과 커뮤니케이션구조, 조정 및 조정방법 등과 같은 글로벌 기업의 조직에 대하여 논의한 후, 통제의 의의와 필요성, 통제과정 및 통제방법 등과 같은 글로벌 기업의 통제에 대하여 설명한다.

제 4 부

글로벌 기업의 전략적 관리

제 1 부　글로벌 전략과 글로벌 경쟁력

제 1 장　글로벌화와 글로벌 전략
제 2 장　글로벌 경쟁력과 글로벌 경쟁전략

↓

제 2 부　글로벌 경영환경의 분석

제 3 장　정치적 · 법적 환경
제 4 장　경제적 환경
제 5 장　사회문화적 환경
제 6 장　기술적 환경
제 7 장　글로벌 경영환경의 분석방법

↓

제 3 부　글로벌화 전략의 개발과 글로벌 시장진입전략

제 8 장　글로벌화 전략의 개발과 글로벌 시장진입전략
제 9 장　수　　출
제10장　라이선싱과 프랜차이징
제11장　해외직접투자
제12장　전략적 제휴

↓

제 4 부　글로벌 기업의 전략적 관리

제13장　글로벌 기업의 계획
제14장　글로벌 기업의 조직과 통제

↓

제 5 부　글로벌 기업의 지배구조와 윤리경영

제15장　글로벌 기업의 지배구조
제16장　글로벌 기업의 윤리경영

제 13 장

글로벌 기업의 계획

13.1 글로벌 기업의 계획과 계획수립과정

13.2 글로벌 기업의 전략적 계획

13.3 글로벌 기업의 운영적 계획

13.1 글로벌 기업의 계획과 계획수립과정

13.1.1 글로벌 기업의 계획

계획(plan)은 관리과정의 첫 번째 단계로서 업무의 실행을 위한 조직(organization)과 계획한 목표의 달성정도를 확인하고 수정하는 통제(control)의 선행조건에 속한다. 일반적으로 기업에 있어서 관리과정(management process)은 계획, 조직, 지휘, 통제 및 조정 등과 같은 5단계로 구성되지만, 본서에서는 이러한 관리과정을 계획, 조직 및 통제의 3단계로 단순화시켜 글로벌 기업의 관점에서 논의하기로 한다. 즉, 제4부에서는 글로벌 기업의 전략적 관리라는 주제하에 글로벌 기업의 계획(제13장), 글로벌 기업의 조직과 통제(제14장) 등으로 구분하여 살펴보기로 한다. 국내기업뿐만 아니라 글로벌 기업에

그림 13-1 관리과정

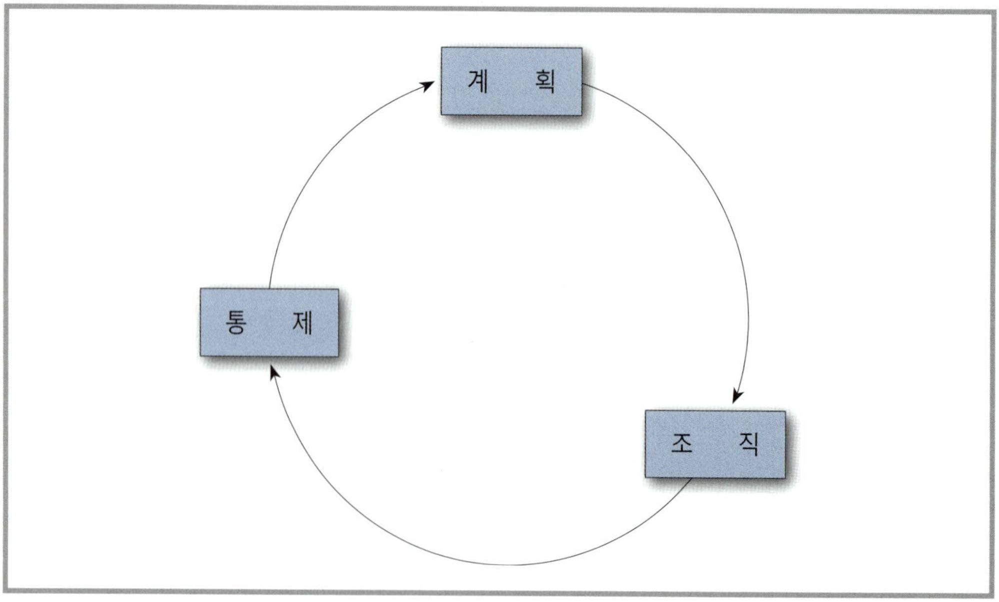

도 같은 원리로 적용되는 관리과정은 〈그림 13-1〉에 제시되어 있는 것처럼 계획, 조직 및 통제 등으로 구성되어 있다.

글로벌 기업의 계획(plan)은 최소한 두 개 국가 이상에서 국경초월적인 경영활동을 하는 기업의 목표를 달성하기 위하여 수립하는 미래관련적인 업무처리의 대안들을 포괄한다. 글로벌 기업은 본사와 자회사 및 자회사와 자회사 등과 같은 글로벌 네트워크로 서로 연결되어 있기 때문에 계획을 수립할 때 고려하여야 할 요소들이 매우 다양하지만, 무엇보다도 그 기업이 활동하고 있는 국가 또는 지역에 대한 글로벌 경영환경의 분석이 중요하다. 아울러 본사와 여러 국가 또는 지역에서 활동하는 자회사의 인적 및 물적 자원, 그리고 강점 및 약점 등을 분석하여 계획을 수립하여야 한다. 글로벌 경영환경의 관점에서 볼 때, 글로벌 기업의 계획은 다음과 같은 특징들을 갖고 있다.[227]

- 현지국에서 활동하는 자회사는 현지국의 사회문화적 환경의 영향을 고려하여 계획을 수립하여야 한다.
- 글로벌 기업의 계획은 다양하게 세분화된 국가시장들을 관련시켜야 한다.
- 글로벌 기업의 계획을 수립하기 위하여 요구되는 정보수집은 비교적 많은 비용을 발생시킨다.
- 글로벌 기업의 계획수립에서는 현지국의 정치적 환경이 본사국의 정치적 환경보다 더 중요한 의미를 갖는다.
- 글로벌 기업의 계획수립에서 고려하여야 하는 자본조달은 현지국의 재무적 환경(예를 들면, 인플레이션 및 환율 등)에 의해 많은 영향을 받는다.
- 글로벌 기업의 계획수립을 위한 방법이 현지경영자(예를 들면, 개발도상국의 현지경영자)에게 널리 알려져 있지 않다.

227 Kreikebaum, H.(1989), Sp. 1651.

13.1.2 글로벌 기업의 계획수립과정

글로벌 기업의 계획수립과정(planning process)은 계획팀의 구성, 정보수집, 계획의 수립, 계획의 실행 및 평가 등과 같은 과정을 거친다. 이러한 계획수립과정은 국내기업과 글로벌 기업, 그리고 본사와 자회사에 대하여 동일하게 적용될 수 있다. 〈그림 13-2〉는 글로벌 기업의 계획수립과정을 보여준다.

그림 13-2 글로벌 기업의 계획수립과정

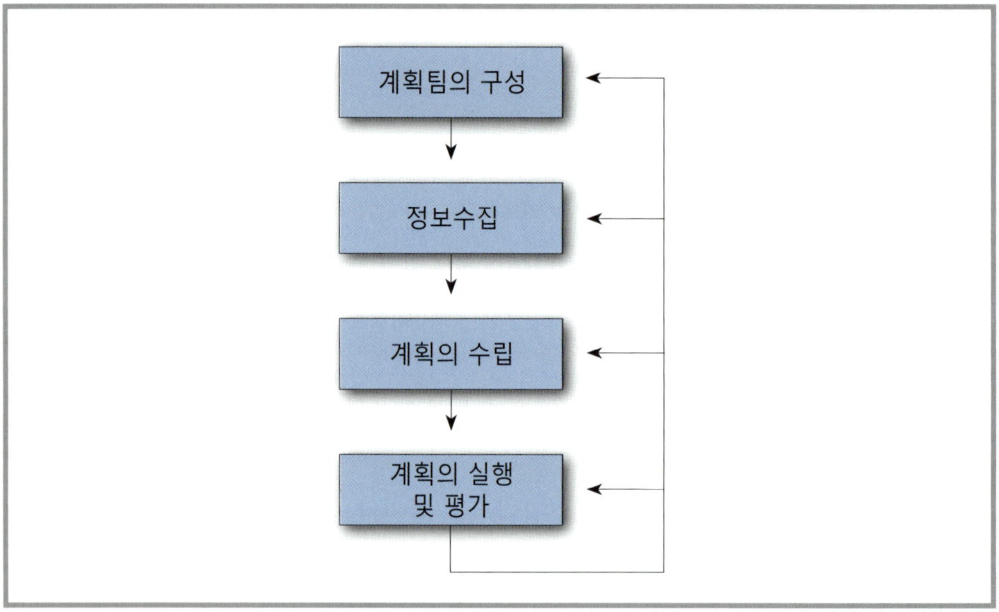

현지자회사의 관점에서의 계획수립과정을 구체적으로 살펴보면 다음과 같다.

계획팀의 구성

현지자회사의 계획을 수립하기 위한 계획팀은 관련부서의 직원 및 부서장 등으로 구성된다. 또한 계획팀은 라인조직 및 스태프조직에 따라 다르게 구성될 수 있다. 라인조직에서는 라인관리자가 계획팀의 구성에 대한 권한과 책임을 가지고 있는 반면, 스태프조직에서는 스태프관리자가 계획팀의 구성에 대한 권한과 책임을 가지고 있다. 그러나 스태프관리자(예를 들면, 기획관련 부서의 관리자)는 계획을 수된 업무로 하고 있지만 라인조직의 계획에 대하여 자문 또는 조언하는 역할을 담당하기도 한다. 계획의 중요성에 따라 본사가 현지자회사의 계획팀을 구성할 수 있으며, 이 경우에 있어서 본사는 현지자회사로 스태프를 파견하기도 한다.

정보수집

정보수집의 단계에서는 계획의 수립과 관련된 다양한 정보가 수집되어야 한다. 이러한 정보는 계획팀에 의하여 직접적으로 수집될 수도 있고, 정보수집을 담당하는 시장조사부서 또는 마케팅부서를 통하여 간접적으로 수집될 수 있다. 또한 계획의 수립에 필요한 정보는 본사의 관련부서, 스태프조직, 시장조사부서 또는 마케팅부서에 의해 현지자회사로 전달될 수 있다. 정보수집의 단계에서는 기업 외부적 정보(예를 들면, 환경요인에 의한 위협 및 기회에 대한 정보)뿐만 아니라, 아울러 기업 내부적 정보(예를 들면, 기업의 강점 및 약점에 대한 정보)도 동시에 수집하여야 한다.

계획의 수립

계획의 수립단계에서는 국내·외 및 기업 내·외부적으로 수집된 다양한 정보를 바탕으로 구체적인 계획들이 현지자회사의 계획팀들에 의해 제시된다. 계획은 계획주체에 따라 전략적 계획 및 운영적 계획 등으로 구분된다. 즉, 전략적 계획은 기업의 상위경영층에 의해 수립되는 장기적인 계획이며, 반면에 운영적 계획은 기업의 중하위경영층에 의해 수립되는 중단기적인 계획이다. 일반적으로 전략적 계획이 수립된 이후에 운영적 계획이 수립된다. 그 이유는 전략적 계획이 기업의 비전 및 목표를 제시하며, 이러한 비전과 목표에 따라서 구체적인 운영적 계획이 수립되기 때문이다(전략적 계획과 운영적 계획에 대한 자세한 내용은 13.2와 13.3 참고).

계획의 실행 및 평가

이 단계에서는 현지자회사의 계획팀들에 의해 수립된 계획들이 실행되며, 아울러 실행의 결과는 구체적으로 평가되어야 한다. 계획의 실행과 평가는 단기적 또는 중장기적으로 이루어질 수 있다. 예를 들면, 계획의 실행과 평가를 통하여 어떤 자회사에서 문제점이 발견되면 피드백과정을 거쳐 계획이 수정되어야 하며, 이러한 피드백과정에 본사가 개입하기도 한다. 이 단계에서 무엇보다도 중요한 것은 계획의 환경적응성과 일관성을 높이기 위하여 전략적 계획과 운영적 계획이 통합적으로 실행되고 평가되어야 한다.

13.2 글로벌 기업의 전략적 계획

13.2.1 전략적 계획의 의의

전략적 계획(strategic plan)은 미션, 목표, 전략 및 인적·물적 자원의 배분에 대한 의사결정을 하는 과정이다. 글로벌 기업의 전략적 계획의 목적은 글로벌 기업이 활동하는 국가의 외부적 경영환경의 기회와 위협요소를 파악하고(전략적 환경분석), 글로벌 기업의 내부적 환경의 분석을 통하여 강점과 약점을 파악하여(전략적 사업분석) 글로벌 경쟁력을 강화시키기 위한 방안을 수립(전략적 계획수립)하는 것이다(제8장 8.2 참고).

전략적 계획은 기업목표와 방법계획을 연결하는 역할을 한다(〈그림 13-3〉 참고). 왜냐하면 기업목표에 따라 전략적 계획이 수립되며, 전략적 계획이 수립되어야 구체적인 방법계획이 수립되기 때문이다. 그리고 계획수립은 '하향식 방법(top-down)' 또는 '상향식 방법(bottom-up)' 등과 같은 두 가지 방향으로 이루어질 수 있는데, 이러한 방향은 기업문화에 의해 결정되는 경향이 있다.

그림 13-3 계획의 단계

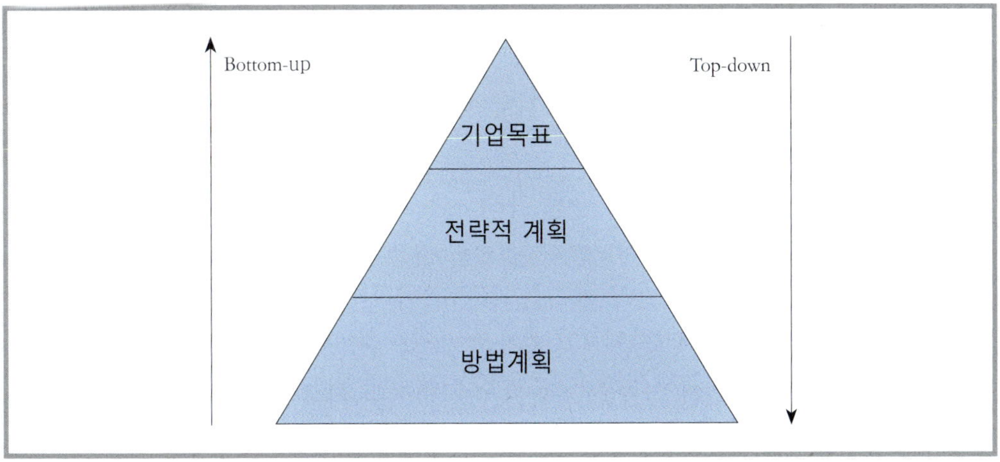

자료원: Perlitz, M.(2004), p. 30.

그림 13-4 계획단계, 계획범위 및 계획의 의미

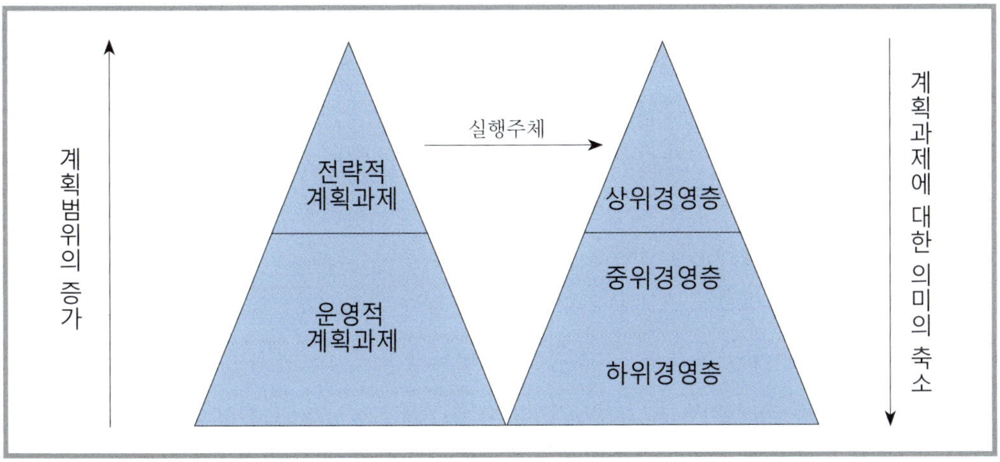

자료원: Perlitz, M.(2004), p. 32.

전략적 계획 및 계획과제는 상위경영층에 의해 수립되고 실행되며, 반면에 운영적 계획 및 계획과제는 중하위경영층에 의해 수립되고 실행된다. 계획범위의 측면에서 볼 때, 전략적 계획과제는 기업의 외부적 환경과 내부적 환경을 포괄적으로 고려하여야 하기 때문에 운영적 계획과제보다 계획범위가 더 넓다. 따라서 전략적 계획과제는 운영적 계획과제보다 기업전체에 미치는 파급효과가 더 크다. 〈그림 13-4〉는 계획단계, 계획범위 및 계획의 의미를 제시한다.

13.2.2 전략적 계획의 수립과정

기업에 따라 전략적 계획을 수립하는 과정이 다를지라도 대체로 다음과 같은 6단계의 과정을 거쳐서 상위경영층은 전략적 계획을 수립하고 실행한다. 그러나 이러한 과정은 반드시 순서적으로 이루어지는 것은 아니다. 아래에서는 전략적 계획의 수립과정에 대하여 살펴보기로 한다.[228]

- 기업목표: 글로벌 기업의 수익성, 시장점유율, 시장성장 및 장기적 발전 등과 같은 목표가 가장 먼저 제시되어야 한다.
- 기업전략: 이것은 단일의 사업전략, 관련사업 및 비관련사업의 다각화 전략 등과 같은 기업전략뿐만 아니라, 차별화, 저비용 및 집중화전략 등과 같은 사업전략을 포괄한다.
- 환경분석: 글로벌 기업은 외부적 환경분석을 통하여 기회 및 위협요소를 파악하여 기업목표, 기업전략 및 전략적 계획의 수립을 위해 활용한다.
- 기업분석: 글로벌 기업은 내부적 환경분석을 통하여 강점 및 약점을

228 일반적인 계획수립의 관점에서 *베아*와 *하스*(*Bea and Haas*)는 계획의 수립과정을 기업목표, 환경분석, 기업분석, 계획의 수립 및 계획의 실행 등과 같은 5단계로 분류한다(Bea, F. X/Haas, J.(1995), p. 58.)

그림 13-5 전략적 계획의 수립과정

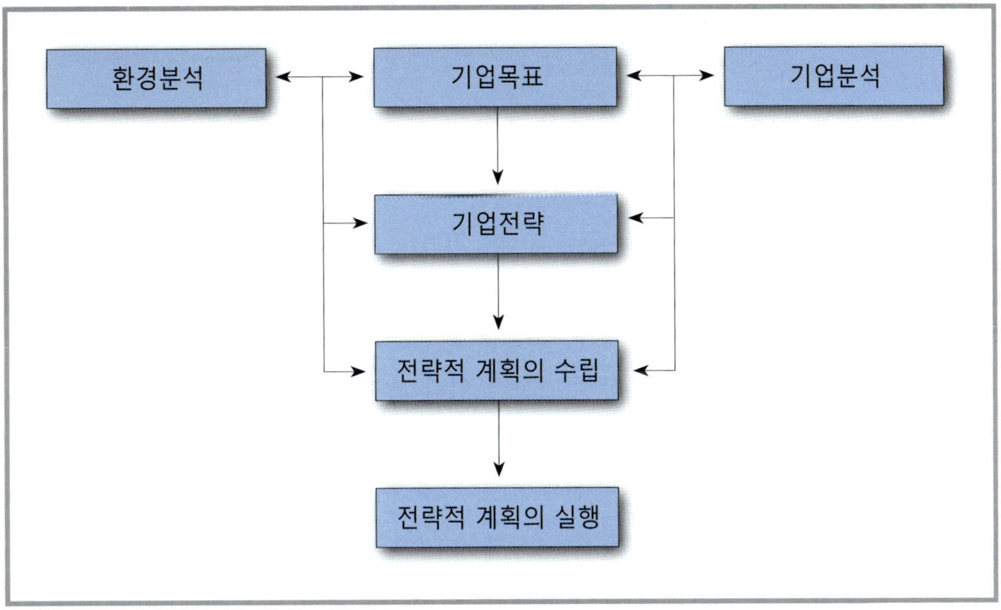

파악하여 기업목표, 기업전략 및 전략적 계획의 수립을 위해 적용한다.

- 전략적 계획의 수립: 위와 같은 과정을 거쳐서 다양한 형태의 전략적 계획이 수립된다. 또한 전략적 계획은 운영적 계획(자세한 내용은 13.3 참고)의 수립에 영향을 미친다.
- 전략적 계획의 실행: 이 단계에서는 기업목표를 달성하기 위하여 수립된 전략적 계획이 실행된다.

13.3 글로벌 기업의 운영적 계획

13.3.1 운영적 계획의 의의

운영적 계획(operational plan)은 전략적 계획에 기초하여 중하위경영층이 관련부서의 업무, 업무수행방법, 자원투입계획 및 계획완료기간 등을 구체적으로 제시한 대안을 말하며, 이것은 방법계획 또는 전술적 계획과 동의어로 사용되기도 한다. 글로벌 기업의 운영적 계획은 본사 및 현지자회사의 중하위경영층에 의해 수립되며, 이것은 마케팅, 생산, 재무, 인적자원, 연구개발 및 자원조달 등과 같은 본사와 현지자회사의 관련부서의 구체적인 업무계획을 포괄한다.

전략적 계획은 전사적 · 종합적 · 포괄적 성격을 지닌 장기적인 계획이며,

표 13-1 전략적 계획과 운영적 계획의 차이점

구분기준	전략적 계획	운영적 계획
기본방향	문제지향적	기간지향적
계획기능	혁신지향적(외부로의 전략적 적응: 효과의 확보, "올바른 것들을 실행함.")	통합지향적(내부로의 조정: 효율의 확보, "그것들을 올바르게 실행함.")
목표기준	시장성공의 잠재성 또는 능력 및 경영적 성과잠재성의 구축	예산설정, 기간적 성공의 실현
지 침	기업정책	기본전략 및 부분전략, 성과잠재성, 전략적 자원배분
문제형태	어려운 구조화, 질적 문제	비교적 쉬운 구조화, 양적 문제
계획범위	전략적 핵심문제에 집중하면서 전체적으로 포괄	영역별 실행에 집중하면서 체계적으로 분할
계획단위	전략적 사업단위	기능영역
계획사이클	대부분 불규칙적인 수년 간의 사이클	연도별
계획조직	중앙집권적(최고경영층)	분권적(중앙집권적으로 조정)

자료원: Ulrich, P./Fluri, E.(1992), p. 133.

일반적으로 외부적 환경분석을 통하여 수집된 정보에 기초하여 비계량적·질적 판단을 하는 거시적 계획이다. 반면에, 운영적 계획은 부문 및 개별계획 등과 같은 단기적인 계획과 관련되어 있으며, 주로 내부적 환경분석에 의해 획득된 정보를 바탕으로 단순한 계량적 판단을 하는 미시적 계획이다.[229] 〈표 13-1〉은 전략적 계획과 운영적 계획의 차이점을 제시한다.

13.3.2 운영적 계획의 분류

글로벌 기업의 운영적 계획은 마케팅, 생산, 재무, 인적자원, 연구개발 및 자원조달 등과 같은 기능영역에 따라 분류할 수 있으며, 구체적인 계획의 내용을 간략히 살펴보면 다음과 같다.

- 마케팅계획: 제품, 가격, 유통 및 촉진 등과 같은 글로벌 마케팅믹스에 대한 계획
- 생산계획: 생산일정, 재고관리, 창고보관, 품질관리 및 납품 등과 관련된 글로벌 기업의 생산계획
- 재무계획: 투자, 외환관리 및 자금조달 등과 같은 글로벌 재무계획
- 인적자원계획: 인력채용, 인력파견, 동기부여 및 보상 등과 같은 글로벌 기업의 인적자원계획
- 연구개발계획: 연구개발의 글로벌화, 신제품 및 신공정개발 등과 관련된 글로벌 연구개발계획
- 자원조달계획: 원재료 및 부품 등에 대한 조달계획, 글로벌 소싱계획

229 조동성(2006), p. 292 이하.

제 14 장

글로벌 기업의 조직과 통제

14.1 글로벌 기업의 조직의 의의와 조직구조

14.2 EPRG 관리개념과 커뮤니케이션구조

14.3 글로벌 기업에서의 조정과 조정방법

14.4 글로벌 기업의 통제의 의의와 필요성

14.5 글로벌 기업에서의 통제과정과 통제방법

14.1 글로벌 기업의 조직의 의의와 조직구조

14.1.1 글로벌 기업의 조직의 의의

글로벌 기업의 조직(organization)은 글로벌 경영활동을 수행하기 위한 기본적인 틀을 제시하며, 글로벌 기업의 목표와 내부적 및 외부적 환경상황에 따라 다양하게 구성될 수 있다. 일반적으로 조직의 설계는 계획에 따라 이루어지는데, 그 이유는 조직이 전략적 계획과 운영적 계획을 수행해야만 하기 때문이다. 글로벌 기업에서 조직설계를 담당하는 경영자는 다음과 같은 두 가지 측면을 고려하여 조직구조(organizational structure)를 설계하여야 한다.[230]

- 노동의 전문화를 통하여 효율의 우위를 달성하기 위한 가장 효과적인 부문배치방법의 발견
- 기업의 전체목표를 달성할 수 있도록 하는 부문별 활동의 조정

글로벌 기업뿐만 아니라 국내기업에도 동일하게 적용되는 조직설계의 원칙으로 분업과 전문화, 명령과 보고체계 및 업무분담과 부문 간 조정 등을 들 수 있다. 먼저, 글로벌 기업에서의 분업과 전문화는 본사와 자회사의 전세계적인 효과적인 배치(예를 들면, 국가별 생산시설의 배치)와 생산성향상과 관련되어 있다. 그리고 글로벌 기업에서의 명령과 보고체계는 본사와 자회사, 그리고 자회사들 간의 커뮤니케이션을 원활하게 해 주는 역할을 할 뿐만 아니라, 아울러 조직의 효율을 증대시키는 역할도 담당한다. 마지막으로, 글로벌 기업에서의 업무분담과 부문 간 조정은 글로벌 관점에서의 특정업무의 효율적인 배분과 체계적인 업무수행을 가능하게 한다.

230 Ball, D. A. et al.(2004), p. 480.

14.1.2 글로벌화 초기의 조직구조

수출부조직

수출부조직(export department structure)에서는 국내기업이 수출을 통하여 해외시장에서 매출액 및 시장점유율을 증대시키기 위하여 기업 내에 별도의 수출관련부서를 설치한다. 기업에 따라 수출부는 해외영업부 또는 국제영업부 등으로 불리어지기도 한다. 일반적으로 수출부를 설치하는 국내기업의 일차적 목표는 국내시장이며, 해외시장은 단지 이차적인 목표에 불과하다. 수출부조직은 기업의 글로벌화 초기단계에 주로 구성된다. 국내기업이 수출을 통하여 어느 정도 성장하게 되면 수출부조직을 확대(예를 들면, 수출부 내에 마케팅, 유통 및 해외지점 등과 관련된 별도의 조직을 구성할 수 있음)할 수 있다. 〈그림 14-1〉은 수출부조직을 보여준다.

그림 14-1 수출부조직

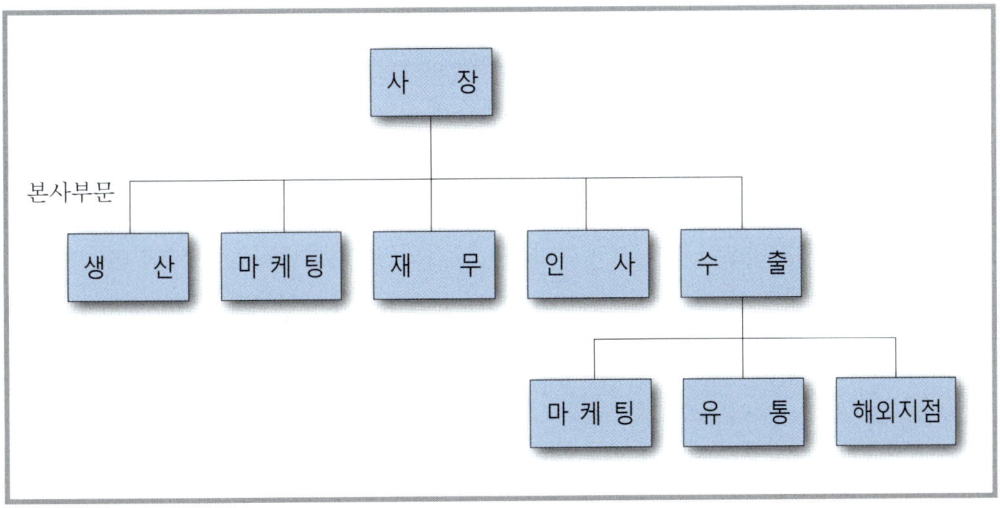

수출부조직의 장점은 다음과 같다.

- 글로벌화 초기에 비교적 적은 인적 및 물적 자원의 투입으로 조직을 구성할 수 있다.
- 수출업무에 집중할 수 있기 때문에 해외시장에서의 매출액증가에 긍정적인 영향을 미친다.
- 글로벌 기업으로 성장하는 데 필요한 해외경험을 쌓게 해 준다.

수출부조직의 단점을 살펴보면 다음과 같다.

- 글로벌화 초기의 경험부족으로 조직운영이 어려울 수 있다.
- 영세한 중소기업의 경우, 수출부조직의 운영비용이 경제적으로 부담이 될 수 있다.

국제사업부조직

국제사업부조직(international division structure)에서는 국제적인 운영과 관련된 모든 활동들이 국제사업부 한 곳으로 집중되어 처리된다. 수출부조직을 보유한 기업이 성장·발전함에 따라 점차 증가하는 국제적인 업무를 감당하기 어려운 경우에, 이러한 기업은 국제사업부를 구성하게 된다. 〈그림 14-2〉는 국제사업부조직을 제시한다. 이 그림의 사례에 제시된 바와 같이, 이 기업은 3개의 국내사업부를 두고 있으며, 1개의 국제사업부를 두고 있다. 또한 국제사업부는 아시아, 유럽, 북미 및 남미 등을 담당하는 별도의 조직을 운영하고 있다.

그림 14-2 국제사업부조직

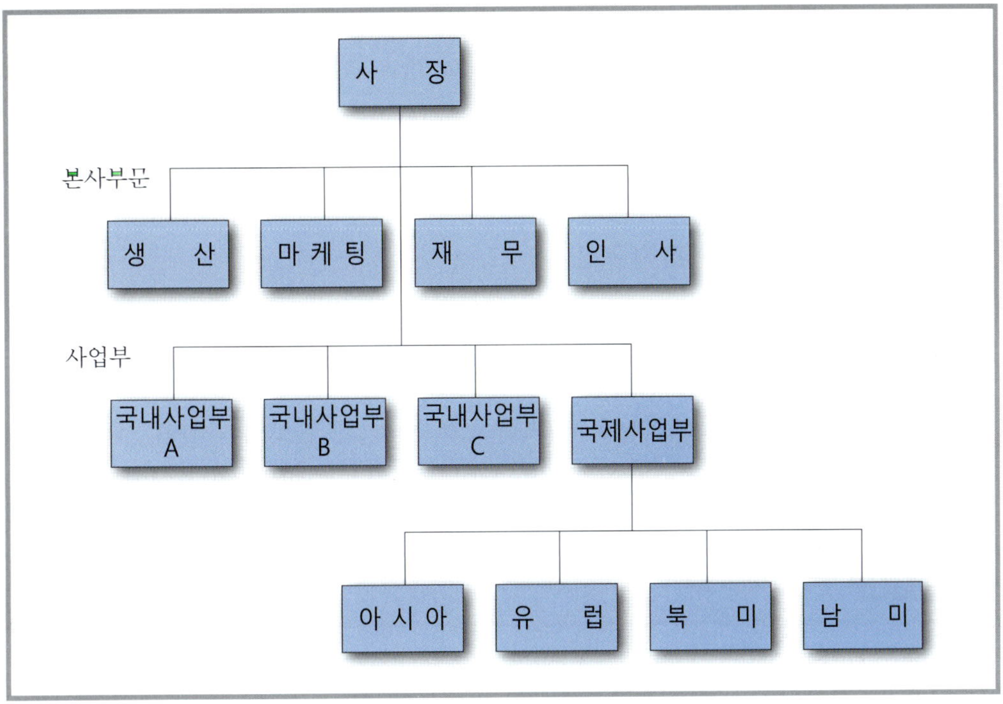

국제사업부 조직의 장점은 다음과 같이 요약될 수 있다.

- 글로벌 경영활동과 관련된 모든 업무들이 국제사업부에 집중되기 때문에 신속한 의사결정이 가능하다.
- 글로벌 경영활동에 대한 책임과 권한이 분명해진다. 즉, 국내사업은 국내사업부가 책임을 지며, 해외사업은 국제사업부가 책임을 진다.
- 국제사업부 내에 있는 지역별 조직을 통하여 해당국가 또는 지역의 시장정보를 효과적으로 습득할 수 있다.

국제사업부 조직의 단점으로 다음과 같은 것들이 지적될 수 있다.

- 국내사업부와 국제사업부 간에 갈등이 나타날 수 있다(예를 들면, 상충

적인 목표의 설정과 경쟁의식).

- 국제사업부는 대체로 독자적인 연구개발부서를 갖고 있지 않기 때문에 신제품개발을 국내사업부의 연구개발부서로 의뢰하는데, 이 과정에서 해외고객의 요구사항이 무시될 수 있다.

14.1.3 글로벌 조직구조

글로벌 제품조직

글로벌 제품조직(global product structure)은 글로벌 기업이 어떤 특정제품 또는 제품집단에 따라 조직을 구성하는 것을 말한다. 이 조직에서 어떤 하

그림 14-3 글로벌 제품조직

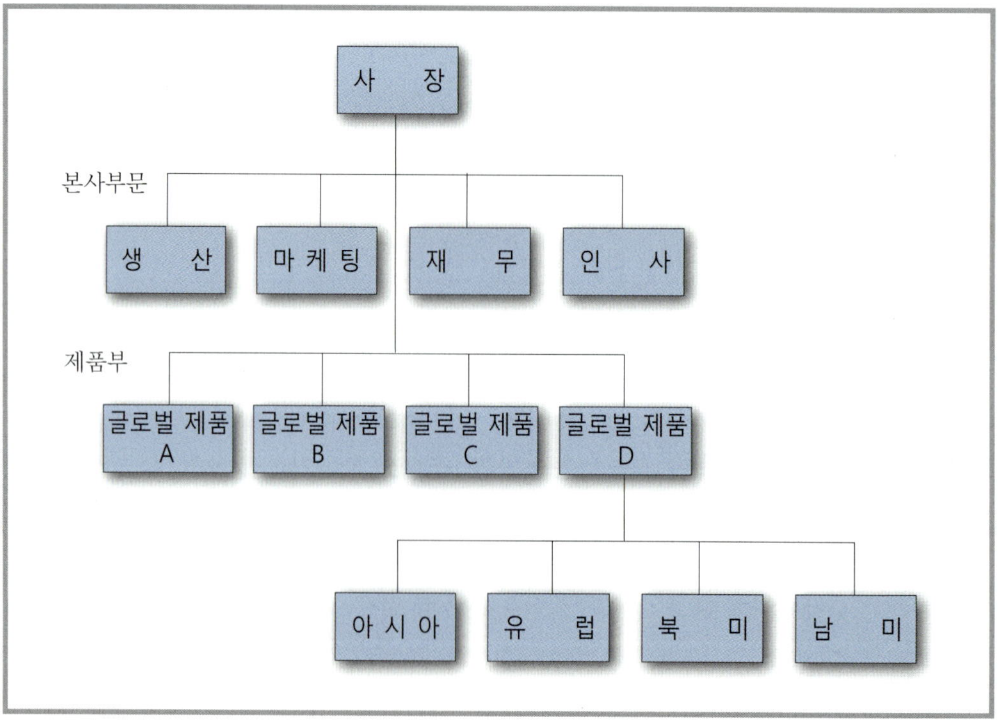

나의 글로벌 제품부는 이질적인 국가별 및 지역별 시장을 포괄적으로 담당한다. 일반적으로 이 조직은 다양한 제품과 제품집단을 보유하고 있는 대기업이 선호하는 경향이 있다. 〈그림 14-3〉은 글로벌 제품조직을 보여준다. 이 그림에 제시되어 있는 것처럼, 각 글로벌 제품부는 관련된 각 지역시장들을 책임진다.

글로벌 제품조직의 장점을 살펴보면 다음과 같다.

- 다양한 국가 및 지역시장의 요구사항을 더욱 잘 고려할 수 있다(높은 유연성과 적응력).
- 각 제품집단은 각 마케팅영역에서 보다 나은 의사소통을 할 수 있다.
- 서로 다른 제품집단에 대하여 보다 많은 자율권과 개발가능성이 주어진다.

글로벌 제품조직의 단점은 다음과 같이 제시될 수 있다.

- 제품 또는 제품집단에만 초점을 맞추는 경우, 다른 분야 또는 기능영역이 소홀히 될 수 있다.
- 특정국가 또는 지역 내에 다수의 판매지점 또는 유통망이 운영될 수 있기 때문에 자원이 낭비될 수 있다.

글로벌 지역조직

글로벌 지역조직(global regional structure)에서는 어떤 특정의 지리적 영역에 대하여 책임이 있는 관리자에게 글로벌 경영활동을 전적으로 맡기는 형태로 조직이 구성된다. 이 조직에서는 지역 중심적 관리개념에 기초하여 조직이 구성되고 운영된다. 〈그림 14-4〉는 글로벌 지역조직을 보여준다. 이 그림에 나타나 있는 바와 같이, 각 지역별 조직은 지역본부의 형태로 운영되며,

그림 14-4 글로벌 지역조직

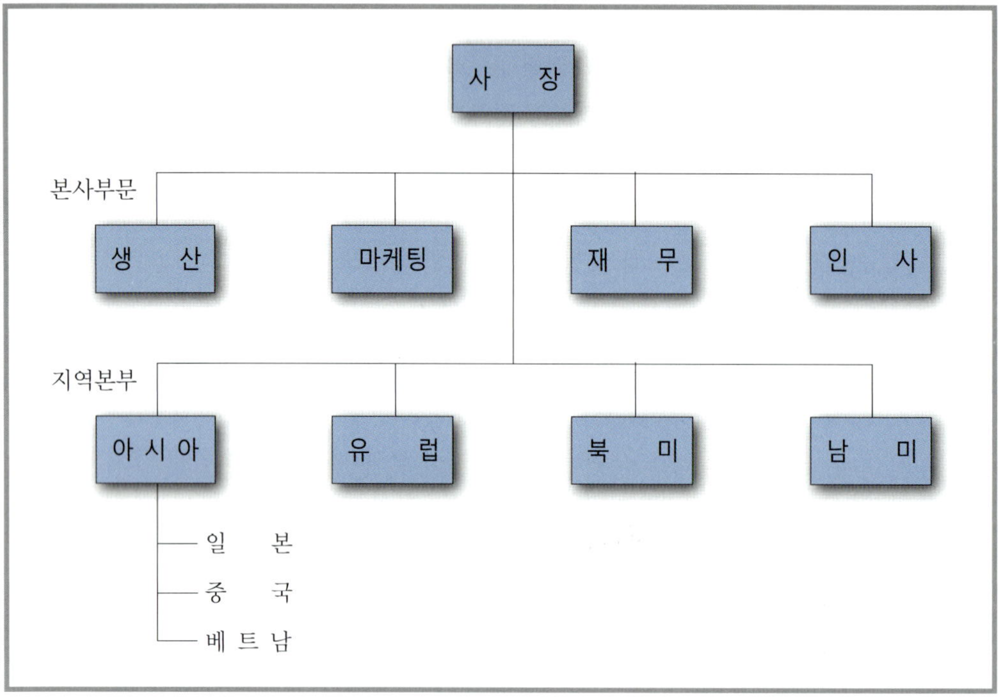

지역본부 내에는 다수의 국가별 조직이 있다.

글로벌 지역조직의 장점을 살펴보면 다음과 같다.

- 글로벌 경영활동이 지역별로 통합되기 때문에 지역적인 규모의 경제가 달성될 수 있다.
- 문화적 배경이 유사한 지역에서는 표준화된 마케팅전략을 수행할 수 있다(예를 들면, 유럽지역 및 북미지역 등).
- 지역별 조직에 속해 있는 국가별 조직의 통제가 용이하다.

글로벌 지역조직의 단점은 다음과 같이 열거될 수 있다.

• 지역별 조직은 이익센터(profit center)의 관점에서 운영되기 때문에 글로벌 관점에서의 글로벌 기업통합이 실현되기 어렵다.
• 특정지역 내에 문화적 이질성이 존재하는 경우에는 국가별 조직 간에 갈등이 야기될 수 있다.

글로벌 기능조직

글로벌 기능조직(global functional structure)은 기업의 각 기능영역에 따라 조직을 구성하는 것을 말한다. 이 조직에서는 라인관리자가 국내 및 해외에서의 특정 기능영역활동에 대하여 책임을 지며, 각 기능영역은 국내와 해외로 나누어진다(예를 들면, 생산부서는 국내생산과 글로벌 생산, 마케팅은 국내마케팅과 글로벌 마케팅). 〈그림 14-5〉는 글로벌 기능조직을 제시한다. 이 그림에서는 생산, 마케팅, 재무 및 인사 등과 같은 기능영역이 국내와 해외로 구분되어 조직도에 표시되어 있다.

글로벌 기능조직의 장점을 요약하면 다음과 같다.

그림 14-5 글로벌 기능조직

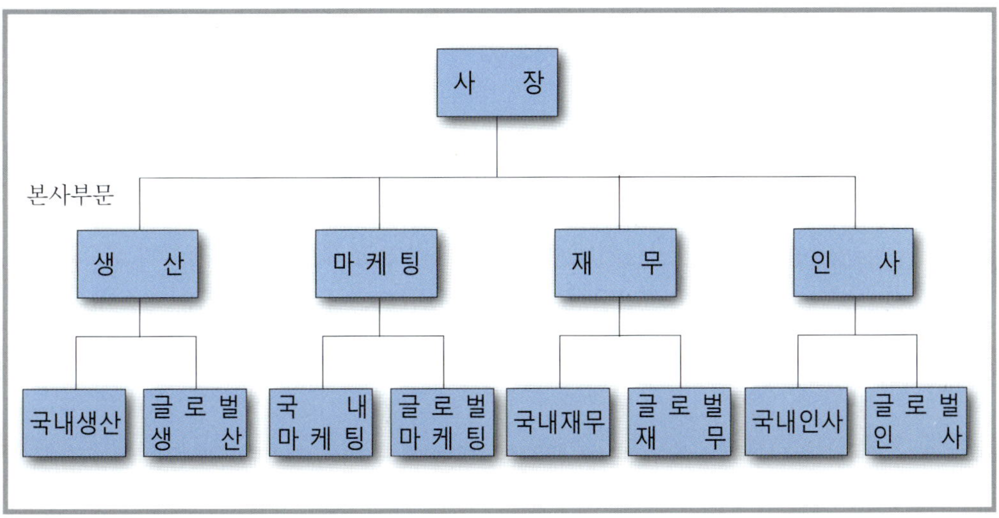

- 각 기능영역의 강점이 국내와 해외에서 골고루 활용될 수 있다.
- 책임영역이 분명하기 때문에 기능영역별 특화 또는 전문화가 추구될 수 있다.
- 기능영역별로 할당된 국내 및 글로벌 업무가 일관되게 처리될 수 있다.

글로벌 기능조직의 단점은 아래와 같다.

- 전 세계의 고객에게 판매되는 최종제품 또는 서비스에 대한 책임소재가 분명하지 않을 수 있다.
- 기능영역 간의 커뮤니케이션이 원활하지 못하다.

글로벌 매트릭스조직

글로벌 매트릭스조직(global matrix structure)에서는 둘 또는 그 이상의 조직화기준이 하나의 매트릭스에서 동시에 동일한 순위로 고려된다.[231] 글로벌 매트릭스조직의 목표는 글로벌 관점에서 조직구조의 유연성을 증대시키는 것이다.[232] 〈그림 14-6〉은 글로벌 매트릭스조직을 제시하는데, 이것은 다만 하나의 사례에 불과하다. 실제에 있어서, 글로벌 매트릭스조직은 다양한 조직화기준에 따라 여러 가지 형태로 구성될 수 있다.

글로벌 매트릭스조직의 장점을 열거하면 다음과 같다.

- 제품별 및 지역별로 관련된 기능영역 간의 직접적인 의사소통경로가 확보된다.
- 관련된 기능영역의 관리자들을 통하여 문제해결의 잠재성이 증대된다.
- 횡단면적인 연결을 통하여 환경변화에 대한 유연성과 적응력이 향상된다.

---

231 Schertler, W.(1993), p. 42; Bühner, R.(1992), p. 147.
232 Schertler, W.(1993), p. 42.

그림 14-6 글로벌 매트릭스조직

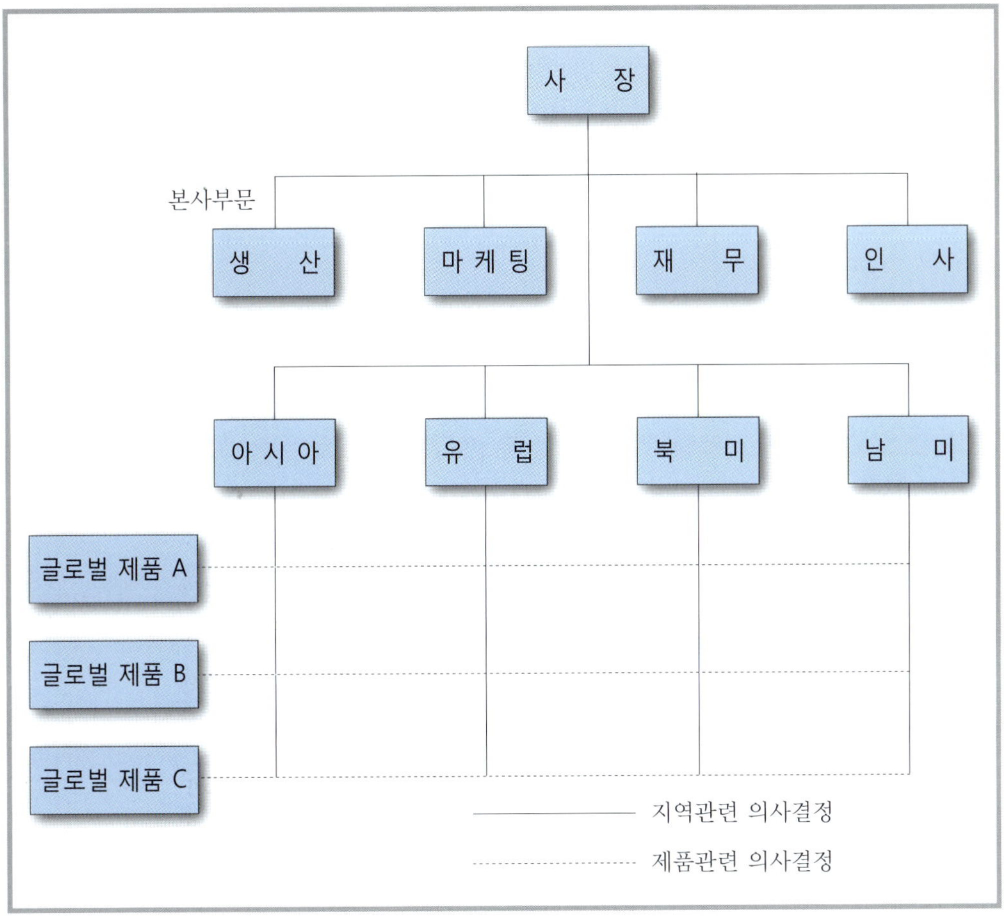

- 각 기능영역의 협력이 순조로울 경우, 조직관리자의 부담이 완화된다.

글로벌 매트릭스조직의 단점은 다음과 같다.

- 관련된 기능영역의 관리자들 사이에 갈등이 나타날 가능성이 잠재되어 있다.
- 관련된 기능영역 간의 만족스럽지 못한 의견조정은 조직에 대한 위험

성을 증대시킬 수 있다.

〈그림 14-7〉은 글로벌 기업의 조직의 진화방향을 제시한다. 이 그림에서는 총 매출액에서의 해외매출액의 비율, 그리고 해외제품의 다양성의 높고 낮음에 따라 글로벌 기업의 조직을 국제사업부, 전 세계적 제품사업부, 지역사업부 및 글로벌 매트릭스조직(그리드) 등으로 나누어 그 위치를 각각 보여 준다.

그림 14-7 글로벌 기업의 조직의 진화방향

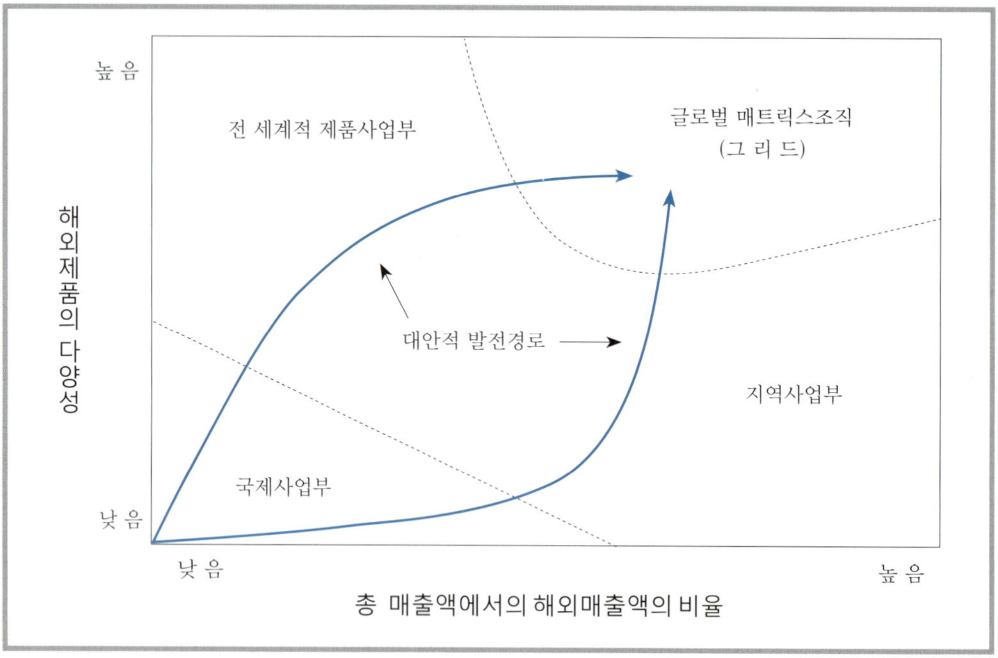

자료원: Stopford, J. M./Wells, L. T.(1972).

14.2 EPRG 관리개념과 커뮤니케이션구조

글로벌 기업의 커뮤니케이션구조는 국내에서만 운영되는 기업과는 전혀 다른 방식으로 이루어진다. 즉, 본사와 전 세계에서 운영되는 현지자회사 간의 관계는 조직을 전 세계적 관점에서 파악하는 데 있어서 중요한 변수가 된다. 글로벌 기업의 커뮤니케이션구조를 논의하기 위해서는 먼저 기업의 글로벌화에 대한 전략적 관리개념을 이해하여야 한다. 글로벌 기업의 전략적 관리개념을 살펴보는 이유는 이 개념이 글로벌 기업의 일반관리뿐만 아니라, 각 기능영역의 관리에 대한 설명을 위해서도 높은 설명력을 갖기 때문이다.

이러한 전략적 관리개념에 대한 대표적인 이론으로서 *펄뮤터(Perlmutter)*의 EPRG 관리개념을 들 수 있다.[233] EPRG는 *E*thnocentric(본사 중심적), *P*olycentric(현지 중심적), *R*egiocentric(지역 중심적) 및 *G*eocentric(글로벌 중심적)의 영문 앞 글자를 따서 만든 용어이다. 아래에서는 펄뮤터의 EPRG 관리개념을 먼저 설명한 후 글로벌 기업의 본사와 자회사 간의 커뮤니케이션구조에 대하여 논의하기로 한다.

14.2.1 본사 중심적 커뮤니케이션구조

본사 중심적 관리개념(ethnocentric management concept)은 현지자회사의 주요직위를 배치하는 경우에 있어서 본국의 인력을 우대하는 것을 의미한다. 이 관리개념은 본국의 인력이 더욱 능력 있고 우수하다는 가정에서 출발한다. 이것의 장점은 본사와 현지자회사 간의 의사소통이 원활하게 이루어질

233 박주홍(2007), p. 137 이하 수정 재인용; Perlitz, M.(2004), p. 119 이하; Heenan D. A./Perlmutter, H. V.(1979), p. 17 이하; Perlmutter, H. V.(1969), p. 9 이하.

수 있고, 본사의 경영 및 기술노하우가 현지자회사로 원활하게 이전될 수 있다는 것이다. 그러나 현지국에서 채용된 인력에 대한 동기부여가 악화될 수 있는 가능성이 존재한다.

본사 중심적 커뮤니케이션구조(ethnocentric communication structure)에 있어서 기업의 글로벌화와 관련된 주요 의사결정은 본사 중심적으로 이루어진다. 이 커뮤니케이션구조에서는 본사가 전략목표의 설정, 전략적 계획의 수립과 실행, 인적 및 물적 자원의 국제적 배분 및 통제 등에 있어서 본사가 주도적 역할을 하며, 현지자회사는 종속적인 역할을 한다. 그리고 이 커뮤니케이션구조에서는 본사가 현지자회사보다 관리능력이 우수하다는 가정을 한다.

〈그림 14-8〉은 본사 중심적 커뮤니케이션구조를 보여준다. 이 그림에서 본사가 짙은 음영으로 표시되어 있는데, 이것은 본사가 커뮤니케이션에 있어

그림 14-8 본사 중심적 커뮤니케이션구조

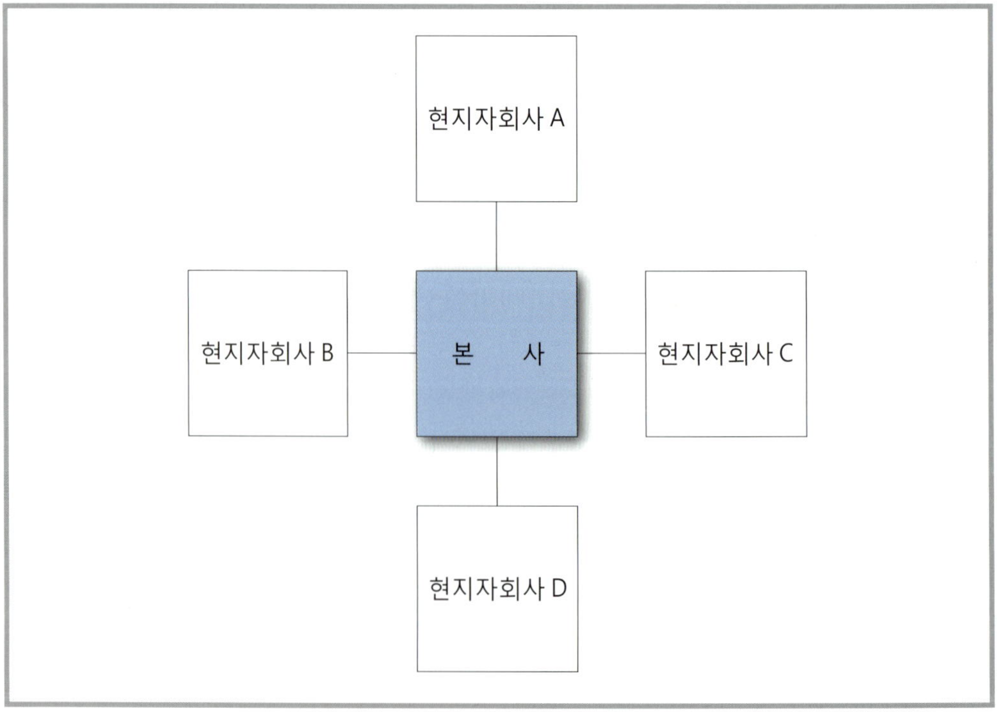

서 주도적 역할을 한다는 것을 뜻한다.

본사 중심적 커뮤니케이션구조의 장점을 살펴보면 다음과 같다.

- 본사가 전체기업의 자원을 효율적으로 배분하기 때문에 경영성과가 극대화될 수 있다.
- 본사의 우수한 경영 및 기술노하우가 현지자회사로 신속하게 확산될 수 있다.
- 전체기업의 관점에서 볼 때, 본사와 현지자회사에서의 자원투입의 중복을 방지할 수 있다.

본사 중심적 커뮤니케이션구조의 단점은 다음과 같이 요약될 수 있다.

- 현지자회사의 좋은 의견이 무시될 수 있다.
- 현지자회사가 본사에 대하여 배타적인 성향을 보일 수 있다.
- 전체기업의 커뮤니케이션구조가 경직될 수 있다.
- 현지경영자의 동기부여가 악화될 수 있다.

14.2.2 현지 중심적 커뮤니케이션구조

현지 중심적 관리개념(polycentric management concept)은 현지국의 인력을 현지자회사의 주요직책에 배치하는 것을 말한다. 이 관리개념은 본국출신의 인력이 현지국의 경영적 특수성 및 환경 등을 잘 이해할 수 없다고 가정한다. 이것의 장점은 현지국 채용인력의 동기부여가 증대될 수 있고, 기업의 현지적응이 신속하게 이루어질 수 있다는 것이다. 하지만 현지자회사에서 근무하는 본국출신의 유능한 인력에 대한 승진기회가 박탈될 수 있고, 이것 때문에 이들의 동기부여가 악화될 수 있는 단점이 있다.

현지 중심적 커뮤니케이션구조(polycentric communication structure)에서는 글로벌 기업활동과 관련된 주요 의사결정권이 현지자회사의 경영자에게 대폭적으로 위임된다. 즉, 이 커뮤니케이션구조에서는 본사의 의사결정권은 약화되고, 현지자회사의 의사결정권이 강화된다. 또한 본사와 현지자회사의 사업부 간의 경쟁이 이루어질 가능성이 매우 높다. 일반적으로 본사가 현지자회사의 경영능력을 높게 평가하는 경우에, 현지 중심적 커뮤니케이션구조가 채택된다.

〈그림 14-9〉는 현지 중심적 커뮤니케이션구조를 나타낸다. 이 커뮤니케이션구조에서는 현지자회사들이 짙은 음영으로 표시되어 있는데, 이것은 현지자회사가 커뮤니케이션에 대한 주도권을 갖고 있다는 것을 의미한다.

그림 14-9 현지 중심적 커뮤니케이션구조

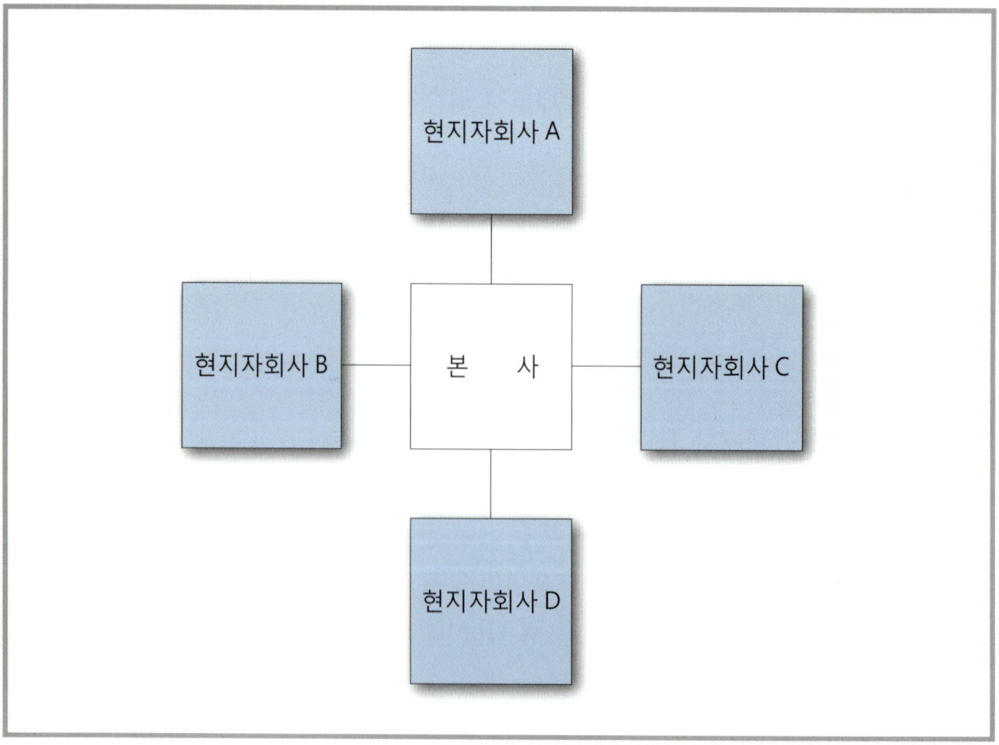

현지 중심적 커뮤니케이션구조는 다음과 같은 장점을 갖고 있다.

- 현지자회사의 자원을 효과적이고 효율적으로 활용할 수 있다.
- 현지자회사의 경영자의 동기부여가 증대될 수 있다.
- 현지자회사이 우수한 경영성과가 본사 및 다른 현지자회사로 확산될 수 있기 때문에 글로벌 범위의 경제효과가 나타날 수 있다.

현지 중심적 커뮤니케이션구조는 다음과 같은 단점을 내포하고 있다.

- 전체기업의 관점에서 볼 때, 본사와 현지자회사에서의 자원투입에 있어서 중복이 나타날 수 있다.
- 현지자회사가 독립하려는 경향이 있기 때문에 본사에 의한 통제가 어려워질 수 있다.

14.2.3 지역 중심적 커뮤니케이션구조

지역 중심적 관리개념(regiocentric management concept)은 동일한 지역(예를 들면, 유럽, 아프리카, 아시아, 북미 및 남미지역 등)으로부터 채용한 인력을 주요직책에 배치하는 것을 의미한다. 어떤 지역에 있어서 문화적 환경이 유사한 경우, 이 관리개념이 도입될 수 있다. 또한 동일한 지역으로부터 유능한 인력을 채용할 수 있으므로 인력채용시 선택의 폭이 매우 넓다. 그러나 같은 지역 내에서 문화적 환경의 차이가 많이 있는 경우, 여러 가지 문제점 또는 갈등이 조직 내에서 나타날 수 있다.

지역 중심적 커뮤니케이션구조(regiocentric communication structure)에 있어서 글로벌 경영활동과 관련된 주요 의사결정은 지역본부(headquarters)에 의하여 이루어진다. 또한 어떤 특정지역본부에 소속된 현지자회사들은 그 지역본부에 종속되어 있다. 따라서 본사는 지역본부들을 통제함으로써 모든 현지자회사들을 간접적으로 장악할 수 있다.

〈그림 14-10〉에서는 지역 중심적 커뮤니케이션구조를 제시하고 있다. 이 그림에 나타나 있는 바와 같이, 이 커뮤니케이션구조에서는 지역본부와 본사가 짙은 음영으로 표시되어 있는데, 이것은 본사와 지역본부가 커뮤니케이션에 있어서 주도적 역할을 한다는 것을 의미한다.

그림 14-10 지역 중심적 커뮤니케이션구조

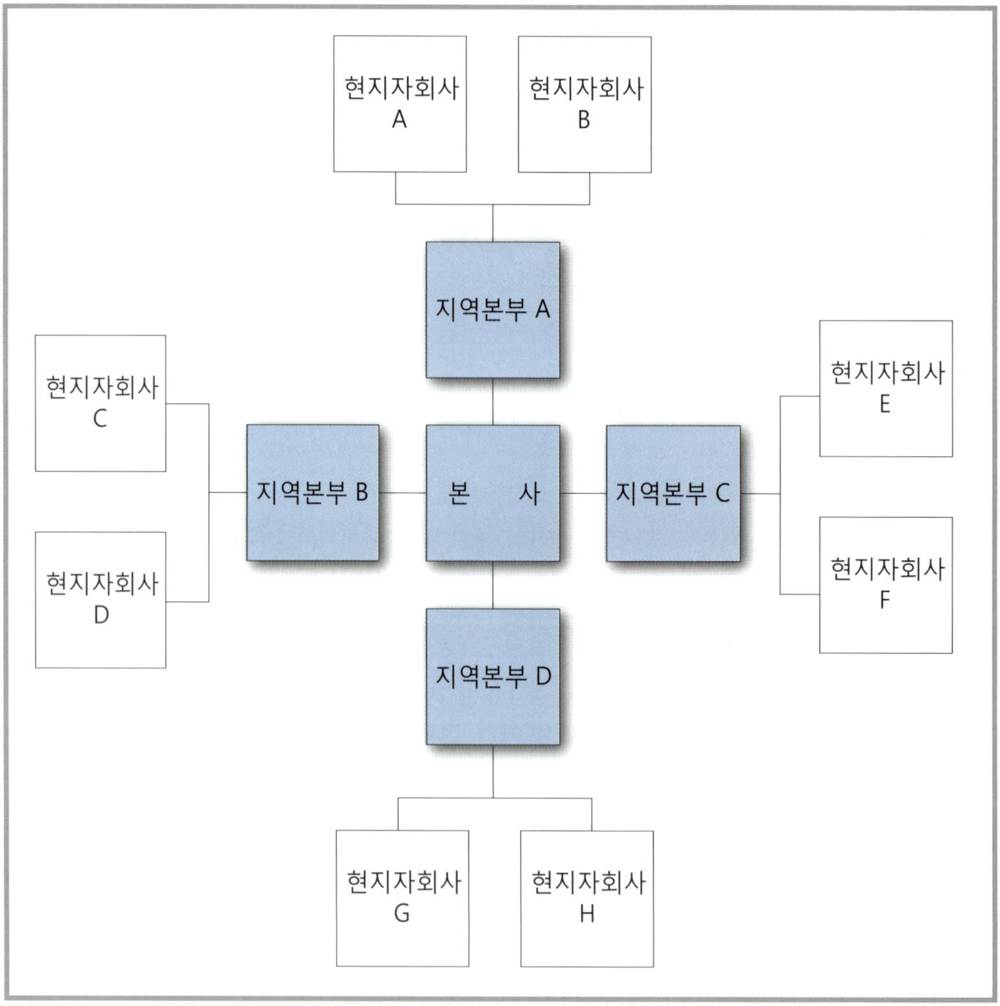

지역 중심적 커뮤니케이션구조의 장점을 살펴보면 다음과 같다.

- 문화적 배경이 유사한 특정지역의 고객요구를 신속히 충족시킬 수 있다.
- 지역본부가 그들에게 연결되어 있는 현지자회사들을 통합적으로 관리하기 때문에 본사의 현지자회사에 대한 통제의 부담이 줄어든다.
- 특정지역의 사정에 정통한 유능한 인력을 채용할 수 있기 때문에 지역본부의 경영성과가 증대될 수 있다.
- 본사가 지역본부의 글로벌 경영활동에 어느 정도 개입하기 때문에 현지자회사들에 의한 자원의 중복적 투입을 방지할 수 있다.

지역 중심적 커뮤니케이션구조의 단점은 다음과 같다.

- 특정지역에서의 문화적 이질성이 높은 경우에는 원활한 커뮤니케이션이 어렵고, 지역본부에 종속된 현지자회사들 간에 갈등이 나타날 수 있다.
- 본사의 지역본부에 대한 통제가 느슨한 경우에, 서로 다른 지역본부에 연결된 현지자회사들에 의한 자원의 중복적 투입이 나타날 수 있다.

14.2.4 글로벌 중심적 커뮤니케이션구조

글로벌 중심적 관리개념(geocentric management concept)은 전 세계적 관점에서 인력을 채용하고 배치하는 것을 말한다. 이 경우에 있어서 전 세계의 유능한 인력이 활용될 수 있는 장점이 있다. 그러나 어떤 현지자회사 내에서 다양한 국적과 문화적 배경을 가진 인력들 간에 의사소통의 문제가 나타날 수 있고, 조직 내에서 갈등이 유발될 수 있는 가능성이 있다.

글로벌 중심적 커뮤니케이션구조(geocentric communication structure)에서는 본사와 현지자회사가 상호 협력하여 전 세계적인 관점에서 글로벌 경영활동을 수행한다. 이 커뮤니케이션구조에서는 본사와 현지자회사의 이분법적인 개념구분이 더 이상 의미가 없으며, 오로지 전 세계적 관점에서의 본사와 현지자회사 간의 통합적 협력이 보다 큰 의미를 갖는다.

〈그림 14-11〉은 글로벌 중심적 커뮤니케이션구조를 보여준다. 이 그림에 제시되어 있는 바와 같이, 본사와 현지자회사, 그리고 현지자회사들 간의 전 세계적인 네트워크가 형성된다. 이러한 네트워크의 구축을 통하여 전 세계적인 관점에서 글로벌 경영활동의 시너지가 추구된다. 본사와 현지자회사가 모두 중요하기 때문에 이 그림에서는 이들 모든 부분이 짙은 음영으로 표시되어 있고, 선으로 연결되어 있다.

그림 14-11 글로벌 중심적 커뮤니케이션구조

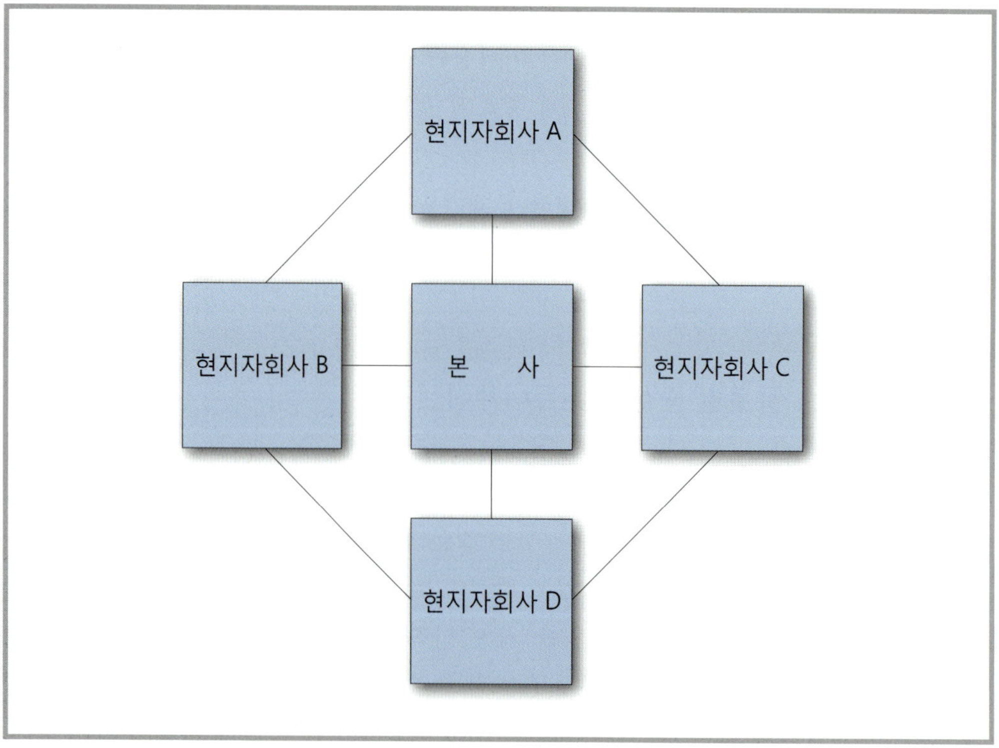

글로벌 중심적 커뮤니케이션구조의 장점은 다음과 같이 요약할 수 있다.

- 글로벌 경영활동에 있어서의 전 세계적인 시너지의 창출, 글로벌 효율의 극대화, 다양한 입지별 조직적 학습효과의 증대, 현지국의 강점개발 및 정교화 등과 같은 목표들이 달성될 수 있다.
- 인적 및 물적 자원의 전 세계적 선택과 배분을 통한 글로벌 경영활동이 이루어지기 때문에 전 세계의 고객욕구를 보다 잘 충족시킬 수 있다.

글로벌 중심적 커뮤니케이션구조의 단점을 살펴보면 다음과 같다.

- 본사와 현지자회사, 그리고 현지자회사들 간의 커뮤니케이션이 매우 복잡하기 때문에 커뮤니케이션비용이 많이 들 수 있으며, 신속한 커뮤니케이션이 이루어지지 않을 수도 있다.
- 전 세계적인 커뮤니케이션을 통하여 나타나는 문제를 해결하는 데 있어서 높은 조정비용이 발생할 수 있다.

14.3 글로벌 기업에서의 조정과 조정방법

14.3.1 조정의 중앙집권화와 분권화

글로벌 기업의 전체과제가 여러 개의 부분과제로 분류되면 조정의 문제가 나타난다.[234] 조정(coordination)은 "상위의 전체목표에 대한 개별활동을 분업시스템으로 정돈"하는 것을 의미한다.[235] 글로벌 기업에 있어서 조정의 목표는 글로벌 경영활동의 과정에서 발생할 수 있는 서로 다른 단위조직 간

234 박주홍(2007), p. 147 이하 수정 재인용.

235 Frese, E.(1984), p. 200.

의 편차를 줄이는 것이다. 글로벌 기업의 조정에 있어서 다음과 같은 측면들이 고려되어야 한다.

- 기업목표의 달성정도
- 전략적 계획과 운영적 계획의 실행 및 달성정도
- 비용(원가)우위의 달성정도
- 차별화우위의 달성정도
- 글로벌 기업의 개별 단위조직 간의 갈등의 회피

글로벌 기업에서의 조정은 '중앙집권적' 또는 '분권적'으로 이루어진다. 글로벌 기업의 중앙집권적 조정(central coordination)에서 조정의 과제는 상위경영층에 집중되며, 중하위계층의 의사결정권한은 제한된다. 이에 반해, 글로벌 기업의 분권적 조정(decentral coordination)에 있어서는 중하위경영층으로 의사결정권한이 대폭적으로 위임된다.[236] 즉, 글로벌 기업조정의 중앙집권화에 있어서 서로 다른 중하위경영층의 글로벌 경영활동을 조정하기 위하여 상위경영층에게 강력한 의사결정권한이 부여된다. 반면에, 글로벌 기업의 분권화에 있어서는 중하위경영층의 경영자에게 의사결정권한이 주어진

표 14-1 글로벌 기업의 중앙집권화와 분권화의 장점과 단점

	글로벌 기업의 조정의 중앙집권화	글로벌 기업의 조정의 분권화
장 점	• 상위경영층에 의한 통일적 조정 • 빠른 조정 • 중앙집권적 정보수집과 정보가공	• 글로벌 경영활동의 유연성증대 • 상위경영층의 부담경감 • 중하위경영층의 관리능력개발
단 점	• 글로벌 경영활동의 유연성감소 • 상위경영층의 부담증가	• 느린 조정 • 글로벌 기업의 단위조직 간의 갈등 • 글로벌 기업의 전체목표를 등한시할 가능성이 높음

자료원: Park, J.-H.(1996), p. 83; 저자에 의해 일부 수정됨.

236 Herzhoff, S.(1991), p. 227 이하.

다. 〈표 14-1〉은 글로벌 기업의 중앙집권화와 분권화의 장점과 단점을 제시한다.

14.3.2 조정의 방법

여러 문헌에서는 다음과 같은 여러 가지 조정의 방법들을 제시하고 있다.[237]

개인적 명령

개인적 명령에 의한 조정은 글로벌 기업의 수직적 커뮤니케이션의 흐름에 기초를 두고 있다.[238] 개인적인 명령은 조직의 상위계층의 경영자가 하위계층의 경영자에게 글로벌 경영활동을 조정하기 위하여 개인적으로 지시하는 것이다.

표준규칙 또는 프로그램에 의한 조정

이 방법에서는 표준규칙 또는 프로그램에 의하여 조정이 이루어진다. 그러므로 글로벌 기업에서 만든 표준규칙 또는 프로그램은 글로벌 경영활동의 조정의 과제 또는 대상을 명확하게 제시하여야 한다.

계획에 의한 조정

계획에 의한 조정은 구체적인 계획을 통하여 글로벌 기업활동을 통제하는 것이다. 이러한 계획은 표준규칙 또는 프로그램이 구체화되는 과정에서

---

237 박주홍(2007), p. 149 이하 수정 재인용; Perlitz, M.(2004), p. 462; Macharzina, K.(1993), p. 745 이하; Ueno, H.(1988), p. 58; Buckley. P. J./Mirza, H.(1985), p. 30; Hirschmeier, J.(1984), p. 2244.

238 Kieser, A./Kubicek, H.(1992), p. 105.

명확한 목표를 제시하여야 한다.[239]

의사결정자의 독자결정에 의한 조정

이 방법에서는 글로벌 경영활동과 관련하여 특정의사결정권을 갖는 경영자가 독자적으로 조정을 한다. 특히, 이 방법에서는 분권적인 관점에서 조정이 이루어진다.

상호결정에 의한 조정(조정회의 또는 조정위원회)

상호결정에 의한 조정은 조정회의 또는 조정위원회 등과 같은 공식적인 회의 또는 기구를 통하여 글로벌 경영활동에 대한 체계적인 통제를 하는 것이다.[240] 이 방법에서는 상위경영자와 글로벌 경영활동에 관련된 모든 중하위 경영자가 조정회의 또는 조정위원회에 참석하여 상호협력을 바탕으로 문제점을 해결한다.

기업문화에 의한 조정

이 방법에서는 *키저*와 *쿠비첵*(*Kieser & Kubicek*)이 제시한 다음과 같은 원칙에 의하여 조정을 시도한다. 즉, 어떤 조직구성원의 내부에서 내면화된 가치관 및 규범에 근거하여 추가적인 조직적 부담이 없는 상태에서 글로벌 경영활동이 연속적으로 조화를 이루어간다.[241] 어떤 조직의 구성원들이 공유하고 있는 가치관 및 규범은 기업문화의 주요 구성요소이며, 이러한 기업문화를 통하여 글로벌 기업에서 조정이 자연스럽게 이루어진다.[242]

239 전게서, p. 114.
240 Rieser, I.(1984), p. 91.
241 Kieser, A./Kubicek, H.(1992), p. 118.
242 Trommsdorff, V./Schneider, P.(1990), p. 16.

14.4 글로벌 기업의 통제의 의의와 필요성

14.4.1 글로벌 기업의 통제의 의의

통제(control)는 "계획과 성과 간의 편차를 확인하고, 이러한 편차를 분석하기 위한 어떤 순서적이고 지속적인 정보가공의 과정"으로 정의할 수 있다.[243] 글로벌 기업의 통제는 계획, 실행 및 결과를 포괄하는 본사와 자회사의 글로벌 기업활동의 전반에 대한 지속적이고 체계적인 검토를 의미한다. 전통적인 통제형태인 결과통제 또는 사후통제(계획과 결과의 비교)는 다음과 같은 3단계로 구분된다.[244]

- 결과의 확인: 결과는 계획한 성과(수치 또는 측정치)에 기초하여 확인된다.
- 계획과 결과의 비교: 계획이 목표한 대로 실현되었는가 또는 계획과 결과 사이에 편차가 있는가를 확인하기 위하여 계획과 결과가 비교된다.
- 편차분석: 편차분석은 계획과 결과 사이에 편차가 나타난 원인을 규명하고, 이에 근거하여 편차를 줄이기 위한 처리대안이 개발된다.

위와 같은 결과통제 이외에도 통제는 전제조건통제와 실행통제 등으로 더욱 세분화할 수 있다.[245] 전제조건통제는 계획이 수립되는 기간에 이루어지며, 여기에서는 계획과 관련된 내부적이고 외부적인 환경에 대한 기본조건의 타당성이 검토된다. 전제조건통제는 계획수립기간에 이루어지기 때문에 사전통제라고 한다. 글로벌 기업에서의 전제조건통제의 목표는 본사와 자회사

243 Bea, F. X./Dichtl, E./Schweitzer, M.(1994, Ed.), p. 90.
244 Schreyögg, G.(1994), p. 346; Frese, E.(1987), p. 184.
245 Macharzina, K.(1993), p. 334.

그림 14-12 통제의 종류와 시점

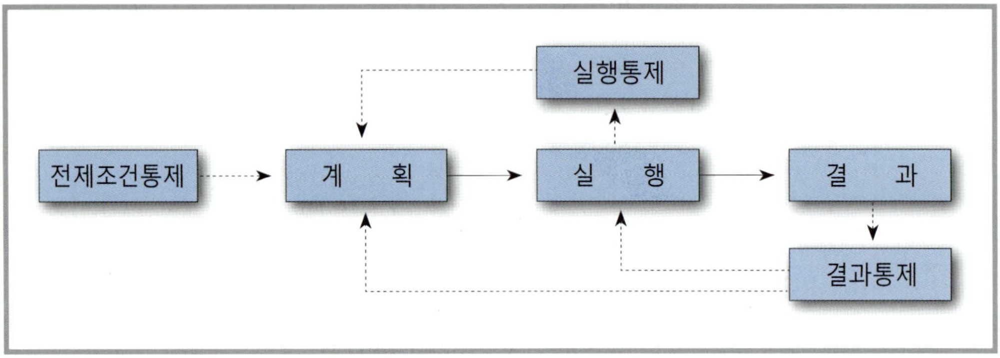

의 내부적 및 외부적 환경에 대한 분석을 통하여 계획기간 중에 계획의 타당성을 검토하여 미래시점에서의 성과를 보다 정확하게 설정하는 것이다.

실행통제는 계획이 실행되는 과정에서 계획한 목표와 중간목표의 달성 정도에 대하여 지속적으로 비교하는 것을 말한다. 만일 실행과정에서 편차가 발생할 경우에는, 계획이 수시로 수정될 수 있다. 효과적인 실행통제를 위해서는 실현가능한 중간목표를 설정하는 것이 중요하다. 특히, 글로벌 기업에서의 실행통제의 목표는 본사와 자회사에서 수립한 계획을 특정시점별로 주기적으로 검토·수정하여 최종목표를 원활하게 달성하는 것이다.

〈그림 14-12〉는 통제의 종류와 시점을 보여준다. 이 그림에는 전제조건통제, 실행통제 및 결과통제 등이 이루어지는 시점이 제시되어 있다.

14.4.2 글로벌 기업의 통제의 필요성

글로벌 기업은 서로 다른 환경조건하에서 글로벌 경영활동을 하는 본사와 자회사 등으로 구성되어 있다. 국내기업의 통제와는 달리 글로벌 기업의 통제는 그 대상이 다양할 뿐만 아니라, 범위도 매우 넓기 때문에 보다 폭 넓은 시각에서 이루어져야 한다. 글로벌 기업의 통제가 필요한 이유는 다음과 같다.

- 글로벌 차원의 본사와 자회사의 목표달성: 글로벌 기업의 통제의 가장 중요한 목적은 글로벌 차원의 전사적인 목표달성이다. 즉, 본사와 자회사가 설정한 목표를 달성하기 위하여 지속적이고 주기적인 통제가 필요하다.
- 글로벌 기업의 글로벌 시너지의 창출: 글로벌 기업의 통제를 통하여 글로벌 시너지가 창출되어야 한다. 본사와 자회사에 대한 효과적인 통제는 계획, 실행 및 결과 등과 같은 일련의 가치창출과정에 걸쳐 문제점을 제거하고 강점을 보완하여 글로벌 시너지를 창출하는 역할을 한다.
- 전략적 계획과 운영적 계획의 실행에 따른 결과의 피드백: 글로벌 기업이 수립한 전략적 계획과 운영적 계획의 실행을 통하여 글로벌 기업이 설정한 다양한 형태의 결과가 도출된다. 그러나 이러한 결과가 목표한 대로 달성되지 않았다면, 통제를 담당하는 의사결정자는 피드백 과정을 거쳐서 전략적 계획과 운영적 계획을 수정하거나 실행과정에서의 문제점들을 개선하여야 한다.
- 글로벌 경영환경의 변화에 대한 신속한 대응: 글로벌 기업의 계획 및 실행과정에서 글로벌 경영환경은 끊임없이 변화하고 있다. 글로벌 경영활동에 긍정적 또는 부정적인 영향을 미칠 것으로 예상되는 환경의 변화에 신속하게 대처하기 위하여 글로벌 기업은 통제기능을 강화할 필요가 있다.

14.5 글로벌 기업에서의 통제과정과 통제방법

14.5.1 글로벌 기업에서의 통제과정

글로벌 기업은 계획과 실행의 과정 중에 나타나는 결과(중간결과)뿐만 아니라, 실행이 이루어진 이후의 결과(최종결과)에 기초하여 적절한 통제를 하여야 한다. 특히, 글로벌 기업에서의 통제는 본사와 자회사의 관련조직의 성과에 대한 효과와 효율을 검토하고 평가하는 것이기 때문에 체계적인 과정을 거쳐 통제가 이루어져야 한다. 글로벌 경영자는 설정된 통제기준에 따라서 글로벌 경영활동의 성과에 대한 검토 · 평가의 과정을 거치게 된다. 글로벌 기업에서의 통제과정은 다음과 같은 5단계로 구분할 수 있다.

통제대상의 결정

글로벌 기업은 본사와 자회사의 각 기능영역과 관련하여 구체적인 통제대상을 결정해야 한다. 예를 들면, 자회사 내 생산부서의 업무과정 중의 하나를 통제대상으로 결정하는 경우, 투입, 생산과정 및 산출 등으로 구분하여 통제대상이 결정된다. 통제대상의 결정에 있어서 가장 중요한 것은 글로벌 기업의 본사와 자회사의 조직과 그 책임단위를 정확하게 분류하는 것이다.

통제기준의 설정

글로벌 경영활동을 적절히 평가하기 위하여 정량적이고 정성적인 통제기준이 설정되어야 한다. 정량적인 기준은 수치로 파악이 가능한 성과기준을 말하며, 반면에 정성적인 기준은 수치로 파악이 불가능한 성과기준을 의미한다. 일반적으로 통제기준은 표준과 동의어로 사용되기도 하는데, 이러한 표준은 통제활동의 목표 또는 기준이 되는 것으로서 실제의 성과측정을 위해 설정된다. 즉, 글로벌 기업이 설정한 표준은 글로벌 기업의 경영목표에 따라 수립되는 전략적 및 운영적 계획에 기초한 경영통제의 기준이다.

관련된 정보의 수집

글로벌 경영활동의 결과에 대한 현 상황을 설정한 통제기준과 비교하기 위해서는 각 기준 또는 표준에 대한 정보가 수집되어야 한다. 즉, 관련된 정보는 글로벌 기업의 본사와 자회사의 조직과 그 책임단위에 의해 정량적 및 정성적 자료의 형태로 제시되어야 한다. 경우에 따라서 통제를 담당하는 관리자 또는 팀에 의하여 관련된 정보가 직접적으로 수집될 수 있다.

통제기준과 결과의 비교

글로벌 기업이 설정한 통제기준 또는 표준은 결과(성과)와 비교되어야 한다. 즉, 결과와 관련된 정보가 수집되면, 통제기준과 비교하여 글로벌 기업의 경영상태가 구체적으로 검토된다. 이러한 비교는 본사와 자회사의 조직과 그 책임단위별로 개별적으로 이루어질 수도 있고, 본사와 자회사의 상호비교를 통해 전 세계적인 관점에서 이루어질 수도 있다. 만일 비교를 통하여 통제기준과 결과 사이에 편차가 나타난다면 그 원인을 확인하여 문제점을 수정하여야 한다.

편차의 수정

글로벌 기업에서의 통제과정의 마지막 단계는 네 번째 단계에서 확인된 편차를 수정하는 것이다. 글로벌 기업의 경영활동에 대하여 단순히 통제기준을 설정하고 결과에 대한 측정과의 비교만으로는 통제의 목적을 달성할 수 없다. 즉, 통제기준과 결과 사이에 편차가 발생하였을 경우, 그 원인을 분석하고 이를 수정하기 위한 피드백이 이루어져야만 통제활동이 완결된다.

14.5.2 글로벌 기업에서의 통제방법

성과에 대한 통제

글로벌 기업의 성과는 재무적 성과, 품질성과 및 인적 성과 등으로 구분할 수 있으며, 이러한 성과에 대한 구체적인 통제방법은 다음과 같다.[246]

(1) 재무적 성과(financial performance)에 대한 통제

글로벌 기업의 재무적 성과에 대한 통제는 이윤과 투자수익률에 근거하여 이루어진다. 이윤(profit)은 총 매출액에서 비용을 뺀 금액을 말하며, 투자수익률(return on investment)은 투자한 자본에 대한 수익의 비율을 뜻한다. 일반적으로 글로벌 기업이 설정한 이윤 및 투자수익률은 기업 또는 사업부수준의 성과를 통제할 때 주요기준으로 사용된다. 그러나 통제시점에서 볼 때, 이윤과 투자수익률은 과거에 달성한 성과에 불과하기 때문에 현재와 미래 시점에서의 성과를 구체적으로 측정 또는 예측하는 데는 어느 정도 한계가 있다.

(2) 품질성과(quality performance)에 대한 통제

품질성과는 일반적으로 글로벌 기업의 생산 또는 운영과 관련된 통제를 위해 사용된다. 글로벌 기업의 생산 및 운영부문에서의 제품 및 서비스의 품질향상을 통하여 이윤이 증대될 수 있다. 즉, 고품질 달성을 통하여 단위당 이윤이 증가할 수 있다. 또한 생산 및 운영부문에서 품질관리분임조의 도입을 통하여 품질성과가 향상될 수 있다. 오늘날 많은 기업이 도입하고 있는 품질관리분임조는 원가절감, 생산성향상, 품질유지와 품질개선, 원재료와 에너지절약 및 공정안정성의 확보 등의 목표를 달성하기 위하여 널리 활용되고 있다.

246 Hodgetts, R. M./Luthans, F.(2000), p. 347 이하.

(3) 인적 성과(personnel performance)에 대한 통제

글로벌 기업에서의 인적 성과에 대한 통제는 통제동기(control motive)보다는 동기부여(motivation)의 관점에서 이루어지는 경향이 있다. 또한 인적 성과와 관련된 본사에 의한 자회사의 통제, 그리고 상위경영층에 의한 중하위 경영층에 대한 통제는 인적 능력의 개발과 경력관리를 위해 수행되어야 한다. 글로벌 기업의 관리자 및 인력 양성의 관점에서 볼 때, 인적 성과에 대한 통제는 조직의 모든 구성원들의 업무개선과 능력향상에 영향을 미친다. 인적 성과에 대한 통제를 위해 글로벌 기업은 평가센터(assessment center)를 운영함으로써 효과적이고 효율적인 승진 및 선발시스템을 구축할 수 있다.

균형성과표에 의한 통제

균형성과표(Balanced Score Card, BSC)는 기존의 재무적인 측면만을 고려한 성과평가시스템의 한계점을 극복하기 위하여 개발된 성과통제방법이다. BSC는 재무, 고객 관점, 내부프로세스 및 혁신과 학습 등과 같은 네 가지 관점에서 기업의 성과를 종합적으로 평가한다. BSC는 *캐플란과 노튼(Kaplan & Norton)*이 200개 기업의 최고 경영자를 인터뷰한 결과를 바탕으로 제시한 종합적 성과통제의 개념이다.[247] 글로벌 기업의 관점에서 BSC의 네 가지 차원의 측정기준을 살펴보면 다음과 같다.[248]

(1) 재무(finances)

재무적 차원의 측정기준은 "투자자들이 보기에 우리 기업의 성과가 어떠한가"를 나타낸다. 여기에서 투자자들은 글로벌 기업에 투자한 다양한 국적의 투자자 또는 투자기업을 의미한다. 재무적 차원의 성과는 영업이익, 투자수익률 및 경제적 부가가치 등으로 측정되며, 또한 매출성장 및 현금흐름 등도 대안적인 측정지표로 사용될 수 있다.

247 Kaplan, R. S./Norton, D. P.(1992), p. 71 이하.

248 전게논문; 김언수(2007), p. 668 이하; 조동성(2006), p. 422 이하.

(2) 고객 관점(customer perspective)

고객 관점의 측정기준은 "고객들이 보기에 우리 기업의 성과가 어떠한가"를 나타낸다. 글로벌 기업의 관점에서 고객은 전 세계에서 글로벌 경영활동을 하는 본사와 자회사의 고객을 말한다. 고객 관점에서의 측정지표들은 고객만족도, 고객유지율, 신규고객확보, 표적시장에서의 시장점유율 및 고객점유율 등이다.

(3) 내부프로세스(internal processes)

내부프로세스의 관점에서의 측정기준은 "앞으로의 성공을 위해서 내부적으로 가장 집중적으로 개발해야 할 능력은 무엇인가"를 나타낸다. 글로벌 기업의 내부프로세스는 전 세계에 있는 고객의 만족과 조직의 재무적인 목표를 달성하는 데 영향을 미치는 내부프로세스의 혁신에 중점을 두고 있다. 내부프로세스와 관련된 측정지표는 품질과 대응시간, 원가 및 신제품비율 등이다.

(4) 혁신과 학습(innovation and learning)

혁신과 학습에 대한 측정기준은 "우리 기업이 지속적으로 개선하고 가치를 창출해 낼 수 있는 능력이 있는가"를 나타낸다. 글로벌 경쟁에서 글로벌 기업이 성장·발전하기 위해서는 끊임없는 혁신과 지속적인 학습이 필요하다. 혁신과 학습과 관련된 측정지표는 종업원만족, 정보시스템의 이용정도, 학습정도 및 지식공유 등이다.

〈그림 14-13〉은 균형성과표의 사례를 제시한다. 이 그림에 나타나 있는 바와 같이, BSC의 네 가지 측정기준인 재무, 고객 관점, 내부프로세스 및 혁신과 학습 등에 대한 성과가 일목요연하게 제시됨으로써 글로벌 기업의 성과에 대한 종합적인 평가와 통제가 가능하다. 실제에 있어서 균형성과표의 측정기준은 기업의 규모와 특성에 따라 다양하게 제시될 수 있다. 이 그림에서 제시한 +는 초록(목표달성), 0은 노랑(위험영역), −는 빨강(목표미달성)을 의

미한다. 또한 이들은 항공기 조종실의 각종 계기판에 표시되어 위험상황을 알려주는 세 가지 색깔을 뜻한다. 정보통신기술의 발달에 힘입어 BSC가 네트워크로 연결될 수 있기 때문에 글로벌 기업 내 여러 조직의 다양한 성과들이 신속하게 평가될 수 있으며, 이를 통하여 국경을 초월하는 글로벌 경영활동에 대한 효과적인 통제가 가능하다.

그림 14-13 균형성과표의 사례

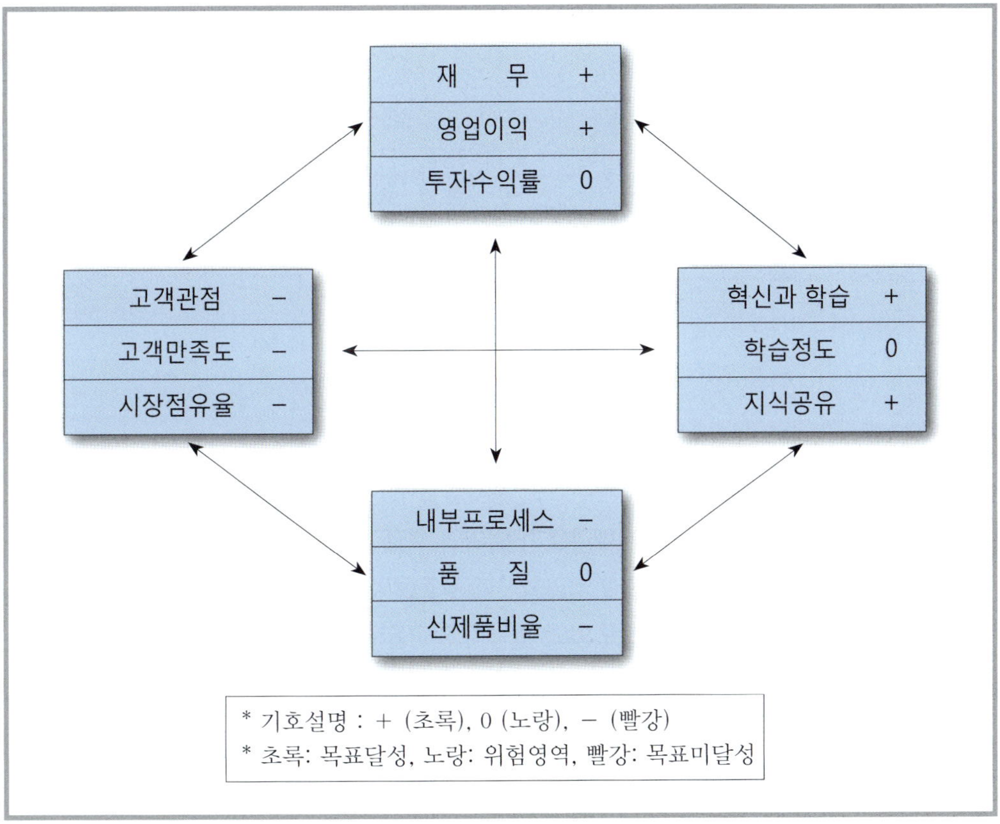

제 5 부에서는 글로벌 기업의 지배구조와 윤리경영에 대하여 체계적으로 검토한다. 제15장에서는 글로벌 기업의 지배구조의 의의와 경영적 의미를 살펴본 후, 지역별 기업지배구조를 비교하며, 글로벌 기업의 지배구조관리를 설명한다. 제16장에서는 먼저 글로벌 기업의 윤리경영의 의의와 전략적 의미를 논의한 후, 글로벌 기업의 윤리경영의 주요 과제와 윤리경영의 관리에 대하여 살펴본다.

제 5 부

글로벌 기업의 지배구조와 윤리경영

제 1 부　글로벌 전략과 글로벌 경쟁력

제 1 장　글로벌화와 글로벌 전략
제 2 장　글로벌 경쟁력과 글로벌 경쟁전략

↓

제 2 부　글로벌 경영환경의 분석

제 3 장　정치적 · 법적 환경
제 4 장　경제적 환경
제 5 장　사회문화적 환경
제 6 장　기술적 환경
제 7 장　글로벌 경영환경의 분석방법

↓

제 3 부　글로벌화 전략의 개발과 글로벌 시장진입전략

제 8 장　글로벌화 전략의 개발과 글로벌 시장진입전략
제 9 장　수　　출
제10장　라이선싱과 프랜차이징
제11장　해외직접투자
제12장　전략적 제휴

↓

제 4 부　글로벌 기업의 전략적 관리

제13장　글로벌 기업의 계획
제14장　글로벌 기업의 조직과 통제

↓

제 5 부　글로벌 기업의 지배구조와 윤리경영

제15장　글로벌 기업의 지배구조
제16장　글로벌 기업의 윤리경영

제 15 장

글로벌 기업의 지배구조

15.1 글로벌 기업의 지배구조의 의의와 경영적 의미

15.2 지역별 기업지배구조의 비교

15.3 글로벌 기업의 지배구조관리

15.1 글로벌 기업의 지배구조의 의의와 경영적 의미

15.1.1 글로벌 기업의 지배구조의 의의

기업은 이윤을 추구하는 영리조직(경영적 측면)의 성격과 여러 가지 법적인 권리 및 의무와 관련된 법인(법률적 측면)의 성격을 동시에 갖고 있다. 그러므로 기업지배구조는 경영적인 측면과 법률적인 측면 등과 같은 두 가지 관점에서 정의될 수 있다.[249] 이러한 두 가지 관점을 모두 고려하여 본서에서는 기업지배구조(corporate governance)를 "기업의 지배와 관련된 이해관계자들의 상호관계를 규정하는 경영적 및 법률적 메커니즘"으로 정의하기로 한다. 경영적 및 법률적 측면에서의 기업지배구조는 다음과 같이 각각 요약될 수 있다.

- 경영적인 측면에서의 기업지배구조: 기업을 지배하는 권력의 배분과 기업을 둘러싼 이해관계자들 간의 관계를 규정하는 방식을 의미한다.
- 법률적인 측면에서의 기업지배구조: 기업의 방향 및 목표를 설정하고 경영진을 견제·감독하는 법적·제도적 메커니즘을 총칭하는 개념이다.

레인(*Lane*)에 의하면, 기업지배구조에 대한 접근은 다음과 같은 두 가지 방향에서 이루어질 수 있다.[250]

(1) 외부자 시스템

첫 번째 접근법은 주주와 은행 등과 같은 기업의 출자자(financiers)와 경

249 박주홍(2009), p. 27 이하 수정 재인용; 권순희(2003), p. 177; 김용민(2000).
250 Lane, C.(2003), p. 82.

영자(managers) 간의 관계와 관련되어 있으며, 여기에서는 기업지배구조를 구성하는 공식적 및 비공식적 규칙 및 절차가 중요하게 고려된다. 이러한 접근법의 핵심적인 목표는 출자자 또는 투자자들의 수익을 극대화하는 것이다. 이 접근법에서는 소유와 경영이 분리되고, 외부투자자의 권익을 중요하게 고려하기 때문에 이것을 외부자 시스템(outsider system)이라고 한다. 일반적으로 영국과 미국에서 이 시스템을 채택하고 있기 때문에 영미식이라고 명명하기도 한다.

(2) 내부자 시스템

두 번째 접근법은 이해관계자에 대한 것으로서, 여기에서는 주주, 경영자, 종업원, 은행, 고객 및 공급자 등과 같은 기업의 다양한 이해관계자들의 위험과 수익, 그리고 이에 대한 통제방식을 결정하는 공식적 및 비공식적인 전체 네트워크에 초점을 맞춘다. 특히, 두 번째 접근법에서는 무엇보다도 종업원의 이해관계가 매우 중요하게 고려된다. 이 접근법은 기업의 내부적 이해관계자의 권익을 중요하게 고려하기 때문에 이것을 내부자 시스템(insider system)이라고 한다.

앞서 논의한 기업지배구조에 대한 개념과 접근법은 국내 기업과 글로벌 기업에 관계없이 일반적으로 적용될 수 있다. 그러나 다음과 같은 이유 때문에 글로벌 기업의 지배구조는 특수한 관점에서 고찰되어야 한다.[251]

- 글로벌 기업은 본사국 이외의 많은 현지국에 이해관계자(예를 들면, 주주, 종업원 등)를 갖고 있다.
- 글로벌 기업은 여러 현지국에 주식을 상장시키기 때문에 각 현지국의 다양한 법률 및 금융 관할권이 고려되어야 한다.
- 일반적으로 기업의 소유 및 지배방식에 대한 국가별 차이가 크다.

251 김응규/정석영 역, Inkpen, A./Ramaswamy, K. 저(2008), p. 226 이하.

- 글로벌화의 진전에 따라 건전한 기업지배구조와 관련된 기준은 세계 여러 국가의 모범사례를 혼합하여 지속적으로 융합될 것이다.
- 미국의 엔론(Enron), 타이코(Tyco), 월드컴(Worldcom), 그리고 프랑스의 비벤디(Vivendi) 등과 같은 기업의 회계부정을 고려할 때, 전 세계적으로 상장된 기업의 기업지배구조 관행은 더욱 철저한 감시를 받을 것이다.
- 글로벌 기업의 경쟁기업들은 다양한 기업지배구조 시스템을 갖고 있다. 기업지배구조는 경영자의 위험부담 및 의사결정에 큰 영향을 미칠 수 있기 때문에 기업지배구조에 대한 이해는 경쟁기업의 행동에 대한 통찰력을 제공한다.
- 현지국에서의 인수 및 합병에 관심을 가진 글로벌 기업들은 관련 국가의 기업지배구조를 철저히 이해하여야 한다.
- 선진국 글로벌 기업의 모범적인 기업지배구조는 신흥시장의 기업지배구조의 개선에 큰 영향을 미칠 수 있다. 현지국 차원에서 개선된 기업지배구조는 새로운 자본유입과 해외직접투자를 유도할 수 있으며, 이를 기반으로 현지국의 경제발전 및 고용증대가 이루어질 수 있다.

15.1.2 글로벌 기업의 지배구조의 경영적 의미

글로벌 기업의 지배구조는 최고경영층의 전략적 의사결정에 직·간접적으로 영향을 미친다. 또한 전략적 관점에서 볼 때, 글로벌 기업의 지배구조는 본사 및 현지국에서의 소유와 경영, 이해관계자와의 관계, 이사회의 구성 등과 같은 다양한 측면과 관련되어 있다. 이러한 측면들이 갖는 경영적 의미를 간략히 살펴보면 다음과 같다.

(1) 소유와 경영

소유와 경영의 통합 또는 분리의 문제는 글로벌 기업이 활동하는 본사 또는 현지국의 법적인 환경, 시장환경 및 관행 등과 밀접하게 관련되어 있다. 그러므로 소유와 경영의 통합을 허용하는 국가에서는 소유경영인 체제(예를 들면 가족경영)가 가능하며, 반면에 소유와 경영의 분리를 강제하는 국가에서는 전문경영인 체제가 요구된다.

(2) 이해관계자와의 관계

글로벌 기업의 이해관계자는 본사 및 현지국의 종업원, 고객, 주주, 정부기관, 지역사회, 금융기관, 노동조합 등이다. 일반적으로 영국과 미국의 기업지배구조는 주주 지향적인 반면, 독일의 기업지배구조는 주주를 제외한 이해관계자 지향적이다. 그러므로 특정 국가의 기업지배구조에 따라 경영자는 글로벌 기업의 이윤극대화 목표와 이해관계자의 다양한 요구 사이에서 발생할 수 있는 상충적인 의사결정상황에 직면할 수 있다.

(3) 이사회의 구성

이사회는 기업의 업무집행과 관련된 의사결정 및 이사의 직무집행에 대한 감독업무를 수행하며, 이것은 주식회사에서 필수적으로 요구되는 상설기관이다. 글로벌 기업이 활동하는 국가의 법률적 환경은 이사회의 구성에 대한 기본적인 요건을 제시한다. 특히, 이사회는 기업경영의 투명성 제고와 경영진의 책임강화를 목표로 운영되어야 하며, 글로벌 기업이 활동하는 국가에 따라 다르게 구성될 수 있다. 예를 들면, 미국의 이사회중심의 경영체제에서는 이사회 내에 각종 상설위원회가 설치되지만, 독일의 이사회는 경영이사회와 감사이사회로 구성되어 있다.

15.2 지역별 기업지배구조의 비교

15.2.1 서구의 기업지배구조

서구의 기업지배구조는 영국과 미국 등을 중심으로 발전된 앵글로 색슨 시스템(anglo-saxon system)과 독일, 이탈리아, 프랑스 등을 중심으로 형성된 대륙 시스템(continental system)으로 구분될 수 있다. 아래에서는 영국과 미국의 기업지배구조와 독일의 기업지배구조를 비교하기로 한다.

영국과 미국의 기업지배구조

영국과 미국의 기업지배구조는 소유와 경영의 분리를 기초로 하며, 소액주주(소액출자자 또는 투자자)의 이익과 권한을 중요시한다. 앞서 설명한 바와 같이, 영미식 시스템은 외부투자자의 권익을 중요하게 고려하기 때문에 외부자 시스템이라고 한다. 영미식 시스템의 주요 특징을 요약하면 다음과 같다.[252]

(1) 일원적 이사회제도

독일의 이원적 이사회와는 달리 영미식의 일원적 이사회는 주주 대표로 구성되며, 기업경영에 대한 법적 및 사회적 책임을 진다. 미국의 경우, 이사회 의장이 사장(전문경영인 또는 CEO)으로 선임되는 경향이 있다. 즉, 상장회사(listed company)의 90%에서 이사회 의장이 사장을 맡고 있는 것으로 나타났다.

252 전게서, p. 230 이하; 강철규(1999), p. 188 이하.

(2) 소액주주권의 보호

전통적으로 영미식 시스템에서는 소액주주의 이익과 권한을 중요시한다. 미국의 경우, 1990년대 이후 다수의 소액주주가 아닌 연금 또는 기금 등과 같은 대규모 기관투자가가 다수 지분을 소유하는 현상이 나타나고 있다. 그럼에도 불구하고 영국과 미국에서는 소액주주가 기업의 주인이라는 의식이 매우 강하다. 또한 종업원 지주제와 종업원 스톡옵션제를 통하여 노동조합이 주주운동의 중요한 참여자가 되어, 연금 또는 기금 등과 같은 기관투자가에 대항하고 있다. 경우에 따라서 대형 기관투자가들이 소수주주(minority shareholders)로서의 그들의 권익을 보호하기 위하여 소액주주권 보호와 관련된 캠페인을 벌이기도 한다.

(3) 직접금융을 통한 자본조달

독일의 은행위주의 간접금융과는 달리, 영국과 미국의 기업은 자본시장에서 직접금융을 통하여 자본을 조달한다. 그러므로 영국과 미국에서는 기업경영과 관련된 은행의 감시가 대체로 미약한 편이다.

독일의 기업지배구조

아래에서는 독일의 기업지배제도를 주식회사(Aktiengesellschaft)의 관점으로만 국한하여 살펴보기로 한다. 왜냐하면 독일의 기업지배구조의 특징들은 주식회사와 직접적으로 관련되어 있기 때문이다. 독일의 기업지배구조의 대표적인 특징은 아래에서 간략히 논의하려는 이원적 이사회제도, 공동결정제도, 은행의 주도적 역할과 대리의결권제도 등으로 요약될 수 있다.[253]

(1) 이원적 이사회제도

독일의 기업지배구조는 경영이사회(Vorstand)와 감사이사회(Aufsichtsrat)

253 박주홍(2009), p. 27 이하 수정 재인용.

로 구성되어 있기 때문에 이것을 이원적 이사회체제(dual-board system or two-tier board system)라고 한다. 독일의 모든 주식회사와 종업원 500명 이상의 유한회사는 의무적으로 감사이사회를 설치하여야 한다. 이러한 제도는 네덜란드, 덴마크 등과 같은 북유럽국가에서도 채택되고 있다.[254] 경영이사회는 기업내부에서 선임한 사내이사로 구성되며, 이들은 기업경영을 책임지고 있을 뿐만 아니라, 아울러 기업을 대표하는 역할도 수행한다. 그리고 감사이사회는 기업의 경영을 감독하는 역할을 담당한다. 즉, 감사이사회는 회사의 장기전략 및 인수, 처분, 직장폐쇄, 조직개편 등과 같은 주요 의사결정에 대하여 사전승인 또는 사후보고를 받으며, 이사의 임면권을 보유하고 있다.[255]

(2) 공동결정제도

경영자의 일방적인 독주를 방지할 수 있는 독일기업의 공동결정제도(Mitbestimmung)는 경영자와 종업원 간의 대립관계를 협력관계로 발전시키고, 상호 경영참여를 통하여 경제민주주의(Wirtschafsdemokratie)를 실현시킨 역사적 산물로 볼 수 있다. 공동결정제도는 1976년 제정된 공동결정법(Mitbestimmungsgesetz)에 의해 시행되었으며, 주주 대표와 종업원 대표가 각각 1/2씩 감사이사회의 구성원이 될 수 있는 자격을 부여하는 독일기업의 대표적인 제도이다. 즉, 이 법은 종업원 2,000명 이상인 주식회사, 유한회사 및 주식합자회사의 감사이사회와 감사의 선임에 대한 내용을 규정하고 있다. 이러한 제도는 시장경제제도의 효율성을 증대시키고, 아울러 경제적 형평성과 노사 간의 조화를 추구하는 독일의 사회적 시장경제이념을 실현하는 중요한 수단으로 인식되고 있다.[256]

---

254 민경국(2004), p. 192.
255 권순희(2003), p. 188.
256 전게논문, p. 189.

(3) 은행의 주도적 역할과 대리의결권제도

독일기업의 주주총회에서는 금융기관(은행)이 의결권을 행사하는 경향이 있다. 특히, 은행은 소액주주의 대리의결권을 행사함으로써 직접소유 지분보다 훨씬 높은 지분을 확보하여 기업을 통제하고 있다.[257] 이러한 은행 중심적 기업지배구조(bank-centered corporate governance)는 은행이 일반 소액주주들의 대리의결권을 행사할 수 있기 때문에 성립이 가능한 것으로 보인다.

영국과 미국(앵글로 색슨), 그리고 독일(유럽대륙)의 기업지배구조의 주요 차이점은 〈표 15-1〉에 제시되어 있다. 이 표에서는 소유구조, 주식투자 형태, 주식투자 문화, 소수주주권, 적대적 M&A, 기업투명성, 은행업의 특징 및 이념적 지향 등과 같은 관점에서의 영미와 유럽대륙의 전통적 기업지배구조의 차이점을 명확히 보여주고 있다.

표 15-1 영미와 독일의 전통적 기업지배구조의 특징

	영국과 미국(앵글로 색슨)	독일(유럽대륙)
경영목표	주주이익 극대화	주주, 채권자, 종업원 등의 이익도 고려
이사회 구조	일원적 구조, 주주대표로 구성	이원적 구조(경영이사회, 감사이사회)
금융여건	직접금융(자본시장 위주)	간접금융(은행 위주)
내 · 외부 감사	은행의 경영감시 미약, 외부감사 장치	은행의 경영감시 강력, 내부감사 장치
소유구조	소유의 광범한 분산	소유집중과 대주주의 존재
주식투자 형태	연금펀드 등 기관투자자의 포트폴리오 투자	가족, 타 기업, 은행, 정부의 대주주 역할
주식투자 문화	주식시장 및 주식투자 문화의 발달	주식시장 및 주식투자문화의 미발달
소수주주권	강한 소수주주권 보호와 강한 주주 행동	약한 소수주주권 보호와 약한 주주 행동
적대적 M&A	적대적 M&A 시장의 발달	적대적 M&A 시장의 미발달
기업투명성	주식투자자들을 위한 높은 기업투명성	대주주의 존재로 인한 낮은 기업투명성
은행업의 특징	자본시장과 결합된 투자은행업	관계금융과 결합된 겸업은행업
이념적 지향	사유재산권, 자유시장과 자유주의	국가개입, 사회보장과 사회적 시장경제

자료원: 박주홍(2009), p. 29 재인용; 정재규(2008), p. 19; 정승일(2007), p. 44.

257 정승일(2007), p. 47.

15.2.2 동아시아의 기업지배구조

아래에서는 각각 다른 역사적 배경을 갖고 변천을 거듭해 온 한국, 일본 및 중국의 기업지배구조의 특징을 각각 살펴보기로 한다.

한국의 기업지배구조

한국의 기업지배구조는 1997년 외환위기 이전과 이후로 나누어 고찰될 수 있다. 왜냐하면 한국에서의 기업지배구조의 개혁은 1997년 외환위기 이후에 본격적으로 진행되었기 때문이다. 외환위기 이전의 한국의 기업지배구조의 특징을 대기업 중심으로 요약하면 다음과 같다.[258]

- 전근대적인 가족중심의 소유 또는 경영구조
- 전문화보다는 다각화된 계열사로 이루어진 기업집단(재벌)
- 재벌 총수에게 집중된 권한
- 형식적인 이사회 및 감사 기능

전통적으로 한국의 기업지배구조는 일본의 영향을 많이 받아왔기 때문에 일본처럼 기업집단이 중시되었다. 이로 인하여 한국 기업에서는 기업집단의 소유경영자에게 기업지배권이 집중된 반면, 이사회 및 감사의 역할은 상대적으로 경시되었다. 그러나 1997년 외환위기 이후, 구조조정의 과정에서 IMF의 적극적이고 강제적인 개입으로 미국식(앵글로 아메리칸 모델) 기업지배구조 시스템이 도입되기 시작하였다.[259] 외환위기 이후의 한국의 기업지배구조의 특징은 다음과 같이 요약될 수 있다.[260]

258 강철규(1999), p. 192 이하.
259 김주태(2010), p. 226.
260 김병곤/김동욱(2006), p. 188 이하.

- 주주총회: 일반적으로 대주주 1인에게 소유지분이 집중되는 경향이 강하며, 주주총회는 명목상의 행사에 불과하다. 대기업의 경우, 대부분 창업자 또는 그 가족이 주식지분을 지배적으로 보유하며, 경영권의 세습화가 관행적으로 이루어진다.
- 이사회: 이사회 내의 사내이사의 비중은 감소하는 반면, 사외이사는 점차 증가하는 추세이다. 그럼에도 불구하고 경영진에 대한 이사회의 견제 및 감시 기능은 취약한 편이다. 특히, 사외이사제도는 대표적인 미국의 제도이다.
- 내부 감사(위원회) 및 외부 감사인: 미국식 감사제도의 도입에도 불구하고 내부 및 외부 감사선임에 있어서 대주주의 의견이 많이 반영되기 때문에 감사의 독립성이 대체로 낮으며, 그 기능이 제대로 수행되지 않는 경향이 있다. 특히, 외부 감사인은 회사와 고객관계에 있기 때문에 회사측에 불리한 의견을 내기보다는 회사측의 요구를 반영하는 경우가 많다.
- 기업지배권 시장: 국내의 기업지배권 시장(M&A 시장)은 과거에 비해 많이 활성화되었지만, 아직까지 그 기능이 충분히 발휘되지 않고 있다.
- 기관투자가: 증권거래법과 기타 법규에 의한 기관투자가의 소유제한, 의결권제한, 상호출자제한, 주식의 대량보유 보고의무 등과 같은 법적 및 제도적 제약 때문에 기관투자가의 의결권은 소극적으로 수행되는 경향이 있다. 그러나 기관투자자가 대주주가 되는 경우에는 이러한 제약에 구애받지 않고 의결권이 적극적으로 행사된다.
- 경영자 시장: 우리나라의 경영자 시장(managerial labor market)은 대체로 기능을 발휘하지 못하기 때문에 미국과 같은 수준의 경영자 시장의 경영감시 기능을 기대하기 어렵다. 경영자 시장이 효율적으로 작동하는 경우 전문경영자의 성과가 노동시장에서 인정을 받을 수 있을 뿐만 아니라, 경영자 시장을 통해 전문경영자들 간의 상호비교 기능이 발휘될 수 있다.

일본의 기업지배구조

아시아에서 산업화를 가장 먼저 이룩한 일본의 기업지배구조는 제2차 세계대전 이전과 이후, 그리고 1990년대 장기불황 이후의 시기로 구분하여 논의될 수 있다. 제2차 세계대전 이전과 이후의 일본의 기업기배구조의 특징을 살펴보면 다음과 같다.[261]

- 제2차 세계대전 이전: 이 시기의 기업지배구조는 창업자의 가족이 지배하는 그룹체제에 기반을 두었다. 미쓰이, 미쯔비시, 스미토모 등과 같은 일본의 대표적인 자이바쯔(재벌)는 19세기 말에 형성되었으며, 1920-30년대 공황기를 거치면서 가족자본주의의 폐해에 대한 비판적 시각에 직면하기도 했다. 이 시기에 있어서 독일 나치 정부와 마찬가지로 일본 군국주의 정부는 주주에 대한 기업의 의무 조항을 철폐하고, 기업 이사회에 군의 대리인을 참여시켜 정부명령에 따라 생산활동을 하도록 강요하였다.
- 제2차 세계대전 이후: 일본의 패전으로 인하여, 일본은 미국 군정하에 놓이게 된다. 이 시기에 미국 군정은 군수물자 생산에 적극적으로 협조한 자이바쯔를 강제 해체시켰으며, 창업주 가족과 계열사들이 보유하고 있던 지분을 몰수하여 민간인에게 매각하고 지주회사를 금지시켰다. 이로 인하여 1950년대 초반 일본의 기업지배구조는 영미식으로 분산된 형태를 띠기도 했다.

  그러나 이러한 체제는 전후 경제재건과 고도성장의 과정을 거치면서 한계에 직면하게 된다. 즉, 전문경영인이 경영에 몰두하지 못하게 하는 기업지분의 문제, 주식시장의 미발달로 인한 자금조달의 문제 등이 대두되면서 문제 해결책으로 안정적 우호주주와 계열 은행의 역할이 요구되었다. 독립적인 은행이 아닌 계열 주거래 은행(main bank)이

261 이지환(2005), p. 108 이하.

일차적인 자금조달의 창구로 활용되면서 자연스럽게 게이레쯔(계열)가 형성되었다.

1990년대 일본의 버블붕괴 이후 기업지배구조에 대한 문제점이 부각되기 시작하였다. 특히, 게이레쓰가 정경유착을 통하여 정부의 지원 및 특혜를 향유하면서 자본이 비효율적으로 배분되었고, 이것 때문에 일본의 장기불황이 초래되었다는 시각도 있다. 최근 들어 영미식 기업지배구조를 도입하려는 기업이 증가하는 추세에 있지만, 일본식 지배구조를 고수하려는 기업도 여전히 존재한다. 이러한 관점에서 일본의 기업지배구조에 대한 최근의 동향을 살펴보면 다음과 같다.[262]

- 외부 지배구조(안정주주, 외국인 주주, M&A, 기관투자가): 버블붕괴 이후 안정주주 구조가 해체되면서 대주주의 구성이 변화되기 시작하였다. 즉, 버블붕괴로 인한 주가하락과 기업경영의 악화로 부실채권이 증가하면서 금융기관(기관투자가)들은 보유주식을 매각했으며, 이로 인하여 대주주의 구성이 변화되었다. 1991년 이후 외국인 주식지분이 점차 증가하고 있으며, 아울러 M&A 시장이 활성화되면서 외국기업에 의한 일본기업의 인수합병이 과거에 비해 빈번해졌다.
- 내부 지배구조(위원회, 이사회): 일본 정부는 1990년대 후반부터 기업지배구조와 관련된 각종 법제도를 개정하였다. 특히, 상법과 회계법의 개정을 통하여 감사역이 없는 영미식 위원회를 설치하도록 허용하였다. 그러나 종래의 감사역을 두는 이사회 제도를 그대로 유지하는 것도 허용하였기 때문에 기업은 영미식 위원회와 일본식 이사회 중에서 하나를 택할 수 있다. 또한 이사회의 개혁이 이루어지면서 사외이사 제도를 도입하는 기업이 늘어나고 있다.

262 강철구(2010), p. 205 이하; 남기석/정호성(2009), p. 96 이하.

중국의 기업지배구조

1978년 개혁、개방정책을 시행한 이후 중국의 계획경제 체제는 시장경제 체제로 전환되었다. 계획경제 체제에서는 모든 기업이 국가의 소유인 국영기업이었지만, 시장경제 체제에서는 국영기업이 민영기업으로 전환되거나 또는 새로운 민영기업(상장기업의 대다수가 국유주의 절대적인 영향을 받음)이 설립되기 시작하였다. 1987년 독립적인 기업법인의 설립이 허용되었고, 1991년 상하이와 선전에서 증권거래소가 영업을 개시하였다. 특히, 2001년 중국이 WTO에 가입하면서 금융시장의 개방이 급속도로 진행되었을 뿐만 아니라, 국제적 기준을 충족시키는 기업지배구조에 대한 요구가 거세어지고 있다. 중국의 기업지배구조의 특징은 다음과 같이 요약될 수 있다.[263]

- 외부 지배구조: 소유구조 측면에서 볼 때, 국유주가 절대적인 지배권을 행사한다. 2006년 상하이 증권거래소의 소유구조를 살펴보면, 비유통주가 62.6%, 유통주가 37.4%를 각각 차지하고 있다. 그리고 총 주식 중에서 국유주가 52.6%로 매우 높게 나타났으며, 역내 상장된 외자주는 1.3%, 역외 상장된 외자주는 14.0%로 상대적으로 낮은 비율을 차지하고 있다. 국유주의 집중화 현상은 중국 증권시장의 발전에 걸림돌로 작용하고 있으며, 이 때문에 기관투자가 및 외국 투자가의 영향력이 대체로 미흡한 편이다.
- 내부 지배구조: 1993년 반포한 기업법에 근거하여 중국의 기업은 주식회사의 형태를 갖추었으며, 주주총회, 이사회, 감사회 및 경영진 등이 기업경영에 참여하게 되었다. 주주총회는 최고 의사결정기구로서 정책결정권을 가지고 있으며, 이사회는 업무집행 의사결정기구로서 주주총회로부터 경영권을 위임받아 기업경영에 대한 책임을 진다. 그리고 경영진은 업무집행기구로서 이사회로부터 집행권을 부여받아 경영

263 김응규/정석영 역, Inkpen, A./Ramaswamy, K. 저(2008), p. 226 이하; 이혁구(2008), p. 710 이하.

및 관리활동을 수행하며, 반면에 감사회는 감독기구로서 주주총회로부터 감독관리권을 위임받아 경영진을 감독하는 역할을 한다. 비판적 시각에서 볼 때, 중국 정부와 공산당이 각종 개혁조치를 취하고 있지만 중국에서 선진국 또는 국제 수준의 주식회사를 기대하기는 아직 어려울 것으로 보인다.

15.3 글로벌 기업의 지배구조관리

15.3.1 글로벌 기업의 다단계 지배구조

글로벌 기업은 일반적으로 다단계 기업지배구조(multilevel corporate governance) 또는 이원적 기업지배구조(two-tier governance)와 관련되어 있다. 즉, 본사는 본사국의 법적 규정에 따라, 그리고 현지자회사는 현지국의 법적 규정에 의거하여 각각의 기업지배구조를 구축하여야 하기 때문에 글로벌 기업이 활동하는 지역 또는 국가에 따라 다양한 형태의 기업지배구조가 나타날 수 있다. 특히, 기업내부 지배구조의 중요한 구성요소인 본사와 현지자회사의 이사회와 경영진은 상호 연결되어 있다. 〈그림 15-1〉은 글로벌 기업의 이원적 지배구조를 제시한다.[264]

이 그림에 나타나 있는 바와 같이, 1단계 기업지배구조(본사)는 소유권 보유, 조직적 조정, 기업지원 및 성과 모니터링 등을 통하여 2단계 기업지배구조(현지자회사)에 영향을 미친다. 또한 이 그림의 중간 부분에 제시된 4개의 실선(본사 이사회와 본사 경영진, 본사 경영진과 현지자회사 경영진, 본사 경영진과 현지자회사 이사회, 그리고 현지자회사 이사회와 현지자회사 경영진)은 상호 연결이 강하게 유지되고 있다는 것을 보여준다. 반면에, 2개의 점선(본사 이사회와

264 Luo, Y.(2007), p. 103.

그림 15-1 글로벌 기업의 이원적 기업지배구조

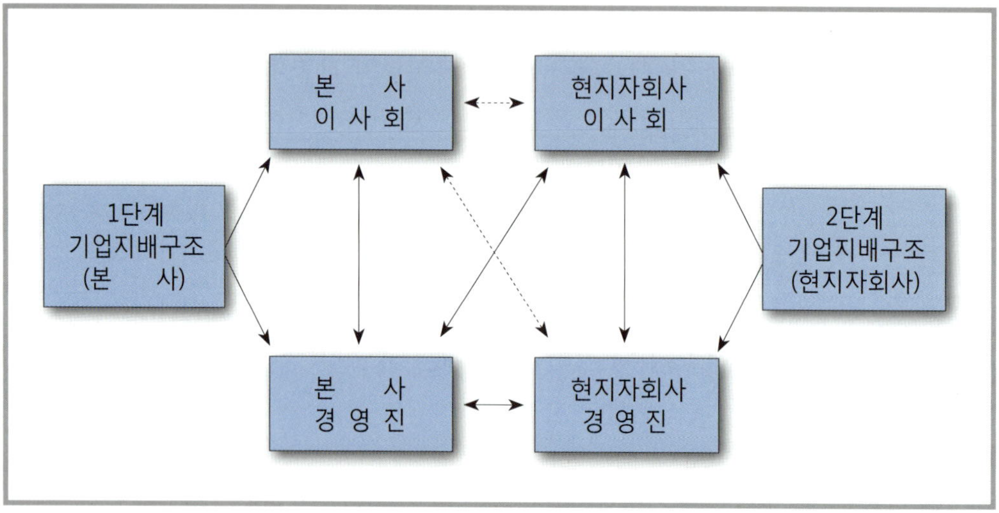

자료원: Luo, Y.(2007), p. 103.

현지자회사 이사회, 본사 이사회와 현지자회사 경영진)은 상호 연결이 비교적 약하게 이루어지고 있다는 것을 의미한다.

15.3.2 글로벌 기업의 관리적 지배구조

글로벌 기업의 지배구조는 글로벌 차원의 지배구조 및 통제와 관련되어 있는 반면, 글로벌 기업의 관리적 지배구조(managerial governance)는 운영적 의사결정과 글로벌 기업의 다양한 하위 부문(예를 들면, 부서, 사업부, 자회사 및 계열사)에 의해 수행되는 기업활동을 규제하는 내부적 과정(internal processes)과 조직(structures)을 강조한다.[265] 본사의 관점에서 볼 때, 글로벌 기업의 관리적 지배구조는 여러 국가와 지역에서 활동하는 현지자회사의 전반적인 관리활동을 조정하여 통합적으로 관리하는 것을 의미한다.

265 전게서, p. 113.

글로벌 기업의 관리적 지배구조는 기업의 투명성, 신뢰성 및 윤리경영에 직접적으로 영향을 미칠 뿐만 아니라, 아울러 글로벌 기업의 지배구조의 효과성(effectiveness)을 결정하기도 한다. 글로벌 기업의 관리적 지배구조는 제4부에서 논의한 글로벌 기업의 전략적 관리(글로벌 기업의 계획, 조직 및 통제)와 관련되어 있기 때문에 더 이상의 설명이 필요없을 것으로 보인다. 그러므로 아래에서는 글로벌 기업의 관리적 지배구조와 관련된 본사관점에서의 주요 과제를 간략히 제시하기로 한다.

- 현지자회사의 운영적 계획에 대한 검토 및 조정
- 글로벌 조직구조의 구축
- EPRG 모델에 기초한 글로벌 커뮤니케이션구조의 결정
- 조정방법(예를 들면, 중앙집권적 또는 분권적 조정)의 선택
- 현지자회사에 대한 통제방법(예를 들면, 성과통제)의 선택

제 16 장

글로벌 기업의 윤리경영

16.1 글로벌 기업의 윤리경영의 의의와 전략적 의미

16.1.1 글로벌 기업의 윤리경영의 의의

윤리경영(moral management)은 기업의 경영활동에 있어서 기업윤리를 중요한 가치로 설정하여, 투명하고 공정하게 업무를 수행하는 경영정신을 의미한다. 기업은 이윤추구를 목적으로 하는 생산경제의 단위체로서의 역할을 담당하고 있지만, 그들이 속한 국가 또는 사회에 대한 책임과 의무를 동시에 감당하여야 한다. 특히, 글로벌 기업의 윤리경영은 기업이 활동하는 국가 또는 지역의 서로 다른 법률적 및 사회문화적 환경의 영향을 받을 수 있기 때문에 글로벌 윤리경영과 관련된 다양한 판단기준에 대한 이해가 선행되어야 한다. 이러한 판단기준은 다음과 같은 4가지 관점에서 고찰될 수 있다.[266]

개인적 상대주의(individual relativism)

이것은 개인이나 조직의 관점에 따라 윤리적 행동이 결정되는 것을 말한다. 즉, 개인적인 가치관에 따라 어떤 특정 상황에 대한 판단이 이루어진다. 이 경우에 있어서 기업윤리 환경에 대한 개인의 대응은 달라질 수 있으므로 일관성과 보편성이 결여될 수 있다.

문화적 상대주의(cultural relativism)

이것은 현지국의 문화에 따라 윤리적 행동이 결정된다는 가정에서 출발한다. 윤리적 판단기준은 본사국의 관점보다는 현지국의 관점에 근거하기 때문에 현지국 문화를 존중한다는 긍정적인 측면이 있을 수 있다. 그러나 현지

266 임성훈(2010), p. 540 이하; 최순규/신형덕 역, Hill, C. W. L. 저(2009), p. 183 이하.

국의 어떤 문화적 특징이 글로벌 표준에 미달된다면, 국제적인 비난의 대상이 되거나 반감이 나타날 수 있다(예를 들면, 아동노동, 뇌물제공 등에 대한 문화적 차이).

윤리적 제국주의(ethical imperialism)

이것은 본사국의 윤리적 관점을 전 세계의 현지자회사에 동일하게 적용하는 것을 의미한다. 일반적으로 선진국(본사국) 기업이 개발도상국 또는 후진국(현지국)에서 활동하는 경우, 본사국의 윤리적 판단기준이 현지국에서 존중되는 경향이 있으므로 글로벌 윤리강령(global code of ethics)이 본사 중심적으로 제정되기도 한다(예를 들면, GE 윤리강령).

보편주의(universalism)

이것은 전 세계적으로 존중되고 인정받고 있는 기본적인 가치, 원칙 및 신념 등에 근거하여 윤리적 행동을 추구하는 것을 말한다. 그러므로 보편주의는 글로벌 표준의 동의어로 간주되기 때문에 본사국과 현지국의 윤리적 행동에 있어서 일관성이 중요하게 고려된다.

16.1.2 글로벌 기업의 윤리경영의 전략적 의미

글로벌 전략의 관점에서 볼 때, 윤리경영은 글로벌 기업이 상대하여야 하는 다양한 이해관계자들과의 상호작용 및 비즈니스 행위를 다루고 있다. 일반적으로 윤리경영의 문제는 사후적으로 발생하는 경향이 있기 때문에 사전적으로 문제발생을 예방하기 위한 인적 및 물적 자원의 투입이 요구된다. 그러므로 글로벌 기업의 윤리경영의 과제는 글로벌 기업이 그들의 이용 가능한 인적 및 물적 자원을 내부적 및 외부적 환경분석을 통하여 분석한 후, 이것을 어떻게 결합하여 윤리경영의 문제점들을 처리할 것인가에 대한 전략적 의사결정과 관련되어 있다. 글로벌 기업의 윤리경영의 전략적 의미는 기업의 비용 투입 및 손실 예방의 측면에서 살펴볼 수 있다.

- 비용 투입: 비용 투입은 윤리경영의 체계를 구축하는 데 소요되는 인적 및 물적 자원의 투입을 의미한다. 예를 들면, 기업의 사회적 책임의 이행, 환경오염의 예방 등과 관련된 비용 투입이 이루어질 수 있다.
- 손실 예방: 비용 투입을 통하여 윤리경영과 관련된 다양한 문제점들이 해결되는 경우, 글로벌 기업에 나타날 수 있는 손실이 예방될 수 있다. 만일 현지국에서 윤리경영의 문제를 처리하지 않는 경우, 글로벌 기업은 기업이미지 손상, 법적 문제의 발생, 환경오염 복구비용 등과 같은 부정적인 상황에 직면할 수 있다.

16.2 글로벌 기업의 윤리경영의 주요 과제

16.2.1 사회적 책임

기업의 사회적 책임(corporate social responsibility)은 기업의 근원적인 존속 이유인 이윤추구활동 이외에 국가가 제정한 법률 준수, 윤리경영의 실천, 기업의 이해관계자의 요구에 대한 적절한 대응 등을 포괄한다. 즉, 이것은 기업이 활동하는 국가 및 사회에 긍정적인 영향을 미치는 책임 있는 활동을 말한다. 일반적으로 기업의 사회적 책임은 다음과 같은 4단계로 구분될 수 있다.

- 1단계: 경제적인 책임(이윤극대화, 고용창출)
- 2단계: 법적인 책임(회계의 투명성, 성실한 납세, 소비자의 권익 보호)
- 3단계: 윤리적인 책임(환경보호, 안전한 제품생산, 인권 존중)

- 4단계: 자선적인 책임(사회공헌 또는 자선 등과 관련된 활동)

특히, 글로벌 기업의 사회적 책임은 다음과 같은 주요 이해관계자와의 관계에 중점을 두어야 한다.[267]

- 현지국 정부(host governments): 경제 및 개발정책, 법률 및 규제, 정치적 개입, 뇌물 및 부패에 대한 저항 등
- 대중 및 환경(the public and environment): 현지국 국민 또는 주민과의 관계, 환경 보호 등
- 사업 파트너(business partners): 공급자, 협력업체, 유통업체, 합작투자 파트너 등
- 소비자 및 종업원(consumers and employees): 소비자의 권익, 인권보호 등

16.2.2 고용관행

글로벌 기업이 활동하는 현지국의 고용관행(employment practices)은 현지국에서 관행적으로 묵인되고 있는 임금 및 근로조건 등과 관련되어 있다. 현실적으로 볼 때, 본국과 현지국의 고용관행은 많이 다를 수 있다. 그러나 본국(선진국)과 현지국(개발도상국 또는 후진국)의 고용관행에 있어서 현격한 차이가 나타난다면, 이것은 글로벌 기업의 도덕성에 치명적인 손상을 입히는 원인으로 작용할 수 있다. 현지국에서는 일상적으로 받아들여질 수 있거나 법적으로 전혀 문제가 없을지라도 상대적으로 열악한 임금수준 및 근로조건은 국제적인 비난의 대상이 될 수 있다. 그러므로 글로벌 기업은 현지국의 열악한 고용관행을 그대로 따르지 않고, 국제표준을 준수하는 것이 바람직하다. 현지국의 고용관행과 관련된 주요 검토사항을 요약하면 다음과 같다.

267 Luo, Y.(2007), p. 208.

- 임금수준: 최저 임금, 잔업, 야간 및 주말근무 수당
- 근로조건: 주당 근로시간(야간 및 주말 포함), 비정규직 근로조건
- 하청조건: 하청 또는 하도급에 따른 임금 및 근로조건의 악화
- 청소년 고용: 최소 근로연령의 국가별 차이, 임금(최저 임금), 근로시간, 잔업 또는 야간근로 투입여부

16.2.3 인 권

인권(human rights)은 인간이 사회 구성원으로서 마땅히 누리고 행사하는 기본적인 자유와 권리를 말한다. 즉, 이것은 사회적인 성취와 관련하여 인종, 성별, 언어, 종교에 차별을 두지 않고 모든 사람에게 동등한 특권과 책임을 부여하는 것을 의미한다. 인권에 대한 보편적인 기준은 1948년 UN이 채택한 세계인권선언문(The Universal Declaration of Human Rights)이다. 일반적으로 국가 및 기업은 이러한 인권선언문에 기초하여 인권과 관련된 정책 또는 활동의 방향을 설정하게 된다.

무엇보다도 글로벌 기업은 현지국에서의 기업활동을 통하여 발생할 수 있는 인권침해적인 상황을 고려하여야 한다. 인권과 관련된 주요 고려사항은 다음과 같다.[268]

- 아동노동: 아동의 노동력 착취(불법적 아동노동, 부당한 대우, 위험한 작업환경)
- 공모에 의한 인권침해: 기업의 이윤추구 과정에서 정부와 공모하여 발생하는 인권문제(불법적 노동에 대한 정부의 방관 또는 협조)
- 인종차별: 다민족 국가에서의 특정 인종에 대한 차별(소수민족 또는 유색인종에 대한 차별적 대우)
- 여성차별: 직장 내에서의 여성 차별(임금, 근로조건, 승진 등에서의 여성

268 임성훈(2010), p. 549 이하; 최순규/신형덕 역, Hill, C. W. L. 저(2009), p. 167 이하.

차별)

- 종교차별: 다종교 국가에서의 특정 종교에 대한 차별(종교적 강요, 특정 종교에 대한 우대 또는 차별)

16.2.4 부 패

글로벌 경영활동의 관점에서 볼 때, 부패(corruption)는 본국과 현지국에서 발생하는 모든 형태의 불법적이고 비정상적인 기업의 행위 또는 활동과 관련되어 있다. 일반적으로 부패는 부정부패와 동의어로 사용되고 있으며, 이것은 법적인 책임뿐만 아니라, 윤리적 및 도덕적 책임을 수반하기도 한다. 글로벌 기업은 다음과 같은 두 가지 상황 때문에 부패에 연루될 수 있다.[269]

- 특정 지역 또는 국가의 관습을 아무런 비판 없이 수용 또는 답습하는 경우
- 부패를 통하여 경쟁기업보다 더 많은 이익 또는 이권을 추구하는 경우

글로벌 기업이 활동하는 지역 또는 국가에 따라 부패의 유형에 있어서 약간의 차이는 있을 수 있지만, 일반적으로 부패는 다음과 같은 형태로 표출될 수 있다.

- 회계 및 증권 관련 부패: 분식회계, 주식 내부자 거래, 주식 위장 분산, 이중장부 작성 등
- 영업 및 경영관련 부패: 비자금 조성, 뇌물 공여 등
- 정경유착 및 정치관련 부패: 정치자금 제공, 정부에 의해 제공되는 불법적 특혜 등
- 법률위반관련 부패: 탈세, 돈세탁, 공금유용 등

269 임성훈(2010), p. 547 이하.

글로벌 기업이 직면할 수 있는 부패는 본국과 현지국의 법률 규정 및 관행에 따라 다르게 인식될 수 있다. 또한 국가에 따라 부패에 대한 법률적 규정이 다를 수 있기 때문에 글로벌 기업은 이에 대하여 면밀히 검토해야만 한다. 부패예방과 관련된 글로벌 표준이 별도로 정해지지는 않았지만, 일부 글로벌 기업들은 정기적으로 부패방지관련 세미나를 개최하거나 독자적인 글로벌 윤리강령을 제정하여 사전에 부패를 예방하기 위해 노력하고 있다.[270]

16.2.5 환경오염

환경오염(environmental pollution)은 기업의 원재료 취득, 생산 또는 제조활동 등의 과정에서 자연적인 치유가 불가능할 정도로 환경이 파괴 또는 훼손되는 것을 말한다. 이것은 대기, 수질, 토양 등의 오염, 그리고 소음, 진동, 악취 등의 형태로 나타나며, 자연 재해보다 훨씬 더 심각한 피해를 야기시킬 수 있다. 글로벌 기업에 의한 환경오염의 문제는 본국보다 현지국이 더 낙후되어 있을 때 나타날 가능성이 많으며, 이것은 글로벌 기업의 윤리성과 직접 또는 간접적으로 관련되어 있다. 많은 선진국들은 자국의 환경문제에는 많은 관심을 기울이지만, 개발도상국 및 후진국의 각종 환경문제들을 외면하는 경향이 있다.[271] 그러므로 글로벌 기업 차원의 환경문제는 선진국보다는 개발도상국 및 후진국과 더욱 밀접하게 관련되어 있다고 볼 수 있다.

최근 들어, 많은 글로벌 기업들은 환경오염의 문제에 보다 적극적으로 대처하고, 이를 효과적으로 해결하기 위하여 환경경영을 실천하고 있다. 거시적 관점에서 볼 때, 환경경영(environmental management)은 인류의 생산과 소비활동에서 발생하는 환경오염을 예방하면서 경제 및 사회의 지속 가능한 개발(sustainable development)을 추구하는 수단으로서 의미를 갖는다. 또한 글로벌 기업은 국제표준화기구(International Organization for Standardization:

270 Konopaske, R./Ivancevich, J. M.(2004), p. 139.
271 최순규/신형덕 역, Hill, C. W. L. 저(2009), p. 169.

ISO)가 제정한 국제적으로 공인된 환경경영 표준인 ISO 14000 시리즈(환경경영 체제, 환경 심사, 환경 레이블링, 환경성과 평가, 전 과정평가 등으로 구성되어 있음)를 획득함으로써 친환경 제품을 생산하는 기업으로 인증받을 수 있다.[272]

이러한 체계적인 환경경영을 통하여 글로벌 기업이 누릴 수 있는 이점은 다음과 같이 요약될 수 있다.

- 환경친화적 기업이미지 확보를 통한 글로벌 매출 증대
- 현지국 정부와 소비자의 신뢰 확보
- 글로벌 친환경 공급사슬의 개발을 통한 친환경 생산체제의 구축
- 현지국에서 발생할 수 있는 환경오염 배상과 제거비용의 회피 또는 최소화

16.2.6 정보관리

글로벌 기업에서의 정보관리(information management)와 관련된 주요 과제는 사이버 범죄, 컴퓨터 바이러스, 해킹, 지적재산권, 산업기밀 및 전자상거래 등이다.[273]

사이버 범죄(cyber crime)는 컴퓨터 또는 컴퓨터 네트워크 등을 이용하여 인터넷 및 사이버 공간에서 행해지는 모든 유형의 범죄를 말한다. 이것은 인터넷 범죄(internet crime) 또는 컴퓨터 범죄(computer crime)와 동의어로 사용되기도 한다. 글로벌 기업의 본사 및 현지 자회사 그리고 여기에서 근무하는 모든 종업원들은 사이버 범죄의 가해자 또는 피해자가 될 수 있다. 사이버 범죄의 주요 특징은 다음과 같이 요약될 수 있다.[274]

272 http://www.iso.org/iso/iso_14000_essentials.
273 박주홍(2017), p. 190 이하 수정 재인용.
274 임윤정(2011), p. 244.

- 비대면성: 다른 사람과의 대면 없이도 관계를 맺을 수 있다. 예를 들면, 인터넷 쇼핑의 경우 판매자와 소비자가 직접 대면할 필요가 없다.
- 익명성: 사용자가 자신의 신분을 노출시키지 않고도 제약 없이 활동할 수 있다. 그러나 경우에 따라서 ID 또는 IP 주소가 노출되기도 한다.
- 전문성과 기술성: 컴퓨터 또는 인터넷에 대한 단순한 지식만 있어도 범죄를 저지를 수 있다. 그러나 일부 범죄자들은 컴퓨터 또는 인터넷에 대한 전문적인 지식을 이용하여 피해규모가 큰 범죄(예, 프로그램 조작을 통한 불법적 재산취득, 컴퓨터 바이러스 제작 및 유포, 해킹 등)를 저지른다.
- 시간과 공간의 무제약성: 사이버 범죄는 시간과 공간 또는 국경을 초월하여 이루어진다.
- 빠른 전파성과 천문학적 재산피해: 시간과 공간을 초월하여 모든 정보가 매우 빠르게 전달된다. 사이버 범죄는 천문학적 재산피해를 발생시킬 수 있다.
- 범죄성에 대한 인식부족: 사이버 범죄의 피해규모가 매우 큼에도 불구하고, 이들 범죄에 대한 범죄자 본인의 고의성에 대한 인식이 희박할 뿐만 아니라 일반인들도 범죄로 보지 않는 경우가 종종 있다.
- 사이버 범죄 사실의 발견과 증명, 고의성 입증의 문제: 사이버 공간의 특성상 대부분의 사이버 범행은 수법은 있으나 현장은 없을 가능성이 높다.

컴퓨터 바이러스(computer virus)는 스스로를 복제하여 컴퓨터를 감염시키는 컴퓨터 프로그램이다. 이것은 일반적인 프로그램들과 동일한 형태를 가지고 있지만, 컴퓨터의 사용목적에 반하는 작동을 하는 악성 프로그램이다.[275] 컴퓨터 바이러스의 주요 감염경로는 다음과 같다.[276]

275 인터넷윤리실천협의회(2011), p. 390 이하.

276 송석랑(2011), p. 277.

- 불법복사
- 컴퓨터 통신
- 컴퓨터의 공동사용
- LAN(Local Area Network)
- 인터넷

해킹(hacking)은 컴퓨터 통신망을 통해 타인의 컴퓨터 또는 네트워크에 무단으로 침입하여 저장된 정보를 빼내거나 프로그램을 파괴하는 전자적 침해행위를 말한다. 인터넷 공간에서 해킹을 통한 정보의 유출 및 프로그램의 파괴는 개인, 기업, 공공기관 및 국가기관 등에 심각한 피해를 입힌다. 경우에 따라서 기업이 해킹의 주체가 되어 경쟁기업의 정보를 훔치거나 정보통신 네트워크를 무력화시키는 불법을 저지르기도 한다.

지적재산권(intellectual property rights)은 인간의 지적인 노력에 의해 만들어진 창작물에 부여된 재산권을 말한다. 유엔 세계 지적재산권 기구(World Intellectual Property Organization, WIPO)는 지적재산(intellectual property)을 '발명, 문학과 예술 작품, 디자인, 상업적으로 사용되는 상징, 이름 및 이미지 등과 같은 정신적 창작물'로 정의하고 있다.[277] 지적재산권의 문제는 자유무역협정 등 국가 간 무역협상에서 매우 민감한 문제로 다루어지고 있으며, 경우에 따라서 국가 간 심각한 무역분쟁의 원인이 되기도 한다. 또한 정보화 사회에 있어서 글로벌 기업이 보유한 지적재산권은 물리적인 국경을 넘어서 빠른 속도로 유통되거나 유출될 수 있기 때문에 보호를 위한 노력이 요구된다.

산업기밀(industrial secrets)은 어떤 산업 또는 기업에서 법적으로 또는 기술적으로 보호받을 만한 가치가 있고, 비밀유지가 요구되는 다양한 정보(예를 들면, 제품, 기술, 서비스 등)를 의미한다. 무엇보다도 어떤 기업의 특정 산업기밀이 유출되면 이에 따르는 손실이 발생하기 때문에 세심한 관리가 필요하다. 산업기밀은 다음과 같은 형태로 유출된다.[278]

---

277 http://www.wipo.int/about-ip/en/.
278 이종영(2009), p. 542.

- 전직 및 현직 종업원에 의한 유출: 경쟁업체에 취업하려거나 벤처기업을 창업하려는 전직 및 현직 종업원에 의해 유출된다.
- 핵심인력 스카우트에 의한 유출: 경쟁업체에서 핵심인력을 스카우트하는 경우, 기술유출의 가능성이 높아진다. 핵심인력의 채용, 퇴직 및 중요한 프로젝트 참여 시에는 기업의 비밀보호를 위한 서약서를 받아야 한다.
- 컨설팅업체 및 기술자문업체에 의한 유출: 컨설팅 또는 기술자문을 위한 계약을 할 경우 비밀유지와 관련된 사항을 계약서에 포함시켜야 한다.
- 유치 과학자 및 기술연수생에 의한 유출: 연구성과의 소유권, 산업기밀 보호 등에 대한 내용을 고용계약서에 기록하여야 한다.

전자상거래(electronic commerce)는 인터넷을 비롯한 전자 통신망을 통해 이루어지는 모든 형태의 상업적 거래를 말한다. 글로벌 기업이 전자상거래의 판매자가 되는 경우에 있어서 다음과 같은 사항을 중요하게 고려하여야 한다. 글로벌 기업은 판매자로서 해당 국가뿐만 아니라 외국에 거주하는 소비자로부터 제품주문을 받을 수 있다.

- 소비자에게 다양한 언어로 정확한 정보를 제공하여야 한다.
- 소비자의 불편을 최소화하는 거래 시스템을 구축하여야 한다.
- 거래에 있어서 소비자의 불만이 있는 경우, 신속하게 해결하여야 한다.
- 오프라인으로 배송이 요구되는 제품은 신속하고 안전하게 배달하여야 한다.
- 거래과정에서 수집된 소비자의 개인정보를 잘 관리하여야 한다.
- 판매 사이트 해킹방지를 위한 투자를 아끼지 말아야 한다.

16.3 글로벌 기업의 윤리경영의 관리

16.3.1 윤리적 의사결정

글로벌 기업의 윤리적 문제는 기업의 다양한 의사결정에 영향을 미칠 수 있다. 특히, 현지국에서 이루어지게 되는 이러한 의사결정은 기업의 인적 및 물적 자원의 투입과 관련하여 중요한 의미를 갖는다. 즉, 앞서 설명한 사회적 책임, 고용관행, 인권, 부패 및 환경오염 등과 같은 글로벌 기업의 윤리경영의 주요 과제는 인적 및 물적 자원의 사전적 또는 사후적 투입과 연결되어 있다. 예를 들면, 현지자회사가 환경오염을 예방하기 위해 폐수처리 시설을 설치한다면, 이것은 사전적인 자원 투입에 해당된다. 반면에, 현지자회사가 이러한 시설을 설치하지 않음으로써 미래의 어느 시점에 환경오염을 유발한다면, 자원 투입을 통하여 사후적으로 오염물질을 제거하여야 한다.

윤리적 의사결정은 다음과 같은 네 가지 접근 단계를 거쳐 이루어져야 한다.[279] 이를 통하여 글로벌 기업은 윤리성을 강화할 수 있을 뿐만 아니라, 비윤리적 경영에 의해 부과될 수 있는 법적인 책임을 회피할 수 있다.

- 법적 접근: 본국 및 현지국의 실정법, 국제조약의 위반여부 확인
- 조직적 접근: 기업의 윤리강령 및 윤리규정의 위반여부 확인
- 문화적 접근: 본사의 문화적 규범의 침해여부 확인
- 개인적 접근: 도덕적 신념의 침해여부 확인

글로벌 기업의 경영자는 윤리적 의사결정을 위하여 다음과 같은 방법을 활용할 수 있다.[280]

279 임성훈(2010), p. 570.
280 최순규/신형덕 역, Hill, C. W. L. 저(2009), p. 191 이하.

채용과 승진

기업은 개인적 윤리의식이 투철한 사람을 채용하고, 이들을 우대하는 승진정책을 추구하여야 한다. 특히, 신입사원 채용 시에는 개인적 윤리의식을 파악하기 힘든 측면이 있기 때문에 기업은 지원자를 대상으로 심리적 테스트를 실시할 필요가 있다. 경력사원 채용의 경우, 채용 담당자는 전 직장의 관리자에게 지원자의 인격 또는 성품 등에 대하여 문의하는 것이 바람직하다.

조직문화와 리더십

기업은 윤리적 행동에 높은 가치를 두는 조직문화를 개발하여야 한다. 이러한 조직문화는 윤리강령을 제정함으로써 더욱 확고히 구축될 수 있다. 또한 최고 경영자 및 조직 관리자들은 윤리강령을 정착시키기 위하여 강력한 리더십을 발휘하여야 한다. 〈그림 16-1〉은 GE의 윤리경영 실천사례를 제시

그림 16-1 GE의 윤리경영 실천사례

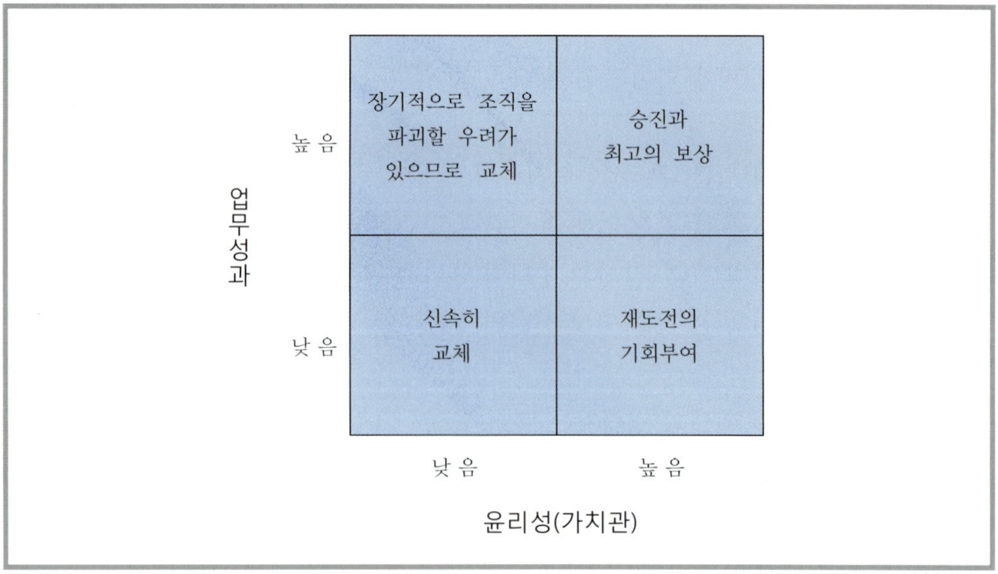

자료원: 이채욱(2003); 저자에 의해 일부 수정됨.

한다. 이 그림에 나타나 있는 바와 같이, GE는 윤리성에 문제가 있는 직원을 해고의 대상으로 보고 있으며, 직원의 업무성과보다 윤리성을 더욱 강조하고 있다.

의사결정과정

기업의 의사결정과정에 있어서 윤리적 문제가 충분히 고려되어야 한다. 이러한 의사결정은 기업 내부적 의사결정자뿐만 아니라, 기업 외부적 이해관계자의 관점에서 이루어져야 한다. 예를 들면, GE의 윤리강령 및 윤리규정은 본사 및 자회사의 임직원뿐만 아니라, 기업 외부의 공급업자, 판매대리인 등과 같은 이해관계자의 윤리적 의사결정에 영향을 미칠 수 있도록 제정되어 있다.[281]

윤리담당 책임자

윤리담당 책임자들은 본사와 자회사의 모든 직원에 대한 윤리경영 교육을 실시할 수 있다. 또한 이들은 경영적 의사결정과정에서 윤리적 문제가 잘 고려되는지, 그리고 기업의 윤리규정이 잘 준수되는지를 확인하여야 한다. 어떤 경영적 의사결정이 윤리적 문제를 고려하지 않고 이루어졌다면, 윤리담당 책임자는 이러한 의사결정에 대한 문제점을 지적하거나 개선을 요구할 수 있다.

도덕적 용기

글로벌 기업은 본사와 자회사의 직원들이 도덕적 용기(moral courage)를 가질 수 있도록 지원하여야 한다. 이러한 도덕적 용기는 비윤리적 경영을 통한 기업의 단기적인 수익보다는 비윤리적 경영으로 인해 발생할 수 있는 기업의 중장기적인 손실을 미연에 방지하는 데 초점을 두고 있다. 특히, 어떤

281 이채욱(2003).

직원이 도덕적 용기를 가지고 기업의 비윤리적 행위에 대하여 제보 또는 폭로할 경우, 이들에 대한 익명성이 보장되고, 불이익 또는 보복이 없어야 한다.

16.3.2 윤리경영 프로그램의 운영

글로벌 기업은 다양한 형태로 표출되는 윤리경영의 문제를 해결하기 위하여 윤리경영 프로그램을 운영하여야 한다. 글로벌 기업이 공식적으로 운영할 수 있는 대표적인 윤리경영 프로그램을 살펴보면 다음과 같다.[282]

윤리강령의 제정

기업의 윤리강령(code of ethics)은 윤리경영에 대한 기업의 기본 입장, 방침, 규범 등을 기술한 일종의 서약을 의미한다. 이것은 기업의 경영활동과 관련하여 경영자들과 직원들이 직면하게 될 윤리적 문제에 대한 지침을 제시할 뿐만 아니라, 윤리경영에 대한 체계적인 접근을 가능하게 한다. 특히, 본사와 수많은 현지 자회사들을 보유하고 있는 글로벌 기업은 서로 다른 지역 및 국가에서 경영활동을 수행하기 때문에 전 세계적으로 통일된 윤리강령을 필요로 한다. 영국의 런던에 소재한 경영윤리연구원(Institute of Business Ethics, IBE)에 따르면, 효과적인 윤리강령의 포맷을 도출하기 위해서는 다음과 같은 측면들이 고려되어야 한다.[283]

- 목적과 목표청중(purpose and target audience): 윤리강령의 표현양식은 그 목적에 의해 영향을 받을 수 있다. 또한 윤리강령은 목표청중(예를 들면, 경영자, 직원, 이해관계자 등)을 명확히 규정하여야 한다.

282 임성훈(2010), p. 560 이하; 김응규/정석영 역, Inkpen, A./Ramaswamy, K. 저(2008), p. 268 이하; Mendenhall, M./Purnett, B. J./Ricks, D.(1995), 158 이하.

283 http://www.ibe.org.uk/index.asp?upid=60&msid=11.

- 접근가능성(accessibility): 윤리강령에서 사용하는 표현법은 명료하여야 하며, 목표청중이 쉽게 이해할 수 있어야 한다. 또한 문서는 어디에서나 온라인 또는 오프라인으로 확인할 수 있어야 한다.
- 관련성(relevance): 윤리강령은 당사자들과 관련된 이슈를 파악할 수 있고, 경영활동과 현장에서 실질적 의미를 가질 수 있도록 작성되어야 한다.
- 리더십과 범위(leadership and reach): 윤리강령은 이사회의 요구사항을 포함(윤리강령은 이사회의 리더십 발휘의 수단이 될 수 있음)하여야 하며, 윤리적 표준은 모든 당사자들에게 적용되어야 한다.
- 준수사항 또는 기본 원칙(compliance or principles based): 당사자들의 윤리적 감수성과 신뢰를 증대시키기 위해 필수 실천사항, 희망사항 및 문제점 등이 윤리강령에 포함되어야 한다. 또한 명확하게 구분되지 않는 올바른 의사결정과 잘못된 의사결정을 지적하는 것이 중요하다.

경영윤리연구원에 의하면, 윤리강령의 내용은 다음과 같은 두 가지 모델의 관점에서 작성될 수 있다.[284]

- 이해관계자 모델: 이 모델에서는 서문(회장 또는 CEO의 인사말, 서명 등), 윤리강령의 활용방법, 직원, 고객관계, 이해관계자, 공급업자, 사회 또는 지역공동체, 실행과 준수사항, 보증, 보고 및 검토 등으로 구분되어 윤리강령의 내용이 작성된다.
- 이슈 모델: 이 모델에서는 중요한 이슈들을 중심으로 윤리강령의 내용이 서술된다. 예를 들면, 경쟁방법, 뇌물 및 업무촉진비용, 선물 및 접대, 이해의 상충, 기업자산의 사용, 중요한 정보의 보호, 정치적 개입과 기부, 사업과 관련된 인권 표준의 적용, 환경적 책임 및 공급업자에 대한 적시의 대금지급 등이 중요한 이슈들이다.

284 http://www.ibe.org.uk/index.asp?upid=61&msid=11.

윤리교육 프로그램의 운영

글로벌 기업의 관점에서 볼 때, 본사가 제정한 윤리강령 및 각종 윤리교육 프로그램은 전 세계에서 활동하고 있는 현지 자회사들에게 효과적으로 전달되어야 할 뿐만 아니라, 효율적으로 실행되어야 한다. 그러므로 이들 현지 자회사의 윤리경영을 위해 무엇보다도 본사가 주도하는 교육(또는 훈련)이 체계적으로 이루어져야만 한다. 만일 윤리경영과 관련된 교육이 제대로 수행되지 않는다면, 현지 자회사들의 비윤리적 경영으로 인한 문제점들이 발생할 가능성이 높다. 일반적으로 윤리교육 프로그램과 관련된 교육은 다음과 같은 방식으로 실시될 수 있다.

- 본사에 의한 교육: 이 경우에 있어서, 본사가 주도하는 윤리교육 프로그램이 운영된다. 즉, 본사는 현지 자회사 또는 지역본부의 교육 및 훈련 담당자를 초청하여 윤리교육을 실시하며, 그리고 교육을 받은 현지국 또는 지역 담당자는 현지 자회사 또는 지역본부에서 윤리교육을 실시한다. 경우에 따라서, 본사의 윤리교육 담당자가 교육을 위해 현지 자회사 또는 지역본부에 파견되기도 한다. 이 방식의 장점은 윤리교육 프로그램을 중앙집권적으로 통제할 수 있다는 것이다.
- 현지 자회사에 의한 교육: 본사에서 위임한 윤리교육 프로그램에 근거하여 현지 자회사의 담당자가 자율적으로 윤리교육을 진행한다. 그러므로 현지국 담당자는 본사의 지침을 위반하지 않는 범위 내에서 독자적인 윤리교육 프로그램을 운영할 수 있다. 이 방식의 장점으로는 현지국 담당자의 동기부여가 증대되고, 현지국 상황에 맞는 교육을 시킬 수 있다는 것을 들 수 있다.
- 지역본부에 의한 교육: 본사에서 위임한 윤리교육 프로그램에 기초하여 지역본부는 그들 지역에 속해 있는 현지 자회사들을 대상으로 윤리교육을 실시한다. 문화적 유사성이 높은 지역일수록, 이 방식에 의한 윤리교육의 효과는 비교적 높게 나타날 수 있다.

- 혼합 방식에 의한 교육: 이 방식에서는 본사, 현지 자회사 및 지역본부에 의한 교육이 혼합적으로 진행된다. 즉, 글로벌 기업이 처한 교육 상황에 따라 윤리교육의 주체와 담당자가 바뀔 수 있다. 그러므로 이 방식에서는 윤리교육 프로그램의 일관성을 유지하는 것이 매우 중요하다.

참고문헌 ///

강철구(2010), "일본의 메인뱅크제도와 기업지배구조의 변화," **사회과학연구**, 제36권 제2호, pp. 199-216.

강철규(1999), "경쟁력과 기업지배구조: 국제비교와 평가," **산업조직연구**, 제7권 제2호, 한국산업조직학회, pp. 177-208.

권순희(2003), "미국과 독일의 기업지배구조와 최근 동향에 관한 비교 검토," **상사법연구**, 제21권 제4호, 한국상사법학회, pp. 177-214.

권은숙(1998), "WWW을 이용한 색채연구의 다양성," **한국색채학회 논문집**, 제10호, pp. 123-132.

김광수 외(2005), **국제경영**, 박영사.

김동환 외(2000), **21C 최신 M&A: 이론과 실제 및 전략**, 무역경영사.

김병곤/김동욱(2006), "한국기업의 지배구조 특성분석 및 개선방안에 관한 연구," **금융공학연구**, 제5권 제1호, pp. 179-203.

김시경(2007), **국제기업경영론**, 제5판, 삼영사.

김언수(2007), **TOP을 위한 전략경영 2.7: 전략 수립과 실행, 내용과 과정**, 박영사.

김용민(2000), "가치를 창출하는 이사회의 설계와 운영," 이선 외 편저, **한국기업 지배 구조의 현재와 미래**, 미래경영개발연구원.

김윤주/심익섭(2007), "가중치 추출기법의 비교: AHP, JA, Swing기법을 중심으로," **국가정책연구**, 제21권, 제1호, pp. 5-23.

김웅규/정석영 역, Inkpen, A./Ramaswamy, K. 저(2008), **글로벌전략**, (Global Strategy), 청목출판사.

김정수(2000), **국제통상정책론**, 박영사.

김주태(2010), "한국기업의 지배구조 개혁과 자사주 매입-제도화 이론의 관점," **기업경영연구**, 제17권 제3호, pp. 225-243.

김주헌(2004), **국제마케팅**, 제2판, 문영사.

나원찬(2007), "What Influences Franchisor's Choice of Modes in Entering Foreign Markets?: An Empirical Analysis of Firm-Specific and Environmental Factors," **국제경영연구**, 제18권, 제4호, 한국국제경영학회, pp. 65-98.

남기석/정호성(2009), "일본의 기업지배구조에 대한 평가 및 전망," **국제지역연구**, 제13권 제2호, pp. 93-114.

민경국(2004), "독일기업의 지배구조와 경제적 성과," **비교경제연구**, 제11권 제1호, 한국비교경제학회, 2004, pp. 189-238.

민상기/정창영(2012), **글로벌재무전략**, 제3판, 명경사.

박기안/김찬경(2001), **국제경영론**, 무역경영사.

박영규(2010), **국제재무**, 탑북스.

박주홍(1997), "전략혁신을 통한 기업의 국제경쟁력의 강화," **경상논총**, 제15집, 한독경상학회, pp. 253-268.

박주홍(1998), "위기상황에서의 국제경쟁력강화를 위한 전사적 혁신경영," **경상논총**, 제18집, 한독경상학회, pp. 85-106.

박주홍(2000), "국제화이론의 관점에서의 남북한 경제협력의 분석－Dunning의 절충이론을 중심으로－," **경상논총**, 제22집, 한독경상학회, pp. 127-148.

박주홍(2001), "국제경쟁력강화를 위한 혁신믹스전략에 대한 연구," **경상논총**, 제23집, 한독경상학회, pp. 77-97.

박주홍(2004), "자동차 기업의 글로벌소싱에 대한 사례연구－쌍용자동차를 중심으로－," **경상논총**, 제29집, 한독경상학회, pp. 157-177.

박주홍(2007), **국제경쟁력강화를 위한 전사적 혁신경영**, 삼영사.

박주홍(2008a), "국제기술이전의 평가를 위한 체크리스트의 개발과 활용방법: 기술제공기업의 관점에서," **경상논총**, 제26권, 제2호, 한독경상학회, pp. 57-82.

박주홍(2008b), "한국대학과 독일대학간의 국제경영 커리큘럼에 대한 비교연구," **국제학논총**, 제12집, 계명대학교 국제학연구소, pp. 1-14.

박주홍(2009), "독일 기업지배구조의 특수성: 모범규준의 변화를 중심으로," **국제학논총**, 제13집, 계명대학교 국제학연구소, pp. 25-45.

박주홍(2010), **글로벌 마케팅**, 박영사.

박주홍(2011), **글로벌경영**, 집현재.

박주홍(2017), **글로벌 윤리경영**, 삼영사.

박주홍/강문식(2002), "인터넷 배너광고의 색채선호도에 대한 실증적 연구−한국, 독일, 미국의 주요신문 및 시사경제 잡지의 웹사이트를 중심으로−," **경상논총**, 제25집, 한독경상학회, pp. 59-78.

박주홍/공명재(2003), "가치부가적 제휴를 통한 국제경쟁력강화에 대한 연구: 대구지역의 섬유산업을 중심으로," **경상논총**, 제27집, 한독경상학회, pp. 37-57.

박주홍/이병찬(1994), "전략적 제휴와 국제생산−국제자동차생산을 중심으로−," **경영과학연구**, 대구경북경영과학회, 제3집, pp. 91-111.

반병길(1998), **글로벌경쟁시대의 국제마케팅**, 제4판, 박영사.

서근태 외(1999), **국제통상론**, 박영사.

송석랑(2011), "바이러스," 양해림 외(2011, 편저), **사이버공간과 윤리**, 충남대학교출판문화원, pp. 269-290.

양해림 외(2011, 편저), **사이버공간과 윤리**, 충남대학교출판문화원.

어윤대 외(1997), **국제경영**, 학현사.

오윤석/정순여(2004), "외식산업의 성과측정항목의 가중치 개발," **외식경영연구**, 제7권, 제2호, pp. 125-145.

원종근(1999), **글로벌시대의 국제경영, 이론과 전략**, 박영사.

이광현(2001), **글로벌전략**, 도서출판 석정.

이양교(1998), **경영학원론**, 개정판, 학문사.

이장호(2003), **국제경영전략**, 전정판, 박영사.

이종영(2009), **기업윤리−윤리경영의 이론과 실제−**, 제6판, 삼영사.

이준재 외(2007), "프랜차이즈 시스템 평가지표의 가중치부여를 통한 평가지표기준(안)에 관한 연구," **외식경영연구**, 제10권, 제4호, pp. 295-317.

이지환(2005), "선진국의 기업지배구조 형성 배경에 대한 비교 연구: 경영권 시장을 중심으로," **경영논총**, 제23집 제2호, 이화여자대학교 경영연구소, pp. 95-116.

이채욱(2003), "강한 기업, 무엇이 다른가?," GE Korea **특강 자료**.

이혁구(2008), "중국 기업지배구조 개혁 현황 및 전망," **중국연구**, 제43권, 한국외국어대학교 중국연구소, pp. 705-724.

이현재(2005), "주성분분석에 의한 IMD 및 WEF 국가경쟁력지수 평가," **국제지역연구**, 제9권 제2호, 2005. 6, pp. 330-345.

인터넷윤리실천협의회(2011), **인터넷 윤리**, 이한출판사.

임성훈(2010), **표준 국제경영 1.0**, 학현사.

임윤정(2011), "사이버 범죄," 양해림 외(2011, 편저), **사이버공간과 윤리**, 충남대학교출판문화원, pp. 239-266.

장세진(2005), **글로벌경쟁시대의 경영전략**, 제4판, 박영사.

장세진(2006), **글로벌경영 - 글로벌경쟁시대의 국제경영**, 제4판, 박영사.

장세진/MCC(2004), **M&A의 경영전략**, 박영사.

전용욱 외(2003), **국제경영**, 문영사.

정승일(2007), "독일에서의 기업지배구조 변화와 적대적 M&A 논의," **경상논총**, 제25권 제2호, 한독경상학회, pp. 41-74.

정재규(2008), "기업의 지배구조 개선," KICPA Monthly Journal, 2008. 3, pp. 18-22.

정태영 외(2006), "한국 자동차부품산업의 대일본 경쟁력비교분석," **국제통상연구**, 제11권 제3호, pp. 231-258.

조동성(1997), **21세기를 위한 국제경영**, 경문사.

조동성(2006), **21세기를 위한 전략경영**, 서울경제경영.

최순규/신형덕 역, Hill, C. W. L. 저(2009), **국제경영 - 글로벌 시장에서의 경쟁전략**, (International Business - Competing in the Global Marketplace, 7th Edition), 도서출판 석정.

한희영(1985), "해외투자와 국제마아케팅: 다국적마아케팅론의 기반을 위하여," **경상논총**, 제3호, 한독경상학회, pp. 1-64.

Adler, N. J.(1984), *Women's Androgynous Managers: A Conceptualization of the Potential for American Women in International Management*, Pergamon Press, Ltd.

Albach, H.(1979), "Zur Verlegung von Produktionsstätten ins Ausland," *Zeitschrift für Betriebswirtschaft*, 10/1979, pp. 945-952.

Ansoff, H. I.(1965), *Corporate Strategy*, New York et. al.

Ansoff, H. I.(1966), *Management–Strategie*, München.

Ansoff, H. I.(1984), *Implanting Strategic Management*, Englewood Cliffs, New Jersey.

Badaracco, Jr., J. L.(1991), *Strategische Allianzen: Wie Unternehmen durch Know-how-Austausch Wettbewerbsvorteile erzielen*, Wien.

Ball, D. A. et al.(2004), *International Business, The Challenge of Global Competition*, 9th Edition, Boston et al.

Ball, D. A. et al.(2006), *International Business, The Challenge of Global Competition*, 10th Edition, New York.

Barney, J.(1991), "Firm Resources and Sustained Competitive Advantage," *Journal of Management*, Vol. 17, No. 1, pp. 90-120.

Bea, F. X./Dichtl, E./Schweitzer, M.(1994, Ed.), *Allgemeine Betriebswirtschaftslehre*, Band 2, Stuttgart/Jena.

Bea, F. X./Haas, J.(1995), *Strategisches Management*, Stuttgart/Jena.

Bennett, D./Zhao, H.(2004), "International Technology Transfer: Perceptions and Reality," *Journal of Manufacturing Technology Management*, Vol. 15, No. 5, pp. 410-415.

Bleeke, J./Ernst, D.(1991), "The Way to Win in Cross-Border Alliances," *Harvard Business Review*, Nov./Dec., pp. 127-135.

Bleicher, F.(1990), *Effiziente Forschung und Entwicklung*, Wiesbaden.

Brockhoff, K.(1987), "Wettbewerbsfähigkeit und Innovation," in: Dichtl, E./Gerke, W./Kieser, A.(1987, Ed.), *Innovation und Wettbewerbsfähigkeit*, Wiesbaden, pp. 53-74.

Brockhoff, K.(1994), *Forschung und Entwicklung -Planung und Kontrolle*, 4. Auflage, München/Wien.

Buckley, P. J. /Mirza, H.(1985), "The Wit and Wisdom of Japanese Management: An Iconoclastic Analysis," *Management International Review*, 3/1985, pp. 16-32.

Bühner, R.(1992), *Betriebswirtschaftliche Organisationslehre*, 6. Auflage, München/Wien.

Cateora, P. R.(1993), *International Marketing*, 8th Edition, Burr Ridge, Illinois et al.

Cavusgil, S. T. et al.(2008), *International Business -Strategy, Management and New Realities*, Upper Saddle River, New Jersey.

Collins, D. J./Montgomery, C. A.(1999), "Creating Corporate Advantage," *Harvard Business Review on Corporate Strategy*, pp. 1-32.

Czinkota, M. R. et al.(2005), *International Business*, 7th Edition, Mason.

Daniels, J. D. et al.(2004), *International Business, Environments and Operations*, 10th Edition, Upper Saddle River, New Jersey.

David, F. R.(1989), *Concepts in Strategic Management*, 2nd Edition, Columbus et al.

Davidson, W.(1980), "The Location of Foreign Direct Investment Activity: Country Characteristics and Experience Effects," *Journal of International Business Studies*, Fall, pp. 9-16.

Dugal, S. S./Roy, M. H.(1994), "The Link between R&D Intensity and Competitive Positioning under Different Technological Environments," *Journal of Strategic Marketing*, Vol. 3, pp. 293-304.

Dugal, S. S./Schroeder, J. E.(1995), "Strategic Positioning for Market Entry in Different Technological Environments," *Journal of Marketing -Theory and Practice*, Summer, pp. 31-45.

Dülfer, E.(1992), *Internationales Management in unterschiedlichen Kulturbereichen*, 2. Auflage, München.

Dunning, J. H.(1980), "Toward an Eclectic Theory of International Production," *Journal of International Business Studies*, p. 9ff.

Dunning, J. H.(1988), "The Eclectic Paradigm of International Production: A Restatement and Some Possible Extensions," *Journal of International Business Studies*, p. 1ff.

Dunning, J. H.(1993), *Multinational Enterprises and the Global Economy*, Reading, Massachusetts.

Evered, R.(1983), "So What is Strategy?," *Long Range Planning*, Vol. 16, No. 4, pp. 57-72.

Fatehi, K.(1996), *International Management, A Cross Cultural Approach*, Upper Saddle River, New Jersey.

Frese, E.(1984), *Grundlagen der Organisation*, 2. Auflage, Wiesbaden.

Frese, E.(1987), *Unternehmungsführung*, Landsberg/Lech.

Gahl, A.(1990), "Die Konzeption der strategischen Allianz im Spannungsfeld zwischen Flexibilität und Funktionalität," *Zeitschrift für betriebswirtschaftliche Forschung*, Sonderheft 27, pp. 35-48.

Galbraith, C./Schendel, D.(1983), "An Empirical Analysis of Strategy Types," *Strategic Management Journal*, Vol. 4, pp. 153-173.

Glembocki, S.(1977), *The Expectations of Enterprises and Methods of Payment for Technology*, UNIDO, ID/WG, 228/4.

Greene, M. L.(1975), *Waiting Time: A Factor in Export Demand for Manufactures*, New Jersey.

Griffin R. W./Pustay, M. W.(2007), *International Business*, 5th Edition, Upper Saddle River, New Jersey.

Grochla, E./Fieten, R.(1989), "Internationale Beschaffungspolitik," in: Macharzina, K./ Welge, M. K., *Handwörterbuch Export und internationale Unterhehmung*, Stuttgart, pp. 203-214.

Gupta, A. K./Govindarajan, V.(2004), *Global Strategy and Organization*, Hoboken, New Jersey.

Hall, E. T.(1976), "How Cultures Collide," *Psychology Today*, July 1976, pp. 67-74.

Hax, A. C./Majluf, N. S.(1988), *Strategisches Management*, Frankfurt am Main/ New York.

Heckscher, E. F.(1966), "The Effect of Foreign Trade on the Distribution of Income,"

Readings in Theory of International Trade, London.

Heenan D. A./Perlmutter, H. V.(1979), *Multinational Organization Development*, Reading, Mass.

Herzhoff, S.(1991), *Innovations–Management -Gestaltung von Prozessen und Systemen zur Entwicklung und Verbesserung der Innovationsfähigkeit von Unternehmungen*, Köln.

Hill, C. W. L.(2005), *International Business: Competing in the Global Marketplace*, 5th Edition, Boston et al.

Hirschmeier, J.(1984), "Management," in: Hammitzsch, H.(1984, Ed.), *Japan–Handbuch*, 2. Auglage, Wiesbaden, pp. 2239-2246.

Hodgetts, R. M./Luthans, F.(2000), *International Management*, 4th Ed., McGraw-Hill.

Hoebel, A.(1970), *Culture & Society*, Oxford University Press, New York.

Hofstede, G.(1982), *Lokales Denken, globales Handeln -interkulturelle Zusammenarbeit und globales Management*, 2. Auflage, München.

Hofstede, G.(2000), *Culture's Consequences -Comparing Values, Behaviors, Institutions and Organizations across Nations*, 2nd Edition, Thousand Oaks/London/New Delhi.

Hofstede, G.(2001), *Culture's Consequences-Comparing Values, Behaviors, Institutions and Organizations across Nations*, 2nd Edition, Thousand Oaks/London/New Delhi.

Hoskins, W. R.(1970), "How to Encounter Expropriation?," *Harvard Business Review*, Sep.-Oct.

Hünerberg, R.(1994), *Internationales Marketing*, Landsberg/Lech.

Ihrig, F.(1991), "Strategiache Allianz," *Wirtschaftswissenschaftliches Studium*, 1/1991, pp. 29-31.

International Chamber of Commerce(2010), *Incoterms 2010*, ICC Publishing, Paris.

Jahrreiß, W.(1984), *Zur Theorie der Direktinvestition im Ausland*, Berlin.

Johanson, J./Vahlne, J. E.(1977), "The Internationalization Process of the Firm-A Model of Knowledge Development and Increasing Foreign Market Commitments," *Journal of International Business Studies*, Spring/Summer, pp. 23-32.

Johnston, R./Lawrence, P. R.(1988), "Beyond Vertical Integration-the Rise of the Value-Adding Partnership," *Harvard Business Review*, July-August, pp. 94-101.

Kanter, R.M.(1984), "Innovation-The Only Hope for Times Ahead?," *Sloan Management Review*, Summer 1984, pp. 51-55.

Kaplan, R. S./Norton, D. P.(1992), "The Balanced Score Card: Measures that Drive Performance," *Harvard Business Review*, January-February, pp. 71-79.

Keegan, W. J.(1989), *Global Marketing Management*, 4th Edition, Englewood Cliffs, New Jersey.

Keida, B. L. et al(2002), "International Business Strategy, Decision-Making Theories, and Leadership Styles: An Integrated Framework," *Competitiveness Review*, Vol. 12, No. 1, pp. 38-52.

Kieser, A ./ Kubicek, H.(1992), *Organisation*, 3. Auflage, Berlin/New York.

Kluckhohn, F. R./Strodtbeck, F.(1961), *Variations in Value Orientations*, Westpot.

Konopaske, R./Ivancevich, J. M.(2004), *Global Management and Organizational Behavior: Text, Readings, Cases, and Exercises*, Boston et al.

Kreikebaum, H.(1989), "Internationale Planung," in: Macharzina, K./Welge, M. K.(1989, Ed.), *Handwörterbuch Export und Internationale Unternehmung*, Stuttgart, pp. 1650-1658.

Krugman, P. R.(1987), "Is Free Trade Passe?," *Journal of Economic Perspectives*, Vol. 1, pp. 131-144.

Lane, C.(2003), "Changes in Corporate Governance of German Corporations: Convergence to the Anglo-American Model?," *Competition & Change*, Vol. 7, No. 2-3, pp. 79-100.

Lee, K./Carter, S.(2009), *Global Marketing Management*, 2nd Edition, New York.

Leontiades, J. C.(1985), *Multinational Corporate Strategy: Planning for World Markets*, Lexington Mass.

Linnemann, H.(1966), *An Economic Study of International Trade Flows*, Amsterdam.

Litke, H.-D.(1993), *Projektmanagement -Methoden, Techniken, Verhaltensweisen*, München/Wien.

Lombriser, R./Abplanalp, P. A.(1998), *Strategisches Management*, Zürich.

Lorenz, G.(1985), "Größere Flexibilität durch Innovation," *Schmalenbachs Zeitschrift für betriebswirtschaftliche Forschung*, 2/1985, pp. 138-143.

Luo, Y.(2007), *Global Dimensions of Corporate Governance*, Malden et al.

Macharzina, K.(1993), *Unternehmensführung; das internationale Managementwissen; Konzepte–Methoden–Praxis*, Wiesbaden.

Manager Magazin(1982), *Manager Magazin*, Hamburg.

Meissner, H.-G./Gerber, S.(1980), "Die Auslandsinvestition als Entscheidungsproblem," *Betriebswirtschaftliche Forschung und Praxis*, 32. Jahrgang, pp. 217-228.

Mendenhall, M./Purnett, B. J./Ricks, D.(1995), *Global Management*, Cambridge, Massachusetts.

Müller-Stewens, G./Lechner, C.(2002), "Unternehmensindividuelle und gastlandbezogene Einflussfaktoren der Markteintrittsformen, in: Macharzina, K./Oesterle, M.-J.(2002, Ed.), *Handbuch internationales Management, Grundlagen -Instrumente -Perspektiven*, 2. Auflage, Wiesbaden, p. 381ff.

Neuland, E./Hough, J.(2007, Ed.), *Global Business -Environments and Strategies, Managing for Global Competitiveness Advantage*, 3rd Edition, Oxford University Press, Southern Africa, Cape Town.

Nieschlag, R./Dichtl, E./Hörschgen, H.(1988), *Marketing*, 15. Auflage, Berlin.

Ohlin, B.(1931), "Die Beziehung zwischen internationalem Handel und internationaler Bewegung von Kapital und Arbeit," *Zeitschrift für Nationalökonomie*, Band

2, p. 161ff.

Olschowy, W.(1990), *Externe Einflußfaktoren im strategischen Innovationsmanagement-Auswirkungen externer Einflußgrößen auf den wirtschaftlichen Innovationserfolg sowie die unternehmerischen Anpassungsmaßnahmen*, Berlin.

Pan, Y./Tse, D.(2000), "The Hierarchial Model of Market Entry Modes," *Journal of International Business Studies*, Vol. 31, pp. 535-554.

Park, J.-H.(1996), *Vergleich des Innovationsmanagements deutscher, japanischer und koreanischer Unternehmen -Eine empirische Untersuchung am Beispiel der chemischen Industrie*, Dissertation, Universität Mannheim.

Park, J.-H.(1999), "Strategische Allianzen zwischen internationalen Unternehmen-Ein theoretischer Überblick-, " *The Journal of Namseoul University*, Vol. 5, pp. 273-288.

Peng, M. W.(2006), *Global Strategy*, Mason, Ohio.

Perl, E.(2003), "Grundlagen des Innovations-und Technologiemanagements," in: Strebel, H.(2003, Ed.), *Innovations-und Technologiemanagement*, Wien, pp. 15-48.

Perlitz Strategy Group(2009a), *Data Analysis by PSG-StrategyPilot*, Demo Version.

Perlitz Strategy Group(2009b), *IT-based Strategy Development using the PSG-StrategyPilot*, Unpublished Material, Mannheim.

Perlitz, M. et al.(1995), "Unternehmen der Zukunft," *EU Magazin*, 4/1995, pp. 26-27.

Perlitz, M.(1978), *Absatzorientierte Internationalisierungsstrategien*, Habilitation, Bochum.

Perlitz, M.(1985), "Country-Portfolio Analysis-Assessing Country Risk and Opportunity," *Long Range Planning*, Vol. 18, No. 4, pp. 11-26.

Perlitz, M.(1988), "Wettbewerbsvorteile durch Innovation," in: Simon, H.(1988, Ed.), *Wettbewerbsvorteile und Wettbewerbsfähigkeit*, Stuttgart, pp. 47-65.

Perlitz, M.(2004), *Internationales Management*, 5. Auflage, Stuttgart.

Perlitz, M./Löbler, H.(1985), "Brauchen Unternehmen zum Innovieren Krisen?," *Zeitschrift für Betriebswirtschaftslehre*, 55 Jahrgang, pp. 424-450.

Perlitz, M./Löbler, H.(1989), *Das Innovationsverhalten in der mittelständischen Industrie-Das Risk/Return Paradoxon*, Stuttgart.

Perlmutter, H. V.(1969), "The Tortuous Evolution of the Multinational Corporation," *Columbia Journal of World Business*, p. 9ff.

Perlmutter, H. V./Heenan, D. A.(1986), "Globale strategische Partnerschaften/ Cooperate to compete globally," *Manager Magazin*, 5/1986, pp. 238-244; *Harvard Business Review*, 3-4/1986, pp. 136-152.

Pohle, K.(1990), "Strategische Allianzen in der chemische-pharmazeutischen Industrie," *Zeitschrift für betriebswirtschaftliche Forschung*, Sonderheft 27, pp. 67-76.

Porter, M. E.(1980), *Competitive Strategy: Techniques for Analyzing Industries and Competitors*, The Free Press.

Porter, M. E.(1985), *Competitive Advantage*, New York －London.

Porter, M. E.(1989), "Wettbewerb auf globalen Märkten: Ein Rahmenkonzept," in: Porter, M. E.(1989, Ed.), *Globaler Wettbewerb: Strategien der neuen Internationalisierung*, Wiesbaden, p. 17ff.

Porter, M. E.(1990), *The Competitive Advantage of Nations*, London －Basingstoke.

Porter, M. E./Fuller, M. B.(1989), "Koalitionen und globale Strategien," in: Porter, M. E.(1989, Ed.), *Globaler Wettbewerb: Strategien der neuen Internationalisierung*, Wiesbaden, pp. 363-399.

Porter, M. E./Millar, V. E.(1985), "How Information Gives You Competitive Advantage?," *Harvard Business Review*, July-August, pp. 149-160.

Proff, H.(2000), "Hybrid Strategies as a Strategic Challenge-the Case of the German Automotive Industry," *Omega, The International Journal of Management Science*, 28, pp. 541-553.

Ricardo, D.(1821), *On the Principles of Political Economy and Taxation*, London.

Rieser, I.(1984), "Koordination in der Forschungspolitik," *Die Unternehmung*, Nr.

2, pp. 85-99.

Root, F. R.(1982), *Foreign Market Strategies*, Amacom.

Roy, M. H./Dugal, S. S.(1999), "The Effect of Technological Environment and Competitive Strategy on Licensing Decisions," *American Business Review*, June, pp. 112-118.

Rugman, A. M.(1986), *International Business: Firm and Environment*, New York.

Rugman, A. M./Hodgetts, R. M.(2003), *International Business*, 3rd Edition, London et al.

Saaty, T. L.(1990), *Multicriteria Decision Making: The Analytic Hierarchy Process*, 2nd Ed., RWS Publications.

Saaty, T. L.(1994), "How to Make Decision: The Analytic Hierarchy Process," *Interfaces*, Vol. 24, No. 6, pp. 19-43.

Saaty, T. L/Vargas, L. G.(2001), *Models, Methods, Concepts and Application of the Analytic Hierarchy Process*, Kluwer Academic Publishers.

Schaffer, R. et al.(2002), *International Business Law and Its Environment*, 5th Edition, Cincinnati.

Schanz, G.(1972), *Forschung und Entwicklung in der elektrotechnischen Industrie*, Mindelheim.

Schertler, W.(1993), *Unternehmensorganisation*, München/Wien.

Scheuss, R.(1985), *Strategische Anpassung der Unternehmung*, Dissertation, St. Gallen.

Schmidt, I.(1981), *Wettbewerbstheorie und –politik, Eine Einführung*, Stuttgart.

Schreyögg, G.(1994), "Zum Verhältnis von Planung und Kontrolle," *Wirtschafts-wissenschaftliches Studium*, 7/1994, pp. 345-351.

Schröder, H.-H.(1980), "Fehler bei der Vorhersage der Aufwendungen für Forschungs-und Entwicklungs-(F&E-) Vorhaben-Ein Erklärungsversuch," *Schmalenbachs Zeitschrift für betriebswirtschaftliche Forschung*, Jahrgang 32, pp. 646-668.

Segler, K.(1986), *Basisstrategien im internationalen Marketing*, Frankfurt am

Main, New York.

Servatius, H.-G.(1985), *Methodik des strategischen Technologie-Managements, Grundlage für erfolgreiche Innovationen*, Berlin.

Shenkar, O./Luo, Y.(2004), *International Business*, Hoboken, New Jersey.

Smith, A.(1776), *Inquiry into the Nature and Causes of the Wealth of Nations*, London.

Sommerlatte, T./Deschamps, J.-P.(1985), "Der strategische Einsatz von Technologien-Konzepte und Methoden zur Einbeziehung von Technologien in die Strategieentwicklung des Unternehmens," in: Little, A. D.(1985, Ed.), *Management im Zeitalter der Strategischen Führung*, Wiesbaden, pp. 39-76.

Specht, G./Michel, K.(1988), "Integrierte Technologie-und Marktplanung mit Innovationsportfolios," *Zeitschrift für Betriebswirtschaftslehre*, 58. Jahrgang, pp. 502-520.

Spulber, D. F.(2007), *Global Competitive Strategy*, Cambridge et al.

Stopford, J. M./Wells, L. T.(1972), *Strategy and Structure of the Multinational Enterprise*, New York.

Trommsdorff, V./Schneider, P.(1990), "Grundzüge des betrieblichen Innovationsmanagement," in: Trommsdorff, V.(1990, Ed.), *Innovationsmanagement in kleinen und mittleren Unternehmen*, München, pp. 1-25.

Trompenaars, F.(1993), *Riding the Waves of Culture -Understanding Cultural Diversity in Business*, London.

Ueno, H.(1988), "Nippons Personalchefs müssen umdenken," *Harvard Business Manager*, 2/1988, pp. 55-63.

Uhlig, C.(1983), "Industrial Production Cooperation as Instrument of Development Policy," in: Hottes, K./Uhlig, C.(1983, Ed.), *Joint Ventures in Asien: Eine Form internationaler Produktionskooperation*, Stuttgart, pp. 1-16.

Ulrich, P./Fluri, E.(1992), *Management*, 6. Auflage, Bern/Stuttgart.

Vernon, R./Wells, Jr., L. T.(1981), *Manager in International Economy*, 4th Edition, Englewood Cliffs, New Jersey.

von Keller, E.(1982), *Management in fremden Kulturen: Ziele, Ergebnisse und methodische Probleme der kulturvergleichenden Managementforschung*, Bern/Stuttgart.

von Reibnitz, U.(1981), "So können Sie die Szenario-Technik nutzen," *Marketing Journal*, 14. Jahrgang, Nr. 1, pp. 37-41.

Walker, A./Ellis, H.(2000), "Technology Transfer: Strategy, Management, Process and Inhibiting Factors, A Study Relating to the Technology Transfer of Intelligent Systems," *International Journal of Innovation Management*, Vol. 4, No. 1, pp. 97-122.

WEF(2010), *The Global Competitiveness Report 2010–2011*, World Economic Forum.

Weihrich, H.(1982), "The TOWS Matrix: A Tool for Situational Analysis," *Long Range Planning*, April.

Welge, M. K./Al-Laham, A.(1992), *Planung; Prozesse -Strategien -Maßnahmen*, Wiesbaden.

Wild, J. J. et al.(2008), *International Business, The Challenges of Globalization*, 4th Edition, Upper Saddle River, New Jersey.

Wilson, I. A.(1983), "The Benefits of Environmental Analysis," in: Albert, K.(1983, Ed.), *The Strategic Management Handbook*, New York, pp. 9-18.

Zahn, E.(1986), "Innovations-und Technologiemanagement-Eine strategische Schlüsselaufgabe der Unternehmen," in: Zahn, E.(1986, Ed.), *Technologie- und Innovationsmanagement*, Berlin, pp. 9-48.

http://gcr.weforum.org/gcr2019/

http://www.ibe.org.uk/index.asp?upid=60&msid=11

http://www.ibe.org.uk/index.asp?upid=61&msid=11

http://www.imd.org/research/centers/wcc/research_methodology.cfm

http://www.imd.org/research/publications/wcy/Factors_and_criteria.cfm

http://www.iso.org/iso/iso_14000_essentials

http://www.wipo.int/about-ip/en/

http://www.wto.org/

http://www.wto.org/english/thewto_e/whatis_e/inbrief_e/inbr02_e.htm

https://fortune.com/global500/2019/search/

https://www.imd.org/wcc/world-competitiveness-center-rankings/ world-competitiveness-ranking-2019/

국문색인 ///

ㅅ

ㅇ

ㅈ

영문색인 ///

P

Q

R

[저자 약력]

박 주 홍(朴 珠 洪)

계명대학교 경영학과(부전공: 독어독문학) 졸업(경영학사)
계명대학교 대학원 경영학과 졸업(경영학석사)
독일 슈투트가르트(Stuttgart) 대학교 경영학과 수학
독일 호헨하임(Hohenheim) 대학교 대학원 국제경영학과 박사과정 수학
독일 만하임(Mannheim) 대학교 대학원 국제경영학과 졸업(경영학박사)
독일 바덴-뷰르템베르크(Baden-Württemberg)주 학예부 박사학위지원 장학금 수상
독일 학술교류처(DAAD) 연구지원 장학금 수상
BMW 학술상 수상, 2001
계명대학교 업적우수상 수상, 2017
남서울대학교 경영학과 조교수 및 경영연구센터 소장 역임
독일 만하임(Mannheim) 대학교 국제경영학과 방문교수 역임
계명대학교 경영대학 부학장, 경영학부장, 계명카리타스봉사센터장, 취업지원처장, 학생복지취업처장, 계명테크노파크사업단장, 대구테크노파크 계명대학교센터장 역임
현재 계명대학교 경영학과(국제경영) 교수(juhong@kmu.ac.kr)
독일 Perlitz Strategy Group(경영컨설팅사) 아시아지역 학술고문(www.perlitz.com)

주요 논문, 저서 및 역서

글로벌전략, 제2판, 유원북스(2020)
혁신경영-신제품 개발과 기술혁신-, 박영사(2020)
비즈니스협상-기능영역별 협상과 글로벌 비즈니스협상의 이슈-, 박영사(2019)
글로벌경영, 제2판, 유원북스(2018)
글로벌 윤리경영, 삼영사(2017)
경영컨설팅의 이해, 박영사(2017)
글로벌혁신경영, 유원북스(2016)
글로벌 인적자원관리, 유원북스(2016)
글로벌마케팅, 제2판, 유원북스(2013)
글로벌전략, 유원북스(2012)
글로벌경영, 유원북스(2012), 집현재(2011)
글로벌마케팅, 박영사(2010)
국제경영전략, 삼영사(2009)
국제경쟁력강화를 위한 전사적 혁신경영, 삼영사(2007)
국제경영(역서, Manfred Perlitz 저), 형설출판사(2003) 외 3권의 저서
"AHP를 이용한 제품혁신을 위한 의사결정 우선순위의 분석: 조직적 측면을 중심으로"(2019)
"The Competitiveness of Korean and Chinese Textile Industry: The Diamond Model Approach" (2010, 공동연구) 외 50여 편의 논문

제 2 판
글로벌전략

2020년 6월 20일 제2판 인쇄
2020년 6월 30일 제2판 발행
2012년 6월 30일 초 판 발행
저 자 박 주 홍
발행인 이 구 만
발행처 유원북스 도서출판
04091 서울특별시 마포구 토정로 222, 416호
(신수동, 한국출판콘텐츠센터)
전화 (02)593-1800 Fax (02)6455-1809
등록 2011. 9. 6 제25100-2012-3호
www.uwonbooks.com uwbooks@daum.net

정 가 32,000원 ISBN 979-11-6288-112-5

이 도서의 국립중앙도서관 출판예정도서목록(CIP)은 서지정보유통지원시스템 홈페이지(http://seoji.nl.go.kr)와 국가자료종합목록 구축시스템(http://kolis-net.nl.go.kr)에서 이용하실 수 있습니다.
(CIP제어번호 : CIP2020021915)